消费行为与经济增长研究丛书

国家社会科学基金重大项目（17ZDA038）的阶段性成果

臧旭恒 等著

新经济发展格局：异质性消费者行为与扩大内需研究

New Economic Development Pattern: Heterogeneous Consumer Behavior and Expanding Domestic Demand

中国财经出版传媒集团
经济科学出版社
Economic Science Press

图书在版编目（CIP）数据

新经济发展格局：异质性消费者行为与扩大内需研究/臧旭恒等著．—北京：经济科学出版社，2021.4
（消费行为与经济增长研究丛书）
ISBN 978-7-5218-2501-5

Ⅰ.①新… Ⅱ.①臧… Ⅲ.①消费经济学-研究-中国 Ⅳ.①F126.1

中国版本图书馆 CIP 数据核字（2021）第 070863 号

责任编辑：于海汛 陈 晨
责任校对：齐 杰 孙 晨
责任印制：范 艳 张佳裕

新经济发展格局：异质性消费者行为与扩大内需研究
臧旭恒 等著
经济科学出版社出版、发行 新华书店经销
社址：北京市海淀区阜成路甲 28 号 邮编：100142
总编部电话：010-88191217 发行部电话：010-88191522
网址：www.esp.com.cn
电子邮箱：esp@esp.com.cn
天猫网店：经济科学出版社旗舰店
网址：http://jjkxcbs.tmall.com
北京季蜂印刷有限公司印装
710×1000 16 开 20.5 印张 350000 字
2021 年 4 月第 1 版 2021 年 4 月第 1 次印刷
ISBN 978-7-5218-2501-5 定价：85.00 元
（图书出现印装问题，本社负责调换。电话：010-88191510）

前　言

“供给侧结构性改革、异质性消费者行为与经济增长内生动力研究”课题（17ZDA038）是我作为首席专家带领科研团队申请国家社科基金重大项目，此项目于2017年底获得批准立项。该项课题的题目是在2017年初全国社科规划办公室征求当年重大项目选题时，我根据自己40年来关于消费经济理论与实践的研究，以及对当前我国经济社会发展中经济增长和宏观经济运行的重大问题设计的，同时是提交全国社科规划办公室建议立项的原题。

2018年春季，我们召开国家社科基金重大项目“供给侧结构性改革、异质性消费者行为与经济增长内生动力研究”课题论证开题报告会，正式展开研究工作。研究工作的一项内容，就是梳理2008～2017年十年间我们取得的相关研究成果，主要是发表在学术期刊上的论文以及此期间培养的博士研究生的博士论文，作为我们进一步开展国家社科基金重大项目“供给侧结构性改革、异质性消费者行为与经济增长内生动力研究”的基础和出发点。由此，形成本书——《新经济发展格局：异质性消费者行为与扩大内需研究》的书稿，这也是一个较大的研究报告。

本书精选了我们十年间的研究成果，并根据国家社科基金重大项目“供给侧结构性改革、异质性消费者行为与经济增长内生动力研究”进一步研究的需要，设计形成了一个具有比较严密逻辑的章节结构。第一章导论主要探讨了如何发挥消费在经济发展中的基础性作用；第二章消费经济研究的指导思想，即要坚持马克思主义政治经济学在消费经济研究中的指导作用，借鉴西方消费经济理论中的有益成分，立足我国国情和发展实践推动消费经济理论研究。第三章至第七章则从收入和收入分配结构、消费信贷、家庭资产、预防性储蓄行为以及人口年龄结构等诸多方面，探讨了异质性消费者行为，分析了这种行为特征以及对经济增长、宏观经济运行的影响和相关机制。

这些研究前后经历了十年的时间，因此，利用了十年间不同时间段的数据。其中，有的数据是十年间由我国经济学、统计学等领域的专家学者在特定时间段获得的抽样调查数据，反映了在我国经济社会发展、改革开放进程的特定时期的经济社会特征；有的数据是我们以我国改革开放中某个重大步骤及相应重大政策出台为时间点，围绕这个时间点获取前后若干年的相关数据，分析验证这个重大步骤及相应重大政策的经济社会效应。因此，这些数据并不一定是最新最近的，依据这些数据所做的研究分析，得出的相关结论和政策含义有其特定的、独到的研究价值和现实意义。在这次撰写书稿时，除个别数据适当调整更新外，基本上维持了当时研究的原貌。也算是对我国21世纪以来改革开放、经济社会发展历程的某一个侧面的真实记录。

现在，我们把这部书稿作为国家社科基金重大项目“供给侧结构性改革、异质性消费者行为与经济增长内生动力研究”的阶段性研究成果出版，以期进一步引起学术界对这个重大现实经济课题和重大经济理论问题的重视和讨论。

这部书稿涉及我和我的研究团队2008～2017年的研究成果，参与研究撰写的主要有：李燕桥、李剑、宋建、宋明月、贺洋、尚昀、郝云飞等。在这部书稿撰写、修改、定稿中参与其中并作出贡献的有：宋明月、曲一申、李晓飞、薛晓玲、姚健、刘瀚璐、董婧璇、韩琳琳等。宋明月协助我做了大量的设计、组织工作。

最后，我要感谢国家社科基金的资助，感谢教育部人文社科重大攻关项目的资助，感谢山东师范大学、山东大学给予的相关资助和对我们研究工作提供的种种便利、宽容。我还要感谢中国财政经济出版传媒集团副总经理吕萍女士为这部书稿出版付出的努力。

我们期待学术界同仁的关注和评价。我们研究成果中的不足以及缺陷，有待于读者朋友们批判指正。

臧旭恒

2021年4月16日于泉城

目 录

第一章 导 论

第一节 消费对经济增长的贡献率

2008 年的全球性金融危机导致全球需求急剧下降，其中对中国产品的需求也受到严重冲击。叠加资源、环境的巨大压力，中国经济增长的模式到了必须转变的一个关键节点，即从主要依赖投资需求拉动和出口需求拉动模式向主要依靠国内消费需求拉动模式转变。但是，由于经济增长模式既有运行惯性，又有该种模式内在的经济利益结构调整的刚性，转变不可能一蹴而就，而是要经历一个缓慢的过程。

一、消费对经济的拉动作用不断增强

在我国经济增长方式从主要依赖投资和出口需求拉动，向主要依靠国内消费需求拉动模式转变的过程中，消费对我国经济增长的拉动作用不断增强。近几年，中国政府在提高消费者支付能力、刺激消费需求、改善消费环境、保护消费者权益等方面采取的配套政策的效应开始逐渐显现出来。

根据国家统计局数据，2020 年最终消费率接近 55%，2011～2019 年，我国的消费率平均为 53.4%，2020 年尽管受到新冠肺炎疫情的冲击，但最终消费支出占国内生产总值（GDP）的比重仍然达到 54.3%，为近年来的较高水平，消费仍然是经济稳定运行的压舱石。①

消费升级类商品增长较快，消费新亮点不断涌现。2020 年限额以上单位商品零售额中，粮油、食品类零售额比上年增长 9.9%，饮料类增长

① 《国家统计局局长就 2020 年全年国民经济运行情况答记者问》，国家统计局网站，http：//www.stats.gov.cn/tjsj/zxfb/202102/t20210227_1814154.html。

14.0%，烟酒类增长5.4%，服装、鞋帽、针纺织品类下降6.6%，化妆品类增长9.5%，金银珠宝类下降4.7%，日用品类增长7.5%，家用电器和音像器材类下降3.8%，中西药品类增长7.8%，文化办公用品类增长5.8%，家具类下降7.0%，通信器材类增长12.9%。2020年实物商品网上零售额97590亿元，按可比口径计算，比上年增长14.8%，占社会消费品零售总额的比重为24.9%，比上年提高4.0个百分点。2020年全国快递业务量833.6亿件，快递业务收入8795亿元。①

二、消费贡献率提升隐含经济结构变动

值得注意的是，消费成为促进经济增长的最强支撑的数据背后所隐含的经济结构变动。为此，我们绘制了1978～2019年“三驾马车”对经济增长的贡献率，如图1－1所示。

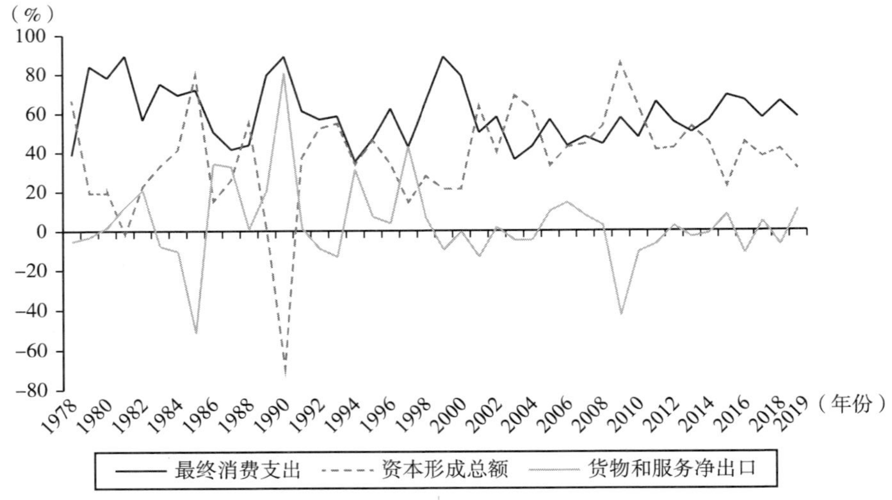

图1－1　1978～2019年三驾马车对经济增长的贡献率

资料来源：笔者根据国家统计局相关数据整理所得。

根据图1－1显示，2019年最终消费支出对中国国内生产总值增长的贡献率为57.8%。成为促进经济增长的最强支撑。2014～2018年这一贡献率

① 《中华人民共和国2020年国民经济和社会发展统计公报》，国家统计局网站，http：//www.stats.gov.cn/tjsj/zxfb/202102/t20210227_1814154.html。

分别为：56.3%、69%、66.5%、57.5%、65.9%。近几年，消费贡献率阶段性提升，可能主要源于投资和出口需求的疲软和下降。整体来看 1978～2019 年消费对经济增长的贡献率总趋势是下降的，但 2003～2019 年消费对经济增长的贡献率总趋势是温和上升的，尤其是 2013 年以后消费、投资和出口对经济增长的贡献率的相对低位发生变化，消费相对重要性超过了投资。因此，投资需求和出口需求对经济增长的贡献下降，尤其是出口需求的贡献大幅度下降。2014～2019 年，货物与服务净出口的贡献率分别为：－1.3%、8.4%、－11.6%、4.8%、－7.4%、11%。应该说，这才是导致消费需求对经济增长的贡献率大幅度上升的主要原因。这从另一个侧面说明了我国经济运行中依然面临投资疲软、外需不足的问题。消费贡献率的上升，主要不是消费总量大幅度增加带来的“三驾马车”相对结构的变化所致，而是在消费总量平缓增长中，投资和出口相对增长较慢或下滑所致。认清这一点，对于把握我国经济增长格局和态势并采取相应政策策略是非常重要的。

三、消费仍处于平稳增加的过程中

消费具有惰性，在各个经济变量中是一个相对稳定的变量，一般不会大起大落。如图 1－2 所示的中国社会消费品零售总额及变化。2016 年 6 月至 2019 年 12 月，新冠肺炎疫情（以下简称“疫情”）暴发之前的这个期间，除了季节性波动（每年 1～2 月新年春节期间），社会消费品零售总额及其同比增长是相当稳定的，即符合经济理论中“稳定器”的定理；由此，可以推出一个合理的结论：消费作为一个宏观经济变量，本身近几年并没有发生根本性的变化。但疫情暴发导致消费暴跌后其反弹强劲，至 2020 年 10 月，消费还没有恢复到疫情前的正常水平。但总体来看，2016 年 6 月至 2020 年 10 月，除了受疫情的影响，我国社会消费品零售总额相对来说比较稳定，在 2.69 万亿元到 2.86 万亿元之间。根据国家统计局数据，2021 年 1～2 月份，社会消费品零售总额 69737 亿元，同比增长 33.8%；比 2019 年 1～2 月份增长 6.4%，两年平均增速为 3.2%。其中，除汽车以外的消费品零售额 63076 亿元，增长 30.4%，两年平均增长 2.9%。扣除价格因素，

2021 年 1～2 月份社会消费品零售总额实际增长 34.3%，两年平均增长 1.2%。[①] 相应地，消费需求对经济增长贡献的加大也应是一个平缓渐进的过程。

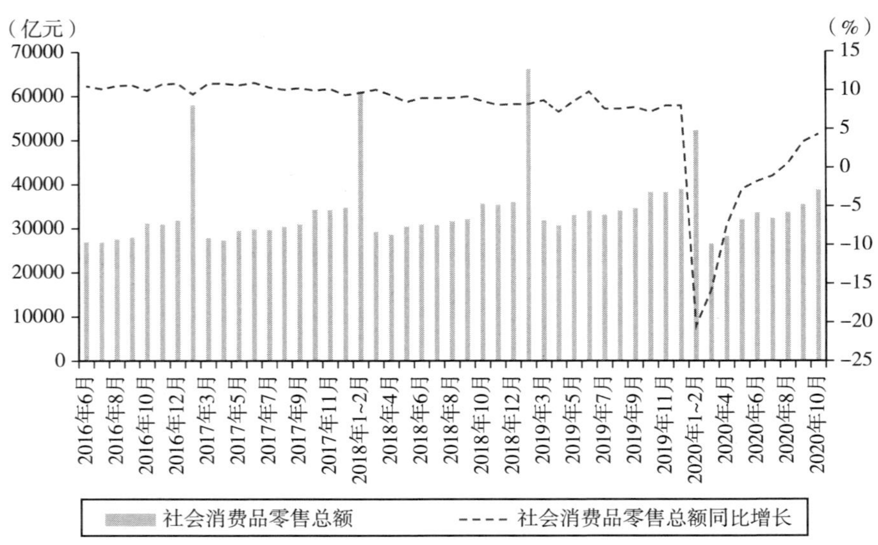

图 1－2　中国社会消费品零售总额及变化

资料来源：笔者根据国家统计局相关数据整理所得。

消费仍然是一个平稳增加的变量。消费升级和增长还有赖于我国收入分配格局的较大调整，以及随之而来的中等收入人群的壮大（占人口比重至少 50%）、居民收入结构的改变（劳动性收入和资产性收入结构的变化）；还有赖于相关改革政策的推进以及居民生活中的经济风险（不确定性）的大幅下降；甚至还包括高房价局面的根本性改变。使消费成为支撑我国经济增长的主要动力，仍然有待时日。

第二节　消费对经济发展的基础性作用

2008 年，最初由美国次贷危机所引发的全球性的金融危机和经济危机

① 《2021 年 1－2 月份社会消费品零售总额增长 33.8%，比 2019 年 1－2 月份增长 6.4%》，国家统计局网站，http：//www.stats.gov.cn/tjsj/zxfb/202103/t20210315_1814754.html。

导致全球需求急剧下降，其中也包括对中国产品的需求。再叠加中国几十年大量投资导致的对资源需求和环境保护的巨大压力。中国经济进一步增长的模式到了必须转变的一个关节点，即从主要依赖投资需求拉动和出口需求拉动模式向主要依靠国内消费需求拉动模式转变。由于经济增长既有模式运行的惯性，又有这种模式内在的经济利益结构调整的刚性，转变的难度不言自喻，不可能一蹴即就，而是一个缓慢的、漫长的过程。

第一，近几年，消费对我国经济增长的拉动作用增加，这是肯定的。我国应对 2008 年全球经济危机最初的最大手笔是增加 4 万亿投资，并且立马见效，在全球经济衰退萧条的严冬中，中国经济一枝独秀，仍然保持了较高的增长速度。其后，中国政府开始采取多方面的政策措施，刺激国内消费需求，力图转变主要依靠投资和出口的经济增长模式，加大消费对经济增长的作用。应该说，中国政府这些年在提高消费者支付能力，刺激消费需求，改善消费环境，保护消费者权益等方面采取的配套政策效应开始逐渐显现出来。

第二，消费升级进展较快，新的消费热点迅速涌现。表现在消费升级类商品增长较快。譬如，2021 年 1 ~ 2 月份，社会消费品零售总额 69737 亿元，同比增长 33.8%，比 2019 年 1 ~ 2 月份增长 6.4%，两年平均增长 3.2%。按经营单位所在地分，城镇消费品零售额 60552 亿元，同比增长 34.9%，两年平均增长 3.4%；乡村消费品零售额 9185 亿元，增长 26.7%，两年平均增长 1.3%。按消费类型分，餐饮收入 7085 亿元，同比增长 68.9%，两年平均下降 2.0%；商品零售 62651 亿元，增长 30.7%，两年平均增长 3.8%。多数商品销售增势良好，消费升级类商品销售快速增长。1 ~ 2 月份，限额以上单位商品零售额中，18 个商品类别同比增速均超过 10%；通信器材类、体育娱乐用品类商品同比增速分别为 53.1%、45.6%，两年平均增速均为 18.2%。网上零售持续增加。1 ~ 2 月份，全国网上零售额 17587 亿元，同比增长 32.5%。其中，实物商品网上零售额 14412 亿元，增长 30.6%，占社会消费品零售总额的比重为 20.7%。从环比看，2 月份社会消费品零售总额比上月增长 0.56%。①

此外，2013 ~ 2020 年我国城镇居民、农村居民以及城乡居民人均可支配收入和相应的人均消费支出的变动数据，如图 1 – 3、图 1 – 4、图 1 – 5 所

① 《1 – 2 月份国民经济保持恢复性增长》，国家统计局网站，http://www.stats.gov.cn/tjsj/zxfb/202103/t20210315_1814753.html。

示，也可以充分说明这一点。

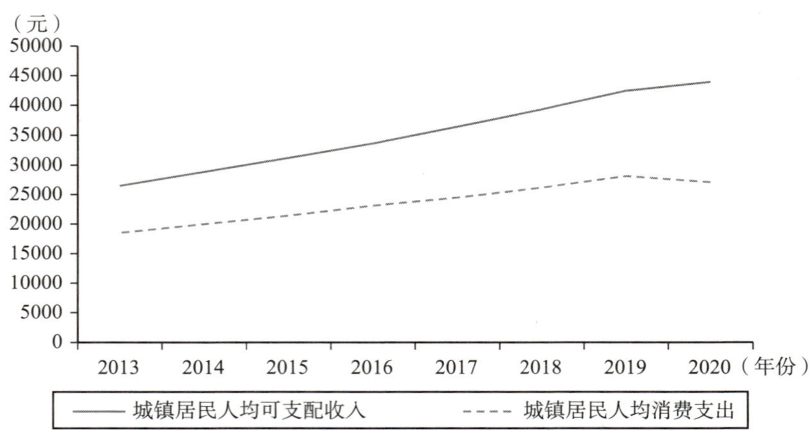

图1－3　中国城镇居民人均可支配收入和人均消费支出变动

资料来源：笔者根据国家统计局相关数据整理所得。

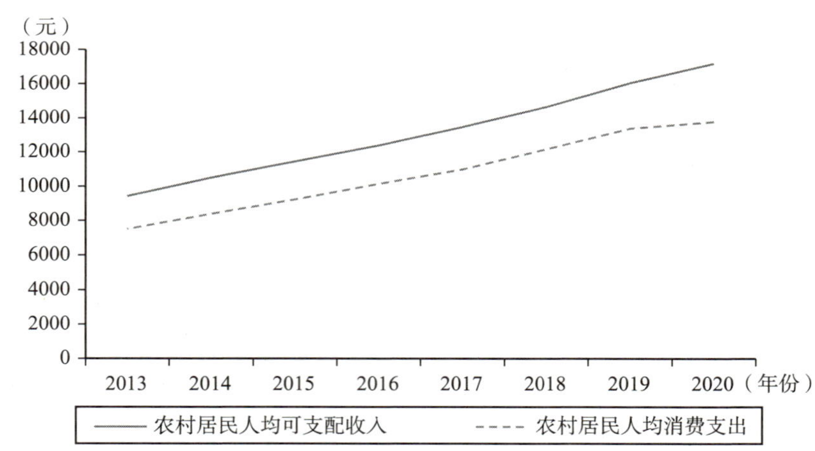

图1－4　中国农村居民实际人均纯收入和人均消费支出变动

资料来源：笔者根据国家统计局相关数据整理所得。

第三，在讨论最终消费对经济增长的作用时，我们应该注意到的一个事实是：21 世纪以来，我国消费率和居民消费率持续大幅度下降（我国台湾地区、香港地区、澳门地区因其数据缺失，故本书的研究范围不包括这三个地区），近几年一直处于一个较低的水平。居民消费率 2010 年最低时为 35.56%，近几年虽然略有回升，但仍然处于较低的水平，2018 年略微回升但仍然低于40%。居民消费率不但远远低于经济发达国家或地区的水平，而且还低于亚洲平均水平（亚洲均值为50%上下），甚至低于一些经济发展水平不如我国的国家或地区，如图1-6、图1-7所示。在世界上所有主要经济体中排名基本上处于最后几位，在20国集团中排名倒数几位。

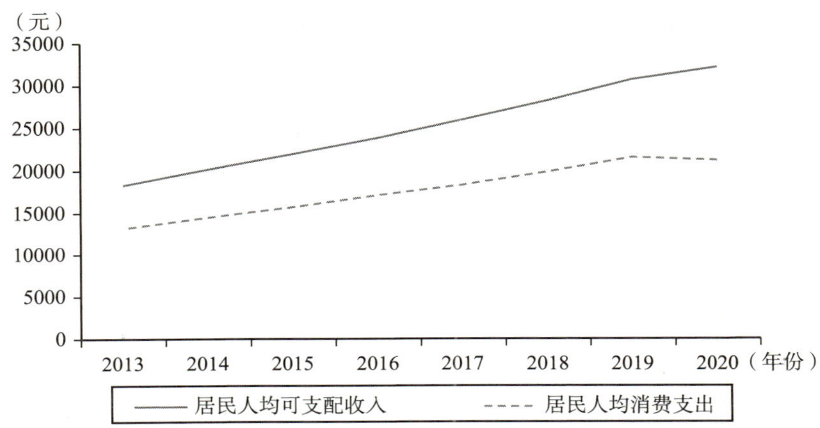

图1-5 中国居民实际人均可支配收入和人均消费支出变动

资料来源：笔者根据国家统计局相关数据整理所得。

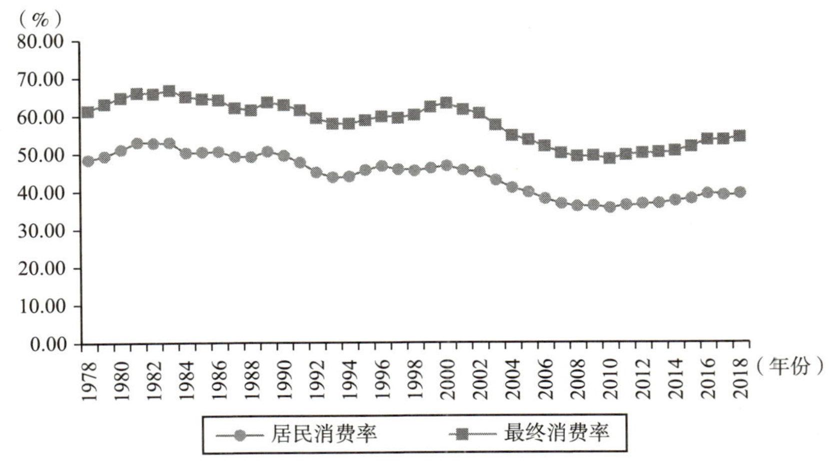

图1-6 1978~2018年中国总消费率和居民消费率（1978~2018）

资料来源：笔者根据国家统计局相关数据整理所得。

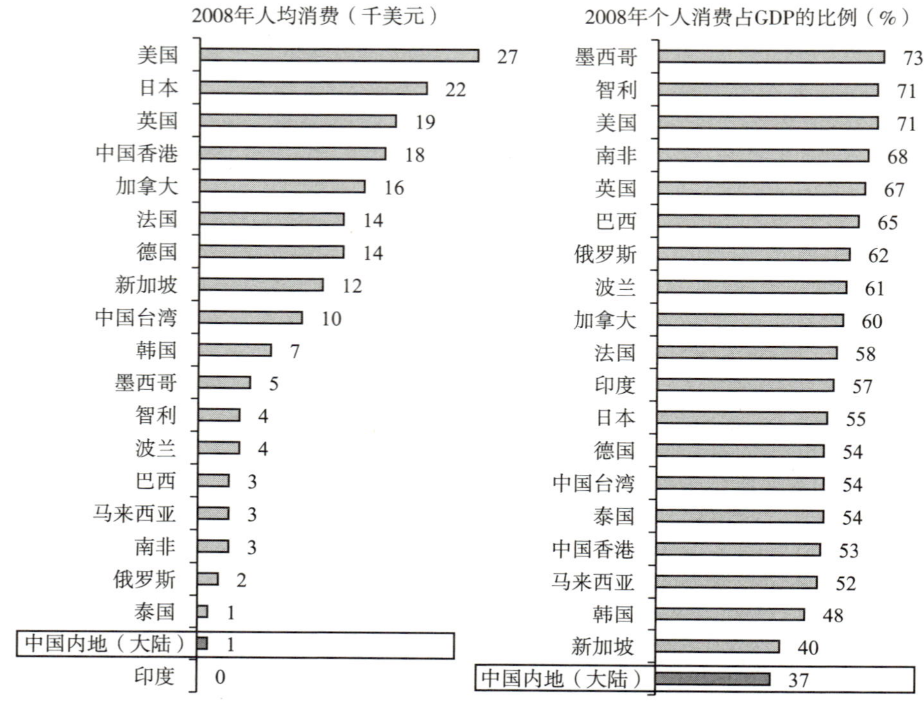

图 1－7　2008 年世界部分国家或地区人均消费水平及个人消费占 GDP 的比例

注：以 2000 年美元汇率为标注。

资料来源：笔者根据环球透视、麦肯锡全球研究院中国模型、麦肯锡全球研究院分析相关数据整理所得。

导致我国居民消费率较低的重要原因之一，是在国民收入初次分配中劳动份额所占比重较低。2000 年以来，我国劳动报酬占 GDP 份额持续下降长达十年，直到 2012 年才开始上升，但水平仍然不高。无论按收入法还是支出法计算，2000 ~ 2018 年劳动收入份额呈现先下降后上升的趋势：2000 ~ 2011 年劳动收入份额总体趋势大幅下降，从 52% 下降到 46%，之后则开始反弹回升，到 2018 年几乎回到 2000 年的 52% 的水平，如图 1－8 所示。尽管其中有一些不可比的因素，如统计口径不完全一致等。尤其 2010 年以后，我国劳动份额所占比重逐渐回升。但是，不可不正视的事实是，差距虽然有所缩小，但仍然很大。

图 1－8 2000～2018 年劳动份额占 GDP 比重变化情况

资料来源：笔者根据国家统计局相关数据整理所得。

从以上的分析，我们得出的推论是：

第一，如果剔除投资疲软、贡献下滑，出口需求贡献下降和一些短期因素（如住宅价格和需求的急剧变动），消费的增长对中国国民生产总值增长的贡献率是平稳的。

第二，消费仍然是一个较平稳增加的变量。消费升级和消费需求更快的增长至少还有待于以下几个方面的根本性转变：

首先，有赖于我国收入分配格局的大的调整改变，以及随之而来的中等收入阶层的壮大（占人口比重至少 50% 以上）。这一方面，一是要继续逐渐提高国民收入初次分配中劳动份额所占比重，二是迫切需要缓解我国比较严重的收入分配差距。

关于后一点，还要补充一点。现在，我国已经从过去收入平均国家变为收入差距大和不平等程度高的国家。20 世纪 80 年代中期我国的基尼系数只有 0.25 左右，是世界上收入分配最为平均的国家之一。到 2016 年我国基尼系数高达 0.465 左右①，进入世界上贫富差距大的国家行列，居民收入达到高度不平等状态。2008 年，我国城镇 10% 最富裕家庭人均收入与 10% 最穷家庭人均收入之比从 1995 年的 4 倍左右扩大到 2012 年的 7.6 倍左右，城

① 《统计局：中国的基尼系数总体呈下降趋势》，中国政府网，http：//www.gov.cn/xinwen/2017－01/20/content_5161566.htm。

镇最低5%家庭人均收入占城镇居民平均收入的比例从1995年的51%左右下降到2008年的28%左右。社会财富正越来越向少数人手中集中（张车伟和张士斌，2011）。

2007年，亚洲开发银行发表了《减少不平等，中国需要具有包容性的增长》，并公布了《亚洲的分配不均》的研究报告，在22个纳入亚行研究范围的国家或地区中，中国高居贫富差距之冠。在衡量分配不平等的两个常见指标中，收入最高的20%人口的平均收入与收入最低的20%人口的平均收入的比率，中国是11倍，高出其他国家或地区一大截（根据世界银行的报告美国8.4倍，日本3.4倍，印度4.9倍）；基尼系数，2004年中国（大陆）的数值是0.4725，仅比尼泊尔的0.4730低微小，远远高于印度、韩国、中国台湾。亚行指出，1993～2004年，中国的基尼系数从0.407扩大到0.473，已达到拉丁美洲的平均水平，如表1－1所示。

表1－1　　亚洲22个国家或地区贫富差距排名

国家或地区	最高20%人口收入/最低20%人口收入	基尼系数
中国（大陆）	11.37	0.4725
尼泊尔	9.47	0.4730
菲律宾	9.11	0.4397
土库曼斯坦	8.33	0.4302
泰国	7.72	0.4196
马来西亚	7.7	0.4033
柬埔寨	7.04	0.3805
斯里兰卡	6.83	0.4018
越南	6.24	0.3708
中国台湾地区	6.05	0.3385
阿塞拜疆	5.95	0.3650
哈萨克斯坦	5.61	0.3383
印度	5.52	0.3622
印度尼西亚	5.52	0.3430
韩国	5.47	0.3155
蒙古国	5.44	0.3284
老挝	5.4	0.3463
塔吉克斯坦	5.14	0.3263

续表

国家或地区	最高 20% 人口收入/最低 20% 人口收入	基尼系数
亚美尼亚	5. 08	0. 3380
文莱	5. 03	0. 3408
巴基斯坦	4. 46	0. 3118
吉尔吉斯斯坦	4. 43	0. 3030

资料来源：亚洲银行发布的《亚太地区关键指标（2007）》。

虽然自 2007 年以来，我国收入分配的差距和居民贫富差距有所缩小，尤其是贫困人口数量大幅度减少，得到国内外的一致好评。但是，收入分配差距过大的情况并没有得到根本性的扭转。需要引起政府的高度重视，确实采取有效的措施，加以解决。

其次，有赖于居民收入结构的改变，主要是劳动性收入和资产性收入结构的变化，现在居民资产性收入太低，大约在 15% 左右。

再次，有依赖于相关改革政策的推进和落实导致的居民面对的经济生活中的风险（不确定性）的大幅下降。

最后，甚至还有赖于主要由于政府的土地财政收入政策导致的高房价的局面的根本性改变（注意，本章所指的政府不仅仅指地方政府，也包括中央政府，因为地方政府对土地财政收入政策的依赖或者说偏爱，是由于中央政府制定的分灶吃饭财政税收政策和赋予地方政府的各种经济社会建设职能的矛盾所决定的）。

第三，我国经济增长的基本格局还没有产生根本性的转变。转变经济增长方式和增长的结构，使消费成为支撑我国经济增长的主要动力仍然有待时日。

第四，中国政府是高度重视消费对经济的拉动作用的。

实际上，2016 年底中央召开的 2017 年经济工作会议上，已经十分明确地指出，“我国经济运行仍存在不少突出矛盾和问题，产能过剩和需求结构升级矛盾突出”；这些突出矛盾和问题“虽然有周期性、总量性因素，但根源是重大结构性失衡”；为此，解决的途径之一是“推动供需结构有效匹配、消费升级和有效投资良性互动、城乡区域协调发展，进一步释放国内需求潜力”。

需求结构升级的主要部分之一是消费需求结构升级，重大结构失衡包括消费结构自身的失衡和消费品供给结构与需求结构的失衡。因此，推动供需结构有效匹配的重要途径之一，就是通过消费升级和有效投资的良性互动，实现消费品（包括物品和服务）品质的升级换代和消费结构的优化。消费结构的优化主要应该从以下几个层次考虑：一是发展型、享受型消费比重上升，生存型消费比重下降；二是绿色、健康消费比重上升，非绿色、健康消费比重下降；三是城乡居民消费比重、高低收入阶层消费比重趋于合理化；四是城乡居民之间和高低收入阶层之间的消费内容和消费品质差距趋向缩小。

第三节　完善促进消费体制机制的探索

第一，从我国经济态势看，完善促进消费体制机制，进一步激发居民消费潜力，促使消费升级和消费需求更快的增长，至少还有待于以下几个方面的根本性转变：首先，有赖于我国收入分配格局的大的调整改变，以及随之而来的中等收入阶层的壮大。这一方面，一是要继续逐渐提高国民收入初次分配中劳动份额所占比重，二是迫切需要缓解我国比较严重的收入分配差距。其次，有赖于居民收入结构的改变，主要是劳动性收入和资产性收入结构的变化，现在居民资产性收入太低。再次，有依赖于相关改革政策的推进和落实导致的居民面对的经济生活中的风险（不确定性）的大幅下降。最后，甚至还有赖于主要由于政府的土地财政收入政策导致的高房价的局面的根本性改变。

第二，从国家统计局公布的各种数据和现有的经济理论看，与完善促进消费体制机制，进一步激发居民消费潜力相关，以下几个问题需要注意或者进一步探讨：其一，消费仍然是一个较平稳增加的变量。相关的各种经济理论分析和实证检验几乎均支持这一点，从较早的“消费惰性”“消费惯性”“消费习惯”“相对收入假说”及其在宏观经济运行、经济周期波动中的“棘轮效应”，到较新的“生命周期—持久收入”“前向预期学说”“随机行走”“错误矫正”模型，再到新近的“缓冲存货”和“预防性储蓄”理论等，消费除在极端情况下（如 1930 年代的大危机期间），基本上不会断崖式下跌；当然，也不会跳跃式增长。其二，如何从长期经济增长分析居民消费与储蓄之间的关系。根据国家统计局公布的数据，2017 年最终消费支出对中国国内生产总值增长的贡献率为 57.5%，2018 年和 2019 年的相应数字为 65.9%、57.8%。也就是说，最终消费支出对中国国内生产总值增长的贡献率已经连续三年在60%上下，超过了投资加出口对国内生产总值增长的贡献率。另外，据相关部门的数据，近些年来居民储蓄增速下降幅度较大，与此同时，居民部门负债率大幅度上升。居民储蓄增速从2010年以前的16%下降到2017年的7.7%，增速降至历史最低值。从居民储蓄在可支配收入中的占比来看，这一下降趋势更加明显。2010~2017年，居民储蓄存款增长与可支配收入之比从25.4%下降至12.7%，下降了一半。与此同时，储蓄增速下降还伴随着居民家庭杠杆率的快速提升，2013~2017年，家庭债务占GDP的比重由33%升至49%。[①] 由此，引发出几个相关的值得我们思考的问题：消费需求已经成为经济增长的主要拉动力量了吗？或者说，中国经济增长的格局已经发生了根本性的转变了吗？消费支出的增加影响到居民部门的储蓄了吗？如果是肯定的，这种影响有多大，是否会严重影响到投资，从而影响经济的长期增长？居民部门储蓄增速大幅度下降和居民部门负债率大幅度上升是否会导致居民部门负储蓄？其三，住房消费占比不断上升是否挤占了其他家庭消费，降低了总需求，同时增加了工资上升的压力。根据CHIP数据（1995、2002、2013）城市随机入户调查数据，随着中国城市家庭变得越来越富裕，食品消费、家庭用品消费在总消费所占份额不断下降，恩格尔系数下降到29%，住房消费总占比由1995年的23%增加到2013年的38%。按照有的经济学家的分析，2002~2013年家庭消费结构的变动更多地受到市场价格而非可支配收入的影响。其中，高房价对居民家庭其他各类消费支出的挤出效应是不能忽视的。

第三，必须坚持扩大内需特别是消费需求的战略。党的十九大报告提出“发挥消费在经济发展中的基础性作用”。实际上，早在《中共中央关于制定国民经济和社会发展第十二个五年规划的建议》已经明确指出：坚持扩大内需特别是消费需求的战略，必须充分挖掘我国内需的巨大潜力，着力破解制约扩大内需的体制机制障碍，加快形成消费、投资、出口协调拉动经济增长新局面。同时十分明晰地提出扩大消费需求的三个方面：消费能力、消费预期和消费环境。消费能力的提升包括两个方面：一是提高收入水平。主要措施包括积极稳妥推进城镇化和农村剩余劳动力的转移、大力发展服务业和中小企业、增加就业创业机会等。二是改善收入分配。包括收入初次分配的改善（劳动所得在GDP中所占份额大幅度上升）和再分配的改进（通过税收调节、实物和货币补贴等手段缩小初次收入分配的差

① 笔者根据国家统计局相关数据整理所得。

距）。三是改变居民收入结构，提高投资性收入在家庭收入中所占比重、增加家庭非劳动收入，在工资性收入与资产性收入中相对增加后者的比重。四是促使中等收入阶层加快扩张。影响消费预期稳定的主要因素包括：政府公共品供给、社会保障体系改进、消费政策调整、资本市场完善等。消费环境的改善包括：完善城乡消费基础设施、降低流通成本、发展新型消费业态和拓展新型服务消费、改善消费政策、保护消费者权益、拓宽消费领域、促进消费结构升级等。我们还要考虑到资源环境、技术创新等供给因素对消费需求的影响：包括资源环境约束下的新型消费模式研究、定量研究增加每单位消费对能源的消耗量、技术创新对降低能源消耗的作用、技术创新对提供新产品和高质量产品的作用等。同时，消除我国经济生活中的各种垄断因素，包括行政性垄断和自然垄断。

第四节　着力实现供求新的动态均衡

2017 年中央经济工作会议认为，我国经济运行中仍存在不少突出矛盾和问题，包括“产能过剩和需求结构升级矛盾突出，经济增长内生动力不足。我国经济运行面临的突出矛盾和问题，虽然有周期性、总量性因素，但根源是重大结构失衡”，这也是供给侧结构性改革以来实践摸索出来的另一重要表述，是问题导向思维下对我国现阶段经济问题的精确诊断，是中国经济运行中突出矛盾的根源。

党的十九大报告指出，“我国经济已由高速增长阶段转向高质量发展阶段，正处在转变发展方式、优化经济结构、转换增长动力的攻关期”。随着供给侧结构性改革的深入推进，现代化经济体系正在加快建设。一方面，消费需求在经济增长中的作用日益凸显，消费热点不断涌现，消费结构逐渐升级。但是，另一方面，结构性产能过剩和需求结构升级之间的矛盾仍旧突出，消费升级和有效投资良性互动的供给侧机制尚待完善，居民消费率仍然处于较低的水平，2019 年为 38.79%。经验证明，单一消费需求刺激政策不但会带来产能过剩，还可能累积金融风险，也说明消费潜力的进一步释放与消费升级需要供给端及消费环境的保障与支撑，供需有效匹配有助于解决结构性产能过剩和需求结构升级之间的矛盾，促进现代化经济体系的建设。因此重大结构性失衡必须以供给侧结构性改革为主线，解决思路既应包括供给侧结构升级，也应包括需求侧潜力的释放。通过需求侧改革释放需求潜力，不仅不会与供给侧改革相矛盾，而且能相互促进、相辅相成。我们认为，努力实现供求关系新层次上的动态均衡，需要从以下几个方面入手。

一、"脱虚向实"，提高供给体系质量

实体经济始终是经济社会赖以生存和发展的基础，然而近年来实体经济对经济增长的贡献率不断降低。图 1－9 显示了 2000 年以来我国工业增加值占 GDP 的比重变化。很明显，2006 年开始，该比重呈现逐年下降趋势，受全球金融危机影响，2009 年后下降趋势更加显著。2016 年统计公报显示，从增长速度上看，工业增加值从 2011 年的 10.8% 逐渐下降为 2016 年的 6.0%；在规模以上工业中，分经济类型看，国有控股企业 2016 年增长 2.0%；集体企业下降 1.3%，股份制企业增长 6.9%，外商及港澳台商投资企业增长 4.5%；私营企业增长 7.5%。与 2015 年比较，市场经济中活力较大的集体企业、股份制企业、私营企业增速均出现下降。分门类看，采矿业 2016 年下降 1.0%，制造业增长 6.8%，低于 2015 年的增速 7.0%，只有电力、热力、燃气及水生产和供应业增长率上升。

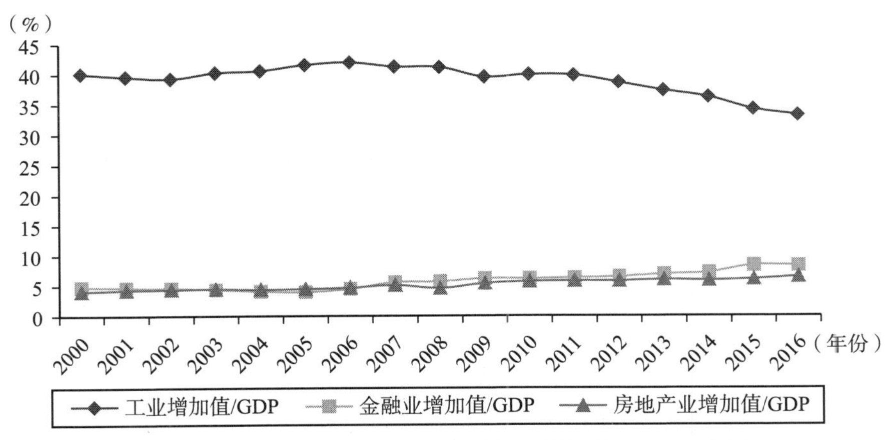

图 1－9　我国 2000～2016 年部分行业增加值占 GDP 比重

资料来源：笔者根据国家统计局相关数据整理所得。

而与工业增加值占 GDP 比重逐年下降趋势相反的是，图 1－9 中金融业和房地产业占比在 2006 年后逐渐上升，其中 2015 年增加明显。2015 年金融业增加值近 6 万亿元，增长率高达 24%，远超上述各类产业的增长率。

另外，近些年房地产市场的繁荣，从固定资产投资增速上可见一斑，2015年增速为2.5%，2016年增速翻倍至6.8%。这些数据充分显示了我国经济近几年的结构性失衡问题。除上述表现外，“脱实向虚”还体现在金融资产总量扩张、资产价格过快上涨与低迷的投资效率、负增长的商品价格并存，较快增速货币量与经济下行压力并存，反映出货币供应量的扩大并未有效支撑起实体经济的成长，金融市场也并未明显显现助推实体经济复苏的作用，“脱实向虚”的趋势必须改变。

从当前现象来看，实体经济发展潜力受限。一方面，部分行业产能过剩问题严重；另一方面，企业面临杠杆率高与融资困难并存的局面，投资收益率的差异导致实体经济中越来越多的资金转入金融领域，从而加大了金融风险发生的概率。而要促使经济“脱虚向实”，首先，应降低企业的信贷约束，充分发挥直接融资的正向作用，促进实体经济盈利能力的增长，进一步缩小与金融领域投资收益率的差异，保障实体经济领域资金的充裕与活力。其次，应健全监管体系，规范证券市场、房地产等市场的交易行为，促使住房回归居住属性，严厉打击投机行为，促进金融市场的健康发展。再次，应对关键产业、企业进行政策性金融扶持，鼓励并支持新兴产业、高科技产业、创新创业企业等的融资，政策性降低关键领域企业的融资成本，同时增加中小企业和民营企业的融资可能性，进一步激发活力，逐步盘活实体经济。

总之，应正确认识金融业对经济增长的贡献作用，处理好实体经济与虚拟经济的关系，把发展重点放在实体经济上，调整虚拟经济体系与实体经济体系之间的关系，使得金融体系回归服务实体经济的本质，同时提高供给体系质量。

二、加快发展现代服务业，促进产业结构优化升级

服务业是国民经济的重要组成部分，不仅是衡量社会经济发展现代化程度的重要标志，也是产业结构优化升级的一个重要途径，是供给侧结构性改革中不可或缺的一股力量。一方面，服务业与劳动报酬乃至消费率之间存在着连带关系；另一方面，以科技服务业、生产性服务业为代表的知识密集型现代服务业既是产业结构优化升级的产物，又支撑和带动着产业结构优化升级。我国服务业呈现了良好的增长势头，增长率高于GDP，成为拉动国民经济增长的新动力，2015年占GDP的比重首次超过50%，2016

年继续增长为51.6%。与增加值相适应的是，2011年后，服务业成为吸纳就业最多的产业，2015年服务业就业人员占全部就业人员比重达42.4%。[①]然而我国服务业发展水平与发达国家相比仍存在一定的差距，发达国家服务业增加值占GDP的比重和就业比重均在70%左右，可见，我国服务业仍有进一步增长的空间。

2012年2月22日科学技术部《关于印发现代服务业科技发展十二五专项规划的通知》中明确指出，现代服务业是指以现代科学技术特别是信息网络技术为主要支撑，建立在新的商业模式、服务方式和管理方法基础上的服务产业。而在当前各行业产能过剩、经济重大结构性失衡的背景下，与制造业供给有着千丝万缕关系的现代生产性服务业以及与制造业产品需求有着紧密联系的现代生活性服务业的发展方向尤为重要。因此，应牢牢把握供给侧结构性改革的契机。第一，提升现代服务业自身的专业化程度与服务品质化水平，加强基础设施和配套设施的建设，提升服务产品供给的效率。第二，促使现代服务业与制造业相互协调、良性互动。增加现代服务业企业的专业化程度及企业规模，更大程度上参与制造业价值链的有关环节，实现价值链各环节间的无缝衔接，同时提升制造业与现代服务业的劳动生产率，避免“产业空心化”现象的出现。第三，规范现代服务业市场的准入制度，保证市场持续健康的良性竞争秩序。服务业既容易出现产品高度同质化，也容易出现产品高度异质化，要利用市场机制实现各细分市场的充分竞争，避免损害市场效率的情况出现，必要时可降低进入门槛，引导富有活力的外资、民间资本进入。第四，政府应充分发挥中介作用，加强各类专业性公共服务平台建设，一方面促进制造业与生产性服务业之间的精准对接，逐渐形成区域性质的产业集聚，以降低成本、提升竞争力；另一方面增加生活性服务业的便利与优质。

综上，在当前背景下，应顺势引导和发挥现代服务业在促进资源优化合理配置中的良好作用，在自身发展的同时，进一步促进与带动产业结构优化升级。

三、发挥“一带一路”倡议的引擎作用，实现我国产业向全球价值链中高端过渡

作为第一制造业大国，500余种主要工业产品中，我国已经有220多种

① 笔者根据国家统计局相关数据整理所得。

产量位居世界第一。然而在全球价值链分工中，我国总体上仍然处于中低端。“一带一路”贯穿亚非欧大陆，沿线覆盖约46亿人口，各国资源禀赋各异，经济互补性较强，合作潜力和空间很大。在中国提出该倡议以来，已有一百多个国家和地区、国际组织积极响应，并不断有国家签署合作协议，项目成果如肯尼亚蒙内铁路、巴基斯坦卡洛特水电站、印度尼西亚雅万高铁、亚洲基础设施投资银行等。然而，对外基础设施投资虽然在短期内有利于实现过剩产能消化的目标，但长期来看，“一带一路”建设不仅仅是对外投资和对外输出产能，更要着力提升中国在全球产业价值链中的位置，更进一步，要构建中国产业自主主导的区域性乃至全球性的产销网络和全球价值链体系，从而带动我国产业结构的升级。这是我国制造业转型升级的必然要求，也是我国从制造大国向制造强国迈进的重要标志（刘志彪，2017）。

那么如何实现我国产业向全球价值链中高端过渡呢？首先，政府应利用各类产业当前优势，适当引导部分产业对口精准投资。即充分分析自身的要素优势，以确定某产业或企业具体是在哪些方面上具有核心竞争力，针对销售网络竞争优势的产业，可主导需求驱动型价值链，而针对生产技术竞争优势的产业，目标可定为主导生产驱动型价值链。在扬长避短的同时，政府应出面进一步分析与了解对口投资国的资源禀赋、市场潜力等投资环境，本着开放合作、互利共赢的态度，从而探寻深度合作空间，助力企业的融入与产业转移，避免走弯路、走错路。其次，针对当前各类产业的劣势，应着力提高自身技术创新能力与营销服务创新能力，补齐短板。当前我国的航空航天、多轴精密重型机床、高铁、核电等方面均具备了全球竞争力，然而在自动化设备、汽车关键零部件、新材料、智能技术的应用上，与国际先进水平仍有差距。这些行业在产业全球价值链高级化之路上尤为关键。因此应加大科研投入，时刻关注核心技术装备的前沿进展，把眼光放远放长，立足全球市场，充分利用科研院所的研发能力，加强企业与科研机构的合作，实现高层次上的产研结合。同时注重保护知识产权，增强企业品牌价值的含金量。

毋庸置疑，我国产业升级应该抓住供给侧结构性改革及“一带一路”倡议带来的战略机遇，一方面充分发挥和利用自身的当前优势；另一方面深度挖掘潜在优势，提升中国产业在全球价值链中的位置，实现我国产业向全球价值链中高端过渡。

四、增强消费对经济发展的基础性作用

近几年最终消费支出对经济增长的贡献率逐年攀升，说明最终消费在经济增长中扮演着越来越主要的动力角色。然而居民消费率仍然很低。国际经验显示，当人均 GDP 达到 1000 美元时对应的居民消费率在 60% 左右，[①] 而 2019 年我国人均 GDP 达到了 10000 美元左右，居民消费率却不足 50%。[②] 说明新常态下我国消费，尤其是居民消费在近年经济增长中并未发挥出应有的基础性作用，居民消费仍有增长空间。然而消费基础性作用的进一步发挥需要产业以及整体环境的保障与支撑。2017 年中央经济工作会议中指出，要通过供给侧结构性改革，矫正要素配置扭曲，扩大有效供给，提高供给结构对需求变化的适应性和灵活性。在此背景和契机下，应探寻供给侧结构性改革与消费基础性作用发挥之间的作用机制，尤其是相关的供给侧公共端体制机制创新，进而最终助力我国现代化经济体系的稳定和持续健康增长。[③]

提高供给结构对需求变化的适应性和灵活性，不仅体现为供需匹配下实现消费升级，也表现为消费能力的提高和消费意愿的改善上。其中，前者多指增加优质农产品、制造业、服务业的有效供给，以改善消费环境和提升消费层次，促进消费升级；后者多指与收入增长、社会保障、消费金融等相关的微观消费者消费需求的增长，或者说，消费者有能力和意愿为有效供给买单。而这一点，与制度的优化创新支持息息相关。我们认为，虽然居民的消费结构升级日益迫切，然而消费结构升级的前提条件是居民具备了消费能力与消费意愿。因此完善促进消费的体制机制更多的应是指针对提高消费能力、改善消费意愿方面。因此应该从居民的消费需求，即居民的消费能力与消费意愿出发来分析问题。

首先，居民的消费能力与收入尤其是持久收入息息相关，提高居民的消费能力，首当其冲的即应想方设法提高居民收入。从恩格尔系数及各类收入的消费倾向来看，应着重提高农村居民尤其是农民工群体的持久收入，

---

① 王成荣、王春娟：《构建互联网时代社区商业新生态》，载于《北京财贸职业学院学报》，2017 年第 10 期，第 21 ~ 24 页。

② 《我国消费发展趋势及其结构性影响因素分析》，载于《北京财贸职业学院学报》，2019 年第 4 期，第 21 ~ 25 页。

③ 《中央经济工作会议在北京举行》，中国政府网，http://www.gov.cn/xinwen/2017 - 12/20/content_5248899.htm。

提高城镇居民家庭的财产性收入。其次，根据消费经济理论，除收入外，对消费影响最大的是收支不确定性与流动性约束。应明晰当前居民面临的流动性约束程度、收支不确定性程度，评估以往各类政策的作用效果及受阻原因，从而判断制度优化的方向与程度。供给侧结构性改革的提出虽然源于产能过剩问题，然而研究领域却不仅限于产业领域，还应包括金融供给及一系列基础公共服务体系的改革，而这些领域的改革意义不仅在于增加自身效率，也在于对居民消费决策行为的影响，即当期消费还是以后消费的问题。在储蓄率居高不下的背景下，通过制度优化，可以降低居民的流动性约束程度和预防性储蓄动机，从而释放居民的消费意愿，增强居民的消费能力。进而具体明确金融制度、资产交易制度、收入分配制度、社会保障制度等制度的作用与变革方向，寻找短期与长期提升居民消费能力、改善居民消费意愿的供给侧公共制度优化措施。最后，丰富居民的决策信息，降低信息不对称程度，增加广大居民对于自身、对于整个社会消费行为全面与深入的认识，形成对新常态下经济增长态势的良好预期，改变当前“居安思危”“量入为出”的谨慎性消费观念。

总之，通过促进居民消费能力与消费意愿的体制机制设计，促进供给侧制度端的创新，建立扩大消费需求的长效机制，进一步达到居民“敢消费、能消费、愿消费”的良好状态，充分释放消费潜力，发挥消费对经济发展的基础性作用。

五、努力实现供求关系新的动态均衡

党的十九大报告指出，我国社会主要矛盾已经转化为人民日益增长的美好生活需要和不平衡不充分的发展之间的矛盾。可以看出需求结构的矛盾已经成为制约我国经济持续稳定增长的深层矛盾，因此提高供给结构对需求结构的适应性和灵活性尤为重要。在供给侧结构性改革的持续推进下，应同时挖掘需求侧抑制状态的消费潜力，两侧共同发力推进供需双侧结构性改革，是新常态下实现经济增长内生动力提升的现实问题，也是中国经济平稳、健康、可持续发展的必然选择。经济增长新动力的源泉不仅在于要素供给优化配置、产业创新驱动增长，同时也在于扩大居民的消费需求，而供求关系新的动态均衡需要人口、消费、要素投入、收入分配等各方面全面多元化的调整，供需匹配共同发力才能带来经济增长内生动力的提升。具体而言，应进行消费需求偏好基础上的供给侧产业结构适应性升级调整。

我国重大结构性失衡的焦点，在于多年的投资高速增长带来的各行业产能过剩，以及对需求结构较低的适应性，导致经济循环不畅。同时，满足多样化、个性化消费的能力较差，消费市场上不同收入层次的消费者在寻求与之需求相对应的商品时存在困难，甚至不能很好地找到自己消费的平衡点，购买力难以彻底释放，供需出现错位。市场需求是产业结构变换的主要原因，因此克拉克（Clark，1940）最早指出了产业演进中的需求不可分性。按照这个思路，产业结构升级必须考虑与区域需求的相互促进。一般而言，区域需求较高的地方，产业结构更容易升级，产业结构升级会带来更高的生产率，更高的生产率反过来会创造更高的需求，这便是产业结构“适应性升级”的概念。而实现供求关系新的平衡，必须从消费需求偏好的研究出发。众所周知，经济总量的动态是由微观层次的决策决定的，消费者不管做出跨期消费储蓄决策，抑或是商品购买的决策，所基于的决策环境、信息量是相同的，与西方国家消费者相比，我国消费者更容易受到流动性约束、不完全信息及资产组合调整成本等因素影响，使得消费储蓄行为出现异质性特征的同时，也会表现出当期或跨期消费品需求偏好的异质性。因此应建立多层面的消费需求偏好衡量指标体系，把微观个体消费需求偏好的异质性考虑进去，从而针对有限理性消费者的存在，以及各自的消费结构、消费层次、新型消费方式的需求等，确定产业领域的行业产品容量、创新等，进而使得供给侧产业端的调整能及时适应需求结构的变化。同时，加强居民对我国当前消费品供给结构及未来演变趋势的了解，对于供给质量的提升、品牌提升具有良好预期，助推中高端消费国内化进程（欧阳峣等，2016）。从而最终带来供给效率的提升和消费的升级，实现供求关系在更高层次上的均衡。

根据党的十九大精神，要深化供给侧结构性改革，最终目的是满足人民日益增长的美好生活需求，主攻方向是提高供给质量，根本途径是深化改革。因此，应该明确，供给侧结构性改革为途径，满足需求才是目的。应以更贴近现实的消费者行为分析为切入点，以满足多样化需求为主要目标，以深化公共制度改革、产业政策改革等供给侧结构性改革为主攻方向，一方面，改善居民消费意愿、消费能力，提升消费信心，从而助推消费升级，充分发挥消费对于经济发展的基础性作用；另一方面，进一步“脱虚向实”，实现国内产业结构优化调整、全球价值链升级和供给体系质量的双提升。这样才能满足人民日益增长的美好生活需要，实现供求关系在更高层次上的新的动态均衡，经济增长内生动力得以提高，奋力建设现代化经济体系。

第五节　统筹市场和政府力量，支持新型消费发展

2020 年 9 月，国务院总理李克强主持召开国务院常务会议，确定支持新业态新模式加快发展带动新型消费的措施，促进经济恢复性增长。① 会后国务院办公厅印发了《关于以新业态新模式引领新型消费加快发展的意见》（以下简称《意见》）。

加快发展新业态新模式，带动新型消费，促进经济恢复性增长。这是当下我们国家在疫情后面临的一项重要任务。2020 年第二季度以来，尤其是第三季度以来的经济数据表明，我国在新冠肺炎疫情后经济恢复性增长的薄弱环节是消费。如何在疫情后尽快疏通消费对经济正常运行的堵塞，促使消费恢复常态并进一步引致经济的正常运行？答案应该是非常明确的，就是必须统筹市场和政府的力量，通过全力、全方位支持新型消费发展，带动整体消费恢复常态。

《意见》明确指出，以新业态新模式为引领，加快推动新型消费扩容提质，坚持问题导向和目标导向，补齐基础设施和服务能力短板，规范创新监管方式，持续激发消费活力，促进线上线下消费深度融合，努力实现新型消费加快发展，推动形成以国内大循环为主体、国内国际双循环相互促进的新发展格局。

《意见》阐明了以新业态新模式引领新型消费加快发展的指导思想、基本原则和主要目标；从加力推动线上线下消费有机融合、加快新型消费基础设施和服务保障能力建设、优化新型消费发展环境、加大新型消费政策支持力度和强化组织保障五个方面，部署以新业态新模式引领新型消费加快发展。其中的一个重要思想是：统筹市场和政府力量，坚持市场主导、政府促进，支持以新业态新模式引领新型消费加快发展。

第一，统筹市场和政府的力量，全力、全方位支持新型消费发展。《意见》明确指出：要充分发挥市场在资源配置中的决定性作用，以市场需求为导向，顺应居民消费升级趋势，培育壮大各类新型消费市场主体，提升

① 《李克强主持召开国务院常务会议　确定支持新业态新模式加快发展带动新型消费的措施等》，中国政府网，http：//www. gov. cn/premier/2020 –09/09/content_5542036. htm。

新型消费竞争力。新型消费市场主体主要包括从事消费品生产的生产性企业，和从事消费品流通经销的广义服务业企业。从企业的角度，新型消费市场主体正在像雨后春笋般涌现和成长，如直播经济大潮中的各色各样、各具特色、五彩缤纷的电商，以及与电商密不可分的带货直播主播。既包括大红大紫的网络红人头部大主播，更包括千千万万的奋战在直播经济第一线的腰部和尾部普通主播。据中国互联网络信息中心（CNNIC）发布的数据，截至2020年3月，我国网络直播用户规模已经达到5.6亿人，较2018年底增长1.63亿人，占网民总数的62%。

从消费品流通环节看，新型消费市场主体也包括商品流通领域内的各色企业，其中尤为突出的是快递业。根据国家有关部门提供的数据，我国是快递业大国，近几年快递行业迅猛增长。2020年上半年，全国快递服务企业业务量累计完成338.8亿件，同比增长22.1%；业务收入累计完成3823.8亿元，同比增长12.6%。其中，同城业务量累计完成56.2亿件，同比增长10.6%；异地业务量累计完成275亿件，同比增长24.7%；国际/港澳台业务量累计完成7.6亿件，同比增长20.9%。目前，快递业平均每天递送2亿件快件，服务人次高达4亿左右。①

连接生产厂家和消费者的另一个重要中间桥梁是网络金融业，消费品从生产者到消费者的所有者和使用者转换是依赖于网络金融业的。从这个意义上讲，网络金融也是新型消费市场主体。2015年12月至2020年3月期间，网络支付用户规模从4.16亿人快速增长到7.68亿人，使用率从60.5%提升到85%。②

连接生产厂家和消费者的一个重要中间桥梁是交通运输业，尤其是高铁、高速公路和民航，消费品从生产企业到消费者的实物传递是这些企业完成的。从这个意义上讲，交通运输业中的高铁、高速公路和民航企业也是新型消费市场主体。

从新型消费市场的消费模式上看，疫情以来迅速成长起来的是无接触消费模式。如在线开放课程、互联网诊疗等，以及无人智慧超市等新零售、健身和旅游等的线上线下融合。要推动这些新型消费扩容提质，从而打通制约经济增长的消费堵点，更加释放内需，增强经济恢复性增长的动力。

---

① 《国家邮政局公布2020上半年邮政行业运行情况》，中华人民共和国国家邮政局，http://www.spb.gov.cn/xw/dtxx_15079/202007/t20200714_2707731.html.

② 《第45次中国互联网络发展状况统计报告》，199IT互联网数据中心，https://mp.weixin.qq.com/s/c2E2sIzb4NbmrgBMzMddwg。

要充分发挥市场在资源配置上的决定性作用，就必须培育壮大这些新型消费市场主体，必须非常小心地扶持这些新型消费市场的市场主体健康成长、发展壮大。在政府引导下，鼓励、支持市场资源来支持新型消费，从而促进新型消费市场主体的发展，提升消费者的消费意愿和消费便利度。

第二，统筹市场和政府的力量，全力、全方位支持新型消费发展，要更好地发挥政府作用，提供全方位制度和政策支撑；并在相关公共服务和基础设施上充分发挥政府的作用。一是《意见》强调政府要创造新型消费市场主体成长壮大的宽松市场环境，包括财政、金融、劳动保障等各方面政策制度。《意见》非常详尽地列示了财政、金融、劳动保障方面的政策制度：要强化财政支持。各级财政通过现有资金渠道、按照市场化方式支持新型消费发展，促进相关综合服务和配套基础设施经济建设。要进一步对新型消费领域企业优化税收征管措施，更好发挥减税降费政策效应。要优化金融服务，深化政银企合作，拓展新型消费领域投融资渠道。鼓励金融机构按照市场化原则，在风险可控前提下，结合新型消费领域相关企业经营特点，积极开发金融产品和服务。优化与新型消费相关的支付环境，鼓励银行等各类型支付清算服务主体降低手续费用，降低商家、消费者支付成本，推动银行卡、移动支付在便民消费领域广泛应用。完善跨境支付监管制度，稳妥推进跨境移动支付应用，提升境外人员境内支付规范化便利化水平。支持符合条件的企业通过发行新股、发行公司债券、“新三板”挂牌等方式融资。发展股权投资基金，推动生产要素向更具前景、更具活力的新型消费领域转移和集聚。要完善劳动保障政策。鼓励发展新就业形态，支持灵活就业，加快完善相关劳动保障制度。指导企业规范开展用工余缺调剂，帮助有“共享用工”需求的企业精准、高效匹配人力资源。促进新业态新模式从业人员参加社会保险，提高参保率。坚持失业保险基金优先保生活，通过发放失业保险金、一次性生活补助等多措并举，加快构建城乡参保失业人员应发尽发、应保尽保长效机制。二是政府要制定出台明确的、健全的新型消费市场游戏规则，如网络直播带货的法制法规。三是政府要继续大力改善新型消费市场主体成长壮大的硬件基础条件，包括：城市间交通基础设施和城市乡村内部交通基础设施，城乡的网络金融基础设施，城乡的通信基础设施（主要是5G网络）、建设千兆城市以保障物联网畅通无恙，并优先覆盖核心商圈、产业园区、交通枢纽，推动智能快件箱等终端建设共享。四是政府要积极推进新型消费市场的“软基础设施”建设。主要是加快农村商贸流通数字化升级，安全有序推进消费数据商用，以及消费信用评价评级系统建设等。五是对特殊新型消费市场主体，主要是“80后”“90后”“00后”消费群体，政府要通过各种途径（如发放消费券等）提高他们的就业水平和收入水平，减轻他们的主要生活压力，如购房、子女教育、医疗养护等。可以采取消费的相关税收政策，鼓励金融机构创新措施降低移动支付费用成本，促进新业态新模式从业人员参加社会保险，强化灵活就业劳动保障，支持企业开展“共享用工”。六是政府要深入推进“放管服”改革，简化相关证照办理。深化包容审慎监管，健全用户权益保护、产品追溯等机制，依法打击侵权假冒、坑蒙拐骗、泄露隐私等行为，营造安心放心诚信的消费环境。

第三，统筹市场和政府的力量，全力、全方位支持新型消费发展，要切实统筹好市场和政府之间的关系。首先，要充分肯定和尊重新型消费市场主体的主体地位。要充分发挥市场在资源配置上的决定性作用，培育壮大新型消费市场主体，就必须在充分认识并充分肯定新型消费市场主体的前提下，充分尊重和保护新型消费市场主体的主体地位。不要干涉这个主体的日常经营活动。其次，政府应该为新型消费市场主体的经济活动创造良好的外部环境和条件。包括上面已经论述过的那些方面。再次，政府要通过税收制度的调整等手段，向新型消费市场主体让利。最后，政府要通过立法、执法，加大对新型消费市场主体的保护。

第二章　消费经济研究的指导思想

当前我国经济已步入新常态发展时期，认识新常态、适应新常态、引领新常态，是当前和今后一个时期我国经济发展的一个大逻辑。党的十八届五中全会通过的《中共中央关于制定国民经济和社会发展第十三个五年规划的建议》（以下简称《建议》）中，提出了“创新、协调、绿色、开放、共享”五大发展理念，并指出要发挥消费对增长的基础作用，着力扩大居民消费，引导消费朝着智能、绿色、健康、安全方向转变，以扩大服务消费为重点带动消费结构升级。习近平总书记在主持中共中央政治局第二十八次集体学习时强调，要立足我国国情和我国发展实践，揭示新特点新规律，提炼和总结我国经济发展实践的规律性成果，把实践经验上升为系统化的经济学说，不断开拓当代中国马克思主义政治经济学新境界。在新的历史条件下，应坚持运用马克思主义政治经济学指导我国消费经济理论研究，坚持运用马克思主义政治经济学的立场、方法和观点，同时借鉴西方消费经济理论中的有益成分，在立足我国国情和发展实践的前提下，不断推进我国消费经济理论的研究。①

第一节　坚持马克思主义政治经济学的指导地位

坚持用马克思主义政治经济学指导中国新时期消费经济理论研究的核心，是指在消费经济理论研究中，要坚持用马克思主义政治经济学的立场、方法和观点研究。为此，有必要系统梳理马克思主义政治经济学经典作家关于消费的论述，马克思主义政治经济学经典作家关于消费经济理论的论述多从宏观视角展开，主要包括生产、分配、交换和消费关系的基本原理

---

① 《习近平：立足我国国情和我国发展实践　发展当代中国马克思主义政治经济学》，新华网，http：//www. xinhuanet. com//politics/2015 - 11/24/c_1117247999. htm。

以及马克思主义的消费观。新时期我党尤其是以习近平同志为核心的党中央关于消费经济理论的论述是对马克思主义政治经济学消费经济理论的创新和发展，对新时期我国消费经济的研究具有重要指导意义。本部分分别就上述内容展开论述。

一、马克思主义政治经济学经典作家关于消费的论述

马克思认为社会生产和再生产是由生产、分配、交换和消费四个环节构成的有机整体，消费与其他环节紧密相关，有机统一于社会再生产的循环过程中。因而马克思主义政治经济学关于消费经济理论研究最突出的特点就是始终把消费置于生产、分配、交换和消费四个环节所构成的有机整体中加以研究，并不是仅就消费而论消费。生产表现为社会再生产过程的起点，消费表现为终点，分配和交换是中间环节。

第一，生产决定消费，消费反作用于生产。生产创造消费材料和消费对象，产品只有被生产出来才能用于消费；生产规定消费的性质和方式，“在人们的生产力发展的一定状况下，就会有一定的交换和消费形式”。[①] 生产创造消费结构，生产出来的消费资料可分为生存资料、享受资料和发展资料。由于剩余价值由资本家获取，生存资料主要用于工人阶级消费，而享受资料和发展资料主要用于资产阶级消费；生产创造消费的动力，生产的大发展和大繁荣可以刺激人们产生新的消费需求。消费反作用于生产，生产性资料的消费再生产出从事生产活动的劳动者；劳动产品只有在被消费后才得以最终完成；消费创造出新的需求，在观念上为生产提供了对象，成为推动生产发展的内在动力。

第二，生产决定分配，分配作用和反作用于生产，分配也会影响消费。生产资料和劳动力的分配比例直接决定了生产。在劳动产品的分配方式上，人们在生产中所处的地位和关系决定了在分配中的地位和关系。劳动产品分配的多寡直接影响到人们满足其消费需求的能力。分配通过作用和反作用于生产也会间接对消费产生影响。

第三，生产决定交换，交换媒介生产和消费。生产决定了交换的性质和发展程度。交换作为生产和消费的媒介，一方面会影响分配的结果，另一方面也会直接影响人们获得劳动产品的渠道和范围，进而对消费产生

---

① 《马克思恩格斯文集（第10卷）》，人民出版社2009年版，第42～43页。

影响。

可以看出，马克思政治经济学中的消费经济理论始终紧密地与生产、分配和交换环节联系在一起，坚持以系统的、辩证的观点研究消费，这对于新常态下研究我国的消费问题具有重要的指导意义。

二、马克思主义消费观

马克思在论述消费理论时，没有单独对消费观展开论述，但从其对资本主义经济制度的批判和对社会主义、共产主义社会的构想中可以归纳出其对于消费观的立场。马克思在《共产党宣言》中指出社会主义是“这样一个联合体，在那里，每个人的自由发展是一切人的自由发展的条件”。[①]马克思提出，“未来的共产主义社会，作为完成了的自然主义，等于人本主义，而作为完成了的人本主义，等于自然主义；它是人和自然界之间矛盾的真正解决，是对象化和自我确立、自由和必然之间抗争的真正解决”。[②]

因而，马克思主张人与自然相和谐的消费观，反对资本主义社会中的奢侈性消费和工人阶级与资产阶级之间所存在的巨大的消费不平等。资产阶级的奢侈性消费仅仅是一种短暂的、放纵的个人行为，是对劳动价值的浪费，极大地破坏了生产关系的和谐。

消费需求的满足只是人的全面发展中的一个环节，而不是最终目的。消费作为社会再生产的最后环节，最终服务于人的自由发展和人与自然之间矛盾的真正解决。由于生产与消费之间作用与反作用的存在，导致过度奢侈消费和过度节俭消费均不利于社会再生产的扩大，因而应寻求与生产力发展水平相适应的消费。

三、新时期我党关于消费经济理论的论述

党的十八届五中全会鲜明提出，要坚持以人民为中心的发展思想。发展为了人民，这是马克思主义政治经济学的根本立场。要坚持把增进人民福祉、促进人的全面发展、朝着共同富裕方向稳步前进作为经济发展的出发点和落脚点。以人民为中心的发展思想，是指全体人民都是社会主义物

---

① 《马克思恩格斯文集（第2卷）》，人民出版社2009年版，第53页。

② 马克思：《1844年经济学哲学手稿》，人民出版社1985年版，第77～88页。

质文明、精神文明、社会文明和生态文明的参与者、建设者、推动者，同时又是平等分享经济社会发展成果的主人。新时期我国消费经济理论的研究必须牢牢把握住“以人民为中心”这个根本立场，关心人民群众利益，致力于探索使发展成果惠及全体人民的经济发展道路。①

新时期的消费经济理论的研究应把握经济新常态这一前提。当前，我国经济已步入新常态发展时期。随着当前经济结构的深入调整和大规模经济刺激计划的退出，中国经济逐渐告别了高速增长时代，正逐步转向以内需尤其是居民消费需求为主要推动力的增长方式。提升居民消费的比重，优化总需求结构比例，探寻一条更加公平、全民共享的可持续经济增长道路愈发引人关注。新时期的消费经济理论研究必须适应新常态、把握新常态、引领新常态。

新时期的消费经济理论的研究应坚持“创新、协调、绿色、开放、共享”五大发展理念。尤其注意在归纳总结中国经验的基础上进行理论创新和实践创新，增强我国消费经济理论研究在国际上的话语权。要加强研究和探索，加强对规律性认识的总结，不断完善中国特色社会主义政治经济学理论体系，推进充分体现中国特色、中国风格、中国气派的消费经济学科建设。

新时期的消费经济理论的研究应坚持与供给侧结构性改革相联系。供给侧结构性改革是对马克思主义政治经济学生产和消费作用与反作用原理的创造性运用。不同于西方 20 世纪 80 年代推行的供给侧改革，我国当前所实施的供给侧结构性改革坚持供给和需求的协同管理，在适度扩大总需求的同时，着力加强供给侧结构性改革。因而消费经济理论的研究应坚持马克思主义政治经济学关于消费研究的基本立场，深入探讨需求侧管理和供给侧结构性改革的内在一致性，不可将两者割裂开。

第二节　借鉴西方消费经济理论中的有益成分

2016 年 7 月 8 日，习近平总书记在主持经济形势专家座谈会时指出，坚持和发展中国特色社会主义政治经济学，要以马克思主义政治经济学为

---

① 《习近平：坚持以人民为中心的发展思想，坚定不移走共同富裕道路》，求是网，http：//www. qstheory. cn/zhuanqu/2021 –02/28/c_1127149319. htm。

指导，总结和提炼我国改革开放和社会主义现代化建设的伟大实践经验，同时借鉴西方经济学的有益成分。①

西方消费经济理论基于理性人假设展开分析，同时也涉及投资、消费和经济增长关系的探讨以及最优消费率的研究。西方消费经济理论成型于资本主义国家市场经济体系，目前已形成了较为完整的理论体系，不论在学术探讨还是在社会实践中均占据了重要的位置。当前，我国正处于中国特色社会主义市场经济的建设进程中，让市场在资源配置中起决定性作用是未来深化改革的必然要求。因而，积极借鉴和吸收西方消费经济理论中的有益成分，有利于推动新时期在马克思主义政治经济学指导下的消费经济理论研究。本部分主要论述自凯恩斯提出绝对收入理论以来西方消费经济理论的一些有代表性的“有益”的研究成果，并以此为例，尝试探讨如何以马克思主义政治经济学为指导，总结和提炼我国改革开放和社会主义现代化建设的伟大实践经验，同时借鉴西方经济学的有益成分，来坚持和发展中国特色社会主义政治经济学，推动我国消费经济理论的研究。

一、消费行为理论

从凯恩斯提出绝对收入假说开始，西方消费行为理论便在批判与质疑中不断地完善与发展。一方面，这是消费理论自我发展的内在要求，任何理论均要经历从简单到复杂的发展历程；另一方面，也反映了不同时期消费者所处环境的变化对消费行为产生的不同影响。因而，每当居民所处经济环境发生快速变化时，消费理论均需对此做出反应，这种反应或表现为消费者行为假设的调整，或表现为消费者决策方式的调整。西方消费经济理论的一个显著特征就是时刻接受着实践的检验，始终处于动态发展的过程中。每当既有理论预期与实证检验相矛盾时，新的消费经济理论便开始产生。当前我国经济社会体制处于快速的变革当中，居民的消费行为也随之不断发生变化。西方消费行为理论中的代表性成果对于分析我国居民特定时期、特定制度条件下的消费行为特征具有较强的参照意义。

西方消费经济理论的发展基本上没有超越新古典经济理论范式，自凯恩斯提出绝对收入理论以来，在这一框架内相继产生了绝对收入假说、相

① 习近平：《坚定信心　增强定力　坚定不移推进供给侧结构性改革》，载于《人民日报》2016 年 7 月 9 日。

对收入假说、生命周期理论、持久收入理论、理性预期理论等。除凯恩斯本人绝对收入假说和杜森贝里等人的相对收入假说没有超出凯恩斯经济学的藩篱外，其他几种主要的消费理论及其变异均以新古典经济理论为母体。这也就是说，各种消费理论中有关消费者行为的假定，均是以新古典经济理论中对消费者行为的外部环境设定和对消费者行为的内在设定为既定前提。新古典理论关于消费者行为因素分析的设定分两个方面：一是关于消费者行为的外部环境设定，二是关于消费者行为的内在设定，即消费者假定。前者主要包括：消费选择自由、价格充分弹性、预算约束、没有流动约束、不确定性存在等。后者主要包括：理性主体、追求效用最大化、规避风险、时间偏好等。应该说，这些既定前提在分析现实市场经济时具有一定的合理性。当然，我们在借鉴时还必须结合中国的实际国情，加以限制或修正，使之确实符合中国的特定国情。

引入了预期因素的“生命周期—持久收入”模型一直是近些年来研究消费的主要理论框架。过去十几年从实证研究中得到的一个主要教训是：“生命周期—持久收入”模型所描述的消费者行为并不像先前认为的那样具有普遍性。近年来，这一理论模型逐步被预防性储蓄理论修改和补充。预防性储蓄理论，作为“生命周期—持久收入”模型的一个实用且前景广阔的扩充，强调储蓄不仅仅是为了在生命周期内扩展配置其资源，同时也是为了对不确定性事件例如收入冲击加以保险。预防性储蓄是指风险厌恶的消费者为预防未来不确定性导致的消费水平的急剧下降而进行的储蓄，这种不确定性主要来源于收入的波动。预防性储蓄理论的一个重要含义是：不确定性同财富积累之间有正相关关系，不确定性越高，财富的积聚就越多。不难发现，预防性储蓄理论强调了不确定性假设和风险厌恶动机。此外，预防性储蓄理论也打破了新古典理论中的无流动性约束的假定。当消费者不能以任意利率借入较多的款项时，也会随之产生预防性储蓄动机。

相比于传统消费理论中消费者完全同质的假定，异质性消费者的概念日益引起关注。异质性消费理论中将消费者外生设定为两类，一类遵循生命周期最优决策原则，其消费主要由持久收入决定；另一类遵循“拇指法则”，其消费等于当期全部收入。异质性消费者的存在严重削弱了持久收入假说的解释力，也直接打破了“李嘉图等价”，因而我们可以把前一类消费者称为“李嘉图式消费者”，把后一类消费者称为“非李嘉图式消费者”。异质性消费者的提出，有效地解释了消费过度敏感性问题。同时，相比于传统消费行为理论的同质消费者假定，异质性消费者的假定与经验数据也更为相符，一系列的实证研究进一步支持了“非李嘉图式消费者”的存在。“非李嘉图式消费者”的引入对政府财政政策和货币政策的效果评估也产生了显著的影响。不难看出，异质性消费者理论的演变与消费者资本变现成本、流动性约束、不完全信息等消费者行为外部假设，以及有限理性等消费者行为内部假设密切相关。

二、积累、消费与经济增长之间的关系

西方消费经济理论中的消费者行为理论从微观层面研究了消费的特征和演变规律，而宏观层面的研究除涉及消费与收入间的关系外，还涉及积累、消费与经济增长三者之间的关系。当前我国经济处于新常态转型时期，经济增速放缓，发展方式亦由投资驱动向消费驱动转换，供给侧结构性改革背景下经济发展新动力的研究尤为引人关注。因而，探讨我国宏观经济中消费的相关问题时，就必须将其置于与积累、经济增长的关系中统一考虑。

西方经济学关于积累、消费与经济增长关系的探讨多见于新剑桥学派的研究成果中。该学派注重从社会再生产中的收入分配环节入手，着重考察经济发展过程中工资和利润在国民收入中相对份额的变动对经济增长的影响。近年来，相关研究多基于“巴达乌里亚—马格林”（Bhaduri - Marglin）模型，该模型可看作对卡莱斯基（Kaleckian）模型的拓展。该模型认为初次分配中劳动报酬的提高一方面会因为劳动报酬的边际消费倾向高于资本报酬的边际消费倾向，导致消费需求的提升；另一方面会通过提升劳动力成本对投资需求产生负面影响，同时导致本国产品国际竞争力的下降，对净出口需求产生不利影响。因而初次分配中劳动份额的提升对总需求各组成部分和经济增长的影响可归结为实证问题，若劳动份额提升对总需求产生正向影响，则经济体属于“工资驱动型”增长；反之，则为“资本驱动型”增长。在此框架下对一国经济增长属性的判断直接关系到宏观经济政策的制定和初次分配格局的调整，不论在短期还是在长期内，均会对宏观经济产生重要影响。

除此以外，主流西方经济理论中的索罗模型和“拉姆塞—卡斯—库普曼”模型直接对最优消费率问题进行了深入的研究。索洛模型中，当经济达到均衡状态时，如果单位有效劳动的资本存量处于黄金律水平，那么消费会达到所有可能的均衡路径中最高的水平上，消费者效用也处于所有可

能的均衡路径中的最高水平上。不同于索罗模型对储蓄率外生化的设定，“拉姆塞—卡斯—库普曼”模型中储蓄内生地由家庭追求效用最大化的行为来决定，因而均衡路径上的家庭效用必然处于最大化的水平上，这会导致该模型中的单位有效劳动的资本存量要始终低于索罗模型的黄金律水平，被称之为修正的黄金律资本存量。不论是索罗模型中的黄金律水平资本存量还是“拉姆塞—卡斯—库普曼”模型中修正的黄金律资本存量，均在相应假定的基础上从特定视角研究了积累、消费与经济增长的关系。

西方消费者行为研究的理论体系对于分析消费者行为提供了一个较为完整的新古典分析范式，研究方法和结论中不乏具有“有益成分”。充分吸收和借鉴西方消费经济理论中的“有益成分”，对于研究我国居民消费行为具有重要的借鉴意义，也有助于丰富和发展中国特色的社会主义政治经济学。

第三节　立足中国国情和发展实践推动消费经济理论研究

改革开放以来，我国经济取得飞速发展，创造了举世瞩目的“中国奇迹”。当代中国正经历着历史上最为广泛而深刻的变革，也正在进行着人类历史上最为宏大而独特的实践创新。习近平总书记在哲学社会科学工作座谈会上指出：“这是一个需要理论而且一定能够产生理论的时代，这是一个需要思想而且一定能够产生思想的时代。”[①] 我国消费经济理论的研究也正处在大融合、大发展的进程中，我们应该而且能够立足中国国情和发展实践，进一步推动消费理论研究。

一、总结中国经验，体现中国特色

坚持运用马克思主义政治经济学指导消费经济理论研究，必须注重总结中国经验，体现中国特色。改革开放的发展历程不同于经济史上任何经济体，在经济社会的双重转型背景下，中国居民的消费行为发生了复杂深

① 习近平：《在哲学社会科学工作座谈会上的讲话》，载于《人民日报》2016 年 5 月 19 日 02 版。

刻的转变。随着计划经济体制向市场经济体制的转型，以及我国经济工业化、信息化程度的不断提高，居民的消费潜力、消费预期和消费环境均发生了巨大的改变。同时，我国城乡间、区域间、不同社会阶层之间客观存在的差距，也增加了我国消费理论研究的复杂性。近年来飞速发展的网络消费、消费金融，以及我国居民消费异质性的日益凸显，进一步增加了我国消费理论研究的中国特色。

因此，研究中国的消费问题，不能简单地套用西方现有的理论，把中国经济简单地变成西方经济理论的检验场。我们应积极总结归纳我国经济发展的典型事实和经验特征，将消费理论研究与当前中国经济社会发展中的重大问题相联系，在此基础上推动中国特色的消费经济理论研究，在国际消费理论研究领域发出中国声音。

二、坚持中国特色马克思主义政治经济学的指导地位与兼容并包的研究态度

坚持运用马克思主义政治经济学指导消费经济理论研究，必须坚持中国特色马克思主义政治经济学的指导地位与兼容并包的研究态度。新时期推动我国消费经济理论研究必须坚持中国特色的马克思主义政治经济学的指导地位，以人民为中心的发展思想是其根本立场，把增进人民福祉、促进人的全面发展作为发展的出发点和落脚点。中国特色马克思主义政治经济学揭示了我国经济运行的根本特征，保证了我国经济发展沿着正确的道路不断前进。新时期我党尤其是以习近平同志为核心的党中央提出的“经济新常态”“五大发展理念”“供给侧结构性改革”进一步丰富和发展了中国特色的马克思主义政治经济学内涵，也为消费经济理论的研究指明了方向。

在经济学研究中要坚持规范分析方法和实证分析方法相结合。在这方面，有选择地借鉴西方经济学中一些有益的实证分析方法，来充实马克思主义政治经济学中的实证分析内容，无疑是非常必要的。应该说，西方消费经济理论在其发展过程中，不断地经受着实践的检验，始终处于变革与完善的过程中，产生了诸多有益的研究成果和研究方法。消费经济理论以人的消费活动作为研究对象，具有一定的普遍意义。同时，各国文化背景、经济体制、发展历程等的差距，又导致各国消费呈现出典型的国别特色和地域特色。坚持运用马克思主义政治经济学指导消费经济理论研究，应对

一切优秀合理的研究成果持有兼容并包的研究态度，积极借鉴和吸收西方消费理论中的有益成分，用于推动我国消费经济理论研究的发展。

三、创新理论研究，解决中国问题

坚持运用马克思主义政治经济学指导消费经济理论研究，必须不断创新理论研究，解决中国问题。习近平总书记指出："问题是时代的声音，人心是最大的政治。推进党和国家各项工作，必须坚持问题导向，倾听人民呼声。"① 而在《中共中央关于制定国民经济和社会发展第十三个五年规划的建议》所提的五大发展理念中，尤其把"创新"摆在了突出的位置，必须把创新摆在国家发展全局的核心位置，不断推进理论创新、制度创新、科技创新、文化创新等各方面创新。消费经济理论的研究也应坚持通过不断创新，解决中国经济社会发展中所面临的重大现实问题，形成中国特色的理论成果。

中国居民消费的一个典型特征就是消费率不论与当今世界主要经济体相比还是与相同发展阶段主要经济体相比，均处于较低水平。在解释这一中国消费之谜上，一些传统消费理论，包括西方消费经济理论往往表现乏力。首先，生命周期理论预测储蓄率随适龄工作人口在总人口中的占比而提升，然而这与中国家庭储蓄率的变化轨迹并不相符。其次，由收入不确定性带来的预防性储蓄动机也无法解释中国的高储蓄问题，因为自 2003 年以来，中国的社会保障体系和公共医疗保障体系逐步完善，但同期内的家庭储蓄率却急剧上升。再次，认为金融市场发育水平较低导致了高储蓄也无法自圆其说，因为近年来中国的金融市场经历了高速发展已是不争的事实。最后，认为是文化因素导致的高储蓄，但文化因素往往较为稳定，很少发生变化。因而，不少学者从其他视角探究预防性储蓄的来源。这其中包括从"计划生育"政策带来的影响、二元金融体制内嵌的金融资产交易成本对异质性储蓄动机的影响等方面展开尝试。

坚持以马克思主义为指导，是当代中国哲学社会科学区别于其他哲学社会科学的根本标志，必须旗帜鲜明加以坚持。我国经济正处于新的历史时期，面临着新的机遇和挑战。消费经济理论的研究应立足中国国情和经济实践，坚持以马克思主义政治经济学为指导，兼容并包西方消费理论中

---

① 习近平：《在全国政协新年茶话会上的讲话》，载于《人民日报》2015 年 1 月 1 日 02 版。

的优秀研究成果，坚持以人民为中心的发展立场，不断推进创新，在解决中国重大经济社会现实问题的同时丰富和发展中国特色的马克思主义政治经济学，形成充分体现中国特色、中国风格、中国气派的消费经济理论研究成果。

第三章　收入、收入分配结构与居民消费

第一节　初次分配格局与消费潜力释放

一、问题的提出

改革开放以来，中国经济实现了年均9.9%的高速增长，创造了经济增长领域的“中国奇迹”。[①] 伴随着中国经济的崛起，传统发展模式的弊端也在不断呈现，长久积累的体制性、结构性矛盾日益突出，尤其是以投资为主导的增长方式越来越难以为继。提升居民消费的比重，优化总需求结构比例，探寻一条更加公平、全民共享的可持续经济增长道路已成为学术界和决策者共同关注的问题。

传统的“唯GDP”式的经济发展方式和重工业优先发展的政策导向，导致了在现有的收入分配体制下，劳动报酬在国民收入初次分配中的占比自20世纪90年代中期以来不断降低，截至2018年，这一比例降至44%，显著低于同期世界主要经济体的平均水平。[②] 初次分配格局的恶化直接影响到居民消费潜力的释放，同时也加剧了社会贫富分化。党的十八届三中全会上通过的《中共中央关于全面深化改革若干重大问题的决定》中，明确提出要在2020年之前形成合理有序的收入分配格局，提高劳动报酬在初次分配中的比重，逐步形成橄榄型分配格局。探究以提升劳动份额为寻向的初次分配格局调整将在多大程度上释放居民的消费潜力，并进而影响到国民经济的增长，对于实现以提高国民消费率为核心的经济发展战略具有重

① 《新世纪实现新跨越　新征程谱写新篇章——从十六大到十八大经济社会发展成就系列报告之一》，中国政府网，http：//www. gov. cn/gzdt/2012 -08/15/content_2204557. htm。

② 根据《中国统计年鉴2019》整理计算所得。

要意义。

二、相关文献回顾

围绕中国初次分配格局的变动和居民消费之间的关系，国内学者多从劳动报酬占比下降这一现象入手展开了相关研究。李扬（2007）较早使用《中国资金流量表》相关数据分析了中国高储蓄率问题，发现自 1992 年以来，居民的劳动报酬、财产收入和再分配收入占比均有所下降，企业和政府对劳动报酬的挤占制约了国内消费率的提升。安体富和蒋震（2009）、通过计算国民收入初次分配和最终分配的基本格局，发现我国当前的收入分配格局“是向政府和企业倾斜”，居民最终分配比重不断下降。陈璋等（2011）通过模型分析认为改善当前短期结构性矛盾的关键在于通过调整收入分配结构扩大消费需求。此外，还有不少学者围绕初次分配中劳动报酬与资本报酬对居民消费的影响进行了实证分析（储德银和闫伟，2011；刘东皇和沈坤荣，2012；谢琦，2013；骆祚炎，2010）。

显然，初次分配中的劳动份额占比过低已成为当前中国经济一个不争的事实。提高劳动报酬占比，进而提升居民消费率，理应是当前中国经济结构转型的应有之义。不少学者由此探讨了我国收入分配格局变动与经济增长和结构调整的关系。如龚刚和杨光（2010）发现劳动力过剩背景下，当前发展模式推动的经济增长所带来的利益大部分转化为利润而非工资，导致了中国收入分配的持续恶化。李稻葵和徐翔（2013）则认为随着“刘易斯拐点”的到来，在市场机制的推动下，工资会逐步提升进而推动劳动报酬占比的提升。林毅夫和陈斌开（2013）通过理论分析，认为重工业优先发展的赶超战略所衍生的制度遗留是导致我国收入分配恶化的主要原因，政府应推行比较优势发展战略以逐步改善收入分配状况。

国外的相关研究多基于巴达乌里亚—马格林模型，该模型认为初次分配中劳动报酬的提高一方面会因为劳动报酬的边际消费倾向高于资本报酬的边际消费倾向，导致消费需求的提升；另一方面，会通过提升劳动力成本对投资需求产生负面影响，同时导致本国产品国际竞争力的下降，对净出口需求产生不利影响。因而初次分配中劳动份额的提升对总需求和经济增长的影响可归结为实证问题，如海因和沃格尔（Hein & Vogel，2008）、斯托克汉姆等（Stockhammer et al.，2009）、奥纳兰等（Onaran et al.，2011）、鲍尔斯（Bowles，2013）等分别研究了不同国家和地区的经济增长驱动模式。若劳动份额提升对总需求产生正向影响，则经济体属于“工资驱动型”增长；反之，则为“资本驱动型”增长。国内学者刘盾等（2014）最早运用这一模型对我国宏观经济的增长属性进行了研究，发现现阶段我国经济增长为“工资驱动型”。

综上所述，不难发现已有研究较少同时关注初次分配格局调整、居民消费率的提升及上述变化对经济增长的影响。而理清这一问题对于准确把握当前中国经济转型的方向和路径具有重要意义。本节基于巴达乌里亚—马格林模型，结合中国经济现阶段存在的劳动力过剩和信贷约束两个特征，构建了一个适合中国的扩展模型，解释了实证研究中投资函数对资本份额变动不显著的问题，拓展了巴达乌里亚—马格林模型对宏观经济增长属性的界定内涵。在初步探究初次分配格局变动与居民消费关系的基础上，通过单方程估计，重点分析了初次分配中劳动者报酬占比的变动对居民消费和经济增长的影响，并对当前背景下构建扩大我国居民消费的长效机制提出相应政策建议。

三、初次分配与居民消费关系的初步考察

虽然已有文献对初次分配和居民消费的关系进行了较为充分的研究，但因统计口径的变化，不少学者对于初次分配格局的变动程度存在争议（李稻葵和徐翔，2013；许宪春，2013；张车伟和张士斌，2010；三小鲁，2010；肖文和周明海，2010；李扬和殷剑峰，2007），这直接影响到对二者变动关系的准确判断。本部分利用国家统计局按照现行统计口径统一调整后、最新公布的资金流量表相关数据对初次分配和居民消费的关系作初步考察，排除了统计口径调整带来的影响，为后文分析奠定基础。

图3－1显示了1992～2011年初次分配中劳动份额占比和居民消费占比的变动趋势。可以看出，劳动报酬在初次分配中的份额在1995～2001年整体呈现波动下降趋势；而在2002～2011年这10年间，劳动报酬占比出现大幅下降，共下降了6个百分点。居民消费在国民经济中的比重自1996年以来呈现出逐步下降态势，截至2011年共下降了近12个百分点；在2000～2007年这一趋势最为显著，而2008年之后有所减缓，居民消费占比开始波动调整。由劳动份额和居民消费占比的同步变化趋势，不难推测出初次分配中劳动报酬占比的下降与居民消费占比的下降密切相关，初次分配格局的恶化严重制约了居民消费潜力的释放。

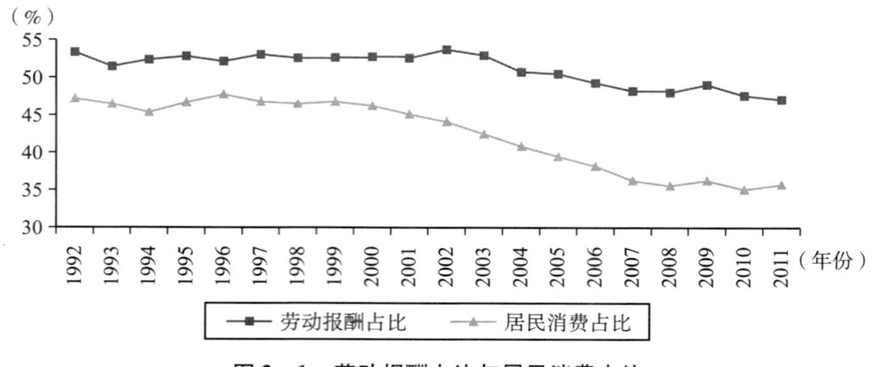

图3-1　劳动报酬占比与居民消费占比

资料来源：1992～1999年数据来自《中国资金流量表历史资料（1992-2004）》，2000～2011年数据来自《中国统计年鉴2012》中的《中国资金流量表（2000-2011）》。

为进一步探究初次分配格局恶化，进而影响到居民消费潜力释放的原因，接下来从居民、企业、政府三大部门视角对《中国资金流量表》进行分析。表3-1列示了1992～2011年初次分配格局中各部门变动的百分比。具体来看，1992～2000年，初次分配和再分配格局偏向于企业部门，在这9年间，企业的初次分配占比提高了0.66个百分点，而在再分配中进一步提升了近4个百分点；政府收入呈下降趋势，在再分配中进一步下降了2个百分点；而居民在初次分配中有所上升，但在再分配中则呈现略微下降。可见，这一时期的国民收入分配格局整体上朝着"偏向企业，弱化居民"的方向演进。在2000～2008年，在初次分配中，企业占比进一步上升了6.89个百分点，居民占比则下降了8.49个百分点，政府占比也有所上升；在再分配中，企业占比回落了2个百分点，政府占比提升了近3个百分点，而居民占比进一步下降了近1个百分点。这一时期的国民收入分配格局朝着"偏向企业和政府，恶化居民"的方向演进。与图3-1中这一时期居民消费占比的剧烈下降相对照，不难发现，收入分配中居民部门收入状况的恶化与居民消费率的降低密切相关。更为"巧合"的是，居民在2000～2008年收入占比共下降了9.26个百分点，而由图3-1，居民消费占比下降了10.66个百分点，二者下降幅度几乎吻合。在2008～2011年，初次分配中，企业占比有所回落，政府部门占比小幅上升，居民部门占比扭转了之前下降的趋势，上升了2个百分点；再分配中，企业和政府占比略微下降，居民占比进一步上升了0.5个百分点。因而，这一时期的分配格局开始向"限制企业，提升居民"的方向转变。

表 3－1　　初次分配与再分配格局的变动　　单位：%

时期	初次分配			再分配		
	企业部门	政府部门	居民部门	企业部门	政府部门	居民部门
1992～2000 年	0.66	－2.40	1.74	4.61	－4.43	－0.18
2000～2008 年	6.89	1.60	－8.49	4.81	4.45	－9.26
2008～2011 年	－2.66	0.65	2.01	－2.71	0.21	2.50
合计	4.89	－0.15	－4.74	6.70	0.23	－6.93

资料来源：1992～1999 年数据来自《中国资金流量表历史资料（1992－2004）》，2000～2011 年数据来自《中国统计年鉴 2012》中的《中国资金流量表（2000－2011）》。

值得注意的是，2008 年之后，收入分配格局持续恶化的趋势得以扭转，居民收入占比开始有所回升。结合图 3－1 所示居民消费占比在 2008 年之后的波动变化，可见收入分配格局的改变已开始发挥作用，但趋势并不十分显著。若要进一步释放居民长期被压抑的消费潜力需要持续推进初次分配格局的改善。

四、理论模型

本节内容主要基于巴达乌里亚—马格林模型，结合中国当前发展过程中存在的劳动力供给过剩和商业银行信贷约束两个特征，构建了一个分析中国初次分配格局变动（主要是劳动份额与资本份额的相对变动）对总需求各组成部分影响的后凯恩斯主义经济模型，以此分析劳动份额变动对居民消费需求和经济增长的影响，为后文的实证研究提供理论基础。

国内总需求（y）由居民消费（c）、政府消费（g）、投资（i）、出口（x）和进口（m）组成：

$$y = c + g + i + (x - m) \tag{3-1}$$

假定政府税率为 τ，政府消费对私人消费和投资均不产生影响；记初次分配中劳动收入所占比重（即劳动份额）为 Ω，那么居民消费需求可看作劳动收入 Ωy 和资本收入 $(1-\Omega)y$ 的函数，两者的边际消费倾向分别为 β_w 和 β_π，且有 $0 < \beta_\pi < \beta_w \leqslant 1$。因而，居民消费需求可表示为：

$$c = \beta_w(1-\tau)\Omega y + \beta_\pi(1-\tau)(1-\Omega)y = [\beta_w\Omega + \beta_\pi(1-\Omega)](1-\tau)y \tag{3-2}$$

政府部门的边际消费倾向为 β_g，则

$$g = \beta_g(1-\tau)y \tag{3-3}$$

假定进口函数是总产出的线性函数，平均进口倾向为 ζ，则

$$m=\zeta y \tag{3-4}$$

将式（3－2）、式（3－3）、式（3－4）代入式（3－1），可得

$$y=\frac{i+x}{1-(1-\tau)[\beta_w\Omega+\beta_\pi(1-\Omega)]-\beta_g(1-\tau)+\zeta}=\frac{i+x}{u} \tag{3-5}$$

此处，$u=1-(1-\tau)[\beta_w\Omega+\beta_\pi(1-\Omega)]-\beta_g(1-\tau)-\zeta$，$u^{-1}$ 为凯恩斯产出乘数，其大小取决于税率、劳动份额等因素。对式（3－5）两边进行全微分，然后同时除以 y，可得

$$\hat{y}=-\hat{u}+\frac{i}{uy}\hat{i}+\frac{x}{uy}\hat{x}=-\hat{u}+\psi_i\hat{i}+\psi_x\hat{x} \tag{3-6}$$

其中，$\psi_i=i/uy$，$\psi_x=x/uy$，可看作依投资需求、进口需求占总需求的比重调整后的产出乘数。由式（3－6）可知，产出增长率是投资需求增长率和进口需求增长率的加权平均，三者呈线性关系。系数 ψ_i 与 ψ_x 均受 u 影响，由经济系统内生决定。接下来分别计算式（3－6）右侧三变量的表达式。

由 u 的表达式，可得①

$$\hat{u}=-\frac{(1-\tau)(\beta_w-\beta_\pi)\Omega}{u}\hat{\Omega}=-\frac{(1-\tau)(\beta_w-\beta_\pi)\Omega}{u}(\hat{\omega}-\hat{\lambda}) \tag{3-7}$$

对中国而言，由于劳动力长期过剩，真实工资率提升幅度很小，近似有 $\hat{\omega}\approx0$，而且现实经济中 $\hat{\lambda}>0$，因而由式（3－7）可得 $\hat{u}>0$，将导致式（3－6）中投资需求和出口需求的系数变小。这意味着，在当前中国投资主导型的经济增长模式中，尤其是由政府主导的大规模投资快速增长，伴随着依靠廉价劳动力优势带来的出口需求的快速增长，虽然短期内能够带动经济的高速增长，但长期来看，会带来产出乘数（ψ_i、ψ_x）的降低，进而降低投资和出口对经济增长的拉动效率，造成资源配置效率的下降。在“唯 GDP”增长观的影响下，劳动份额的下降短期内能够“有效”帮助地方政府实现既定的 GDP 增长目标，但长期来看，会导致投资和净出口在拉动经济增长上表现“乏力”。

依照巴达乌里亚和马格林（Bhaduri & Marglin，1990）的思路，资本份额和产能利用率作为主要影响因素进入投资函数。资本份额一方面会影响

① 此处用到了关系式：$\hat{\Omega}=\hat{\omega}-\hat{\lambda}$。推导如下：记名义工资为 W，劳动生产率为 $\lambda=y/L^d$（其中 y 为真实产出，L^d 代表劳动力需求）。那么劳动份额 $\Omega=\frac{WL^d}{Py}=\frac{W}{P\lambda}=\frac{\omega}{\lambda}$（其中 ω 为真实工资率），将该式左右两端同时对时间求导，可得 $\hat{\Omega}=\hat{\omega}-\hat{\lambda}$。

企业用于投资的利润留成，另一方面也代表了预期利润率水平；产能利用率往往用 y 表示，也会影响到对未来企业对未来需求的预期。由此已有研究往往假定投资需求函数为：

$$i = ab^{\phi_0}\pi^{\phi_1}y^{\phi_2} \tag{3-8}$$

其中，a 为一个正的常数，b 代表影响投资的其他因素（例如企业家投资意愿等）。

然而，当前中国投资需求的很大一部分来自政府投资，而政府投资往往和特定的经济增长目标和宏观调控目标密切相关。事实上，中国政府每年都会设定特定的货币供应量增长目标，并配以一系列的信贷计划作为实施工具。这导致中国的私人投资不仅受到市场机制的影响，还会受政府宏观经济政策的显著影响。这意味着中国的投资需求函数和式（3－8）所表示的适用于发达经济体的投资需求函数将有所不同。此处结合龚刚和林毅夫（2007）基于中国商业银行信贷约束所推导出的投资函数，改造了巴达乌里亚—马格林模型中的投资函数。

假定现期政府和企业所能获得的贷款总量为 ΔM（简化起见，假定 ΔM 外生）。不论政府还是企业，其投资的项目均有可能面临信贷约束，也有可能因投资规模小于可获取的信贷量而不受信贷约束限制。因而，在存在信贷约束的情形下，政府和企业除争取信贷指标的能力有所差异外，所处的境况并无本质差别。假定考察期间内共有 N 个投资项目，且均按照特定顺序排序，使得前 n 个项目受信贷约束限制，因而实际投资额等于信贷约束 $\Delta M_i(i=1,2,\cdots,n)$；而后 n－N 个项目不受信贷约束限制，因而实际投资额等于最优投资额 $\Delta M_i^*(i=n,n+1,\cdots,N)$。这里的最优投资额由投资主体依据市场原则确定，可看作资本份额与总需求的函数 $f(\pi,y)$。由上所述，本节使用的投资函数可表示为：

$$i = \sum_{i=1}^{n}\Delta M_i + \sum_{i=n+1}^{N}\Delta M_i^* = \Delta M_i' + f(\pi, y) \tag{3-9}$$

其中，$\Delta M'_i = \sum_{i=1}^{n}\Delta M_i$，$f(\pi,y) = ab^{\phi_0}\pi^{\phi_1}y^{\phi_2}$。那么投资需求的变化率可表示为：

$$\hat{i} = \widehat{\Delta M_i'} + \phi_0\hat{b} + \phi_1\hat{\pi} + \phi_2\hat{y} = \widehat{\Delta M_i'} + \phi_0\hat{b}\phi_1 - (\Omega/\pi)\phi_1(\hat{\omega} - \hat{\lambda}) + \phi_2\hat{y} \tag{3-10}$$

假定出口需求是相对单位劳动力成本（等于劳动份额 Ω）的减函数，是国外总需求 D_f 的增函数，则出口函数可表示为：

$$x = a_e D_f^{\varepsilon_0}\left(\frac{\Omega}{\Omega_f}\right)^{-\varepsilon_1} \tag{3-11}$$

为简便起见，仿照内斯特帕德（Naastepad，2006）的处理，令 $\varepsilon_0 = 1$，$\Omega_f = 1$，则出口需求的变动率可表示为：

$$\hat{x} = \hat{D}_f - \varepsilon_1 \hat{\Omega} = \hat{D}_f - \varepsilon_1(\hat{\omega} - \hat{\lambda}) \tag{3-12}$$

将式（3－7）、式（3－10）、式（3－12）代入式（3－6），可得经济的增长速度为：

$$\hat{y} = \frac{\psi_i \phi_0 \hat{b} + \psi_x \hat{D}_f}{1 - \psi_i \phi_2} + \frac{(1-\tau)(\beta_w - \beta_\pi)\Omega u^{-1} - \psi_x \varepsilon_1 - \frac{\Omega}{1-\Omega}\psi_i \phi_1}{1 - \psi_i \phi_2}(\hat{\omega} - \hat{\lambda}) + \frac{\widehat{\Delta M_i'}}{1 - \psi_i \phi_2} \tag{3-13}$$

从式（3－13），可看出在本节理论框架下影响经济增长的因素主要有三个来源。第一，投资和国外总需求的自然增长率（$\hat{b}$ 和 $\hat{D}_f$）。依照经济理论，二者和经济增长率存在正相关关系，这就要求 $1 - \psi_i \phi_2 > 0$。第二，实际工资和劳动生产率的相对增长速度，即劳动份额的变化方向。第三，政府和企业受信贷约束限制投资额度的变化率。若经济增长过热，政府有意遏制投资，“受限投资”规模增大，则$\widehat{\Delta M_i'} > 0$；若经济增速下滑（低于预期目标），政府有意刺激经济增长，“受限投资”规模减小，则$\widehat{\Delta M_i'} < 0$。假设 $\hat{\omega} - \hat{\lambda} > 0$（即劳动份额上升），若$\widehat{\Delta M_i'} > 0$，且

$$(1-\tau)(\beta_w - \beta_\pi)\Omega u^{-1} - \psi_x \varepsilon_1 - \frac{\Omega}{1-\Omega}\psi_i \phi_1 > 0 \tag{3-14}$$

即 $\beta_w - \beta_\pi > \frac{1}{1-\tau}\left(\frac{x\varepsilon_1}{\Omega y} + \frac{i\phi_1}{(1-\Omega)y}\right)$成立，则劳动份额的增加能够提高经济增长速度。与之类似，若$\widehat{\Delta M_i'} < 0$ 且 $\beta_w - \beta_\pi < \frac{1}{1-\tau}\left(\frac{x\varepsilon_1}{\Omega y} + \frac{i\phi_1}{(1-\Omega)y}\right)$，则劳动份额的增加会降低经济增长速度。在其他情况下，劳动份额变动对经济增长速度的影响方向无法确定。考虑到中国特有的商业银行信贷约束后，巴达乌里亚和马格林（1990）及现有相关研究所得出的结论发生了本质改变。即在信贷约束的影响下，“工资驱动型”的经济体有可能表现成“资本驱动型”，反之亦然①，如表 3－2 所示。

① 内斯特帕德（Naastepad，2005）通过引入“凡登定律”（verdoon law），考虑产出增长对劳动生产率的影响后得出了与本章类似的结论。

表 3-2　　经济增长属性判断

判别条件	$\widehat{\Delta M_i'}>0$（经济增长过快）	$\widehat{\Delta M_i'}<0$（经济增长过慢）
$\beta_w-\beta_\pi>\frac{1}{1-\tau}\left(\frac{x\varepsilon_1}{\Omega y}+\frac{i\phi_1}{(1-\Omega)y}\right)$	工资驱动型	无法判断
$\beta_w-\beta_\pi<\frac{1}{1-\tau}\left(\frac{x\varepsilon_1}{\Omega y}+\frac{i\phi_1}{(1-\Omega)y}\right)$	无法判断	资本驱动型

在当前中国这样一个投资活动受政府政策影响显著的经济体，规模庞大的信贷指标的膨胀或收缩会显著影响劳动份额变动对经济增速的影响方向。因而，与市场机制较为完善的发达经济体不同，对中国经济增长属性（即“工资驱动型”或“资本驱动型”）的判断不能仅仅依据实证结论，还必须考虑政府行政指令的干预对其造成的影响。这就解释了为什么自 1992 年以来，在不同阶段中国劳动份额的变动方向并不完全相同，但经济始终保持较为稳定的高速增长。随着当前中国各项改革的逐步推进，中国特色社会主义市场经济体制将进一步完善，$\widehat{\Delta M_i'}$对投资活动的影响将逐步减小，中国经济增长的“真实”属性也将逐步呈现。值得注意的是，即使不考虑信贷约束对投资活动的影响，一个经济体的增长属性也不是固定不变的。劳动报酬和资本报酬边际消费倾向的相对变化、税率的变动、出口与劳动者报酬之比和投资与资本报酬之比均有可能造成经济增长属性的改变。

五、实证分析

依据上文推导的可用于计量分析的理论模型，接下来运用单方程估计方法实证分析劳动份额变化对总需求各组成部分的影响，进而加总得出对经济增长的影响。

本节使用的国内生产总值、消费、投资、进口和出口数据均源自历年《中国统计年鉴》；劳动者报酬、营业盈余和税收 1992～1999 年数据来自《中国资金流量表历史资料（1992－2004）》，2000～2011 年数据来自《中国统计年鉴 2012》中提供的最新修正的《中国资金流量表（2000－2011）》。为消除价格因素影响，各变量均使用 GDP 平减指数（以 1992 年为基期）进行平减，并以对数形式进入计量模型。由于本节使用的时间序列数据只有 20 期，针对大样本的单位根检验有可能失效；另外，考察期内中国经济体制发生了本质变化，市场经济体制逐步替代原有计划经济体制，因而宏观变量之间的均衡关系也必然发生改变。基于上述判断，本节直接采用差分形式的 ADL 模型分析各变量之间的关系。

（一）消费

由于劳动者报酬和资本报酬（营业盈余）数据均已扣除了税收的影响，并且税率变动相对稳定，此处税收因素不再进入消费函数。表 3－3 显示了居民消费函数的回归结果。回归（1）为各变量对数形式的 OLS 回归，为消除残差自相关影响，加入了因变量的滞后项。为消除由时间序列不平稳和多重共线性造成的估计偏差，回归（2）对各变量的一阶差分进行 OLS 回归。回归（3）对各变量的一阶差分使用 PW 估计法进行 FGLS 回归，以求进一步控制自相关的影响。回归（1）中资本收入对居民消费的影响并不显著，这很可能由变量间的多重共线性造成。回归（2）和回归（3）的结果较为相近，各变量系数较为显著，且 DW 统计量优于回归（3），因而此处采用回归（2）的估计结果。

表 3－3　　居民消费函数回归结果

被解释变量	回归（1）		回归（2）		回归（3）	
	lnc		D. lnc		D. lnc	
解释变量	$\ln W^A$	0.691*** (0.192)	D. $\ln W^A$	0.800*** (0.117)	D. $\ln W^A$	0.776*** (0.115)
	$\ln\pi$	0.072 (0.133)	D. lnπ	0.200* (0.113)	D. lnπ	0.197* (0.104)
	L2. lnc	0.332** (0.117)	LD. lnc	0.145* (0.078)	LD. lnc	0.180** (0.069)
	L3. lnc	−0.219** (0.083)	—	—	—	—
	常数项	1.235*** (0.337)	常数项	−0.0314** (0.014)	常数项	−0.0326*** (0.011)
方程统计量	$R^2=0.999$, D. W. =1.507		$R^2=0.933$, D. W. =1.945		$R^2=0.957$, D. W. =1.704	

注：括号内为标准误；***、**、* 分别代表在 1%、5%、10% 的水平上显著。BG 检验和 Ljung－Box Q 检验也得出了一致的结果，限于篇幅，此处不再列出（下同）。

由回归（2）的结果，工资报酬和资本报酬每增加1%，居民消费需求将分别增加0.80%和0.20%，二者之和近似等于1%。当劳动份额提升时，由于工资的边际消费倾向远大于资本的边际消费倾向，居民消费总额将上升。为得出更为直观的经济含义，将估计出的弹性分别转换成样本期间内的平均边际效应和样本末期（2011年）的边际效应：据样本平均值计算，显示劳动份额每增加1个百分点，居民消费将增加0.57个百分点；而据样本末期数据计算，居民消费将增加0.59个百分点。这表明，通过改善初次分配格局，提升劳动报酬占比，可以有效释放居民消费需求，为经济的转型提供一个稳步增长的内需基础。

（二）投资

对投资函数的估计首先仍采用巴达乌里亚和马格林（1990）设定的函数形式，即将投资看作产出和资本报酬（份额）的函数。考虑到利率r有可能影响到投资活动，因而利率[①]也将作为自变量进入回归方程。不同形式的估计方程均显示，不论是政府投资还是私人投资，与资本报酬（份额）变动的关系均不显著。正如上文理论分析所指出的，由于以信贷约束为代表的政府计划指令的存在，投资活动主要受政府宏观经济政策的影响，对市场信号的反映并不明显。为此，在投资函数中加入央行货币和准货币（M2）供应量（代表政府为调控经济而制定的信贷投放量）。鉴于货币投放量不仅和经济活动的冷热状况相关，还和通胀水平密切相关，因而国内价格水平（以GDP折减指数def表示，1992年为基期）也进入投资方程。回归结果如表3－4所示。

表3－4　　投资需求函数回归结果

被解释变量	回归（1）		回归（2）		回归（3）		回归（4）	
	D. lni		D. lni		D. lni		D. lni	
解释变量	LD. lnπ	−0.376 (0.272)	LD. lnπ	−0.232 (0.261)	—	—	—	—
	LD. lny	0.458* (0.259)	D. lny	0.958* (0.500)	D. lny	0.412* (0.231)	D. lny	0.407 (0.233)

① 本章使用的利率数据由中国人民银行公布的金融机构一年期贷款基准利率按实施时间长度加权计算得出。

续表

被解释变量	回归（1）		回归（2）		回归（3）		回归（4）	
	D. lni		D. lni		D. lni		D. lni	
解释变量	LD. lnr	0. 432 *** （0. 079）	D. lnr	0. 286 （0. 166）	D. lnr	0. 319 ** （0. 145）	D. lnr	0. 312 ** （0. 145）
	—	—	D. lndef	-1. 259 * （0. 661）	D. lndef	-1. 034 * （0. 564）	D. lndef	-1. 017 * （0. 560）
	—	—	D. lnM2	0. 891 （0. 507）	D. lnM2	1. 235 *** （0. 322）	D. lnM2	1. 234 *** （0. 319）
	常数项	0. 156 *** （0. 028）	常数项	-0. 042 （0. 052）	常数项	-0. 068 （0. 046）	常数项	-0. 067 （0. 046）
方程统计量	R^2 =0. 750， D. W. =1. 684		R^2 =0. 698， D. W. =1. 792		R^2 =0. 730， D. W. =1. 916		R^2 =0. 725， D. W. =1. 984	

注：括号内为标准误；***、**、* 分别代表在 1%、5%、10% 的水平上显著；回归（4）中 D. lny 系数的 p 值为 0. 1030，接近在 10% 水平上显著。

回归（1）至回归（3）除自变量不同外，均采用 OLS 回归；回归（4）采用 PW 方法对相应变量进行了 FGLS 回归，以进一步控制残差自相关的影响。具体来看，回归（1）、回归（2）中资本报酬系数均不显著，且为负值，与理论预期相矛盾。回归（3）、回归（4）中删除了资本报酬后，各变量系数均变为显著。此处采用表现最优的回归（4）的估计结果，显示 GDP 和货币供应量均对投资产生正向影响，通货膨胀水平对投资产生负向影响，与理论预期相符。利率水平的系数为正值，这很可能和当前中国尚未实现完全的利率市场化相关。利率水平更多反映的是政府对宏观经济的调控意愿：利率水平越高，表明此时投资需求旺盛，经济活动过热，政府希望通过提高利率减少投资需求，但由于宏观调控的时滞性和投资活动对利率的低敏感性的存在，导致投资和利率同向变动的发生。

由此可谨慎推断当前中国资本份额的变动对投资活动的影响并不明显。投资更多地受到政府宏观经济政策的影响。这在一定程度上减少了借由初次分配格局调整推动经济转型的一项约束，即政府可以依据经济转型目标更为灵活地调整国民收入初次分配格局，不必过度担心投资过度波动的风险。

（三）净出口

随着经济全球化的快速发展，进出口额的增长速度远超过 GDP，这导致净出口需求的相关估计对回归方程的设定形式十分敏感。已有研究对进出口需求的估计主要采用两种方法：一是直接将净出口看作国内需求 y、国外需求 y^f、汇率 E 和劳动份额的函数，即 $NX = f(y, y^f, E, \Omega)$；另一种方法分两步估计，将国内价格水平看作单位产出劳动力成本（与劳动份额可相互转换）和进口价格的函数，然后将进出口需求看作国内价格水平的函数进行估计。

考虑到数据的可获得性和本节样本期间较短，两步法估计可能产生较大偏差；另外，从已有研究来看，上述两种方法得出的结果并不存在显著差别，本节选择第一种方法。其中，国外总需求以我国主要贸易国（本节选取了与我国进出口总额排名前 40 位的国家和地区）的 GDP 总和 y^f 代替。由于对外贸易主要以美元进行结算，因而汇率采用人民币兑美元汇率。各国 GDP、净出口和工资报酬数据均以 2005 年不变价美元计价。估计结果如表 3－5 所示。

表 3－5　　　　净出口需求函数回归结果

被解释变量		回归（1）	回归（2）	回归（3）	回归（4）
		D. lnnx	D. lnnx	D. lnnx	D. lnnx
解释变量	LD. lny	37.800*** (6.421)	38.442*** (6.921)	30.214*** (7.832)	35.551*** (5.076)
	D. lny^f	7.273** (2.719)	7.448** (2.633)	9.016** (3.479)	5.500* (2.691)
	D. lnW^A	5.943* (2.740)	5.522* (2.641)	6.468* (3.395)	8.796** (3.003)
	LD. lnW^A	−8.440** (2.780)	−8.803** (2.791)	−8.205** (3.273)	−11.947*** (2.636)
	L2D. lnW^A	−4.742* (2.078)	−4.850* (2.110)	—	—
	L3D. lnW^A	4.855** (1.866)	5.169** (1.858)	—	—

续表

被解释变量		回归（1）	回归（2）	回归（3）	回归（4）
		D. lnnx	D. lnnx	D. lnnx	D. lnnx
解释变量	D. lnE	19.163 *** （3.471）	18.884 *** （3.645）	16.037 *** （4.401）	20.35 *** （3.011）
	常数项	–3.084 *** （0.462）	–3.103 *** （0.503）	–2.527 *** （0.503）	–2.744 *** （0.310）
	$\ln W^A$ 总影响	–2.362	–2.932	–1.737	–3.151
方程统计量	R^2	0.919	0.912	0.792	0.919
	D. W.	1.907	1.899	2.469	2.379

注：括号内为标准误；*** 、** 、* 分别代表在 1%、5%、10% 的水平上显著。

回归（1）、回归（3）分别用 OLS 回归；回归（2）、回归（4）分别对应回归（1）、回归（3），使用 PW 估计法的 FGLS 回归。考虑到宏观变量间的影响一般不会持续多期，回归（3）、回归（4）相比前两个回归减少了自变量的滞后项，但 DW 统计量的表现并不理想。本节采用表现最优的回归（1）的估计结果，显示劳动报酬每增加 1%，净出口需求减少 –2.38%（=5.94% – 8.44% –4.74% +4.86%）。将弹性转换成边际效应：据样本平均值计算，显示劳动份额每增加 1 个百分点，净出口将减少 0.21 个百分点；而据 2011 年数据计算，净出口将减少 0.13 个百分点。劳动份额变动对净出口影响的边际效应与净出口占 GDP 的比重呈正相关关系。受 2008 年国际金融危机影响，当今世界主要经济体复苏势头并不稳定，导致中国净出口占 GDP 比重急剧下降。虽然这对中国经济增长造成了不利影响，但客观上为借助劳动份额提升释放国内居民消费需求，进而助推经济转型提供了良好的“外部”条件。当前情形下，劳动份额的提升虽然会在一定程度上降低净出口需求，但不会对其造成大幅波动。

（四）总影响

基于前文实证分析，将劳动份额变动对总需求各组成部分的影响加总得到其对经济增长的总影响，即

$$\frac{dy/y}{d\Omega}=\frac{dc/y}{d\Omega}+\frac{di/y}{d\Omega}+\frac{dnx/y}{d\Omega} \tag{3-15}$$

为使结论更加直观，总需求各组成部分的变动均转换成相对于 GDP 的变动。劳动份额对投资需求的影响并不显著，因而可将$\frac{di/y}{d\Omega}$近似处理为 0。由于弹性和边际效应的转换受时点影响明显，为更为全面把握劳动份额变化所引起的变动，图 3 –2 展示了 1992 ~2011 年，劳动份额提高1%，消费、净出口和 GDP 增长率的变动情况。

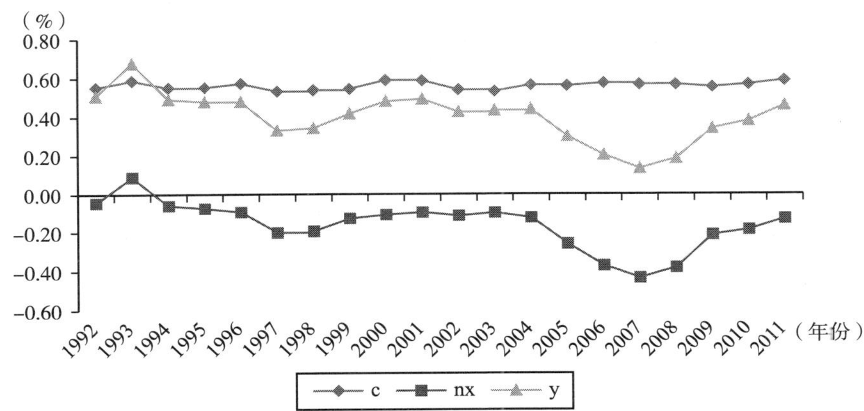

图 3 –2　1992 ~2011 年劳动份额提高 1 个百分点对总需求及各组成部分影响

资料来源：笔者根据 1993 ~2012 年的《中国统计年鉴》相关数据整理所得。

由图 3 –2 可知，劳动份额变动对居民消费需求的影响较为稳定，而对净出口需求的影响较为敏感。自 2008 年金融危机之后，劳动份额的提升对净出口的影响显著降低，截至 2011 年已降至一个较低的水平。此时提升劳动份额对净出口需求造成的负向影响，将完全被其对消费需求的正向影响所抵消，并对总需求产生 0. 46% 的正向影响。当前，我国经济呈现出劳动份额和居民消费占比“双降”的局面，不利于培育经济转型的内生动力。以 2011 年为基点，根据本节计量估计结果，若劳动份额提升 8 个百分点(即从 2011 年的 47% 提升至近 20 年的最高点 55%)，那么将带动居民消费占 GDP 的比重增长 4 个百分点，上升至 40% 左右。伴随着净出口需求出口下降 0. 13 个百分点，并假定投资需求不受此影响，经济增速将提高 0. 46 个百分点。

值得注意的是，图 3 –2 所示结果仅适用于描述当前背景下劳动份额调整的短期效应。这是因为，第一，随着我国市场经济体制改革的进一步推进，行政审批对经济的干预将逐步减弱，市场机制将在经济活动中发挥决定性作用。这意味着劳动份额变动对投资的影响将逐渐显著。第二，随着全球经济的逐渐回暖，净出口需求占 GDP 的比重也将逐步回升，劳动份额变动对净出口需求的影响效应也会随之放大。上述两点均会导致未来经济实际运行中，劳动份额的提升对总需求的带动作用会低于图 3 -2 所示情形，甚至有可能导致总需求增速的降低。这将视未来居民消费潜力的释放程度而定。

此外，从已有跨国研究来看奥纳兰和加拉尼斯（Onaran & Galanis, 2013）的研究，各经济体总需求各组成部分对劳动份额变动的敏感度和劳动份额的水平值无确定性关系。对同一个经济体而言，消费需求的变动幅度往往大于投资需求的变动幅度。对中国来讲，与劳动份额绝对值相近的经济体相比，消费需求对劳动份额变动的敏感度处于较高水平，投资需求和净出口需求对劳动份额变动的敏感度处于较低水平，总需求对劳动份额变动的敏感度处于平均水平。在未来外需回升缓慢且具有诸多不确定性的背景下，即使中国的投资需求对劳动份额变动的敏感程度达到发达经济体水平，仍然不会对经济增长带来负面影响。随着以劳动份额提升为导向的初次分配格局的调整及以市场机制逐步在投资领域发挥决定作用，可逐步构筑起中国经济消费驱动型增长动力，稳步实现经济由“投资驱动”向“消费驱动”的转型。

六、结论及政策建议

本节基于巴达乌里亚和马格林（1990）提出的后凯恩斯主义模型，通过嵌入中国经济中存在的劳动力过剩和商业银行信贷约束这两个因素，构造了一个适用于分析中国经济现状的模型。基于理论模型的实证检验，发现劳动份额的提升能够有效促进居民消费潜力的释放，由于信贷约束的存在，劳动份额变动对投资的影响并不显著；受外需萎缩影响，净出口需求对劳动份额变动的边际反应远小于劳动份额。具体来讲，以 2011 年为例，劳动份额提升 1 个百分点，居民消费需求将上升 0. 59 个百分点，净出口将减少 0. 13 个百分点，经济增度相比现有水平将提升 0. 46 个百分点。

虽然当前我国政府对经济干预程度较高，净出口需求萎缩，但客观上为借助提升劳动份额释放居民消费需求，促进经济的平稳转型提供了良好的外部环境。随着市场化改革在各领域的深入推进和全球经济的逐步回暖，劳动份额的提升对总需求的负面影响将逐步放大。但若能合理利用当前这一经济转型的“黄金时期”，在提升劳动份额的同时，优化居民消费预期，降低居民预防性储蓄动机，构建起强有力的内需基础，我国经济完全可以找到以消费潜力释放为“推手”的经济转型和经济稳步增长的平衡点。

为此，政府首先应着手在当前阶段构建起促进居民消费增长的长效机制。通过提高居民工资收入，提升居民劳动报酬在国民收入初次分配中的占比。尤其要注重提升城乡低收入群体的劳动收入，拓宽低收入群体提供分享经济增长红利的渠道。

其次，政府应逐步减少对各领域经济活动的干预，进一步完善市场经济体制。促使市场机制在经济运行中发挥决定性作用，减少对信贷市场的管制。进一步破除行政性壁垒和民营企业的投融资难题，激活民间资本投资活力。注重在尊重市场机制前提下，引导私人投资有序投入改善居民消费的相关领域；政府也应转变“唯 GDP”式的发展观念，由注重基础设施建设投资转向注重教育、医疗、社会保障等公共物品相关领域的投资。逐步培育起私人投资、政府投资与居民消费增长的“正反馈”循环机制，在构筑短期经济增长动力的同时，为向“消费驱动型”经济转型奠定基础。体制改革红利的释放将对投资需求带来积极影响，也有助于减少劳动份额提升产生的负向效应。

最后，政府应统筹各项改革措施的协调性。经济的转型和增长是未来中国经济发展需要同时考虑的两个问题。而经济转型往往伴随着增长减速的风险，但本节分析指出，通过推进以劳动份额提升为导向的初次分配改革，在带动居民消费增长的同时并不必然带来经济增速的下滑，在合理掌控居民消费和投资相关领域改革力度的前提下，有可能实现居民消费增长和经济平稳增长的同步推进。这就要求政府在推进相关领域改革的同时应充分考虑各项政策可能带来的潜在风险，加强顶层设计，合理配置居民消费、投资领域相关改革政策的推进时间和推进力度。实现各项政策“红利”与“风险”的合理搭配，避免因推进相关改革而带来短期经济的剧烈波动，以便为经济发展方式的转变创造战略缓冲期。

第二节　扩大中等收入阶层与居民消费的理论研究

改革开放以来，我国经济快速发展，大多数居民的生活水平得到了极大的提高。但是在资源和环境约束下，当前我国面临着向消费主导型经济发展方式转型。低收入阶层的购买力有限，高收入阶层更多消费进口品甚至直接去国外消费，因而中等收入阶层成为国内消费市场的主体，也得到了政策层面的持续关注。2002 年，党的十六大报告正式提出“以共同富裕为目标，扩大中等收入者比重”①。2011 年，中央经济工作会议又指出，要把扩大内需的重点更多放在保障和改善民生，提高中等收入者比重上来。②2014 年中央经济工作会议提出了“新常态”，认为过去我国消费具有的模仿型、排浪式特征将逐渐被个性化和多样化消费特征代替，而一向关注消费品质的中等收入阶层，更加有可能成为这一新消费阶段的主导者。③

中等收入阶层作为经济学范畴，与社会学领域的中产阶层范畴既有联系，又有区别。从字面意义上看，中等收入阶层仅涉及收入，中产阶层则可能包括财产的概念；具体内涵上，中等收入阶层仅指一定时期内在一定地区处于社会中间收入水平或消费水平的群体，中等收入和适度消费是其主要特征；中产阶层是指满足一定职业地位、教育水平、收入和财产水平、生活方式和政治态度等综合特征的群体。中等收入阶层不一定是中产阶层，中产阶层很可能是中等收入阶层。中等收入阶层可以看作是中产阶层的后备军，中产阶层可以看作中等收入阶层的成熟形态；对于一个国家来说，要产生一个稳定规模的中产阶层必定要经历一个中等收入群体扩大的过程（王开玉，2006）。因此，从中产阶层的特征出发，提出扩大中等收入阶层、进而带动居民消费增长的对策具有重要的理论与现实意义。本章从职业、教育、住房、收入和消费这五个维度提出扩大中等收入阶层和居民消费的政策建议。

一、从职业维度看扩大中等收入阶层和居民消费

与经济学主要从收入角度定义中等收入阶层不同，社会学界把职业分类作为界定中产阶级的最重要的测量指标（李培林和张翼，2008）。根据 EAMC 项目（东亚中产阶级比较研究）阶级分类，中国的中产阶层又可分为三个群体：新中产阶层、老中产阶层和边缘中产阶层。大多数新中产阶

---

① 《改革开放三十年系列策划．党的重要会议之九　十六大——确定全面建设小康社会的奋斗标》，中国共产党新闻网，http：//cpc. people. com. cn/GB/64162/134580/140790/。

② 《2011 年中央经济工作会议》，人民网，http：//finance. people. com. cn/GB/8215/8970/235489/index. html。

③ 《2014 年中央经济工作会议》，共产党员网，http：//www. 12371. cn/special/2014zyjjgzhy/。

层是政府部门、国有企业和政府管理的事业单位的雇员，少数是私营和外资企业的雇员；老中产阶层即个体工商户；边缘中产阶层主要指受过中高等教育、从事低层白领工作的“70后”中年人和“80后”年轻人。老中产阶层的数量增长迅速并保持一定规模是中国以及其他东亚国家区别于西方发达国家的一个显著特征（李春玲，2008），而国外的老中产阶层随着经济发展逐渐减少。中国中产阶层区别于其他国家中产阶层的另一个特点是，他们与国有企业或者公共权力具有很大的联系，尽管随着国有企业改革的进行，主要由国企职工组成的“类中等收入阶层”出现了萎缩（李强，2003）。

总之，从职业角度划分的中国中产阶层仅在总人口中占20%～30%，若考虑到庞大的农村人口在内，中产阶层的比例会更低①。中产阶层的职业类型主要可分为：公务员和国企职工、经理人员、中高级专业技术人员、低层白领，以及私营企业主和个体工商户。中国中产阶层区别于西方国家的三个特色是包括个体工商户在内的传统中产阶层的比例不降反升，国有企业员工比例大，以及城乡二元结构。相应地从职业角度扩大中等收入阶层的对策主要有促进创业和提高技术工人社会地位两条路径。

从一般规律来讲，公务员的比例不会一直上升，甚至可能会缩小。随着国家公务员以及政府管理的事业单位薪酬改革的进行，公务员占总人口的比例和薪酬水平应该会比较稳定。经理人员和高级专业技术人员的比例也不会很高，因为在制度之外还受天赋和机遇的影响。但是，目前中国的户籍制度、人事档案制度、事业单位制度、养老制度等阻碍了一大批受过高等教育的大学生成为职业中产阶层（李强，2015），应该逐步推进上述体制方面的改革，例如户籍制度应该打破城乡分割，民办中小企业的人事档案管理应该与政府部门、事业单位等接轨以方便人才流动，事业单位的合同制度应该增加相应就业人员的福利并可以转档案，养老保障覆盖面应该更广并可以随工作迁移。总之，应该减少上述制度障碍以增加潜在的中低收入人群成为中产阶层的可能。

老中产阶层或者传统中产阶层的发展也许是扩大中国中等收入阶层的突破口。目前国家所鼓励提倡的“大众创业、万众创新”② 也正是基于对中国国情的现实考量，鼓励自雇化就业，也许会成为中国中等收入阶层扩大

① 刘欣：《中国城市的阶层结构与中产阶层的定位》，载于《社会学研究》2007年第6期，第1～14页。

② 摘自2015年的《政府工作报告》。

的“新常态”。尤其目前中国城镇地区存在大量农民工，可通过完善商品市场使他们进入商业营销队伍，例如，降低创业者的进入门槛，简化审批手续，并进一步扶植小微企业。

2015 年中国存在约 2.6 亿进城务工人员，应该提高其中技术人员的比例以提高其社会地位。同时中国对技术劳动者的认证体系存在严重问题，导致一大批有技术的农民工没有达到其应有的收入水平。因此，对农民工和农业劳动者建立相应的技术认证渠道，例如，对有技术的农民工恢复建立八级职业技术分层制度，可能造就一大批中高级专业技术人员①。随着城市化的进一步推进，尤其农民工的市民化，这一部分“技术中产阶层”的比例还将进一步提高，进而能极大地促进中等收入阶层和居民消费的扩大。

二、从教育维度看扩大中等收入阶层和居民消费

受教育程度或文化水平是常见的阶层划分指标之一，通过受教育程度定义的中产阶层通常被称为教育中产。而教育本身也与消费有诸多联系。例如，教育本身就是一项消费，受教育程度较高的居民其收入水平和消费层次一般也较高，教育还通过影响居民的就业选择进而影响其收入水平乃至消费层次。因此，提高低收入群体和较低收入水平的中等收入阶层的受教育程度也能一定程度上促进中等收入阶层和居民消费的扩大。

判定一个国家是否形成了庞大的中产阶层的标准之一是：平均受教育年限超过 12 年（马海龙，2004）。而中产阶层的受教育程度更多在大专及本科阶段及以上。由第六次全国人口普查得到 2010 年我国人口平均受教育年限为 8.81 年，城市人口平均受教育年限为 10.57 年，乡镇人口平均受教育年限 9.08 年，农村人口平均受教育年限为 7.58 年。从教育与职业分布来讲，受教育程度越高，获得中产阶层职业类型的可能性越大。大专及以上文化水平、中专文化水平、高中文化水平以及初中文化水平的可能性分别为 4/5、3/5、1/4 和 1/10②。

从上面的分析可以看出，教育中产主要分布在城市，要提高教育中产的规模，第一，要在城镇地区普及高中阶段的教育，加强农村地区的初高

---

① 李强：《为什么农民工“有技术无地位”——技术工人转向中间阶层社会结构的战略探索》，载于《江苏社会科学》2010 年第 6 期，第 8 ~ 18 页。

② 李春玲：《当代中产阶层的构成及比例》，载于《中国人口科学》2003 年第六期，第 29 ~ 36 页。

中教育，逐步使城乡平均受教育年限达到12年。第二，鉴于中产阶层的职业分布，加强对接受高等教育的潜在人群的扶植力度，例如助学贷款审批和发放的便利化。第三，打破目前高等教育体制中的不合理因素，比如通过允许高校自己设立专业以提高专业设置与市场需求的匹配度，增加受过高等教育的大学生进入中产阶层的渠道。第四，除了正规的学校教育之外，通过加强低收入阶层的职业培训和其他在职教育，提高其职业技能及文化水平也有助于低收入群体增加就业选择和收入水平。

总之，通过提高受教育程度增加广大中低收入群体的人力资本，通过破除相关制度障碍增加广大受过高等教育的大学生升级成为中产阶层的职业渠道，有助于中国形成中等收入阶层占大多数的社会，并有利于经济发展进入消费驱动的良性循环。2015年3月5日，国务院总理李克强在第十二届全国人民代表大会第三次会议上所做的《政府工作报告》中提出，要推进教育发展和改革，启动教育扶贫工程，加大对农村地区的学校改造、学生营养以及教师生活改善的力度，提高贫困地区重点高校升学率以及农民工子女的受教育程度和升学率，有计划提升农民工的职业技能；继续增加中央教育财政支出，扩大地方办学自主权，构建以就业为导向的现代职业教育体系[①]。因此，推进教育发展和改革将成为扩大中等收入阶层和居民消费的长期有力举措。

三、从住房维度看扩大中等收入阶层和居民消费

住房由于综合隐含了家庭主要成员（一般为户主）的职业性质、收入水平和受教育程度等特征，也被一些学者单独用来划分阶层。一个家庭拥有的房产的面积、数量和档次，已经成为判定一个家庭经济与社会地位的最直接的指标（王凯，2010）。从住房与居民消费的关系讲，拥有优质的住房一般表明该家庭其他方面的消费水平也较高，当然，房贷也可能挤出部分其他消费。而随着城市的发展，不同的阶层又在不同的空间形成了居住隔离[②]，减弱了阶层消费之间的互相影响，影响到了总消费的提高。由于房价以及房价收入比受一时一地的影响很大，不能一致反映中等收入阶层的

① 《政府工作报告（全文）》，中国政府网，http：//www. gov. cn/guowuyuan/2015 －03/16/content_2835101. htm。

② 居住隔离，又称居住分异，是指由于职业类型、收入水平及文化背景存在差异，由此导致不同的社会阶层居住于不同的空间区域之中（王道勇和郧彦辉，2014）。

真正生活水平，家庭的居住面积和套数可能是更好的指标。相关研究得出，要想在中国成为住房中产阶层，至少应该拥有一套 90～150 平方米的房子（王凯，2010）。

“有恒产而有恒心，无恒产者无恒心”对于大多数人还是成立的，只有使得居民具有了一定的“恒产”如住房，改善了居民的消费预期，消费的稳定增长才有可能，而且“恒产”本身也会带来消费，比如中国传统文化里讲究住房对于婚姻的不可或缺。当然，住房贷款对于年轻一代其他方面消费的挤出作用也不容忽视。因此，通过各种措施继续降低房价并为中低收入群体提供购房优惠政策，将在提高住房中产比例的同时释放大量其他消费。

除此之外，也应该看到各阶层消费之间的互相影响，而住房在空间上的隔离一定程度上减弱了不同阶层居民之间的消费影响。比如目前高收入阶层主要居住在别墅区和高档住宅社区，中等收入群体主要居住在普通的商品房社区，而低收入群体主要聚居在经济适用房社区，甚至公租房和廉租房。目前最好的防止阶层之间过度隔离的做法是形成不同档次的住房“大混居、小聚居”的局面，而形成这一局面又需要地方政府让渡一部分土地出让收益；而考虑到住房在不同阶层之间的流动，有关住房“过滤模型”的研究指出，对低收入群体提供住房补贴比修建新房的住房政策更加有效率（王道勇和郧彦辉，2014）。

2015 年 3 月 13 日，国务院总理李克强在第十二届全国人民代表大会三次会议闭幕会后的记者会上提出，中国房地产市场的需求是刚性的，鼓励居民自住性住房和改善性住房需求，并提出 2015 年将要在改造棚户区、城市和农村危房方面加大力度，各增加 100 万套保障性住房①；2015 年 3 月 30 日，中国人民银行、住建部以及银监会也相应联合出台了促进这一举措的房贷优惠政策②。从上面的分析可以看出，改善居民住房条件，减少居民因为住房形成的阶层隔离，应该也有可能成为扩大中等收入阶层以及居民消费的长期有效的途径之一。

---

① 《李克强中外记者会问答实录（全文）》，中国新闻网，http：//www. chinanews. com/gn/2014/03 - 13/5946659. shtml。

② 《三部门关于个人住房贷款政策有关问题的通知》，中国政府网，http：//www. gov. cn/xinwen/2015 - 03/30/content_2840354. htm.

四、从收入来源维度看扩大中等收入阶层和居民消费

不同收入阶层之间的收入来源结构的差异是造成不同收入阶层收入份额差距的主要原因之一。我国城乡居民的收入来源主要分为四种，工薪收入、经营净收入、财产性收入和转移性收入。以城镇为例，根据各年份《中国价格及城镇居民家庭收支调查统计年鉴》和《中国城市（镇）生活与价格年鉴》公布的2000～2012年各居民收入组的不同收入来源数据，计算出各收入组不同来源收入占比。可以得出不同扩大不同收入组收入来源的对策。

首先，各收入组的工薪收入占比均处于下降趋势，但是中等收入各组的工薪收入占比要高于低收入各组和高收入各组[①]。可见工薪收入是中等收入群体的最主要收入来源，因此，继续稳定中等收入阶层的工资收入、提高低收入阶层的工薪收入水平是提高中等收入阶层比例的重要措施。与前面第一部分从职业维度扩大中等收入阶层相对应，应该增加居民正规化就业的渠道，完善相应的薪酬和福利体系，使得更多低收入群体通过获得稳定的工资性收入升级进入中等收入阶层。目前农民工工资的市场化已经很充分，但是如政府、事业单位等的薪酬体系还需要进一步改革，尤其应该降低国企高管过高的收入水平，例如，通过增加国企上交红利等来减少工薪劳动者上缴的所得税比例或改革五险一金缴纳机制等，以维持中低收入群体较高的工资水平。这也是促进居民消费的有力措施，因为稳定的收入带来的良好预期有助于消费增长。

其次，低收入各组和最高收入组的经营净收入占比要高于中等收入各组和高收入组，因此，继续采取措施为低收入群体增加经营净收入创造条件。虽然目前经营净收入并非中国中等收入阶层的主要收入来源，但鼓励就业自雇化或者创业，也可能有利于该部分群体的收入水平进入中等收入范围；同时，可对经营净收入占比最高的最高收入组实行累进税，在不损害效率的前提下缩小其与其他收入阶层的收入差距。

再次，财产性收入占比与各收入组收入水平成正比，但是除最高收入组外，比例均不足5%，因而完善资本市场、扩大居民财产收入渠道有利于

---

① 其中，低收入各组包括最低收入户和低收入户，中等收入组包括中等偏下收入户、中等收入户和中等偏上收入户，高收入各组包括高收入户和最高收入户，下同。

各阶层居民提高收入水平，促进消费；一方面对低收入居民普及更多的理财知识，逐步提高他们的财产性收入占比，则可能提高中等收入阶层的人口比例。另一方面随着居民财富的增加以及中等收入群体的扩大，他们的理财需求也应该得到重视和满足。尽管现在的商业银行越来越重视针对中产阶层的理财服务，但是在理财品牌建设、理财产品设计和队伍建设方面还有所欠缺，应该加强理财渠道向立体化、网络化转变，融合商业银行和信托公司的相关业务以跨越市场壁垒，将理财服务的重点从产品导向转为过程导向（马丁和王大贤，2011），帮助中等收入阶层获得长期稳健的理财渠道。同时，加强消费金融的发展，增加相应的消费金融产品和服务种类以及相关法律法规建设，以提高中低收入阶层的提前消费。

最后，中等收入各组和高收入组获得的转移性收入占比相对来说较高，与一般认为低收入群体应该获得最高转移支付的观念相悖。鉴于低收入各组的收入水平本来就低，且各收入组的转移性收入比例在四种收入来源中均仅次于工薪收入，是重要的收入来源，因此，为使更多的低收入者升级进入中等收入阶层，政府应该降低对中等收入各组和高收入户的转移性支出，提高对低收入各组的转移性支出，以最终提高中等收入阶层的人口比例。

五、从消费结构维度看扩大中等收入阶层和居民消费

不同收入阶层之间存在消费的示范效应和攀比效应。随着收入的提高，较低收入阶层的消费随之出现升级。通过对比分析各收入阶层的消费结构，可以得出低收入阶层的消费向中等收入阶层消费转化的路径，进而得出扩大中等收入阶层和消费的举措。我国居民的消费支出分为食品、衣着、居住、家庭设备用品及服务、医疗保健、交通通信、教育文化娱乐服务、杂项商品与服务八大类，从各年份《中国价格及城镇居民家庭收支调查统计年鉴》及《中国城市（镇）生活与价格年鉴》可以直接得到七个收入组家庭各项消费支出的比例。由于各收入组的各项消费支出比例几乎均在 2002 年出现大的变化，而 2002 年之后我国经济环境更加稳定，因此下文的分析主要关注 2002 年之后。

对比八项消费支出在各收入组中的不同比例。从时间趋势上来看，各收入组食品支出比例基本随时间呈下降趋势，反映了我国各阶层居民生活水平的提高，而且收入阶层越高，食品支出比例越低，符合恩格尔定律。

衣着支出比例在时间上大体呈 U 形趋势，1992～2012 年占比最多下降 4 个百分点，反映了衣着的使用价值随收入水平的提高有了更加丰富的内涵，从最初的蔽体防寒之用，到生活水平提高之后的追求舒适健康和更加时尚，经历了由必需品到中高档消费品的转变；尤其 2002 年之后各收入户的衣着支出占比基本稳定，其中中等收入各组占比最高，高收入户和低收入户次之，最高收入户和最低收入户又次之。

如果不考虑 2002 年左右相关统计指标的改变造成的各收入组支出占比的突变，总体来看，居住支出、医疗保健支出大体呈微弱的倒 U 形趋势，但是占比相对 1992 年均有上升，最高可达 6 个百分点，而且这两项支出的占比随收入阶层的提高而下降；教育娱乐文化服务支出占比 1995～2008 年呈明显的倒 U 形趋势，2008 年之后开始平稳上升，最高上升幅度约为 6 个百分点；家庭设备用品及服务占比相对 1992 年来说水平有所下降，但是 2004 年之后整体呈微弱的上升趋势；交通通信支出占比一直处于良好的上升态势；其他商品与服务支出占比经过 2002 年的急剧下降后开始缓慢上升。从收入水平上来讲，交通通信、教育娱乐文化支出、家庭设备用品及服务以及其他商品与服务支出的支出占比随收入阶层的升高而提高，具备消费升级的特点，其中又以交通通信的支出占比上升得最快。因此，从扩大消费结构的维度看，应从以下几个方面提高中等收入阶层和居民的消费：

首先，由于交通通信支出占比上升成为消费升级的显著标志，而且随着智能手机及相应的手机应用的流行，交通通信支出可能也包含了部分教育文化娱乐功能。因此，应降低交通通信的使用成本，则不仅可以增加低收入群体的交通通信支出，还能借助这一渠道满足其部分教育文化娱乐功能，并且成为对中低收入群体通过网络培训等增加人力资本的有效途径。2015 年 4 月 14 日李克强总理在一季度经济形势座谈会上再次强调了加强信息基础设施建设、提高网络带宽，以降低居民网费并提高居民上网速度。随着“互联网＋”的展开，交通通信支出与其他各项消费支出的联系将更加密切，除目前联系已经很紧密的网购食品与衣着外，交通通信支出与教育娱乐文化服务、医疗、家庭设备用品及服务等的联系也在加强，从而进一步促进了相关消费的扩大和相关产业的发展。由此可见，交通通信支出将不仅仅是最具有上升最快的升级类消费支出，还很可能带动其他消费支出的上升，甚至促进居民收入的提高。

其次，教育文化娱乐服务一直是除了食品和近几年兴起的交通通信支出之外在各个阶层支出中均占有较大比例的支出项目，一方面体现出中国不同收入水平的家庭对于教育的重视，另一方面也体现出文化娱乐消费需求的上升。对此，相应的政策建议是完善教育文化娱乐方面的基础设施，包括大型场馆建设，降低影院、剧院、游乐场所等文化娱乐服务设施的门票等费用，保持教育娱乐文化服务支出的上升趋势，提高居民的人力资本积累，为收入的进一步提高打下基础。

再次，衣着兼具必需品和奢侈品的功能，被中等收入群体所重视，因此也可以成为消费升级的依托点。例如北京、上海、纽约这样的国际大都市，居民穿着的时尚程度甚至直接反映了其经济的发达程度，时尚产业所带来的 GDP 也不容忽视。而且，衣着在家庭支出中具有排他性，所以可能具有一定规模；有的衣着也具有耐用品的特征，价值较大。因此，通过降低服装业的成本并提供某些配套措施以加强服装业的升级，通过举办大型服装博览会和增加时尚秀场等宣传推广方式以促进时尚产业发展，不但可以在短期内促进中低收入群体的衣着消费升级，还有利于未来的产业升级和居民消费的整体扩大。

最后，居住和医疗保健支出比例随收入阶层的升高而下降，在低收入群体家庭中占较大比例，而中等收入群体中这两项支出所占的比例居中，得以释放较多的其他消费支出。从这两项支出的波动特征也可看出它们极易受政策影响，因而建议增加住房补贴和完善医疗保障，保障低收入群体的居住和医疗保健支出的基本需求，以释放更多的其他消费支出。另外，各个阶层的家庭设备用品及服务的支出比例均较低，不考虑耐用品的使用年限较长的影响的话，一方面可通过促进低收入群体家庭设备用品的更新换代来扩大其消费，进而促进其消费升级；另一方面可通过发展相关产业增加家庭设备用品及服务的供给，提高其整体上升趋势。

第三节　中等收入阶层比例变化及扩大研究

随着中国进入中等收入国家，增长方式需要由原来的投资拉动型向消费驱动型转变。按照发达国家的惯例，国内此时应该具有一半以上的中等收入阶层才能有利于消费的繁荣。但是大多数研究表明，中国目前的中等收入阶层比例还很低。这也与国内外学术界目前未形成对中等收入阶层的一致定义有关。中等收入阶层在收入分配格局中占大多数也意味着经济增长的成果为大多数居民享有，从而有利于社会整体福利的提高，有利于社会稳定和经济的进一步发展。2002 年，党的十六大报告首次明确提出“以共同富裕为目标，扩大中等收入者比重，提高低收入者收入水平”①；2011 年，中央经济工作会议又指出，要把扩大内需的重点更多放在保障和改善民生，提高中等收入者比重上来②。足见中等收入阶层对于扩大内需和改善民生的重要性。2014 年中央经济工作会议提出了“新常态”，认为过去我国消费具有的模仿型排浪式特征将逐渐被个性化和多样化消费代替③，中等收入阶层凭借对消费品质的关注，更加有可能成为这一新阶段的消费主体。

那么，中国目前的中等收入阶层规模和比例到底有多少？反映了怎样的收入分配格局？又如何扩大中等收入阶层呢？下文将从中等收入阶层与中产阶层的辨析、不同国内外定义下的中等收入阶层比例及变化情况、居民收入分布变迁情况和中等收入阶层扩大措施等几个方面进行展开分析。

一、中等收入阶层与中产阶层

相比中等收入阶层，中产阶层可能更为民众所熟知。经过大众媒体的渲染，中产阶层某种程度上成为优越生活的代表，成为很多人生活的目标。英语中的“middle class”很好地概括了这一具有众多内涵的概念，但是国内学界却有“中产阶级”“中产阶层”“中间阶层”“社会中间层”“中等收入阶层”和“中等收入群体”等不同定义。公众理解以及社会学领域的“中产阶层”和我们将要讨论的“中等收入阶层”存在重要的不同。

从字面意义上看，中产阶层包括资产或者财产的概念，也包括其他社会学特征，比如受教育程度、职业地位和生活方式等含义，而中等收入阶层主要从收入维度进行定义。具体地，中产阶层是指满足一定职业地位、教育水平、财产水平、生活方式和政治态度的群体，他们介于贫富之间，具有本科或大专以上的教育水平，从事管理以及技术相关的职业，具有除经济资源以外的管理经验、技术、文化资源和组织资源，追求一定品质的生活方式并通过消费来实现，拥有温和的政治态度，支持保守的社会改革，

① 《在中国共产党第十六次全国代表大会上的报告（5）》，人民网，http：//www. people. com. cn/GB/shizheng/16/20021117/868418. html。

② 《2011 中央经济工作会议解读：“定调”与“微调”》，人民网，http：//politics. people. com. cn/GB/70731/16658475. html。

③ 《中央经济工作会议在北京举行》，中国共产党历史网，http：//www. zgdsw. org. cn/n/2014/1212/c218988 – 26196145. html。

是社会发展的稳定器，对社会的创新能力提高和经济发展有很大作用。而中等收入阶层仅指一定时期内在一定地区处于社会中间收入水平或消费水平的群体。

总的来说，中等收入阶层可以看作是中产阶层的后备军，中产阶层可以看作中等收入阶层的成熟形态，中等收入阶层不一定是中产阶层，中产阶层很可能包含中等收入者；对于一个国家来说，要产生一个一定规模的稳定的中产阶层必定要经历一个扩大中等收入者的过程（王开玉，2006）。从中等收入阶层和中产阶层的关系角度讲，利用中产阶层的某些特质可以提出相应的政策建议，比如中产阶层一般具有较高的受教育水平，比较重视消费质量，因而可以从就业、教育和消费环境的改善等方面促进低收入阶层向中等收入阶层转化，从而进一步促进中等收入阶层的收入水平提高和消费升级。

中产阶层作为中等收入阶层的成熟形态，具有更多的内涵，因此猜测中等收入阶层的比例至少不应该低于中产阶层的比例，表 3 －6 列示了社会学领域部分学者对中国中产阶层的比例估计。从表 3 －6 可看出社会学定义下的中产阶层比例还是很低的，除 1997 年的北京外，大部分不超过 25%，全国比例一般又低于城市、大城市或发达地区的比例。那么，经济学定义下的中等收入阶层的比例及变化情况怎样呢？从收入水平或者消费支出的角度，国外学者对中等收入阶层的界定主要有两种：绝对定义法和相对定义法。国内学者的角度更加多样，除了经过修正的绝对定义法和相对定义法之外，还考虑了恩格尔系数和基尼系数的影响。不同的国内外定义下，中国中等收入阶层的比例变化迥异。

表 3 －6　　国内社会学者估计的中产阶层比例

学者	中产阶级比例	划分指标	调查数据及估计方法
张建明、洪大用等（1997）	48.5%（北京市）	社会经济指数（文化水平、收入和职业）	北京市抽样调查，数据统计估计
肖文涛（2001）	全国 20% ~25%	人均年收入 1 万 ~10 万元及户均金融资产 3 万 ~10 万元	无调查数据，主观估计
周晓虹（2001）	11.9%（大城市）	经济条件、职业和文化水平	五大城市电话调查数据，数据统计估计

续表

学者	中产阶级比例	划分指标	调查数据及估计方法
李春玲（2001）	4.1%（全国） 12%（大城市）	职业、收入、消费和主观认同	全国抽样调查，数据统计估计
刘毅（2004）	23.7%（珠江三角洲城镇家庭）	收入、职业和消费	珠江三角洲抽样调查，数据统计估计
李强（2005）	15%（全国）	职业	无调查数据，主观估计
陆学艺（2010）	23%（全国）	职业	2005年全国1%人口抽样调查、全国抽样调查（CGSS，2005，2006）
李培林和张翼（2008）[1]	核心中产阶级3.2%； 半核心中产阶级8.9%； 边缘中产阶级13.7%； 全国25.8%	职业、收入和教育	全国抽样调查（CGSS，2006）数据统计估计
李春玲（2008）[2]	城市大中产55%，核心中产15%～18%； 全国大中产30%，核心中产8%～9%； 收入中产城镇8.6%，全国4.6%	职业、收入	全国抽样调查（CGSS，2006）数据统计估计
刘渝琳、许新哲，2017	中等收入群体比重33.2%	收入	全国抽样调查（CFPS，2014），数据统计估计
李春玲，2017	中等收入群体比重47.6%	收入	2015年中国社会科学院社会学研究所全国社会状况调查数据统计估计
李炜，2020	中等收入者39.0%	收入	2019中国社会状况综合调查（CSS2019），数据统计估计

注：(1) 李培林和张翼（2008）定义的核心中产指同时满足职业、收入和教育标准的中产阶层，半核心中产指同时满足其中两个标准，边缘中产指只满足其中一个标准。

(2) 李春玲（2008）定义的核心中产指从职业角度进行划分的中高层白领，包括专业人员和管理人员，也叫新中产阶级，小企业主和小业主称为老中产阶级，低层白领（普通文职人员）称为边缘中产，新老中产和边缘中产合称大中产；以收入定义的称为收入中产。

资料来源：笔者在李春玲：《比较视野下的中产阶级形成——过程、影响以及社会经济后果》，社会科学文献出版社2009年版，第53页，表1《中产阶级比例估计及划分标准》的基础上改编而成。

二、国际标准下的我国中等收入阶层比例变化

（一）中等收入阶层定义：绝对定义法和相对定义法

（1）绝对定义法是通过划定一定的收入水平或消费支出范围来确定中等收入阶层，主要用于跨国比较（通常称作“global middle class”），一般基于购买力平价（PPP based definition）。由于生活标准的确立跟一国的经济发达程度及发展阶段有关，因此绝对定义下的范围比较多样，而且难以确定统一标准。

基于 2000 年购买力平价，与米兰诺维奇和伊扎克（Milanovic & Yitzhaki，2002）类似，世界银行（2007）将全球中产阶层划分为人年收入落于巴西和意大利平均水平之间即人均 4000 ~ 17000 美元每年或者 12 ~ 50 美元每人每天，实际上排除了低收入和中等收入国家的中等收入阶层；班纳吉和迪弗洛（Banerjee & Duflo，2007）为了比较的方便同时使用了人均消费支出在 2 ~ 4 美元和 6 ~ 10 美元之间两个标准，但是其样本国家只有包括墨西哥、秘鲁在内的 13 个并不发达的国家；巴拉（Bhalla，2009）在研究印度和中国的中产阶层的时候用了购买力平价下的年人均收入 3900 美元（日均收入 10 美元以上）作为门槛；在 2005 年购买力平价（2005PPP）下，和卡斯泰兰和帕伦特（Castellani & Parent，2011）以日均支出 2 ~ 20 美元之间定义了拉丁美洲的中产阶层；霍米·卡拉思和杰弗里·哥特（Homi Kharas & Geoffrey Gert，2010）以日均 10 ~ 100 美元（2005PPP）定义了全球中产阶层，排除了最穷发达国家的穷人和最富发达国家的富人，但同时也纳入了部分发展中国家的富人。拉瓦雷（Ravallion，2010）分别以 70 个发展中国家的中位数贫困线（2 美元/天，2005PPP）和美国贫困线（13 美元/天，2005PPP）为上下限以及美国贫困线以上分别定义了发展中世界和西方世界的中产阶层。伯索尔（Birdsall，2012）以购买力平价下的 10 ~ 50 美元作为拉丁美洲 8 个国家的中产阶层标准，10 美元作为起点是因为这一类家庭不易返贫。

从上面的定义可以看出，绝对定义的范围从 2 ~ 100 美元，跨度很大且有一些很难重叠。一个明显的不足之处是，如果定义的标准较高，如上限是 50 美元或 100 美元的情况，则会产生一些国家的高收入阶层被纳入，而另一些国家则没有中等收入阶层的现象。笔者认为，考虑对不同国家分层

并分别设定标准是一个较合理的办法，因为一国的中等收入阶层首先是在该国内生活水平处于中等的居民。当然，为了国际比较，适当地提高标准也是可取的。

（2）相对定义法主要是以中位数收入为中心上下浮动一定比例（0.75～1.25 倍或者 0.5～1.5 倍）以取得收入上下限，可称为基于中位数收入的定义（median income based definition）或中心趋势法（central tendency）；或者选取个人或家庭在收入分布（distribution based definition）中的一定比例比如 60%，也可称为分位数方法，因为主要是选取收入分布中间不同的十分位数或五分位数区间；当然，还有这几种方法的混合使用。相对定义法主要用于特定国家的跨时比较，可用来表示一定可变收入范围下的人口比例或固定人口比例下的收入份额者随时间的改变。

与绝对定义法类似，相对定义法也有很多不同的标准：承继瑟罗（Thurow，1987），伯索尔、格雷厄姆和佩蒂纳托（Birdsall，Graham & Pettinato，2000），普雷斯曼（Pressman，2007）以及拉瓦雷（Ravllion，2010）都选取了中位数人均收入的 0.75 倍和 1.25 倍作为上下限；马丁内斯和帕伦特（Martinez & Parent，2012）则只取了中位数收入的 50%～150% 之间。伊斯特利（Easterly，2001）选取了收入分布中间的 60% 人口；安德烈·索利马（Andrés Solimano，2008）选取了第 3 个和第 9 个十分位数之间的范围，中等收入阶层人口比例同样为 60%，但是低收入人口比例有 30%；同时 60% 的中等收入阶层人口中又把前 30% 的人口称为下中等收入阶层，后 30% 的人口称作上中等收入阶层。卡斯泰拉尼和帕伦特（Castellani & Parent，2011）既排除了最穷和最富的各 20% 人口，同时又采取了收入范围在中位数收入的 0.5 倍和 3 倍之间的定义方法。

另外，国际上还有基于贫困线的定义（poverty-line based definition），但是上述绝对和相对定义之中已经包含了该含义，比如贫困线通常设为中位数收入的 50%～60%，高收入阶层的收入通常为中位数收入的 3 倍以上，比如 2～20 美元的绝对定义设定（Castellani & Parent，2011）中，2 美元为国际贫困线标准之一①，美国的贫困线 13 美元也常被用作分界线（Ravllion，2010）。而且，由于在贫困线与中等收入阶层收入下限之间还存在部分低收入人群，因此以贫困线作为中等收入阶层收入下限的做法有时候并不是很

---

① 2014 年 5 月世界银行新制定的贫困线为最新购买力平价下每日消费 1.25 美元，2 美元每天曾经作为中等收入国家的贫困线标准，见世界银行网站，http：//iresearch.worldbank.org/PovcalNet/home.aspx。

恰当。

（二）国际标准下的中国中等收入阶层比例变化

世界银行经济学家多塔和陈绍华（Dotta & Shaohua Chen）基于洛伦兹曲线计方法利用 Povcal 数据库计算发展中国家的贫困情况。其中的 Povcal 数据库包含有经过2005 年购买力平价调整的十等分的中国城镇住户调查数据，可以用来计算不同收入范围下的中国中等收入阶层人口比例。表 3 －7 列示了上述定义下的中国中等收入者人口和比例，以 2002 年和 2011 年中国城镇居民为例；由于中等收入阶层人口比例相同情况下，收入分配的总体情况也可能大不相同，故同时列示低收入阶层比例作为对比。

表 3 －7　　国际标准下的中国城镇中等收入阶层比例

学者	绝对定义（2005PPP）	2011 年		2016 年	
		中等收入阶层比例（%）	低收入阶层比例（%）	中等收入阶层比例（%）	低收入阶层比例（%）
班纳吉和杜弗洛（Banerjee & Duflo，2007）	2 ~4 美元	9. 23	0. 64	4. 16	0. 20
	6 ~10 美元	33. 09	28. 36	24. 91	15. 74
巴哈拉（Bhalla，2009）	日均收入 > 10 美元	38. 55	61. 45	59. 35	40. 65
卡斯泰拉尼和帕润特（Castellani & Parent，2011）	日均 2 ~20 美元	90. 92	0. 64	80. 62	0. 20
霍米·哈拉斯和杰弗里·格（Homi Kharas & Geoffrey Gert，2010）	日均 10 ~ 100 美元	38. 47	61. 45	59. 14	40. 65
拉瓦雷（Ravallion，2010）；伯索尔（Birdsall，2012）	日均 10 ~13 美元 日均 10 ~50 美元	15. 46 37. 69	61. 45 61. 45	16. 64 57. 90	40. 65 40. 65

续表

<table>
<tr><th rowspan="2">学者</th><th rowspan="2">绝对定义（2005PPP）</th><th colspan="2">2011 年</th><th colspan="2">2016 年</th></tr>
<tr><th>中等收入阶层比例（%）</th><th>低收入阶层比例（%）</th><th>中等收入阶层比例（%）</th><th>低收入阶层比例（%）</th></tr>
<tr><td rowspan="2">瑟罗（Thurow，1987）；伯索尔、格雷姆和佩提纳托（Birdsall，Graham & Pettinato，2000），普雷斯曼（Pressman，2007）和拉瓦雷（Ravllion，2010）</td><td rowspan="2">人均收入中位数的 0.75 倍和 1.25 倍</td><td>≈33.09</td><td>≈28.36</td><td>≈31.53</td><td>≈32.58</td></tr>
<tr><td colspan="2">（约等于 6～10 美元每天，2011PPP）</td><td colspan="2">（约等于 8.7～14.5 美元每天，2011PPP）</td></tr>
<tr><td>伊斯特利（Easterly，2001）</td><td>收入分布中间的 60% 人口</td><td>60%</td><td>20%</td><td>60%</td><td>20%</td></tr>
<tr><td>索里马诺（rés Solimano，2008）</td><td>第 3 个和第 9 个十分位数之间</td><td>60%</td><td>30%</td><td>60%</td><td>30%</td></tr>
<tr><td rowspan="2">马丁内斯和帕润特（Martinez & Parent，2012）</td><td rowspan="2">中位数收入的 0.5～3 倍之间</td><td>≈84.73</td><td>≈9.87</td><td>≈79.22</td><td>≈15.74</td></tr>
<tr><td colspan="2">（约等于 4～24 美元每天，2011PPP）</td><td colspan="2">（约等于 6～35 美元每天，2011PPP）</td></tr>
</table>

注：由于中国从 2005 年开始才参与购买力平价计算，故以 2000 年购买力平价计算的没有纳入表格；由于中位数收入难以得到，表中相对定义中用到的中位数收入均以平均收入代替，故略有偏差，以“约”和“≈”表示。

由表 3－7 可以看出，2002～2016 年，基于 2011 年购买力平价的不同绝对定义下，除日均收入 2～4 美元的低标准定义之外，中国城镇中等收入阶层的人口比例基本呈上升趋势，低收入阶层均呈下降趋势；基于购买力平价的不同相对定义下，除定义本身决定了人口比例不变外，中国城镇中等收入阶层的人口比例均呈微弱下降趋势，低收入阶层均呈微弱上升趋势；各种绝对和相对定义下，高收入阶层的比例有很大不同，最高可达 90.92%，最小 4.16%。由此可见，定义的不同基本决定了中等收入阶层比例的扩大与否，但是单纯看中等收入阶层比例的绝对大小并不能说明收入在各阶层之间的分配状况，因为不能推出高收入和低收入阶层的比例大小。

三、国内学者定义下的我国中等收入阶层比例变化

不同于国外学者看似随意的绝对和相对定义，中国复杂的经济地理环境和经济发展的阶段性导致了学者们在定义时还要考虑国际比较、城乡差异、城市化进程和小康社会的发展目标等多重标准，因而对国际通用的绝对定义和相对定义进行了诸多修正，也出现了一些新的定义方法，包括以恩格尔系数和基尼系数作为辅助手段，由此得到的中等收入阶层的收入范围和人口比例的变动也很大。

（一）绝对定义法下的比例变化

中国学者的绝对定义法也是对中等收入阶层的收入范围进行限定，但是考虑的目标更加多样。总的来说，绝对定义下的中等收入阶层比例呈逐渐上升趋势，但是城镇中等收入阶层的人口比例一般不超过40%，同一标准下，全国比例次之，农村比例最低。

例如，狄煌（2003）在符合一定国际标准的前提下，以2002年恩格尔系数为25%的城镇家庭人均收入水平10000元作为下限，以高收入家庭的起点标准40000元作为上限，2001年只有6.5%的居民户可称得上中等收入家庭，低收入家庭达93.5%（徐建华等，2003）。宏观经济研究院经济和社会发展研究所课题组（2004）考虑当前和小康社会时的城乡居民收入水平、城市化进程以及世界银行相关标准得出的结论是到现阶段我国中等收入者的收入标准是人均年收入15000～37500元，扩大中等收入者的比重的目标应该是使其占城乡人口比例从20%提高到50%以上。国家统计局城调总队课题组（2005）以我国城市居民家庭的年收入为计算口径，在高于城市居民平均收入水平以及中等收入组的收入水平，同时紧密联系全面建设小康社会的相关发展指标，并且参考全球上中等收入国家人均GDP上下限和全国地区之间城市居民收入差距的综合考虑下，得出2004年我国城市中等收入群体的年家庭收入标准为6万～50万元（2004年），而2004年我国城市中等收入家庭仅占全部城市家庭的5%，高收入家庭占0.3‰，低收入家庭占94.9%。张源等（Zhang Yuan et al.，2012）以2005年购买力平价下的人均日收入在4～20美元之间（人均年收入在4307～21535元之间）作为中国农村中产阶层的收入范围，计算出中等收入阶层的比例从1988年的略高于3%增长到2007年的接近54%。国家发改委社会发展研究所课题组

(2012) 考虑现阶段及达到小康社会时的收入水平以及城市化进程和国际标准，得出以2010年价格为基准的城镇人均可支配收入（或农村人均纯收入）在22000~65000元之间为中等收入者，依此标准得到城镇、农村和全国平均的中等收入群体比重，分别从1995年的0.86%、0.01%和0.25%提高到2010年的36.78%、5.75%和21.25%。

（二）相对定义法下的比例变化

不同于国外学者基于收入分布或中位数收入的相对定义法，中国学者的相对定义法可分为固定比例法以及动态定义法，其中固定比例法主要选取住户调查分组数据的不同分组，动态定义法又分为国际标准定义、“全距”法及其改进，以及社会学的收入分层法。此外还有恩格尔系数和基尼系数作为辅助方法。总的来看，相对定义法下，除固定比例法中的五等分法外，中等收入阶层的人口比例在15%~40%之间，大部分在20%~30%之间，甚至会出现农村高于城市的现象。与所研究的地区和时间相关，中等收入阶层人口比例的变化规律不一定，上升、下降或者不规律的变化趋势都会出现。

(1) 固定比例法，顾名思义，指人口比例不随时间改变，但是可考察收入份额的改变。固定比例法中应用最多的是五等分法，即学者们通常直接将国家统计局城乡住户调查的中等偏下收入户、中等收入户和中等偏上收入户（相当于收入分布的中间60%）合称为中等收入阶层。但是也有例外，比如只包括中等收入户和中等偏上户（石刚和韦利媛，2008），或者只包括中等偏上户和高收入户（仲云云和仲伟周，2010）。有些学者不认同固定比例法。例如，狄煌（2003）认为五等分法的中间60%、40%和20%都是不可取的，因为不能准确界定中等收入者的收入标准，且难以确定中等收入者在总体分布中的比重；徐建华（2003）则认为五等分法使得中等收入者的人口比例不随时间改变，扩大其比重之说就无从谈起。但是从研究方法的角度，由于固定比例法尤其五等分法容易获得所需数据，在研究中较为常用；而且中等收入阶层的比例除了人口比例之外还包括收入比重，因此固定比例法定义下的中等收入阶层同样可以作为研究的出发点。

(2) 动态定义法。该方法是指中等收入阶层的收入范围是某一参照标准的固定比例范围，具体收入值一般会随着经济发展水平的变化而上升，但是随着具体定义的不同，人口比例不一定上升。动态定义法又分为三种情况：第一种是与国际上的相对定义法相同，此种方法下得到的中等收入阶层人口比例一般处于下降趋势。比如，张源等（Zhang Yuan et al.，2012）采用的相对标准是居民中位数收入的75%～125%区间，得出中国农村中等收入家庭的比例从1988年的37.3下降到2007年的32.69%；龙莹（2012）采用的“部分排序法”计算了收入分布在中位数收入附近75%～125%，而75%～150%和50%～150%范围的中等收入者比重，说明了选择75%～125%区间的合理性，从而计算得出北京市在该区间的中等收入者比重从1992年的60.4%下降到2008年的38.55%。第二种是“全距”法及其改进，当研究对象为一个整体即考虑全国或某一地区时，该种定义下中等收入阶层的比例有可能处于上升趋势；但当考虑整体内部不同地区的差异时，可能会出现下降趋势。徐建华（2003）最先提出“全距法”，其他学者进行了改进。徐建华利用最高10%和最低10%收入户的家庭人均年收入水平之差作为全距，同时以这两组家庭人均年收入水平之和的1/2作为中值，然后以中值±全距的1/6为中等收入取值范围，如图3－3所示，利用《中国统计年鉴》数据计算出2001年农村、城市及全国的中等收入户人年均收入范围分别为2067～3633元，6964～11092元和5407～10313元，占农村、城市和全国所有家庭户的比例分别为31.71%、25.34%和22.02%，相比1980年，农村上升了2.1%，城市下降了17.78%，全国下降了6.43%。陶冶（2006）指出应用徐的方法会在具体操作中出现中等收入下限比平均收入水平高太多的情况，因此用高、低收入组代替最高和最低收入组以缩小中等收入水平的取值范围，同时以高收入组家庭恩格尔系数进入0.4以下判断进入中等收入水平的年份。陶冶得出2001年上海城镇中等收入家庭人均年可支配收入范围为17808～27766元，1999～2005年中等收入家庭的收入范围逐渐扩大，人口比例每年增长1～1.5个百分点，2005年上海城镇中等收入家庭范围约为30%～31%；农村中等收入家庭收入水平为城镇中等收入水平的40%～41%，2004年约有29%～30%的农村家庭进入中等收入水平。

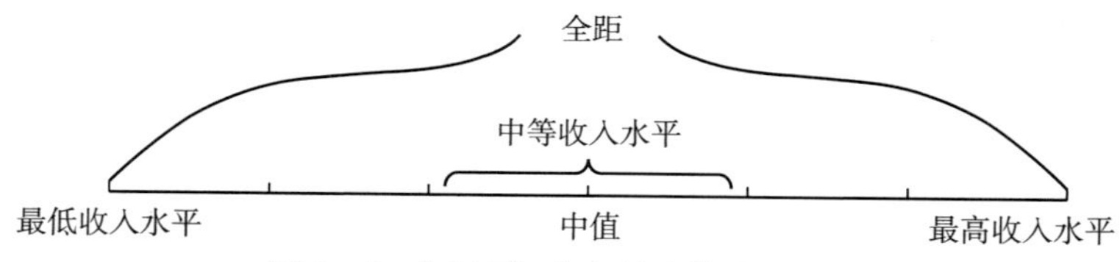

图3－3 “全距”定义的中等收入水平

资料来源：徐建华、陈承明、安翔：《对中等收入的界定研究》，载于《上海统计》2003年第8期，第13页。

常亚青（2011）在利用徐的方法的同时又增加了国际标准，即去掉微观调查中按购买力平价换算后低于国际贫困线的数据，同时还考虑了地区和城乡差距，计算出 1989 ~2006 年 CHNS 数据库中辽宁、江苏、山东等东中西 9 个省份分城乡的中等收入上下限，进而得出全国的中等收入者比重，从 1989 年的 16.5% 上升到 2006 年的 18.8%，但是从 1991 ~2004 年均在 20% 以上，即中间有一段时间中等收入阶层的人口比例出现了下降。

第三种是社会学角度的收入分层法。该种定义下中等收入阶层的人口比例可能上升，但是绝对水平一般较低，不超过 30%。国内社会学者李培林和张翼（2008）以城市户籍人口的平均收入线作为参考标准，把高于平均收入 2.5 倍及以上的收入群体定义为“高收入者”，把低于平均收入线 50% 及以下（这个标准在发达国家通常被定义为“相对贫困”）的收入群体定义为“低收入层”；把低收入的上限到平均线定义为“中低收入层”；把平均线以上到平均线的 2.5 倍的群体定义为“中等收入层”，即“收入中产阶级”。由于高收入者在整个调查人群中的所占比重很小，故将之列入“收入中产阶级”中。根据 2006 年 CGSS 数据得出，2005 年中等收入家庭的人均收入在 14001 ~35000 元①，中等收入家庭占全部家庭的比例为 16.3%。朱长存（2012）沿用该定义和 CGSS 2002 年、2004 年、2005 年数据，并利用核密度估计得出各年度中等收入群体比重分别为 24.26%、26.45% 和 21.96%；同样沿用李培林、张翼（2008）的定义，孙巍和苏鹏（2013）利用 CHNS 数据对 2000 ~2009 年的收入分布进行非参数核密度估计，发现中等收入群体比例从 2000 年到 2009 年平稳增长，但是仍没有超过 30%。

（三）恩格尔系数法和基尼系数法

恩格尔系数法和基尼系数法并非严格意义上的中等收入界定方法，但是与中等收入阶层的内涵和比例变化具有十分密切的关系。其中，恩格尔系数法具有相对定义的某些特征，基尼系数法照顾到收入分配的整体以及各收入阶层内部的收入变化情况。两种方法均不宜单独使用对中等收入阶层进行界定，但是可以作为辅助方法以揭示甚至预测中等收入阶层比例的变化趋势。

（1）恩格尔系数法。由于中等收入阶层本身是消费水平处于社会中间

① 实际操作中按照一般调查经验，又将每个收入层的收入水平乘上 1.5 的系数，作为调整后的收入分层标准，并扣除十位以后的零数。

水平的群体，恩格尔系数表示家庭收入中用来购买食物的支出比例，而且会随着家庭收入的上升而下降；因此，从定义上来看，二者天然地产生联系，而且由于计算简便，这一方法也被很多学者应用。由于恩格尔系数从高到低，表示收入水平从低到高，学者们一般选取位于恩格尔系数某一区间范围内的家庭称为中等收入家庭，称为恩格尔系数法。

李培林和张翼（2000）以恩格尔系数划分消费阶层时取 0.5 ~0.59 作为中间阶层，0.4 ~0.49 为中上阶层，这样的标准现在看来未免过低。苏海南（2003）和狄煌（2003）不约而同选择了家庭恩格尔系数 25%，实际已达最富裕标准。国家发改委宏观经济研究院（2004）提出中等收入者群体的生活标准之一是恩格尔系数在 35% 以下。从中国统计年鉴数据得到，2000 年开始中国城镇居民家庭恩格尔系数开始小于 0.4，2012 年起中国农村居民家庭首次小于 0.4；其中，从城镇住户调查数据得到，最高收入户、高收入户、中等偏上户和中等收入户家庭恩格尔系数进入 0.4 以下的时间分别是 1996 年、1998 年、2000 年和 2001 年，中等偏下户到 2012 年的恩格尔系数还在 0.41，2000 年之后最高收入户的恩格尔系数已经小于 0.3；从农村住户调查数据得到，农村最高收入户的恩格尔系数在 2011 年才开始小于 0.4，中低收入户的恩格尔系数从 2005 年才开始小于 0.5。综合各学者的研究和住户调查实际情况，本章认为把恩格尔系数介于 0.3 ~0.4 之间的城镇居民家庭、恩格尔系数介于 0.4 ~0.5 之间的农村居民家庭称为中等收入家庭是一个可取的做法。简单来说，2001 年之后城镇中等收入家庭占城镇总户数的比例约为 50%，包括中等收入户、中等偏上户和高收入户；2005 年之后农村中等收入家庭占农村总户数的比例约为 80%，包括中等偏下户、中等收入户、中等偏上户和高收入户（2011 年起不包括高收入户，则比例降为 60%）。从恩格尔系数的角度讲，农村家庭的收入分配状况好于城镇家庭，更加接近橄榄形社会结构；但是也反映出农村家庭的生活水平低于城镇家庭。因此，恩格尔系数法不能单独用来界定中等收入阶层，但是可以作为绝对定义法和相对定义法的辅助手段。

（2）基尼系数法，严格意义上讲更不能算作定义中等收入阶层的方法，只是中等收入群体的比例变化又与基尼系数的变化有很大关系，即便是中等收入阶层内部，基尼系数的改变也能说明中等收入群体内部的收入分配变化状况。因此可以用基尼系数的一定范围确定中等收入阶层的合意区间，或者用基尼系数的变化预测中等收入阶层的比例变化。

庄健和张永光（2007）发现总体基尼系数在 0.3 ~0.4 之间时，中等收入比重在40% ~50%之间。洪兴建（2007）分析了收入分配的合意类型，指出中等收入阶层收入份额占60%情况（橄榄型收入分配结构）下基尼系数的合意值是0.3~0.4。由此看来，基尼系数在0.3~0.4之间是较高比例的中等收入群体存在的合意区间。

但是不同的计算方法得出的基尼系数值又不同：程永宏（2007）利用城乡加权法和分组数据计算的全国总体基尼系数1993年开始大于0.4，2004年达到0.44；农村基尼系数一直大于城镇基尼系数，其中农村基尼系数从1988年开始大于0.3，城镇基尼系数从2000年开始大于0.3，目前都没有达到0.4；黄恒君和刘黎明（2011）利用洛伦兹曲线和2000~2009年城镇分组数据计算的城镇基尼系数从2002年开始超过0.3，2009年稳定在0.33。然而，李实和罗楚亮（2011）利用CHIPS 2007年数据算出全国基尼系数达0.53；胡志军（2012）利用城乡分组数据计算出1985~2009年的城乡和总体基尼系数，农村基尼系数大于城镇，农村基尼系数从2005年开始持续大于0.4，全国从2001年开始大于0.4，城镇尚在0.33附近。由此可以认为，目前全国和农村较高的基尼系数一定程度上妨碍了较高比例的中等收入阶层的形成，城镇目前的基尼系数水平决定了大规模的中等收入阶层最先可能在城镇形成。

四、中国的居民收入分布变迁和扩大中等收入阶层

不可否认，中等收入阶层定义本身是一个既具有绝对性质又具有相对性质的定义，在不同的国家之间应该有差别，在同一国家的不同时点和不同地区之间也应采取不同的标准。即中等收入阶层的收入标准应该随着所研究地区的经济发展水平以及相应地区的经济发展阶段而动态改变。综合前述国内外学者的研究，发现不同定义下的中国中等收入阶层的比例范围跨度较大且变化方向不一，最少只有5%，高者可达60%；绝对定义方法下，人口比例一般上升；相对定义方法下，全国中等收入阶层人口比例不一定上升，农村和发达地区上升的情况居多，考虑地区差异情况下又可能导致中等收入阶层比例下降。总的来说，中等收入阶层比例的变化与定义有关，定义的不同直接影响到中等收入阶层比例的大小和变化方向。那么，国内目前真实的收入分配状况具体又是怎样的呢？近年来兴起的依托大型微观数据的收入分布拟合方法大致可以给出最近几年中国居民收入分配的实际变迁情况。

（一）中国近几年的居民收入分布变迁

居民收入分布是指不同收入水平与相应人口规模之间的统计规律或函数形式，常见的表现形式为收入分布函数和收入密度函数；学者们通过一定的参数或非参数估计方法对大量的微观数据进行拟合，可以从收入分布曲线的形状看出不同年份各收入群体的分布和比例变化情况，而不一定需要事先规定各阶层的收入范围。早期多用具体的分布函数进行收入拟合，比如（对数）正态分布、帕累托分布、逻辑斯蒂分布、Weibull 分布和 BetaII 分布等（胡志军，2012；陈建东等，2013）。由于上述分布函数不能很好地刻画收入分布的尖峰和厚尾特征或者收入分布两端的拟合效果不佳（陈娟，2010；段景辉和陈建宝，2010；陈宗胜等，2013），近年来发展到利用核密度估计方法进行非参数拟合。学者们借助于各种样本量多达几千的大型微观数据，对每一年的收入分布进行拟合，以观察不同年份收入分布的演进。表 3－8 总结了不同收入分布拟合方法下中国城乡居民的收入分布变化情况：

表 3－8　参数估计和非参数估计下的收入分布拟合

学者	数据来源	模型	结论
王海港（2006）	社科院经济所“中国城乡居民收入分配调查”1988 年和 1995 年	帕累托分布；把收入分成 20 个等级，5～16 为中等收入等级，17～20 为高收入等级	农村两极分化不明显，城市排除收入最低 10% 之后明显两极分化；中等收入者收入份额减小，收入向高收入者集中，高收入者内部差别变大；收入流动性增强，两极分化可能性加大
章上峰等（2009）	CHNS 数据库 1989～2004 年（1993 年、1997 年、2000 年）	核密度估计；广义逻辑斯蒂分布	核密度曲线呈右偏尖峰分布，高收入阶层和城市更多分享经济成果；2004 年初现双峰分布，初步呈现贫富两极分化
刘靖等（2009）	CHNS 数据库 1991～2006 年（1989 年、1991 年、1993 年、1997 年、2000 年、2004 年和 2006 年）广西、贵州、黑龙江、河南、湖北、湖南、江苏、辽宁和山东	核密度估计	整体分布右移，收入分布逐年平缓、中间收入组分布密度下降，右拖尾逐年肥大，说明中等收入组比例下降；左端至中间部分面积减少，右端部分面积增加，说明高收入者比例增加，城市较农村经历了更多中等收入至高收入组的流动；1991 年之后双峰出现，2000 年后出现多峰，说明了异质性群体的出现

续表

学者	数据来源	模型	结论
纪宏和陈云（2009）	CHNS 数据库 1990 年、1992 年、1996 年、1999 年、2003 年和 2005 年	核密度估计	中等收入者比重不高并非居民收入两极分化所致，而是因为收入分布严重右偏
陈娟（2013）	CHNS 数据库 1989 ~ 2004 年（1993 年、1997 年、2000 年）	非参数估计；广义逻辑斯蒂分布	收入分布曲线由单峰向双峰甚至多峰分裂，厚尾特征，明显右偏；大多数居民的收入聚集在低水平
刘扬等（2010）	北京市 1992 ~ 2008 年的城镇住户调查数据	核密度估计	高收入和低收入人群增加，中等收入群体比重下降，初现 M 形趋势
陈云和王浩（2011）	CHNS 数据库（1988 年、1990 年、1992 年、1996 年、1999 年、2003 年、2005 年）农村家庭调查数据	核密度估计下的二分递归算法	收入密度曲线右偏，低收入群体占大多数；右侧尾部不断拉长加厚，高收入群体比重增加；曲线顶部持续下沉，中等收入群体比重下降
王亚峰（2012）	1985 ~ 2009 年《中国统计年鉴》公布的家庭人均收入分组数据	最大熵分布估计；广义矩估计	单峰，没有出现两极分化；右尾变长，高收入家庭的比重相对在不断增加；左尾高度变小，低收入家庭比重在减少；城镇分布右移的幅度更大
朱长存（2012）	2002 年、2004 年和 2005 年 CGSS 城镇数据	非参数核密度估计	整体右移，顶部下降，右偏，厚尾，左尾变薄；整体收入水平上升，大部分群体集中在中低收入水平，高收入群体比重上升，低收入人口比重下降；对数正态分布呈现双峰，初现两极分化现象
孙巍和苏鹏（2013）	2000 ~ 2009 年城镇居民收入分组数据和 8 次 CHNS 数据库城镇数据	核密度估计，2000 ~ 2008 年为伽马分布，2009 年为对数正态分布	中等收入群体比例平稳上升，高收入者呈指数增长，低收入者和中低收入者占大多数
罗楚亮（2018）	中国家庭收入项目调查 2002 年和 2013 年数据（CHIP），中国家庭追踪调查（CHIP）2012 年和 2016 年住户调查数据	DER 指数及其分解	城乡组间贡献仍是收入分布极化的主要贡献因素；工资收入和经营收入是收入分布极化的主要来源

续表

学者	数据来源	模型	结论
周雪娇等（2020）	CHNS 数据库 1989 ~ 2015 年	Yeo - Johnson 转换，EM 算法和数值法	居民收入分布在明显地向右迁移且越来越扁平化，同时右拖尾的情况也呈现愈加严重的趋势，表明收入水平在不断的提高，但收入差距也在不断的拉大
阮敬等（2021）	2010 年、2014 年和 2016 年三期中国家庭追踪调查（CFPS）数据	双变量 Plackett copula 的三变量 Vine copula 函数拟合多维联合收入分布	我国中等收入群体规模的界定标准为中位数 67% ~200% 区间；中等收入群体的收入分布趋近于“枣核”的空间形状

资料来源：笔者根据相关资料整理所得。

之所以强调收入分布拟合曲线的形状，是由于从人口总体上讲，如果全社会的收入分布呈现正态分布且满足一定条件，则可以得到较大比例的中等收入群体，也能保证经济学中“代表性消费者”的存在（张琼，2006；段先盛，2009），而很多的微观经济学研究也是在此基础上才能成立。但从表 3 -8 可以看出，我国的居民收入分布远非正态分布，具有非常明显的右偏和厚尾现象，导致了我国现阶段不可能拥有较大比例的中等收入阶层；也因此可能导致一些适用于西方国家的经济学结论可能在中国不能成立，这也是考察中国的中等收入群体比例大小以及收入分布变迁情形的理论意义之一。表 3 -8 揭示的近几年我国居民的收入分布变迁情况说明，随着经济的发展，我国城乡居民的收入水平整体上升，但是城镇收入水平上升的幅度更大，同时城镇内部的收入差距较农村地区也小。高收入群体在经济增长中获益更大，一些中等收入者变成了高收入者，低收入者的比例下降，因而中等收入者的比例下降最大；虽然目前并没有出现明显的两极分化现象，但是中等收入群体比例低且上升缓慢。正如纪宏和陈云（2009）和刘靖（2009）指出的，中等收入者比重不高并非居民收入两极分化所致，而是因为收入分布严重右偏，收入向高收入群体收敛，一部分中等收入者流向了高收入组，中低收入者大量存在。因此如果要培养较高比例的中等收入者，应当促进低收入者向中等收入阶层流动，同时应遏止一部分群体的不当和过高得利。

（二）从收入来源角度扩大中等收入阶层比例

前述研究揭示了不同收入阶层之间的收入流动造成的中等收入阶层比例变化，通过分析各阶层居民的收入来源或许可以找出扩大中等收入阶层比例的措施。我国城乡居民的收入来源主要分为四种，工薪收入、经营净收入、财产性收入和转移性收入。以城镇为例，从《中国统计年鉴》获取 1995～2011 年各居民收入组的不同收入来源数据，计算各组的不同来源收入占比，并将低收入各组[①]和中等收入各组[②]组合成低收入群体，中等收入各组和高收入各组[③]组合成高收入群体，得到的对比结果如图 3－4 所示。

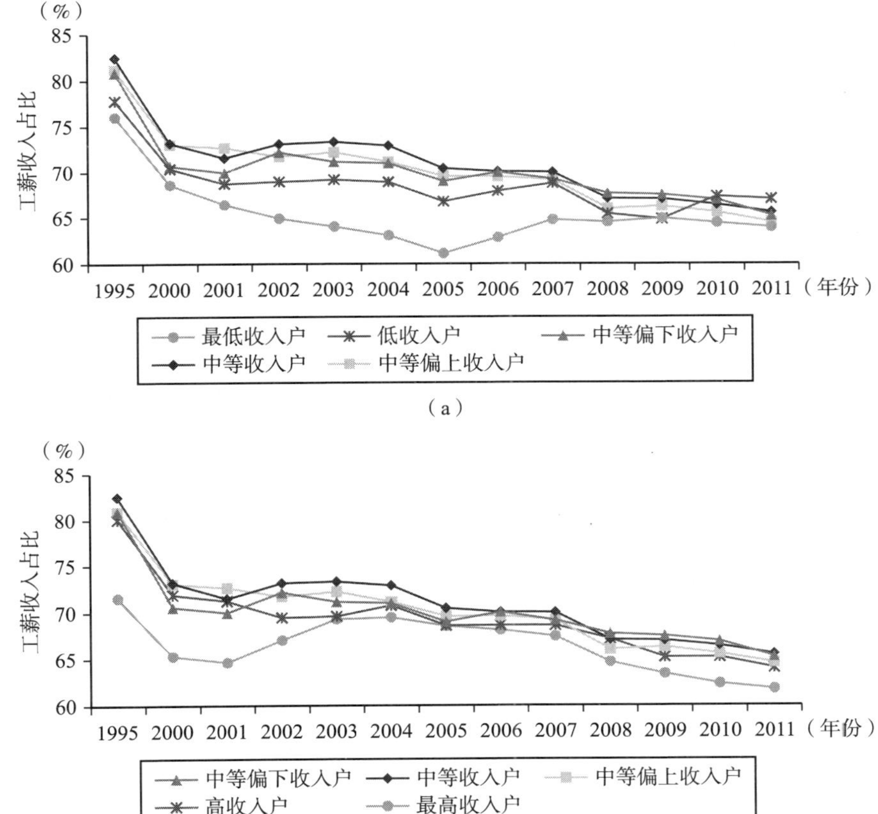

（a）

（b）

① 包括最低收入户和低收入户。

② 包括中等偏下收入户、中等收入户和中等偏上收入户。

③ 包括高收入户和最高收入户。

（%）
14
12
10
8
6
4
2
0
经营净收入占比
1995 2000 2001 2002 2003 2004 2005 2006 2007 2008 2009 2010 2011（年份）
最低收入户
低收入户
中等偏下收入户
中等收入户
中等偏上收入户
（%）
14
12
10
8
6
4
2
0
经营净收入占比
1995 2000 2001 2002 2003 2004 2005 2006 2007 2008 2009 2010 2011（年份）
中等偏下收入户
中等收入户
中等偏上收入户
高收入户
最高收入户
（%）
3
2
2
1
1
1
0
财产性收入占比
1995 2000 2001 2002 2003 2004 2005 2006 2007 2008 2009 2010 2011（年份）
最低收入户
低收入户
中等偏下收入户
中等收入户
中等偏上收入户

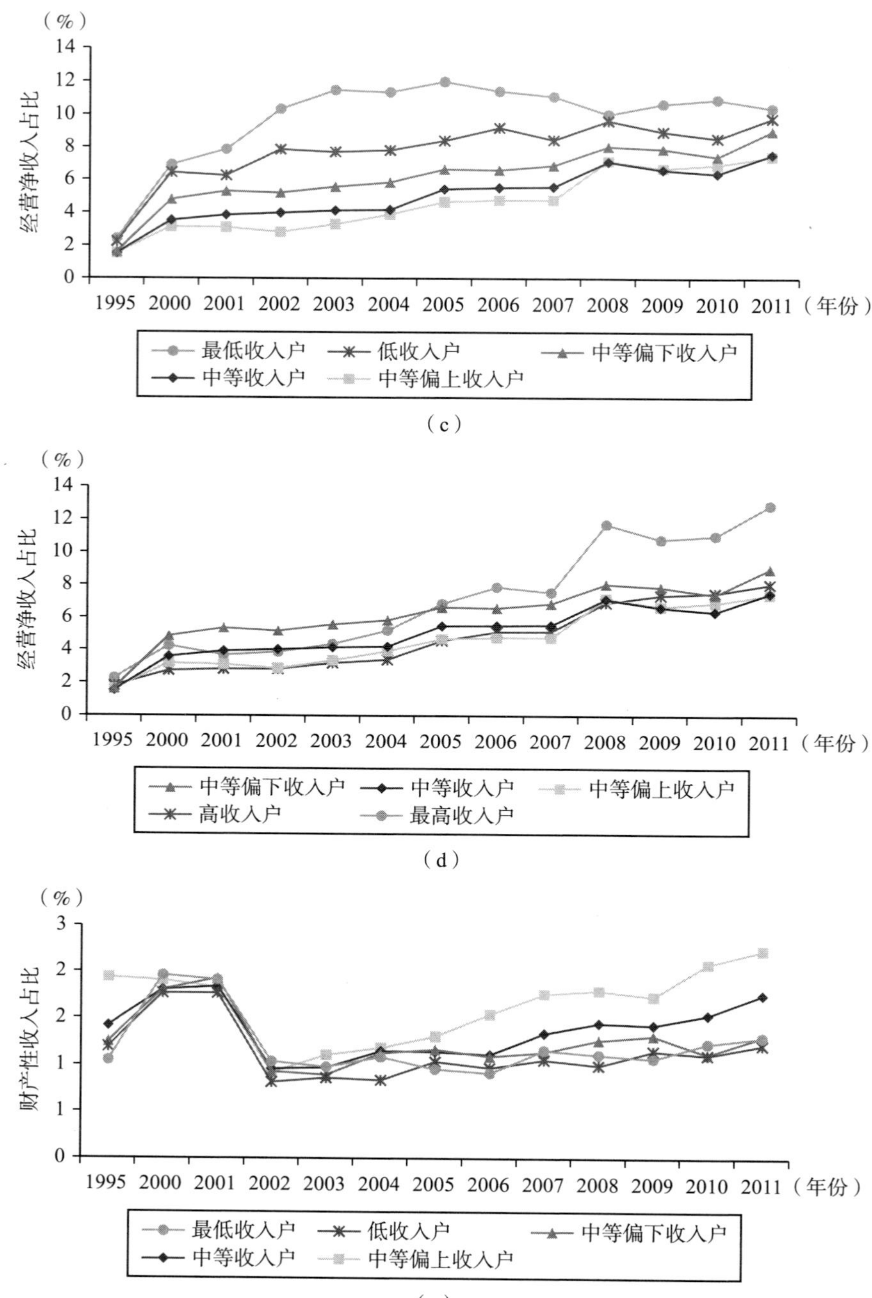

（c）

（d）

（e）

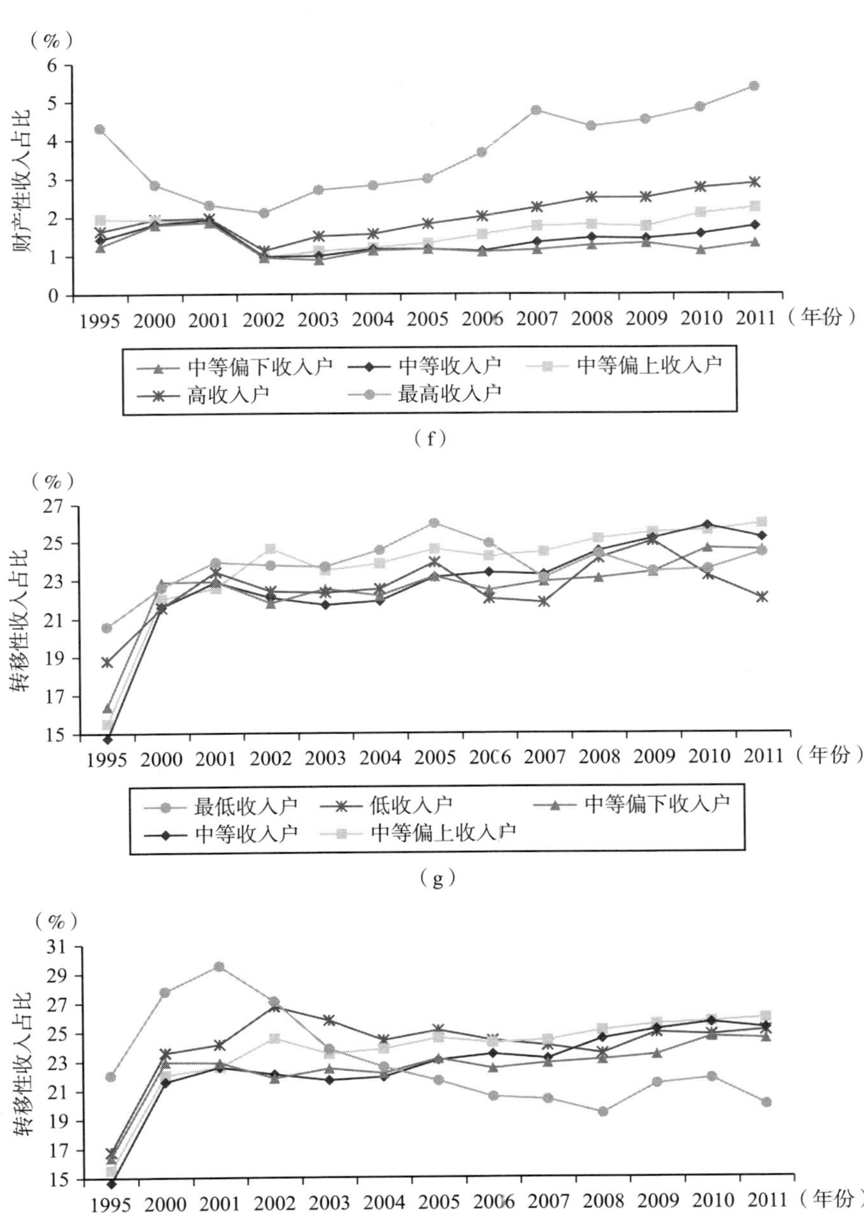

(f)

(g)

(h)

图 3-4　低收入群体和高收入群体的不同收入来源占比

资料来源：笔者根据 1996～2012 年《中国统计年鉴》收入数据整理所得。

由图3－4可以看出，首先，各收入组的工薪收入占比均处于下降趋势，但是中等收入各组的工薪收入占比要高于低收入各组和高收入各组。可见工薪收入是中等收入群体的最主要收入来源，因此继续稳定中等收入阶层的工资收入、提高低收入阶层的工薪收入水平是提高中等收入阶层比例的重要措施。其次，低收入各组和最高收入组的经营净收入占比要高于中等收入各组和高收入组，因此继续采取措施为低收入群体增加经营净收入创造条件也有可能利于该部分群体的收入水平进入中等收入范围，虽然目前经营净收入并非中国中等收入阶层的主要收入来源；同时，可对经营净收入占比最高的最高收入组实行累进税，在不损害效率的前提下扩大其他收入阶层的收入来源。再次，财产性收入占比与各收入组收入水平成正比，但是除最高收入组外，比例均不足5%，因而完善资本市场、扩大居民财产收入渠道有利于各阶层居民提高收入水平；如果对低收入居民普及更多的理财知识则可能提高中等收入阶层人口比例。最后，中等收入各组和高收入组获得的转移性收入占比相对来说最高，与一般认为的低收入群体应该获得最高的转移支付观念相悖，鉴于低收入各组的收入水平本来就低，且各收入组的转移性收入比例在四种收入来源中均仅次于工薪收入，是重要的收入来源，因此，为促使更多的低收入者流向中等收入阶层，政府应该降低对中等收入各组和高收入户的转移性支出，提高对低收入各组的转移性支出，以最终提高中等收入阶层的人口比例。

五、结论

当前我国经济正在向消费主导型转变，中等收入群体是学界公认的扩大消费的主体，但是目前我国较低的中等收入阶层的比例对这一转型具有不利的影响。中等收入阶层定义的不能统一也阻碍了对于中等收入阶层的进一步认识和扩大中等收入阶层。本章计算并分析了在国内外不同定义下中国中等收入阶层的比例变化情况，发现不同定义下中等收入阶层的比例大小不同、变化方向也不一致，总体比例不到50%；通过综述借助收入拟合方法分析我国居民收入分布近几年变迁情况的已有研究，发现中等收入阶层的实际比例更低，而且主要是由于收入向高收入群体收敛，而低收入群体收入提高缓慢造成的；最后从收入来源角度提出了扩大中等收入阶层的措施，包括降低对中高收入群体的转移性支出、提高低收入群体的经营净收入等。

国外的中等收入阶层界定方法分为绝对定义法和相对定义法，前者主要用于跨国比较，收入范围跨度很大，而且未形成统一标准；后者又分为中位数法和分位数法，主要用于特定国家的跨时比较，标准较为固定。此外，还有贫困线法，但是以贫困线作为中等收入阶层收入下限的做法有时候并不是很恰当。利用世界银行 Povcal 数据库计算从 2002 年至 2011 年国际标准下的中国中等收入阶层比例，发现绝对定义下，中国城镇中等收入阶层的人口比例基本呈上升趋势；相对定义下，中国城镇中等收入阶层的人口比例均呈微弱下降趋势。定义的不同基本决定了中等收入阶层比例的扩大与否，但是单纯看中等收入阶层比例的绝对大小并不能说明收入在各阶层之间的分配状况，因为不能推出高收入和低收入阶层的比例大小。

中国学者的中等收入阶层界定方法也分为绝对定义法和相对定义法，但是做了很多修正。其中，绝对定义法考虑了国际比较、城乡差异、城市化进程和小康社会的发展目标等因素；人口比例一般呈逐渐上升趋势，但是城镇比例一般不超过 40%，同一标准下，全国比例次之，农村比例最低。相对定义法下，除固定比例法中的五等分法外，中等收入阶层的人口比例在 15% ~40% 之间，大部分在 20% ~30% 之间，甚至会出现农村高于城市的现象；中等收入阶层人口比例的变化情况与所研究的地区和时间相关，上升、下降或者不规律的变化趋势都会出现。另外，还有恩格尔系数法和基尼系数法，但是均不宜单独作为中等收入阶层的界定方法，建议作为辅助手段以揭示甚至预测中等收入阶层比例的变化趋势。

由于中等收入阶层比例的大小和变化方向因定义方法的不同而不同，故可借助基于大型微观数据的收入分布拟合方法得出中国居民收入分配的实际变迁情况。从拟合的每一年的收入分布曲线的形状，可以看出不同年份各收入群体的分布和比例变化，而不一定需要事先界定各收入阶层。通过综述近几年的研究发现，我国的居民收入分布远非正态分布，具有非常明显的右偏和厚尾现象，导致了我国现阶段不可能拥有较大比例的中等收入阶层；收入向高收入群体收敛，一部分中等收入者流向了高收入组，中低收入者大量存在共同导致了目前我国中等收入阶层的较低比例。笔者认为可以通过分析住户调查各收入组家庭的收入来源得出促进阶层间收入流动、进而扩大中等收入阶层比例的措施。通过计算并比较不同收入组的不同收入来源占比情况发现，工薪收入是中等收入群体的最主要收入来源，继续稳定中等收入阶层的工资收入、提高低收入阶层的工薪收入水平是提高中等收入阶层比例的重要措施；除最高收入组外，低收入群体的经营净收入占比相比其他组较高，可继续采取措施为低收入群体增加经营净收入创造条件，从而促进低收入群体整体收入水平的提高；针对中高收入群体获得的转移性收入占比高于低收入群体的现状，政府应该降低对中等收入各组和高收入户的转移性支出，提高对低收入各组的转移性支出，以最终提高中等收入阶层的收入占比和人口比例。

第四章　消费信贷与居民消费

第一节　信息不对称、抵押物与商业银行消费贷款经营行为的实证分析

一、问题的提出与相关文献回顾

（一）问题的提出

自斯蒂格利茨和威斯（Stiglitz & Weiss，1981）的开创性研究以来，信息不对称（asymmetric information）和信贷配给（credit rationing）问题引起了国内外学者的广泛关注。信贷配给理论认为，在存在信息不对称的条件下，商业银行无法通过调节资金价格（利率）来自动实现贷款的供需平衡。一方面，较高的利率容易引致风险较高的借款人，引发逆向选择问题（adverse selection）；另一方面，较高的利率将使借款人获得资金后倾向于投资高风险项目，产生所谓的道德风险问题（moral hazard）。因此，在信息不对称问题没有得到解决的前提下，商业银行的最优决策组合是保持适度的利率和适当的信贷配给。

抵押物被认为是缓解信贷配给的有效工具。现有文献表明，抵押物可以降低银行与借款人之间的信息不对称，提升银行对借款人风险的识别，进而消除或缓解其信贷配给行为（Bester，1985；Besanko & Thakor，1987a，1987b；Boot & Thakor，1994；Chen，2005）。同时，抵押物也通常被视为银行业务经营的“第二还款来源”，在借款人出现实质性风险无法履约还款时，银行可以通过处置抵押物获得补偿。而这似乎为商业银行业务经营中普遍采用抵押物的现象提供了良好的解释。

近年来，随着我国扩大消费战略的实施，基于汽车、家装、大额耐用品、旅游、教育等消费目的的个人消费贷款①逐步进入了快速发展阶段。从供给主体看，尽管汽车金融公司、消费金融公司以及网络贷款公司等新型金融机构呈现较快发展趋势，但总体而言，商业银行仍是当前最主要的消费贷款供给主体。而从经营方式看，除信用卡透支普遍采用信用方式以外②，其他形式的消费贷款产品多是基于抵押方式提供，特别是以个人房产抵押提供的贷款。与企业贷款相比，个人消费贷款客户群体覆盖面更广，差异程度也更大，且由于无法应用传统的财务报表测评、项目风险评估等风险管控手段，消费贷款客户与银行间的信息不对称程度相对更强。但从现有文献（尤其是实证文献）看，对抵押物与银行业务经营的研究还主要集中在企业贷款。那么，抵押物是否能够影响商业银行消费贷款经营行为？这种影响在不同客户群体间是否存在显著差异？抵押物与消费贷款违约风险呈现怎样的关系？对以上问题的回答将为我们深入理解抵押物在商业银行消费贷款经营中的作用以及更好地发展普惠性消费金融提供更多的经验证据。

（二）相关文献回顾

1. 抵押物与信贷配给的相关研究综述

信贷配给问题源于银行与借款人之间的信息不对称，即银行无法获取评估借款人风险的全部信息或借款人对自身（或投资项目）风险的认知程度优于银行。现有理论文献表明，抵押物至少可以通过两种渠道来降低银行与借款人间的信息不对称，并进而消除或缓解信贷配给现象。首先，借款人提供抵押物的意愿可以反映借款人风险程度，即低风险借款人更加倾向于提供抵押物来向银行显示自己的良好资信。银行接收到抵押物的这种“信号作用”（signaling role），并以此作为客户选择的重要手段，从而较好地规避借款人“逆向选择”问题（Chan & kanatas，1985；Bester，1985；Besanko & Thakor，1987a，1987b；王霄和张捷，2003）。其次，抵押物作为一种“约束工具”（incentive device），可以抑制借款人获得资金后的“道德

① 由于个人住房贷款在办理模式、风险防范等方面均与一般性消费贷款有所不同，国际通用的消费信贷（consumer credit）统计口径也一般不将个人住房贷款统计在内，故本节所指的“消费贷款”不包含个人住房贷款。

② 尽管信用卡透支（分期）具有灵活便捷、无须抵押等优势，但也往往面临贷款额度小、贷款期限短等不足。从国内实践和国际经验看，除信用卡透支（分期）以外的一般性消费贷款仍是居民获取消费贷款的重要渠道。

风险”问题。这可能表现为借款人为获取高额收益而将信贷资金从低风险项目转移到高风险项目（Boot & Thakor，1994；Chen，2006），也可能是借款人没有尽最大的努力去保证正常的履约还款（Boot et al.，1991）。综合来看，基于抵押物的银行经营机制可以简述为：借款人通过提供抵押物来显示其良好资信，银行通过这种“信号作用”选择客户，并将抵押物作为抑制“道德风险”的工具。因此，对于同等条件的借款人来讲，银行更倾向于将信贷资源“配给”给提供抵押物的借款人。

关于抵押物对信贷配给影响的实证文献相对较少，且均采用了企业贷款样本。小川和铃木（Ogawa & Suzuki，2000）利用日本 1980 ~ 1993 年的一套企业样本数据，实证检验了存在借贷约束条件的企业贷款需求模型，结果表明抵押物（以企业拥有土地衡量）对缓解企业借贷约束具有非常明显的作用。沈（Shen，2002）利用我国台湾地区的银行贷款交易数据检验了信贷配给的存在性问题，结果显示抵押物在贷款供给方程中具有明显的正向作用。埃特纳索瓦和威尔逊（Atanasova & Wilson，2004）利用英国 1989 ~ 1999 年的一套中小型企业样本数据，在考虑信贷配给因素基础上，实证检验了企业贷款可获得性的影响因素，结果表明抵押物（以企业资产衡量）是决定银行贷款供给的重要因素。

此外，银行与借款人间的信息不对称还可以通过其他方式来缓解，而这些因素可能对抵押物的信贷配给效果产生影响。现有文献表明，客户关系即是除抵押物外的另一种重要的信息不对称缓解方式。较长的客户关系将使银行能够更为充分地识别和控制借款人风险，并对抵押物的使用形成替代效应。布特和塔科尔（Boot & Thakor，1994）利用一个重复博弈模型表明，借款人初期会接受一个较高的贷款利率并提供抵押物，但随着时间推移，在其逐渐表现出好的资信以后，就会获取较低的利率并不再提供抵押物。较多的实证研究也证实了客户关系和抵押物之间的这种替代关系（Berger & Udell，1995；Degryse & Van Cayseele，2000；Jiménez et al.，2006）。但关于信息不对称程度是否能对抵押物信贷配给效果产生影响的问题，现有实证文献还均较少涉及。

2. 抵押物与贷款风险的相关研究综述

抵押物与贷款风险的关系在理论上具有较大的分歧。一方面，基于信息不对称的“逆向选择”模型认为，低风险借款人更倾向于提供抵押物，而银行将通过抵押物的“信号作用”进行“客户选择”，因此均衡状态下抵押物将与贷款风险呈现负相关关系（Bester，1985；Besanko & Thakor，

1987a，1987b）。另一方面，传统的银行经营理论和“道德风险”模型则认为，银行会对借款人风险进行事前评估，并要求高风险借款人提供抵押，以此来抑制其“道德风险”或保障实际违约后的收益补偿（Morsman，1986；Boot et al.，1991；Boot & Thakor，1994），故抵押物与贷款风险应呈现正相关关系。本节将上述两种观点分别归结为抵押物的“客户选择”效应和“风险约束”效应。

经过分析可以发现，两种理论的不同结论主要源于其前提假设不同，即银行是否能够对借款人风险进行有效识别（Berger & Udell，1990）。如果银行没有对借款人风险状况进行准确识别（或者银行选择客户的标准主要基于抵押物的“信号作用”，而较少基于对借款人风险的评估），则抵押物的“客户选择”效应将占主导地位，抵押物与贷款风险负相关；如果银行能够准确评估借款人风险状况，则银行将要求高风险借款人提供抵押物，抵押物的“风险约束”效应占主导地位，抵押物与贷款风险正相关。实证文献中，多数研究发现抵押物与贷款风险之间呈现正相关关系，表明抵押物的“风险约束”效应占主导地位（Berger & Udell，1990；Angbazo et al.，1998；Dennis et al.，2000；Jiménez & Saurina，2004；平新乔和杨慕云，2009）。但也有少数文献发现了抵押物“客户选择”效应的存在。莱曼和纽伯格（Lehmann & Neuberger，2001）发现高风险借款人（高贷款利率）提供抵押物的可能性较低。希门尼斯等（Jiménez et al.，2006）发现在客户关系时间较短的借款人中，低风险借款人提供抵押物的可能性更高。尹志超和甘犁（2011）利用我国某国有银行企业贷款数据进行的研究发现，在高信用等级借款群体中，抵押物与贷款违约风险呈负相关关系，抵押物的目的可能是减少逆向选择问题。

3. 抵押物决策机制与抵押物依赖性的相关研究综述

尽管理论和实证文献均表明抵押物对抑制借款人的“逆向选择”和“道德风险”具有一定的积极意义，但也有研究开始关注银行对抵押物的“过度依赖”问题。曼弗和帕迪利亚（Manove & Padilla，2001）提出的“懒惰银行”（lazy model）模型较早的从理论上论证了抵押物的过度使用对银行经营和社会福利的影响。他们认为，在抵押物供给成本较低的前提下，银行将通过抵押物的“信号作用”进行“客户选择”，并显著减少其风险评估程序。极端情况下，提供抵押物的借款人都能获得贷款，不能提供抵押物的借款人全部无法获得贷款。“懒惰银行”的结果是，一方面造成不能提供抵押物的低风险借款人无法获取贷款，另一方面由于银行降低了对提供抵押物借款人的风险评估和防范，导致贷款的实际违约风险上升。

“懒惰银行”模型实际上是在探讨银行抵押物决策机制问题，即银行对抵押物的使用主要是基于“客户选择”还是“风险约束”，“懒惰银行”模型显然意味着前者。因此，对抵押物依赖问题的研究应着眼于银行抵押物决策机制的分析，也即对抵押物决定因素的研究。从现有与抵押物决定因素相关的实证文献看，多数研究还主要关注于抵押物与贷款风险关系的检验（Lehmann & Neuberger，2001；Menkhoff et al.，2006；Jiménez et al.，2006），对抵押物决策机制问题尚未引起重视。此外，现有对抵押物决定因素的研究均未讨论借款人抵押物可获得性的影响，而这一变量显然是抵押物提供的重要决定因素。

与现有文献相比，本小节主要在以下三个方面做出新的尝试：一是有别于现有文献集中于企业贷款的研究，本节将分析对象明确定位于个人消费贷款。二是综合考虑了抵押物与消费贷款配给、贷款违约风险的关系，并检验了抵押物在不同客户群体间的影响差异性。三是从实证角度初步探讨了银行的抵押物决策机制问题。此外，从国内研究来看，运用微观数据研究抵押物与商业银行消费贷款业务经营关系的文献相对较少，本节将试图在这一领域提供较早的经验证据。

二、抵押物与商业银行消费贷款配给、贷款违约风险的实证分析

（一）数据来源、变量选择与描述性统计

1. 数据来源

数据来自国内某商业银行某省份的个人消费贷款业务数据。该套数据较好地包含了借款人个体特征、财务状况、贷款合同信息等内容。通过对相关信息进行匹配整理，并删除关键变量缺失样本，最终得到有效样本8243个。

2. 变量选取

本节主要考察抵押物与商业银行消费贷款配给、贷款违约风险的关系问题，选取的变量主要包括：

（1）抵押物。抵押物（Collat）是关注的核心变量。现有文献对抵押物的衡量主要有两种方式：一种是以抵押物价值与贷款额度的比例（Lehmann &

Neuberger，2001；Menkhoff et al.，2006），另外一种是以是否提供抵押物的二元虚拟变量（Boot et al.，1991；Berger & Udell，1990；Jiménez & Saurina，2004）。鉴于数据的可获得性，选择沿用后者①。需要说明的是，由于质押贷款通常是以个人有价证券作为担保，可视同为提供了可供变现的抵押物，且样本中质押担保样本较少，故将抵押、质押担保借款人作为提供抵押物的借款人（Collat =1），其他借款人（保证、信用方式借款人）作为未提供抵押物的借款人（Collat =0）。

（2）贷款配给。按照小川和铃木（Ogawa & Suzuki，2000）、埃特纳索瓦和威尔逊（Atanasova & Wilson，2004）等的研究思路，以贷款供给程度来衡量贷款配给行为。考虑到合同借款金额与借款人收入、借款期限明显相关，为消除此类因素的影响，在此构建了借款收入比（Debty）指标来代表借款人实际获得的借款额度情况，具体计算公式为：合同借款金额/借款年限/借款人年收入。

（3）贷款违约风险。按照贷款实际风险形态，将除正常样本（Default =0）以外的样本统一归为具有违约风险的样本（Default =1）。需要说明的是，目前银行通常的分类方法是将贷款形态为次级、可疑、损失的样本归为违约样本，但限于数据中此三类样本较少，且本节的目的主要是为了衡量借款人的违约风险，故在此将关注类样本也归为“违约风险样本”②。

（4）信息不对称程度。现有文献通常用客户关系的时间长度来衡量信息不对称程度（Berger & Udell，1990）。但限于数据可获得性，无法采用此类指标。借鉴斯金纳（Skinner，1988）等人利用职业状况代表消费者收入不确定性的研究思路，在此将借款人职业（Job）视为信息不对称程度的一个代理变量。我们将国家机关、国有企事业单位借款人（统称国有单位借款人）归为一组（Job =1），其他单位借款人（统称非国有单位借款人）归为另一组（Job =0）。由于职业状况与借款人收入水平、收入不确定性、福利保障程度等直接相关，我们有理由相信，银行与国有单位借款人间的信息不对称程度较弱，而与非国有单位借款人间的信息不对称程度相对较强。因此利用借款人职业变量（Job）来衡量信息不对称程度对抵押物作用的影响。

---

① 从目前消费贷款经营实践看，借款人一般要么提供全额抵押、要么不提供抵押，因此用二元虚拟变量衡量的抵押物变量与消费贷款经营实践更为接近。

② 下文实证中我们还将对这一设定进行稳健性检验。

（5）借款人（事前）风险评估。借款人风险评估和抵押物供给程度是选取的检验抵押物决策的重要因素。沿用伯杰和尤博尔（Berger & Udell，1990）、安格巴等（Angbazo et al.，1998）等的研究方法，用“风险溢价”（RiskPre）来衡量银行对借款人的事前风险评估，计算方法为：借款人实际执行利率/同期限央行基准利率。从数据情况看，借款人“风险溢价”均在基准利率上浮40%以内，且主要集中在基准利率及上浮10%、20%等几个离散点，故在此将“风险溢价”指标转换为一个序次变量，即基准利率及以下取值为0，基准利率以上至上浮10%之间取值为1，上浮10%以上至20%之间取值为2，上浮超过20%取值为3。取值较大，表明银行评估的借款人事前风险越高。

需要注意的是，这一变量可能会受到“内生性”问题的影响，即银行会根据抵押物提供情况对借款人进行反向定价。在实证研究中将对这一问题进行一定的控制。

（6）抵押物供给程度。抵押物供给程度是抵押物决定的重要因素，但现有文献中却均少有涉及。考虑到当前消费贷款抵押方式主要通过个人房产抵押，故在此以借款人是否拥有住房（Dwell）作为抵押物供给程度的衡量（即如果借款人拥有住房，Dwell=1；反之，Dwell=0）。

选取的其他控制变量包括：借款人性别（Gender），男性取值为1，女性取值为0。年龄（Age），借款人的实际年龄。婚姻状况（Married），已婚取值为1，未婚、离异或丧偶等取值为0。受教育程度（Edu），最高学位为专科、高中及以下取值为0；大学本科取值为1；硕士研究生及以上取值为2。年收入水平（Lny），借款人年税后收入的对数值。借款期限（Mature），按年计算的借款期限。

3. 变量描述性统计

表4-1列出了相关变量的定义、赋值方式及描述性统计结果。可以看出：样本中，81.5%的借款人提供了抵押物，占样本的绝大部分。借款收入比均值为71.2%，最高控制在借款人年收入5倍以内，考虑到偿债能力通常以家庭总收入计算，该指标基本处于合理区间。违约风险样本占比1.2%，违约风险样本数为101个。国有单位借款人占比30.2%，相对较少，对应非国有单位借款人占比69.8%。“风险溢价”样本均值1.404，拥有住房的借款人占比76.3%。从其他控制变量看，男性借款人占比63.6%；借款人平均年龄39岁，年龄覆盖范围在18~65岁之间；已婚借款人占比74.5%；受教育程度平均值0.656，表明高学历借款人比重相对较低；收入

对数均值 11.041，对应实际收入水平约 9 万元；借款期限均值为 7 年，且最长 15 年，最短仅 3 个月。

表 4－1　变量定义、赋值与描述性统计

变量	定义与赋值	均值	标准差	最小值	最大值
Collat	抵押物：抵（质）押贷款＝1，其他贷款＝0	0.815	0.389	0	1
Debty	借款收入比：借款金额/借款年限/借款人年收入	0.712	0.894	0.001	5
Default	贷款违约风险：正常样本＝1，其他样本＝0	0.012	0.110	0	1
Job	借款人职业：国有单位＝1，非国有单位＝0	0.302	0.459	0	1
RiskPre	“风险溢价”：按利率浮动取值 0，1，2，3	1.404	0.896	0	3
Dwell	抵押物可获得性：拥有住房＝1，无住房＝0	0.763	0.425	0	1
Gender	性别：男性＝1，女性＝0	0.636	0.481	0	1
Age	年龄：借款人实际年龄	39.435	8.166	18	65
Married	婚姻状况：已婚＝1，其他＝0	0.745	0.436	0	1
Edu	教育程度：大学本科＝1；硕士＝2；其他＝0	0.656	0.726	0	2
Lny	收入水平：借款人年税后收入的对数值	11.041	1.036	8.517	16.983
Mature	借款期限：按年计算的借款期限	7.263	3.735	0.25	15.167

（二）关于抵押物与贷款配给的实证分析

如前文所述，通过贷款供给变量来衡量抵押物对信贷配给的影响，选取的贷款供给变量为借款收入比（Debty），基本模型设为式（4－1）。其中，Collat 是重点关注的抵押物变量，X 代表选取的控制变量，包括借款人职业、性别、年龄、婚姻状况、教育程度、收入水平、借款期限（下同），ε_i 为误差项。如果抵押物能够影响商业银行消费贷款配给行为，我们预期抵押物（Collat）的系数 α_1 应该显著大于0。

同时，为了检验信息不对称程度对抵押物配给效果的影响，我们还在式（4－1）基础上加入了抵押物（Collat）与借款人职业（Job）的交互项，构成了式（4－2）。我们认为银行与国有单位借款人（Job＝1）间的信息不对称程度要小于非国有单位借款人（Job＝0），基于抵押物主要是针对降低信息不对称的理论前提，我们预期抵押物在国有单位借款人中的信贷配给效果应该较弱，γ_2 应该显著小于0。

此外，为了避免异方差问题造成的结果偏误，在模型估计结果中统一使用了异方差稳健标准差。

$$\text{OLS：} Debty_i = \alpha_0 + \alpha_1 Collat_i + \beta X + \varepsilon_i \tag{4-1}$$

$$\text{OLS：} Debty_i = \gamma_0 + \gamma_1 Collat_i + \gamma_2 Collat_i * Job_i + \beta X + \varepsilon_i \tag{4-2}$$

表4－2列出了式（4－1）和式（4－2）的回归结果①。从式（4－1）的回归结果可以看到，抵押物变量的系数为正值，且在1%显著性水平上显著，表明抵押物对银行消费贷款配给行为具有显著影响，这与小川和铃木（Ogawa & Suzuki，2000）、埃特纳索瓦和威尔逊（Atanasova & Wilson，2004）等发现的抵押物是决定贷款供给重要因素的结论较为一致。从具体数值看，与未提供抵押物的借款人相比，提供抵押物借款人的借款收入比增加了142.3%，表明在同收入、同借款期限的前提下，提供抵押物借款人获得的借款额度为未提供抵押物借款人的近2.5倍，抵押物的信贷配给效应较为明显。

表4－2　　　　抵押物与消费贷款配给的回归结果

解释变量	被解释变量	
	式（4－1）	式（4－2）
	Debty	Debty
Collat	1.423*** （0.036）	1.551*** （0.037）

① 在回归之前，我们对纳入模型的主要变量进行了相关系数检验，发现除抵押物（Collat）和借款期限（Mature）外，其余变量的相关系数均在0.25以下，能够较好地避免多重共线性的影响。但考虑到借款期限对借款额度的影响较为明显，为避免重要变量遗漏问题，在计量模型中保留了借款期限（Mature）变量。同时经过剔除该变量的稳健性检验发现，主要的研究结论并未发生改变。

续表

解释变量	被解释变量	
	式（4-1）	式（4-2）
	Debty	Debty
Collat * Job		-0.487*** (0.035)
Job	0.004 (0.018)	0.413*** (0.029)
Gender	-0.080*** (0.169)	-0.081*** (0.017)
Age	-0.001 (0.001)	-0.002 (0.001)
Marrige	-0.021 (0.019)	-0.023 (0.019)
Edu	0.109*** (0.012)	0.108*** (0.012)
Lny	-0.192*** (0.008)	-0.199*** (0.009)
Mature	-0.163*** (0.005)	-0.163*** (0.005)
Constant	3.066*** (0.106)	3.092*** (0.106)
Obs	8243	8243
Adj. R^2	0.352	0.361
F test	238.99	243.84

注：*** 表示在1%的显著性水平上显著；括号内为经过调整的异方差稳健标准差（Robust）。

从式（4-2）的回归结果看，抵押物与借款人职业的交互项（Collat * Job）系数为负值，且在1%的显著性水平上显著，表明在国有单位借款人中（Job=1）抵押物的信贷配给效果有明显下降。由于借款人职业一定程度上反映了银行与借款人间的信息不对称程度，我们的结果倾向于支持：抵押物在信息不对称程度强的借款群体中作用较强，反之相反。从具体数值看，非国有单位借款人的抵押物配给系数为1.551，而国有单位借款人的相应系数则下降了0.487，为1.064。

此外，从借款人职业（Job）的回归系数看，我们还发现一个现象：借款人职业（Job）与交互项（Collat * Job）的回归系数在数值上基本相当，但符号相反。这表明，在未提供抵押物的借款人（Collat =0）中，借款人职业（Job）对借款收入比的影响显著为正；但在提供抵押物的借款人（Collat =1）中，借款人职业（Job）的影响则大幅下降，甚至出现微弱的负向效应（0.413 -0.487）。总体而言，抵押物与借款人职业表现出一定程度的替代关系。这可能反映了，在存在信息不对称的条件下，抵押物可能是银行业务经营中选择借款人的首选工具，但在借款人无法提供抵押物的情况下，银行也会借助其他渠道（比如借款人职业）来实现这一目的。

从控制变量看，式（4 -1）和式（4 -2）的结果较为一致。借款人性别（Gender）的系数显著为负，表明男性借款人（Gender =1）的借款收入比要低于女性，可能由于女性借款人一般被视为更加理性和谨慎。受教育程度（Edu）系数显著为正，表明学历越高，借款收入比也相应提高。该变量通常为借款人持久收入的代理变量，因此较高的教育程度意味着较高的未来收入能力以及较好的履约还款保障。借款人年龄（Age）、婚姻状况（Marrige）的回归系数均不显著，表明这两类变量对借款收入比的影响相对较弱。借款人收入水平（Lny）、借款期限（Mature）系数均显著为负。由于我们的被解释变量（借款收入比）中已经控制了该两类变量的影响，在其他条件相同的情况下，更高的借款人收入水平以及更长的借款期限意味着借款人的合同借款金额会更高，履约还款压力相应更大，因此随着借款人收入水平和借款期限的提高，银行可能会对借款收入比进行更严格的控制。

（三）关于抵押物与贷款违约风险的实证分析

抵押物与贷款违约风险的关系一定程度上体现了抵押物的作用机制。如果抵押物与贷款违约风险正相关，则表明银行倾向于要求高风险借款人提供抵押物，抵押物的“风险约束”效应占主导地位；反之，如果抵押物与贷款违约风险负相关，低风险借款人提供抵押物的比例更高，则表明银行倾向于将抵押物视为客户筛选的工具，抵押物的“客户选择”效应占主导地位。如前文所述，在此利用贷款风险形态来区分借款人违约风险，即将贷款风险形态为关注类及以下的样本视为“违约风险”样本（Default =1），其他样本视为正常样本（Default =0）。由于被解释变量（Default）为二元选择变量，采用 Logit 模型进行估计，基本计量模型为式（4－3）。同样地，为考察信息不对称程度的影响，在式（4－3）基础上加入了抵押物（Collat）与借款人职业（Job）的交互项（Collat * Job），构成了式（4－4）。

$$\text{Logit: } Default_i = \alpha_0 + \alpha_1 Collat_i + \beta X + \varepsilon_i \quad (4-3)$$

$$\text{Logit: } Default_i = \gamma_0 + \gamma_1 Collat_i + \gamma_2 Collat_i * Job_i + \beta X + \varepsilon_i \quad (4-4)$$

表 4－3 列出式（4－3）和式（4－4）的回归结果，为体现各类变量对违约概率的影响程度，我们还计算了各类变量的边际效应值（d｛Pr（Default＝1）｝/dX）。从式（4－3）的回归结果看，抵押物（Collat）与贷款违约风险（Default）呈现负向相关关系，且回归系数在 1% 的显著性水平上显著。从边际效应上看，在其他条件保持不变的前提下，提供抵押物借款人的违约风险概率将下降 1.08%。这表明对于选用的消费贷款样本而言，抵押物的“客户选择”效应占据了主导地位①，这与伯杰和尤博尔（Berger & Udell，1990）、安格巴等（Angbazo et al.，1998）等利用企业样本发现的抵押物与高风险借款人相关的结论明显不同。这可能是由于与企业客户相比，个人客户不具有规范的财务报表，借贷资金也无直接对应的投资项目，银行对个人客户的风险更加难以评估，因此也更需要利用抵押物来识别借款人可能存在的“逆向选择”和“道德风险”问题。

表 4－3　　抵押物与消费贷款违约风险的回归结果

解释变量	被解释变量			
	式（4－3）		式（4－4）	
	Default		Default	
	回归系数	边际效应	回归系数	边际效应
Collat	－1.508*** （0.237）	－0.0108	－1.732*** （0.273）	－0.0139
Collat * Job			1.281** （0.605）	0.0078
Job	－0.474 （0.295）	－0.0018	－1.017** （0.451）	－0.0036

① 但伯杰和尤博尔（1990）的研究表明，利用事后风险变量（即贷款风险形态）来衡量的抵押物“客户选择”效应可能受到抵押物固有的风险约束作用的限制。这是由于，即便银行要求高风险借款人提供了抵押物，但这些高风险借款人可能由于受到抵押物的约束，其实际违约率反而较低。但在下文对抵押物决策机制的进一步讨论中，我们发现这种影响的可能性较小。

续表

解释变量	被解释变量			
	式（4－3）		式（4－4）	
	Default		Default	
	回归系数	边际效应	回归系数	边际效应
Gender	0. 248 (0. 221)	0. 0009	0. 252 (0. 221)	0. 0010
Age	－0. 012 (0. 014)	－0. 0001	－0. 010 (0. 014)	－0. 0001
Marrige	－0. 396 * (0. 224)	－0. 0018	－0. 395 * (0. 224)	－0. 0018
Edu	－0. 485 *** (0. 178)	－0. 0020	－0. 478 *** (0. 178)	－0. 0020
Lny	0. 009 (0. 106)	0. 0001	0. 029 (0. 106)	0. 0001
Mature	－0. 242 *** (0. 041)	－0. 0010	－0. 252 *** (0. 040)	－0. 0011
Constant	－1. 551 (1. 256)	—	－1. 776 (1. 269)	—
Obs	8243		8243	
Pseudo R^2	0. 173		0. 177	
LR chi2	125. 79		149. 56	

注：***、**、* 分别表示在1%、5%、10%的显著性水平上显著；Pseudo R^2 为准 R^2。

从式（4－4）的回归结果看，抵押物与借款人职业交互项（Collat * Job）的回归系数为正值，且在5%的显著性水平上显著。这表明，抵押物与贷款违约风险的负向关系在非国有单位借款人中表现更加明显，也即随着借款人信息不对称程度的降低，抵押物与贷款违约风险间的负向关系倾向于减弱。从边际效应上看，在非国有单位借款人中，提供抵押物借款人的违约风险概率将下降1.39%，而在国有单位借款人中，提供抵押物借款人的违约风险概率仅下降0.61%。考虑到抵押物的"客户选择"效应主要是由于银行无法对借款人风险做出准确衡量，更容易受到信息不对称程度的影响；而抵押物的“风险约束”效应是基于银行能够对借款人风险做出准确判断，故受信息不对称程度的影响较小。因此，抵押物与借款人职业交互项（Collat * Job）的正向相关系数一定程度上支持了抵押物“客户选择”效应的存在。

我们从式（4－4）中同样发现了借款人职业（Job）与抵押物（Collat）之间的替代关系。即在未提供抵押物的借款人（Collat＝0）中，借款人职业（Job）与贷款违约风险明显负相关；但在提供抵押物的借款人（Collat＝1）中，这种负向相关性不再明显[①]。这表明，当借款人未提供抵押物时，借款人职业是银行选择客户的一个重要依据，而当借款人提供抵押物时，借款人职业的作用倾向于不再显著。

从其他控制变量看，借款人婚姻状况（Marrige）与贷款违约风险明显负相关，表明稳定的家庭对贷款风险具有较好的抑制作用。教育程度（Edu）与贷款违约风险明显负相关，表明随着借款人持久收入水平的提高，贷款风险也会随之下降。借款期限（Mature）的系数显著为负，可能由于在相同条件下，较长的借款期限意味着较少的当期还款额度，从而降低了借款人的还款压力。除此之外，借款人性别、年龄、收入水平变量的回归系数均未表现出显著性，表明这些变量对贷款违约风险的影响相对较弱。

三、对抵押物决策机制的进一步考察

实证结果显示，无论是贷款配给还是贷款违约风险，抵押物均倾向于表现出“客户选择”的功能。那么这种结论是否具有稳健性呢？从理论上讲，银行对抵押物的决策机制是抵押物作用的基础，而对银行抵押物决策机制的判断更应该基于借款人（事前）风险评估与抵押物的关系（Boot et al.，1991），即银行是否按照借款人风险程度来决定抵押物地提供。如前文所述，利用“风险溢价”（RiskPre）变量来衡量银行对借款人的事前风险评估，同时以借款人是否拥有住房（Dwell）作为抵押物供给程度的衡量，用以考察抵押物可获得性对抵押物决定的影响。

基本模型设定为式（4－5）。从银行决策的角度，我们预期，如果银行对抵押物的使用主要基于“风险约束”，则“风险溢价”变量与抵押物决定

---

① 我们利用提供抵押物的借款人子样本（Collat＝1）重新进行了回归，发现借款人职业变量（Job）的回归系数为正，但不再显著。

应正相关，α_1 显著大于0；反之，如果银行主要利用抵押物的“客户选择”功能，则抵押物决定应主要与抵押物供给程度相关，而与“风险溢价”变量无关，即 α_2 显著大于0，但 α_1 不具有显著性。

$$\text{Logit}: \text{Collat}_i = \alpha_0 + \alpha_1 \text{Riskpre}_i + \alpha_2 \text{Dwell}_i + \beta X + \varepsilon_i \quad (4-5)$$

需要指出的是，尽管现有文献普遍采用“风险溢价”（RiskPre）作为银行对借款人事前风险评估的衡量，但该变量与抵押物（Collat）间可能存在严重的内生性问题，即银行会根据抵押物提供情况对借款人进行反向定价①。为减弱内生性的影响，我们对“风险溢价”（RiskPre）变量进行了修正，具体方法为：首先，选取未提供抵押物的借款人样本，以贷款利率作为被解释变量，以选取的控制变量（X）为解释变量进行 OLS 回归；其次，运用构建的 OLS 模型对全部借款人（包括提供抵押物和未提供抵押物的借款人）进行贷款利率预测；最后，根据贷款利率预测值按照既定的取值规则重新构建“风险溢价”变量。由于我们构建的预测模型区分了未提供抵押物和提供抵押物的借款人样本，因此可以在一定程度上规避“风险溢价”与抵押物的内生性问题。我们将修正后的“风险溢价”变量记为借款人风险评估变量（RiskEst）②，相应的估计模型为：

$$\text{Logit}: \text{Collat}_i = \gamma_0 + \gamma_1 \text{RiskEst}_i + \gamma_2 \text{Dwell}_i + \beta X + \varepsilon_i \quad (4-6)$$

表4-4列出了式（4-5）和式（4-6）的回归结果以及各类变量的边际效应值（$d\{Pr(Collat=1)\}/dX$）。从式（4-5）的回归结果可以看到，“风险溢价”变量的回归系数为负值，且在1%的显著性水平上显著，意味着低风险借款人提供抵押物的概率更高，但这与理论预期较不一致。因为如果银行对借款人进行了事前风险评估，那么没有理由会让低风险借款人提供抵押物。可能的原因是我们选取的“风险溢价”变量受到内生性问题的影响，即银行会对提供抵押物的借款人提供利率优惠，从而导致抵押物与“风险溢价”变量间存在负向相关关系。式（4-6）的回归结果进一步证实了上述观点，经过修正后的借款人风险评估变量（RiskEst）回归系数尽管仍为负值，但不再具有显著性，且其边际效应值从3.57%下降至0.09%。

---

① 最为明显的现象就是银行会对提供抵押物的借款人给予利率优惠，这将导致“风险溢价”变量与抵押物间的负向关系。

② 本节也根据提供抵押物的借款人样本进行了预测，但从预测模型的准确性来看，利用未提供抵押物借款人样本的预测模型决定系数为0.64，而利用提供抵押物借款人样本的模型决定系数仅为0.11，故在此仅保留了根据未提供抵押物借款人样本的预测结果。

表 4-4　　关于银行抵押物决策机制的回归结果

解释变量	被解释变量			
	式（4-5）		式（4-6）	
	Collat		Collat	
	回归系数	边际效应	回归系数	边际效应
RiskPre	-0.869*** (0.067)	-0.0357		
RiskEst			-0.203 (0.144)	-0.0090
Dwell	1.577*** (0.094)	0.1001	1.789*** (0.103)	0.1292
Job	-0.601*** (0.121)	-0.0278	-0.418 (0.257)	-0.0201
Gender	-0.119 (0.091)	-0.0048	-0.123 (0.089)	-0.0054
Age	0.045*** (0.005)	0.0018	0.055*** (0.006)	0.0024
Marrige	-0.024 (0.097)	-0.0010	0.030 (0.096)	0.0013
Edu	-1.120*** (0.075)	-0.0461	-0.911*** (0.082)	-0.0403
Lny	0.699*** (0.054)	0.0288	0.768*** (0.057)	0.0339
Mature	0.488*** (0.015)	0.0201	0.546*** (0.015)	0.0241
Constant	-9.599*** (0.749)	—	-12.568*** (1.018)	—
Obs	8243		8243	
Pseudo R^2	0.555		0.522	
LR chi2	1863.66		1791.64	

注：*** 表示在 1% 的显著性水平上显著；Pseudo R^2 为准 R^2。

从借款人是否拥有住房变量（Dwell）看，两个模型的结果均显示，拥有住房的借款人提供抵押物的可能性均明显提高，表明借款人抵押物可获得性是银行抵押物决策的重要影响因素。从边际效应来看，在其他因素保持不变的前提下，是否拥有住房对抵押物提供概率的影响在10.01%～12.92%之间，远高于“风险溢价”变量的边际效应值。此外，通过对研究样本按照借款人是否拥有住房进行的分组比较发现，如图4－1所示，在拥有住房组中，超过90%的借款人提供了抵押；而在无住房组中，也有超过50%的借款人提供了抵押，这可能源于其通过他人房产或自有的其他可供抵押的资产实施了抵押。如果将借款人可通过自有房产以外的渠道提供抵押物的因素考虑在内，借款人抵押物可获得性对抵押物决定的影响应该更大。

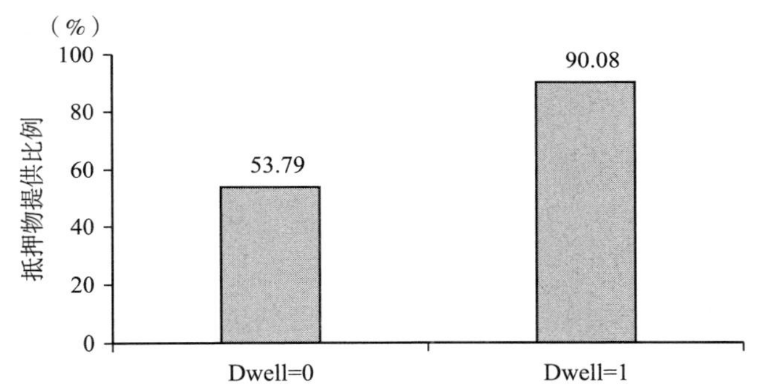

图4－1　借款人住房状况与抵押物提供

从其他控制变量看，借款人职业（Job）对抵押物决定的影响为负，表明国有单位借款人提供抵押物的概率较低，但式（4－6）中该系数并不具有显著性。借款人年龄（Age）、收入水平（Lny）对抵押物决定具有正向影响，由于模型中已经控制了借款人住房状况，这可能反映了随着年龄或收入水平的增长，借款人提供自有房产以外抵押物的能力会相应提高。教育程度（Edu）与抵押物决定负相关，表明具有较高教育程度借款人的抵押物提供概率较低。借款期限（Mature）对抵押物决定具有正向影响，可能由于较长的借款期限意味着较高的还款不确定性，因此导致银行对抵押物要求提高①。

① 教育程度（Edu）、借款期限（Mature）的回归结果表现出抵押物决定与银行风险防范之间具有一定程度的关联。但从边际效应看，两类变量对抵押物决定的影响程度均相对较小，因此我们认为其并不能构成银行抵押物决策的主要影响因素。

总体而言，式（4－5）和式（4－6）的回归结果表明，银行对抵押物的决策与借款人事前风险评估并无明显关联，但与借款人抵押物可获得性高度相关，表明了银行对抵押物的使用主要是基于“客户选择”，而非“风险约束”。但如曼弗和帕迪利亚（Manove & Padilla，2001）的“懒惰银行”模型所述，依赖抵押物进行客户选择会导致银行的“懒惰”倾向，即银行会根据是否提供抵押物来进行贷款决策，不利于消费者福利效应的最大化。我们认为，在当前我国的经济金融形势下，这种效应对消费贷款发展的影响可能更大，并可能导致消费者和商业银行的“双重福利损失”。

一方面，消费贷款产生的理论基础在于消费者收入轨迹与支出轨迹的不平衡（Bertola，Disney & Grant，2006），即消费者在青年时期消费支出较大、但收入较少，在中老年时期消费支出较少、但收入较高，消费贷款的作用正是去平衡消费者生命周期内的收入和消费轨迹偏差。但从商业银行消费贷款实际经营情况看，以住房为主的抵押物提供仍是获取消费贷款的重要前提，但作为最具消费贷款需求的年轻消费者拥有住房的比例却通常较低（样本数据对此具有一定的验证，见图4－2），这将导致许多资信较好同时也具有真实借贷需求的消费者无法获取贷款。另一方面，在当前消费拉动型经济增长模式形成过程中，消费金融将是商业银行转型升级的重要方向，但若过度采取以“抵押物”为准则的贷款经营模式，将会造成大量潜在优质客户的流失，同时也不利于银行风险识别和风险防控技术的提升，加大了系统性风险压力。

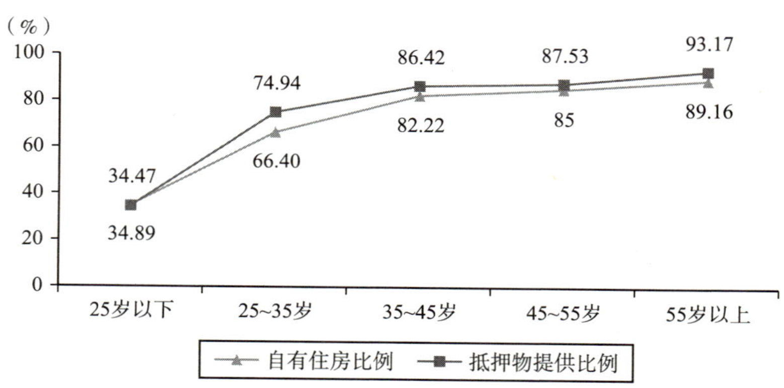

图4－2　按生命周期划分的自有住房比例和抵押物提供比例

本节利用国内某商业银行某省份的消费贷款业务数据，实证研究了信息不对称条件下抵押物对商业银行消费贷款经营行为的影响。研究发现：抵押物能够显著影响商业银行消费贷款配给行为，相同条件下，提供抵押物的借款人获得的借款额度明显较高；抵押物信贷配给效果受信息不对称程度影响明显，对信息不对称程度较高的借款群体（以非国有单位借款人代表）而言，抵押物的信贷配给效果更为明显；抵押物与消费贷款违约风险呈现显著的负相关关系，且这种负相关关系同样受到信息不对称程度的影响，表明抵押物作用机制中的“客户选择”效应占主导地位；通过对银行抵押物决策机制的进一步检验发现，抵押物决定与借款人事前风险评估无明显关联，但与借款人抵押物可获得性显著相关，进一步表明银行对抵押物的使用主要是基于“客户选择”，而非“风险约束”，同时也说明银行业务经营中存在一定程度的抵押物依赖现象。

本节的基本观点为，尽管抵押物对商业银行消费贷款经营具有一定的积极意义，但过度依赖抵押物可能会导致消费者和商业银行的“双重福利损失”，即一方面造成不能提供抵押物的消费者无法获取贷款，另一方面也导致商业银行潜在优质客户的流失。结合本节的实证结果，我们认为至少可以通过两种渠道来适当降低银行对抵押物的依赖性：一是积极推进个人征信体系建设，从宏观层面降低银行与借款人之间的信息不对称程度；二是加强银行自身风险识别能力，提高银行对借款人实际风险的判别水平，将抵押物作用机制从“客户选择”主导推向“客户选择”和“风险约束”并重。

当然，本节的研究也存在一定的缺陷和不足。本节是基于特定银行在特定区域内的业务数据的分析，且限于数据的可获得性，在实证中并未控制宏观经济波动（经济周期、货币政策等）、区域差异、银行异质性偏好等因素的影响，故本节的结论是否能够代表我国银行业的整体情况还有待利用更为丰富的数据去进一步验证。但本节的研究思路和实证观点为理解抵押物与商业银行消费贷款业务经营的关系，以及更好地推进我国普惠性消费金融体系的构建提供了可供参考的经验证据。

第二节　基于消费信贷市场均衡的无限生命跨期消费模型

一、问题的提出与相关理论综述

（一）问题的提出

我国消费信贷[①]业务始于20世纪90年代中前期。1999年2月中国人民银行发布《关于开展个人消费信贷的指导意见》，标志着中国的消费信贷业务正式开展，同时揭开了我国消费信贷市场迅速发展的帷幕。从微观上看，消费信贷市场的建立与发展是耐用品消费和消费品质升级的必然要求。消费信贷业务的开展有利于居民平滑一生消费，通过缓解流动性约束释放潜在的消费需求，扩大居民消费规模。从宏观上看，消费信贷是稳定消费需求的重要宏观调控工具。

美国的注资计划[②]、我国的“家电下乡”“以旧换新”等是通过消费信贷供给扩张达到刺激消费需求的效果，通过为潜在消费信贷需求创造供给来增加消费需求规模。这一政策选择有效性的隐性前提是存在消费信贷潜在需求和供给的缺口，并且这一缺口的表现形态是消费信贷总供给不足，然而存在这一隐性前提的理论依据是什么？

更进一步的，持续地扩大消费信贷供给，会使得原本因为违约风险过高无法获得消费贷款的消费者获得消费信贷，增加违约风险。市场违约风险的积累是影响针对消费信贷市场刺激措施可持续性的重要因素。但是市场中某些时期供给的持续增加并未显著增加市场风险。消费信贷市场为何会出现这样相互矛盾的状况？

现有研究肯定了消费信贷对消费需求的促进作用，为建立有利于消费

① 目前世界大部分国家对于消费信贷并不存在明确的定义，本节采用美国联邦储备委员会对于消费信贷的范围划定，即用于个人和家庭用于购买商品与服务的消费信用（不包含房产），这一范围与中国国家统计局的消费信贷统计口径的主要差别在于不包含住房按揭贷款。本节出现的消费信贷数据都按照美联储划定的范围进行调整。

② 定期资产支持证券贷款工具（TALF）计划。

信贷市场长期健康发展的宏观环境和运行机制提供理论指导，但是缺乏对一国范围内消费信贷市场均衡的分析，缺乏对消费信贷市场供求状况所表现出的特殊形态的理论描述。本节在分析消费信贷市场供给和需求及其加总的基础上，建立加总的跨期消费模型，通过数值模拟寻求消费信贷市场的均衡解。基于对数值模拟均衡结果的分析，为短期刺激消费信贷的措施选择提供理论解释，进一步地，提供判断消费信贷市场供给增长与市场风险积累关系的方法，并最终提出相应的政策建议。

（二）消费信贷市场供给、潜在需求及均衡综述

从个体消费者或家庭的角度出发，跨期式（4－7）描述了一个寿命为N，年龄为t的消费者的跨期消费行为。该消费者会分配生命各期的消费，使得各期消费效用在当前的折现之和期望最大化。然而由于消费者不可能拥有无限的财富，所以这种分配受到一些限制，即流动性约束。

$$\max_{\{c_i\}} E_t\left[\sum_{i=t}^{N}\beta^{t-i}U_i(C_i)\right] \tag{4-7}$$

$$A_t + \sum_{i=t}^{N}\frac{Y_t}{(1+r)^{i+1-t}} = \sum_{i=t}^{N}\frac{C_t}{(1+r)^{i+1-t}} \tag{4-8}$$

$$A_{t+1} = (1+r)(A_t + Y_t - C_t) \tag{4-9}$$

$$A_{t+1} = (1+r)[A_t - (1+r)d_{t-1} + d_t + Y_t - C_t] \tag{4-10}$$

式（4－8）、式（4－9）、式（4－10）代表三种典型的流动性约束形式。式（4－8）代表最宽松的流动性约束。消费者在生命的每一期都可以不受限制地获得消费信贷来满足自己的消费需求，只要在生命终止时可以清偿完一生的债务即可。在该限制下求解式（4－7）目标函数最大化，得到一组消费策略，在这组消费策略下消费者每一期的消费信贷借贷值 d_t 代表了消费者在该期消费信贷需求的最大值，即消费者的潜在最大需求，记为 $\overline{\overline{d}}_t$。

式（4－9）代表消费者无法以任何利率借贷的情形，式（4－10）描述了消费者无法获得满足其当期消费需求的全部消费贷款的情形。消费者在当期首先归还上一期的消费信贷在当期的积累值 $(1+r)d_{t-1}$，同时申请当期的消费信贷 d_t。但是 d_t 的额度受到消费信贷供给的限制，不一定能够满足消费者当期全部的借贷要求。式（4－10）的流动性约束下，消费者每一期的消费信贷 $d_t \leqslant \overline{\overline{d}}_t$。

对个人或者家庭消费信贷需求的加总建立在人口年龄结构不变的假设

上。加总过程实质上是用加权平均后的同质消费者替代原有的异质性消费者的过程，加总后将得到无限生命同质性消费者的跨期消费模型，这个模型代表众多同质消费者的集合，其收入、消费与消费信贷都是众多异质性消费者的加权平均值。这种加权平均的具体权重非常难获得，但是数学上这种加权平均一定存在，并且拥有一些确知的结论：

（1）由于人口年龄结构不变，从而宏观上加总的结果体现为人口总数不变的无限寿命消费者集合。

（2）加总后消费者每一期的消费信贷额是各种异质性消费者消费信贷额的加权平均。由于加总前消费者受到不同的流动性约束，加权平均后的同质性消费者应该受到式（4－10）形式的流动性约束。消费者既不会完全无法借贷，也不可能获得完全满足自身消费信贷需求的贷款。消费信贷市场的潜在总需求 $\overline{\overline{d_t}}$ 由每一个消费者的消费信贷潜在需求上限 $\overline{\overline{d_t}}$ 通过同样的加权平均运算后得到。

加总后的跨期模型应该描述无限生命的消费者受到式（4－10）流动性约束的情形，具有下列形式：

$$\max_{\{c_i\}} E_t\left[\sum_{i=t}^{\infty}\beta^{t-i}U_i(C_i)\right]$$
$$A_{t+1}=(1+r)\left[A_t-(1+r)d_{t-1}+d_t+Y_t-C_t\right] \tag{4-11}$$
$$0\leqslant d_t\leqslant\overline{\overline{d_t}}$$

供给侧，现实中个人或者家庭消费者能够接收到的消费信贷供给与两个环节有关。第一个环节是银行等消费信贷的提供者为申请者设定的额度上限，这一上限一般是消费者稳定月收入的固定倍数。卢德维格松（Ludvigson）详细地描述了这一过程。她将消费信贷的供给上限定义为：

$$\overline{d_t}=\frac{1}{\omega}Y_t\exp(\xi_t) \tag{4-12}$$

其中，$\overline{d_t}$ 为消费信贷的供给上限，是居民当期可支配收入 Y_t 的 $1/\omega$ 倍。ξ_t 反映消费信贷供给上限的不确定性。卢德维格松引入并检验了随机变量 ξ_t 的存在性并认为其具有1阶自回归的形式：

$$\xi_t=\varphi\xi_{t-1}+u_t$$
$$0<\varphi<1,\qquad u_t\text{ 为白噪声} \tag{4-13}$$

第二个环节是消费信贷的审批。王海侠及龙海明、黄卫等将消费者按照违约风险的不同划分为高风险消费者和低风险消费者，并赋予不同类型的消费者不同的违约概率。

供给上限的加总实质上是将申请者能够通过消费信贷审批的概率借助确定性等价原理融入 ω 中的异质性消费者同质性过程。加总过程可以近似用式（4－14）描述：

$$\overline{d_t} = \frac{1}{L}\sum_{i=1}^{L} k_i p_i \overline{d_{it}} = \sum_{i=1}^{L} k_i \frac{1}{\omega} p_i \frac{Y_{it}}{L}\exp(\xi_t) = \sum_{i=1}^{L}\left(k_i \frac{1}{\omega}p_i\right)\left(\frac{Y_{it}}{L}\right)[\exp(\xi_t)]$$

$$= \frac{1}{\omega_t}Y_t\exp(\xi_t) \tag{4-14}$$

其中，k_i 是加总时无法确知但一定存在的每一位消费者的权重。P_i 代表个体消费者成功通过消费信贷审批获得消费贷款的概率，i 代表个体消费者，L 代表总人口。

以总需求为基础的跨期模型加入总供给上限因素后变为如下形式：

$$\max_{\{c_i\}} E_t\left[\sum_{i=t}^{\infty}\beta^{t-i}U_i(C_i)\right]$$

$$A_{t+1} = (1+r)[A_t - (1+r)d_{t-1} + d_t + Y_t - C_t]$$

$$0 \leqslant d_t \leqslant \min\{\overline{\overline{d_t}}, \overline{d_t}\} \quad \overline{d_t} = \frac{1}{\omega_t}Y_t\exp(\xi_t)$$

前文中提出的问题现在可以经由数学模型具体的描述为：消费信贷市场均衡 d_t，市场供给上限 $\overline{d_t}$ 以及市场潜在总需求 $\overline{\overline{d_t}}$ 的数值大小关系影响了市场均衡的确定，同时影响到消费信贷市场供给增长与市场风险变化的关系。

二、理论模型的建立与模型参数设定

基于式（4－10）、式（4－11），建立处于 t 期，同质且无限寿命消费者的跨期消费模型：

$$\max_{\{c_i\}} E_t\left[\sum_{i=t}^{\infty}\beta^{t-i}U_i(C_i)\right] \tag{4-15}$$

$$\text{s. t. } D_{t+1} = (1+r)(D_t + Y_t - C_t) \tag{4-16}$$

$$D_t = A_t - (1+r)d_{t-1} \tag{4-17}$$

$$D_t \geqslant -\overline{D_t}, \ A_0 = 0, \ \lim_{t\to\infty}A_\infty = 0 \tag{4-18}$$

$$d_{t-1} \leqslant \overline{d_{t-1}} = \frac{\overline{D_t}}{(1+r)} = \frac{1}{\omega_{t-1}}Y_{t-1}\exp(\xi_{t-1}) \tag{4-19}$$

式（4－15）为消费者效用最大化的目标函数，消费效用函数（CRRA 效用函数）为：

$$U_i(C_i)=U(C_i)=\frac{C_i^{1-\rho}}{1-\rho},\ \rho>0 \tag{4-20}$$

$\beta^{i-t}=1/(1+\delta)^{i-t}0<\beta\leqslant 1$ 为未来第 i 期消费效用在 t 期的贴现。式（4－18）为横截条件。

由于长期居民可支配收入均一般具有增长和波动的特征，收入表示为一个稳定的线性增长与随机变化之和的过程，其离散形式下的对数差分序列为

$$\Delta y_t=y_t-y_{t-1}=g+\eta_t-\psi\eta_{t-1},\ g>0 \tag{4-21}$$

定义的 t 期最高可能消费 X_t

$$X_t=\frac{\overline{D}_{t+1}+D_t(1+r)}{1+r}+Y_t=\overline{d}_t+D_t+Y_t \tag{4-22}$$

X_t 即为 t 期所有可以用于消费的财富。由式（4－20），t 期消费的边际效用函数为：

$$v(C_t)=u'(C_t)=C_t^{-\rho} \tag{4-23}$$

由式（4－22）、式（4－23）及欧拉方程得到 t 期消费的边际效用：

$$C_t^{-\rho}=\max[X_t^{-\rho},\ (1+r)\beta E_tC_{t+1}^{-\rho}] \tag{4-24}$$

$$z_{t+1}\equiv Y_{t+1}/Y_t=\exp(g+\eta_{t+1}-\psi\eta_t) \tag{4-25}$$

$$\theta_t^{-\rho}=\max[w_t^{-\rho},\ \beta(1+r)E_tz_{t+1}^{-\rho}\theta_{t+1}^{-\rho}] \tag{4-26}$$

$$\theta_t=C_t/Y_t,\ w_t=X_t/Y_t$$

$$w_{t+1}=(1+r)(w_t-\theta_t)z_{t+1}^{-1}+\frac{\overline{D}_{t+2}-\overline{D}_{t+1}(1+r)}{(1+r)Y_{t+1}}+1 \tag{4-27}$$

进一步，代入式（4－17）、式（4－20）、式（4－21）、式（4－22），有：

$$\begin{aligned}w_{t+1}&=(1+r)(w_t-\theta_t)z_{t+1}^{-1}+\frac{\exp(\Delta\overline{d}_{t+2})-(1+r)}{(1+r)\exp(y_{t+1}-\overline{\ln D}_{t+1})}+1\\&=(1+r)(w_t-\theta_t)z_{t+1}^{-1}\\&\quad+\frac{\exp(\eta_{t+1}-\psi\eta_t+\xi_{t+1}-\xi_t+g-\ln\omega_{t+1}+\ln\omega_t)-(1+r)}{(1+r)\exp(\eta_{t+1}-\psi\eta_t+g+\ln\omega_t-\xi_t)}+1\end{aligned} \tag{4-28}$$

其中 ξ_{t+1}，ω_{t+1}，ξ_t，η_t，ω_t 均为已知的参数过程。这是一个 w_t、θ_t 互相嵌套的递推过程。注意到 w_t 的递推过程可以看作是一个隐函数，θ_t 可以表示成 w_t，η_t 与 ξ_t 的函数。即：$\theta_t=f(w_t,\ \eta_t,\ \xi_t)$，

定义 $p(w_t,\ \eta_t,\ \xi_t)=v[f(w_t,\ \eta_t,\ \xi_t)]=f^{-\gamma}(w_t,\ \eta_t,\ \xi_t)$，则（4－26）化为：

$$p(w_t, \eta_t, \xi_t) = \max\Big[v(w_t), \beta E_t z_{t+1}^{-\gamma} p \times \Big\{1 + z_{t+1}^{-1}(1+r)[w_t - v^{-1}p(w_t, \eta_t, \xi_t)] + \frac{\exp(\eta_{t+1} - \psi\eta_t + \xi_{t+1} - \xi_t + g - \ln\omega_{t+1} + \ln\omega_t) - (1+r)}{(1+r)\exp(\eta_{t+1} - \psi\eta_t + g + \ln\omega_t - \xi_t)}, \eta_{t+1}, \xi_{t+1}\Big\}\Big] \tag{4-29}$$

模型中的未知函数 p(·) 由辛普森（Simpsom）法则近似得到。进一步的有：

$X_t/C_t = w_t/\theta_t$

$X_{t+1}/C_{t+1} = w_{t+1}/\theta_{t+1}$

$$= \frac{\left\{(1+r)(w_t-\theta_t)z_{t+1}^{-1} + \frac{\exp(\eta_{t+1} - \psi\eta_t + \xi_{t+1} - \xi_t + g - \ln\omega_{t+1} + \ln\omega_t) - (1+r)}{(1+r)\exp(\eta_{t+1} - \psi\eta_t + g + \ln\omega_t - \xi_t)} + 1\right\}}{\left\{\max\left[v(w_t), \beta E_t z_{t+1}^{-\rho} p \times \left\{1 + z_{t+1}^{-1}(1+r)(w_t - v^{-1}p(w_t, \eta_t, \xi_t)) + \frac{\exp(\eta_{t+1} - \psi\eta_t + \xi_{t+1} - \xi_t + g - \ln\omega_{t+1} + \ln\omega_t) - (1+r)}{(1+r)\exp(\eta_{t+1} - \psi\eta_t + g + \ln\omega_t - \xi_t)}, \eta_{t+1}, \xi_{t+1}\right\}\right]\right\}^{\rho}} \tag{4-30}$$

对式（4－30）中一些变量进行赋值：$\psi = 0.44$ $r = 0.03$ $g = 0.02$ $\gamma = 2$ $\delta = 0.031/0.15$ 设 ξ_t，η_t 为 5 维马氏链。其中，η_t 为 i. i. d，其 5 阶转移矩阵的每一个元素均为 1/5，期望为 0，方差记为 0.02。进一步不再设定 ξ_t 具有随机性，这在进行模拟时不会出现问题，因为短期内 ξ_t 同模型中的其他变量间相对独立，长期看 $\exp(\xi_t)$ 的期望值为 1。这一设定是为了消除没有预测到的宏观经济波动的影响，更容易观察消费信贷市场本身的演化。定义消费者寿命为 150 年，尽管这同无限寿命相矛盾，但对于 80 年的模拟时间跨度足够长。

三、数值模拟及结果分析

对式（4－28）、式（4－30）数值模拟来求解居民采取最优消费策略时每一期的消费信贷均衡值、消费信贷供给上限和消费信贷潜在需求的关系。模拟中假定 ξ_t 与 ω_t 不变，即消费信贷市场中没有任何干扰因素。1929 年以前不存在消费信贷业务，从而供给和需求都处于市场出清状态，均衡值为

0。消费信贷供给在 1929 年出现，市场供给上限由 1929 年以前的 0 突然增加到 $1/\omega_t \cdot Y_t$，以此模拟在市场已经出清情况下突然增加供给后，市场均衡、消费信贷需求的变化。纵坐标为 $X_t/C_t = w_t/\theta_t$。

图 4-3 为 $\omega_t = 4$，$\delta = 0.15$ 的随机收入 10 样本模拟。消费信贷供给上限在 1929 年由 0 突然增加到 $1/\omega_t \cdot Y_t$。由纵坐标可以看到：

$$\frac{X_t}{C_t} = \frac{\overline{d_t} + D_t + Y_t}{d_t + D_t + Y_t} \approx 1 \Rightarrow \overline{d_t} \approx d_t$$

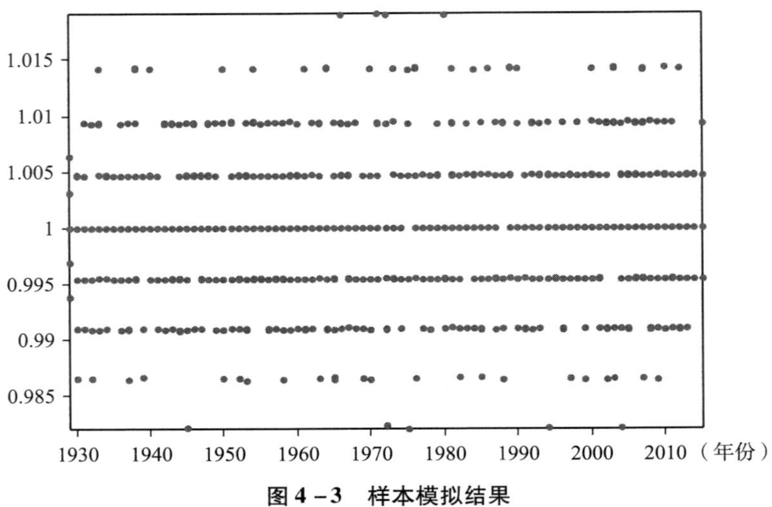

图 4-3 样本模拟结果

当消费信贷供给发生变化时，消费者对于消费信贷的需求几乎没有滞后，立刻发生变化（立刻收敛到 1，由于随机性，表现为在 1 附近的平行线），很快就达到新均衡。从而每一期消费信贷市场均衡值 d_t 几乎等于供给上限 d_t。这说明在现实的中消费信贷市场的均衡等于供给上限，并且小于市场的潜在总需求。

$$d_t \approx \overline{d_t} \leqslant \overline{\overline{d_t}} \tag{4-31}$$

数值模拟的结果表明：消费信贷市场均衡近似等于总供给上限，从而市场均衡由总供给决定。如果要在短期内刺激消费信贷市场，应当采取措施增加市场供给。此外，消费信贷市场的潜在总需求大于等于消费信贷供给上限，这说明消费信贷需求几乎不可能得到完全满足。然而消费信贷市场只有在产生并发展的早期呈现出卖方市场的特征。经过一段时期的发展后，反而没有明显的卖方市场特征。

这一原因主要是由于市场的违约风险导致的供给侧对消费信贷申请的审核造成。斯蒂格利茨和威斯（Stiglitz & Weiss）认为，信贷供给方不希望贷款利率像其他普通商品价格那样，以不断上升的方式使借贷市场出清。借方有可能违约不偿付贷款；同时，正是那些最可能还款的人受到利率上升的影响最大，所以在利率水平高时不愿意借款。结果高利率实际上提高了供给方贷款组合的总风险。因此为了保证能够贷款质量，供给方更愿意把利率维持在低水平，并利用其他方式分配贷款。即：由于市场违约风险的存在，消费信贷市场潜在总需求大于总供给上限。

更进一步的，增加供给刺激消费信贷规模的措施是否具有可持续性？一个基本的判断方法是考虑市场供给。如果市场供给本身就已经达到与市场风险相适应的水平：消费信贷供给上限，那么这些措施提高了消费信贷业务的收益水平，使得供给侧更加有利可图，这也就使得供给侧能够容忍更高的违约风险。但是持续的施行这些措施会导致市场风险的积累，这些风险很可能以爆发的方式释放。如果市场供给并没有达到上限，那么这些措施可以加快供给侧满足信用较好消费者消费贷款需求的过程，在不增加消费信贷市场风险的前提下扩大消费需求。

如果消费信贷供给并未达到上限，那么供给侧会因为利润的驱使自主地扩大供给；如果达到上限，供给侧会维持现有的供给规模。因此消费信贷市场本身供给规模的变化可以作为判断市场供给是否达到上限的标准。即：如果 $1/\omega_t$ 维持稳定，说明市场供给已经达到上限，持续的刺激供给会累积市场风险。如果 $1/\omega_t$ 上升，说明市场供给并未达到上限，持续的刺激有利于被压制消费需求的释放。

由于 $d_t \approx \overline{d_t}$，有：

$$\frac{d_t}{C_t} \approx \frac{\overline{d_t}}{C_t} = \frac{\overline{d_t}}{C_t} = \frac{\overline{d_t}}{Y_t} \cdot \frac{Y_t}{C_t} = \frac{\frac{1}{\omega_t} Y_t \exp(\xi_t)}{Y_t} \cdot \frac{Y_t}{C_t} \approx \frac{1}{\omega_t} \exp(\xi_t) \ \frac{1}{\frac{C_t}{Y_t}} \qquad (4-32)$$

$$E_t \frac{1}{\omega_t} \approx E_t \left[\frac{d_t}{C_t} \ \frac{1}{\exp(\xi_t)} \ \frac{C_t}{Y_t} \right] = E_t \left[\frac{d_t}{C_t} \right] E_t \left[\frac{C_t}{Y_t} \right] = E_t \left[\frac{d_t}{Y_t} \right] \qquad (4-33)$$

式（4-33）说明 $1/\omega_t$ 可以由消费信贷与居民可支配收入之比近似计算。

对消费信贷市场的供给上限和潜在需求及其加总进行分析，建立无限生命跨期消费模型并进行理论推导与数值模拟，结论如下：

第一，消费信贷市场均衡 d_t、总供给上限 $\overline{d_t}$ 与潜在总需求 $\overline{\overline{d_t}}$ 存在关系

$d_t = \overline{d_t} \leqslant \overline{\overline{d_t}}$，市场均衡主要由总供给决定。从长期看，消费信贷市场建立与发展的过程更接近于总供给扩张的过程，供给的增长决定了消费信贷市场的规模。

第二，$1/\omega_t$（消费信贷市场潜在供给能力中与居民收入无关的部分）的数值特征反映了消费信贷市场供给与市场风险的状态关系。$1/\omega_t$ 平稳意味着消费信贷市场供给已经达到潜在上限，消费信贷业务的边际利润已经为0。这种上限与市场当前的违约风险相适应，这时持续的增加消费信贷市场供给容易积累市场风险。如果 $1/\omega_t$ 持续上升，则说明消费信贷市场供给并未达到其潜在上限，还有部分信用达标、违约风险较低的消费者没有获得消费信贷。$1/\omega_t$ 的值可以近似的由消费信贷与居民可支配收入之比 d_t/Y_t 计算。

根据研究结果，本节针对保障消费信贷市场健康发展、短期刺激消费信贷措施以及措施的可持续性提出政策建议：

由于消费信贷市场均衡由供给决定，短期刺激消费信贷规模应当采取增加供给的措施。如果消费信贷市场风险较高，那么采取措施降低市场风险或者降低交易摩擦带来的损失可以提高消费信贷供给规模。如果消费信贷市场的管理和信用体系比较完善，那么放松供给侧的流动性限制可以在短期刺激供给增长。

消费信贷供给侧刺激措施的可持续性取决于消费信贷与居民可支配收入之比 d_t/Y_t。如果 d_t/Y_t 呈现上升趋势，说明需求侧一些信用较好、违约风险低的消费者还没有或者没有完全获得自己需要的消费贷款，供给侧扩大消费信贷业务依然有利可图。这时对消费信贷市场供给侧的刺激有利于扩大消费信贷规模，降低消费者的流动性约束，扩大消费规模。d_t/Y_t 稳定表明消费信贷市场的供给已经达到潜在上限，供给水平与市场风险相适应。当消费信贷市场总供给已达到潜在上限时，短期刺激消费信贷供给的措施会使得原本因为信用问题无法得到消费信贷的消费者获得贷款，增加市场违约风险。这种情况下持续的刺激消费信贷供给会累积违约风险，带来严重市场隐患。如果在这种情况下依然需要刺激消费信贷市场，那么应该密切关注市场风险的积累，适当增加不良贷款拨备。

第三节　消费信贷影响居民消费行为的渠道及检验

一、问题的提出与相关文献回顾

（一）问题的提出

20 世纪末以来，如何有效地扩大内需、以居民消费保证经济增长的可持续性成为各方关注的重点。在这样的背景下，消费信贷作为一项重要的刺激措施而被提出。1999 年 2 月，中国人民银行发布了《关于开展个人消费信贷的指导意见》，正式要求以商业银行为主的金融机构开始面向城市居民开展消费信贷业务，此后消费信贷得以在我国得到迅速的发展。

据中国人民银行相关统计数据显示，1999 年，我国消费信贷余额为 1408 亿元，而至 2009 年末达到 55333 亿元，增长幅度达到近 40 倍；同期人均消费贷款余额（按全国人口总量计算）则从 108.3 元升至 5774.1 元，增长幅度高达 53 倍之多；消费信贷占金融机构贷款总额的比重也得到了极大提升，从 1999 年的 1.50% 升至 2009 年的 13.8%；消费信贷与 GDP 之比也从 1.57% 提升至 16.3%。与此同时，消费信贷的结构逐渐打破以住房抵押贷款为主的单一产品模式，呈现出多样化发展趋势。到目前为止，我国金融机构所推出的消费信贷已经包含个人住房贷款、个人汽车贷款、助学贷款、住房装修贷款、医疗贷款、旅游贷款、个人综合消费贷款等多种产品，涵盖了我国居民生活支出的大部分内容。截至 2009 年末，我国消费信贷中非住房类贷款余额突破 1 万亿元，占全部消费信贷余额的 20% 以上，随着我国居民的生活品质提升和消费结构转型，非住房类消费信贷将会有进一步发展的空间。①

消费信贷的发展无疑是迅速的，然而与之形成对比的是，我国居民的消费倾向并没有出现提升，相反却呈现出持续下滑趋势。以我国城镇居民为例，② 1999 年，我国城镇居民的平均消费倾向为 78.9%，而至 2009 年已

① 根据 1999 ~ 2009 年《中国人民银行年报》数据整理所得。

② 根据 1999 ~ 2009 年《中国统计年鉴》数据整理所得。

下滑至71.4%，下降幅度达6.5%，平均每年下降0.6个百分点，这与消费信贷发展的初衷存在较大背离，如图4-4所示。而在当前，尤其是2008年国际金融危机爆发以来，为保证经济增长速度和国民经济良性发展，消费信贷又一次作为国家“扩内需、保增长”政策的重要保障措施而受到各方重视。在这样的情况下，一个自然的疑问就是，消费信贷到底能不能影响我国居民的消费行为呢？如果能的话，又是通过怎样的作用渠道来产生影响？20世纪末以来，消费信贷的规模在不断增大，而居民消费倾向却不断走低，怎样来理解这一现象？这些是本小节的主要动因。

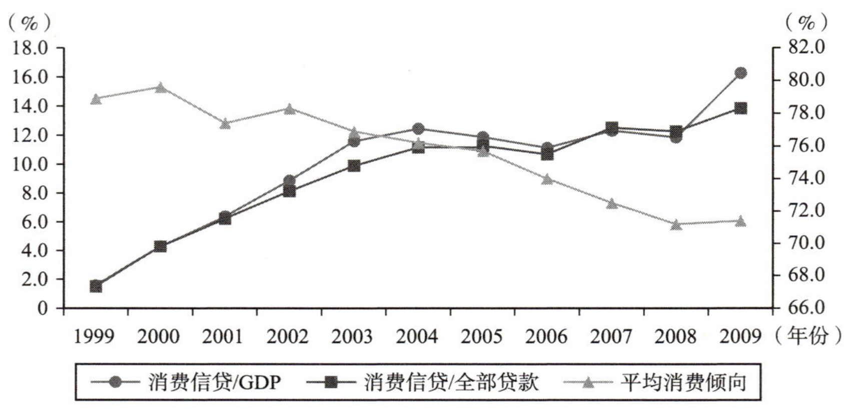

图4-4 1999~2009年消费信贷发展与城镇居民平均消费倾向

资料来源：根据1999~2009年《中国统计年鉴》数据整理所得。

（二）相关文献回顾

1. 国外研究

弗里德曼（Friedman，1957）的持久收入理论认为消费者是前瞻的，消费者当期的消费取决于他的持久收入预期，而与当期收入关系不大。霍尔（Hall，1978）将理性预期引入持久收入理论，经过规范的数学推导，认为除消费自身的滞后项外，任何其他变量都不能对当期消费产生预测能力，并据此提出消费者行为的“随机游走”假说。理性预期—持久收入假说在较长的一段时期内成为研究消费者行为的标准理论框架。

然而，随后的一些研究发现“随机游走”假说在经验分析中并不能成立（Flavin，1981；Campbell & Mankiw，1989，1990，1991；Deaton，1992；Attanasio & Weber，1993），消费变动与消费者收入变动高度相关，这也被称为消费的“过度敏感性”（excess sensitivity）。对于“过度敏感性”的出现，最为广泛的解释方式是消费者可能会面临流动性约束。霍尔（Hall）“随机游走”假说的一个重要假设就是存在完善的资本市场，消费者可以根据持久收入预期自由地进行借贷以平滑其一生消费。然而该假设在现实中往往不能成立，如果消费者在跨期消费决策中受到流动性约束影响，那么其当期消费就很可能取决于当期收入，而不是持久收入。因此，如果社会总体中存在一部分受到流动性约束的消费者，那么加总消费的变动就可以部分被当期收入变动所解释（Campbell & Mankiw，1989，1990，1991；Wirjanto，1995；Sarantis & Stewart，2002）。

个人信贷环境是影响消费者流动性约束的重要因素，一些研究开始关注消费信贷、流动性约束以及消费者行为之间的关系。派利和帕加诺（Jappelli & Pagano，1989）采用类似坎贝尔和曼昆（Campbell & Mankiw，1989）的分析框架，对比分析了希腊、日本、意大利、西班牙、瑞士、英国以及美国七个国家的过度敏感性系数差异。以消费信贷与居民消费的比重（包含住房抵押贷款与非住房类消费贷款）作为衡量消费信贷发展程度的代理变量，他们发现，各个国家的“过度敏感性”系数与消费信贷发展程度呈现明显的负相关，即消费信贷发展程度高的国家过度敏感性系数相对较小，反之则相反。据此，他们认为个人信贷限制所导致的流动性约束是产生消费者“过度敏感性”的重要因素。科克兰（Cochrane，1991）、迪顿（Deaton，1992）认为流动性约束的存在会进一步加重谨慎型消费者的预防性储蓄动机，而消费信贷可以作为消费者的一种消费保险工具。当受到较大的负向冲击时，消费者可以利用消费信贷进行暂时性过度；如果没有这种外部的保险工具，为应对未来可能出现的流动性约束，消费者就只能采用增加自我积累的方式，这就必然会增加预防性储蓄的数量。安索拉托斯（Antzoulatos，1996）认为，由于存在偶然的需求冲击（demand-driven surges）或者供给冲击（supply-driven surges），消费者行为可能会遵循非线性动态特征，如果没有充分考虑到这些冲击的话，对于消费者行为的预测就会出现偏差。进一步地分析认为，以个人负债与收入的比例作为消费信贷变化的代理变量，可以捕捉这些需求或供给冲击的信息，在消费者行为方程中加入消费信贷变量能够有效地改进消费预测效果。

也有一些研究直接对消费信贷与消费者行为的关系进行了检验。卢德维格松（1999）利用缓冲存货理论（Deaton，1991；Carroll，1997）分析了消费信贷与消费者行为的关系。与以往将借贷约束视为固定值的传统做法不同，卢德维格松认为消费者获得信贷的难易程度随收入而变化，在可变流动性约束的假定下，其在理论上建立了消费信贷与消费者行为的正向相关关系。同时，利用一个加入信贷变量（消费信贷增长率）的 C－M 模型，采用美国 1953～1993 年的季度数据，卢德维格松进一步对其理论分析结论进行了良好的验证。巴切塔和格拉克（Bacchetta & Gerlach，1997）采用的分析范式与卢德维格松类似，但他们覆盖了更加广泛的研究样本，并且采取了国际对比的视角。他们采用两类代理变量来表示消费信贷条件，第一类是信贷总量条件（credit aggregates），利用消费信贷增长率和住房抵押贷款增长率表示；第二类是借贷利差条件（the borrowing/lending wedge）。研究发现，对于所研究的美国、加拿大、英国、日本、法国五个国家，信贷总量条件（无论是消费信贷还是住房抵押贷款）均对居民消费产生了显著影响；借贷利差对美国、加拿大、日本的总体消费影响显著，而对英国、法国影响不明显；利用卡尔曼滤波技术，他们的研究还发现，美国的过度敏感性系数随着消费信贷的发展而呈现明显的下降趋势。史密斯和松（Smith & Song，2005）利用个人贷款增长率作为信贷条件的代理，对澳大利亚居民消费与消费信贷之间的关系进行了经验分析。将信贷条件变量加入传统的欧拉方程，并且在假定系数可变的前提下，他们发现，无论是住房贷款（housing credit）还是其他个人贷款（other credit），都对居民消费产生了显著的影响，同时实际利率对居民消费的影响不明显。比顿（Beaton，2009）认为，利用宏观经济变量，例如信贷增长率，来代表消费者所面临的信贷约束环境可能并不合适，因为信贷增长的加快（放慢）不仅是由于外部供给环境放松（收紧），还有可能是由于消费者对未来收入的预期提高（下降）而反向导致的信贷需求增加（减少）。为了区分这两类因素的影响，比顿（Beaton）利用美国联邦储备系统的一套调查数据（The Federal Reserve's Senior Loan Officer Survey）构建了一个信贷条件变量，即调查中报告将收紧放贷条件的银行所占的比重，他认为该指标能够有效地反映消费者所面临的信贷约束环境，并且能够较好地过滤需求方因素的影响。进一步利用该指标对美国居民消费的经验分析表明，信贷条件显著地影响了美国居民的消费行为，尤其是在信贷条件波动比较剧烈的时期。

2. 国内研究

许多研究者认为，我国居民消费行为中存在明显的流动性约束特征（叶海云，2000；杭斌，2001；臧旭恒等，2002；申朴等，2003；唐绍祥等，2010），同时流动性约束的存在还会进一步增大我国居民的预防性储蓄动机

（万广华等，2001；裴春霞等，2004；杜海韬等，2005），而正是由于流动性约束和预防性储蓄动机的存在，导致了我国居民消费倾向呈现不断下降趋势。

缓解流动性约束的主要措施是发展消费信贷，一些研究者在理论上分析了发展消费信贷、拉动消费需求的可行性。齐天翔和李文华（2000）认为，由于存在不确定性，为使未来的消费有所保证，居民不得不推迟某些消费而进行预防性储蓄；如果不存在信贷约束，那么在未来预料之外的支出增加时，居民可以通过借贷来进行过渡，在当期居民就可以减少储蓄、增加消费。而当前不确定性和信贷约束都是普遍存在的，这就造成了居民高储蓄现象。因此，他们提出要大力发展消费信贷的政策建议。贾良定和陈秋霖（2001）分别探讨了有、无消费信贷条件下的消费者行为模型，阐述了消费信贷的作用机理，结合我国的具体国情分析了当前消费信贷政策的有效性，并提出了启动消费信贷的若干建议。周学（2002）认为，居民主要依靠当前收入消费，会严重制约消费的扩张，而消费信贷可以使居民利用自己的未来收入扩大当前消费，进而拉动消费需求。

国内对于消费信贷与居民消费行为的实证研究还相对较少，而且从研究结论来看存在较大差异。赵霞和刘彦平（2006）利用 1978 ~ 2004 年城镇居民的消费和收入数据对居民消费与流动性约束之间的关系进行了实证研究，结果表明 1999 年以后消费信贷的发展在一定程度上缓解了流动性约束的程度，促进了居民消费率的提高。蔡浩仪和徐忠（2005）利用 2000 ~ 2003 年的分省数据对储蓄率影响因素进行了多元回归分析，结果表明消费信贷发展与储蓄率之间存在着显著的负相关关系，消费信贷发展较好的省份储蓄率提升的速度要更慢一些。也有研究得出了完全相反的结论。林晓楠（2006）利用我国 1990 ~ 2004 年的年度时间序列数据进行分析表明，现阶段消费信贷对消费的刺激作用很不显著，他认为扩大消费需求的根本举措在于提高居民收入，减少收入差距，完善社会保障体系。樊向前和戴国海（2010）的研究同样也表明当前消费信贷发展对居民消费的促进作用不明显，其进一步的考察表明消费信贷没有流向低收入群体是其未能对消费形成有力影响的原因所在。

总结而言，国外研究一般倾向于认为消费信贷对居民消费行为的影响是广泛存在的，而国内研究则尚没有定论。从国内现有研究来看，大部分研究或者是仅从逻辑上进行理论分析，或者是仅针对消费信贷与居民消费两个序列做简单相关性检验，对于利用标准的消费理论对二者关系进行分析，并进而做出系统检验的研究并不多见。同时，现有大部分研究均将重点集中在二者之间的总体关系上，对于消费信贷通过何种渠道作用于居民消费则没有进一步探讨。最后，从我国消费信贷发展历史来看，1999 年消费信贷余额与 GDP 之比仅为 1.57%，到 2003 年末已达到 11.59%，4 年间消费信贷增长率分别达到 202.8%、63.90%、52.63%、47.49%，之后消费信贷发展得以放缓①。因此，2003 年以前的消费信贷不仅规模小，而且发展速度波动较大，如果利用消费信贷的整体序列进行经验分析的话，很有可能由于数据问题导致不够准确的结果。基于此，本节在存在流动性约束和预防性储蓄的消费理论框架下，结合国外个人信贷市场的发展经验，对消费信贷影响我国城镇居民消费行为的作用渠道进行了总结，并利用我国 2004~2009 年的省际面板数据对其进行了检验，以期能对未来消费信贷的发展提供有益的参考。

二、消费信贷对居民消费行为影响渠道的理论分析

无论是运用计算机模拟技术（Zelds，1989；Deaton，1991）还是运用传统的跨期效用方程分析方法（Carroll & Kimball，2001），流动性约束理论均表明流动性约束可以通过两个方面影响居民的消费行为：第一，无论流动性约束何时发挥作用，它都能使消费者的当期消费比预期的要少；第二，即使流动性约束现在没有发生作用，未来会发生作用的可能性也会使其减少当期消费。因此，流动性约束的存在会明显地减少消费者当前消费。消费信贷是缓解消费者流动性约束的重要方式。根据持久收入假说，消费者当前的储蓄或者借贷都是其对于未来收入变动的前瞻性考虑结果，也就是消费者在跨期预算约束下，最优地选择每期的消费、储蓄或借贷水平，以实现生命周期内的效用最大化。但由于消费者一生的收入轨迹一般呈现驼峰状（hump - shaped），支出高峰与收入高峰之间经常存在较大的偏离，因此消费信贷有其存在和发展的客观必然性。从理论上讲，对于面临流动性约束的消费者，只要具有足够的未来收入作为保障，那么信贷消费模式的出现就会极大地减弱其所面临的流动性约束程度，从而促进当前消费增长（Bertola et al.，2006）。具体来讲，结合国外个人信贷市场的发展经验，消费信贷至少可以从三个渠道影响我国城镇居民的当期消费行为：

① 笔者根据 1999~2009 年《中国人民银行年报》数据整理所得。

渠道一：消费信贷可以直接为居民当期的“大额刚性支出”提供信贷支持，使居民摆脱收入预算约束，减弱当期流动性约束，从而促进消费增长。

我国居民的消费行为呈现出明显的阶段性和周期性特征（余永定和李军，2000；尉高师，2003），结婚、置家、子女教育、防病、养老等，每隔一段时间就会有一次所谓的“大额刚性支出”，当前我国金融机构所提供的消费信贷产品已经基本上覆盖了我国消费者生命周期中各类阶段性的“大额刚性支出”。由于这些刚性支出的数额与当期收入相比一般较大，因此消费信贷的出现会使得一些中低收入者能够更早的实现这些支出，从而从总量上促进当前的消费。从长期来看，信贷消费模式的推行最终会对我国居民“长时间积累，一次性大额支出”的消费储蓄模式产生根本性影响。

另外，在消费信贷促使大额消费品得到提前消费的同时，还会拉动一些相关消费品的消费，比如住房消费的增长会伴随着房屋装修、家庭设备等方面支出的增加，而汽车消费则会拉动交通服务、旅游等方面支出。

渠道二：对于利用消费信贷完成“大额刚性支出”的居民而言，尽管未来存在一定的还款负担，但与不存在消费信贷的情形相比，居民为特定支出而进行储蓄的压力大大降低，因而居民会倾向于增加当期消费。

一些大额耐用品贷款，如住房贷款、汽车贷款等，除直接影响居民预算约束促进消费以外，还往往通过这种渠道。比如恩格尔哈特（Engelhardt，1996）将住房购买视为一种流动性约束，即居民为了未来购买住房而必须提前进行储蓄。他利用 1975～1985 年美国的 PSID 数据进行实证发现，在这期间，经历住房购买的消费者，相比于未经历住房购买的消费者，非耐用品消费的增长率要高出 10%。森泉浩一（Moriizumi，2003）利用微观家计调查数据分析日本年轻人的购房计划与储蓄行为的关系，实证研究表明相比于不存在购房计划的年轻人，存在购房计划的年轻人的消费水平被压低了 30%～40%。查等（Chah et al.，1995）则将大额耐用品的购买视为导致流动性约束的可能，他们以汽车保有量为例，实证研究了美国 1959 年 1 季度至 1989 年 4 季度的汽车保有量与居民的非耐用品消费之间的关系，结果表明汽车保有量与未来居民非耐用品消费增长率之间存在显著的正向相关关系。因此，如果消费贷款能够辅助消费者提前完成一些大额耐用品的购买，那么居民的储蓄压力就会得到放松，当期消费也就会随之增长。

渠道三：消费信贷会在一定程度上发挥消费保险的作用（Cochrane，1991），因而在一个消费信贷比较发达的国家，居民对于收支不确定所产生的谨慎程度会较低，居民所积累的预防性储蓄也较少，当期消费水平也就较高。

长期以来我国并没有形成一个相对发达的消费信贷市场，“长时间积累，一次性大额支出”是我国居民的典型消费储蓄模式，而制度变迁所带来的收支不确定又进一步强化了居民所面临的不确定性环境，居民当期以及未来的“大额刚性支出”得不到有效保障。由于存在流动性约束，消费者对于未来收支不确定而产生的预防性动机会进一步加强（Carroll & Kimball，2001；万广华等，2001；杜海韬等，2005）。如迪顿（Deaton，1992）所述，至少对某些消费者来说，背运之时的借贷能力可以作为一种保险工具；而如果没有这种外部保险工具，消费者就只能进行自我保险，也即积累更多的储蓄或资产来进行保险。信贷消费模式的出现为我国居民提供了一种新的保障措施，如果消费信贷的消费保险作用能够得以发挥，那么居民对收入不确定以及未来“大额刚性支出”所导致的流动性约束的谨慎程度就会降低（齐天翔等，2000），从而在一定程度上提升消费信心并促进居民的当期消费。

三、消费信贷对居民消费行为影响渠道的实证分析

（一）模型设定

为检验消费信贷影响居民消费行为的作用渠道，我们首先推导包含流动性约束和预防性储蓄的消费者行为方程。一般地，考虑一个生存无限期的消费者模型，消费者通过选取消费流和资产流以最大化其一生的效用，那么在理性预期—持久收入框架下，其跨期效用方程所蕴含的欧拉方程可表示为：

$$v_c(c_t,\ z_t) = E_t\{\beta(1+r_t)v_c(\tilde{c}_{t+1},\ \tilde{z}_{t+1})\} \qquad (4-34)$$

$v(c,\ z)$ 代表消费者的效用函数，c 表示消费量，z 表示一组影响消费者偏好的变量；r_t 表示 t 期与 t+1 期间的真实利率，β 表示主观折现因子 $0<\beta<1$；v_c 代表效用函数对消费量 c 的偏导数，“～”则表示该变量是随机变量。式（4-34）包含了标准消费模型最为核心的观点，即消费者跨期消费的最优化决策标准是保持各个时期消费支出（经 r 折现）的边际效用（经 β 折现）为一常数。

假定消费者效用函数为常相对风险厌恶或等弹性形式（CRRA）：

$$v(c,\ z)=\frac{1}{1-r}\left\{\frac{c}{\alpha(z)}\right\}^{1-r} \tag{4-35}$$

其中，r 是相对风险厌恶系数，α（z）为影响家庭偏好改变的变量的函数，将式（4-35）代入式（4-34），整理得到：

$$\beta(1+r_t)\left\{\frac{\alpha(z_{t+1})}{\alpha(z_t)}\right\}^{\gamma-1}\left\{\frac{c_{t+1}}{c_t}\right\}^{-\gamma}=1+e_{t+1},E_t(e_{t+1})=0 \tag{4-36}$$

令 $\alpha(z)=\exp(\alpha z)$，σ_{t+1}^2为 e_{t+1}在 t 时期的条件期望方差，也即消费冲击方差。对式（4-36）两边取对数并利用常用的对数近似，可以得到线性化的欧拉方程[①]（Browning & Lusardi，1996）为：

$$\Delta \ln c_{t+1}=\beta_0+\beta_1\sigma_{t+1}^2+\beta_2\Delta z_{t+1}+\mu_{t+1} \tag{4-37}$$

其中，$\beta_0=\frac{1}{\gamma}\ln(\beta)+\frac{1}{\gamma}r_t$，$\beta_1=\frac{1}{2\gamma}$，$\beta_2=\frac{\alpha(\gamma-1)}{\gamma}$

$$\mu_{t+1}=-\frac{1}{\gamma}\left(e_{t+1}-\frac{e_{t+1}^2-\sigma_{t+1}^2}{2}\right)$$

与霍尔（Hall，1978）的随机游走模型相比，式（4-37）考虑了不确定性对消费者消费行为的影响，但它忽略了流动性约束的存在。对于总量消费来讲，现有文献对流动性约束的研究方式主要分为两类：第一类源自坎贝尔和曼昆（Campbell & Mankiw，1989，1990，1991）所提出的 C-M 模型。该模型假定经济体内存在着两种类型的消费者，第一类消费者受到流动性约束影响，其消费水平完全取决于当期收入；而第二类消费者的消费行为则遵循霍尔的随机游走方程，消费变动与当期收入变动不相关。总消费为两类消费者的加总，由于存在受到流动性约束的消费者，总消费变动会对当期收入变动产生“过度敏感性”。第二类文献则直接研究了个人信贷条件变化与消费者消费行为之间的关系（Bacchetta & Gerlach，1997；Ludvigson，1999）。巴切塔和格拉克（Bacchetta & Gerlach，1997）、卢德维松（Ludvigson，1999）等学者认为，个人信贷条件体现了消费者所面临的流动性约束环境，因此，如果经济体内存在着相当一部分流动性约束型的消费者，那么总消费应该对信贷条件变化和收入变化同时存在“过度敏感性”。直观上讲，个人信贷条件能够更好地描述消费者所面临的外在流动性约束程度。基于此，我们在式（4-37）内同时加入收入变量、信贷条件变

① 由于“收入效应”和“替代效应”的同时存在，利率对消费的影响方向在理论上较为模糊（Deaton，1992）；同时，国内一些实证研究也表明当前利率对我国城镇居民消费行为的影响极为有限（艾春荣等，2008）。为简单起见，本书在此仅将利率视为一常量处理。

量，对其进行进一步扩展得到：

$$\Delta \ln c_{t+1} = \beta_0 + \lambda_1 \Delta \ln Y_{t+1} + \lambda_2 \Delta Cred_{t+1} + \beta_1 \sigma_{t+1}^2 + \beta_2 \Delta Z_{t+1} + \mu_{t+1} \tag{4-38}$$

其中，λ_1、λ_2 分别为消费对于收入和信贷条件的过度敏感性系数。如果经济总体内存在相当一部分流动性约束型消费者的话，二者应该在统计上均显著不为0。因此，将式（4－38）作为检验消费信贷作用渠道的基准方程。

（二）研究设计与数据说明

消费信贷作用渠道对居民消费行为的影响机制是不同的，正是这些差异构成了实证检验的基础。实证检验逻辑可以表述如下：

对于渠道一来讲，消费信贷主要是扩展了居民的收入预算约束，缓解了当期流动性约束。从当前我国消费信贷的结构来看，由于信用卡形式的个人信贷还刚刚起步，绝大多数的消费信贷都是面向住房或者一些大额耐用品的购买，而针对非耐用品和服务的消费信贷产品还非常少。因此，如果渠道一能够发挥作用，其对消费者最为直接的影响就是促进相关耐用品消费的增长。本节将利用消费信贷对居民耐用品消费的影响来检验渠道一的作用效果。

对于渠道二来讲，消费信贷缓解了居民的储蓄压力，提升了居民当期消费意愿。对于我国消费者，当前的储蓄有很大一部分是为了在未来能够满足住房、汽车、置家等大额支出。如果一旦实现了这些支出，居民的储蓄意愿自然就会减弱，而此时居民增加的消费可以是一些日常耐用品、也可以是非耐用品和服务。由于消费信贷可以通过渠道一对耐用品消费产生直接影响，为避免干扰，采用消费信贷对非耐用品与服务消费的影响来检验第二种作用渠道是否存在。

渠道三强调消费信贷的消费保险作用，良好的消费信贷环境能够减少居民的预防性储蓄。由于预防性储蓄的数量本身就难以测量，采取一个较为间接的检验方法：检验消费信贷的发展有没有降低居民对于收入不确定性的敏感程度，也即检验消费信贷与不确定性的交互作用。参照对预防性储蓄的现有研究，将模型的被解释变量设定为非耐用品与服务消费。

依据式（4－38）以及对消费信贷不同渠道的作用机制分析，我们构造的实证检验模型可以表示为：

模型（1）：$\Delta \ln C_{i,t+1} = \beta_i + \lambda_1 \Delta \ln Y_{i,t+1} + \lambda_2 \Delta Cred_{i,t+1} + \beta_1 \sigma_{i,t+1}^2 + \beta_2 \Delta Z_{i,t+1} + \mu_{i,t+1}$

模型（2）：$\Delta \ln Dur_{i,t+1} = \beta_i + \lambda_1 \Delta \ln Y_{i,t+1} + \lambda_2 \Delta Cred_{i,t+1} + \beta_1 \sigma^2_{i,t+1} + \beta_2 \Delta Z_{i,t+1} + \mu_{i,t+1}$

模型（3）：$\Delta \ln Nondur_{i,t+1} = \beta_i + \lambda_1 \Delta \ln Y_{i,t+1} + \lambda_2 \Delta Cred_{i,t+1} + \beta_1 \sigma^2_{i,t+1} + \beta_2 \Delta Z_{i,t+1} + \mu_{i,t+1}$

模型（4）：$\Delta \ln Nondur_{i,t+1} = \beta_i + \lambda_1 \Delta \ln Y_{i,t+1} + \lambda_2 \Delta Cred_{i,t+1} * \sigma^2_{i,t+1} + \beta_1 \sigma^2_{i,t+1} + \beta_2 \Delta Z_{i,t+1} + \mu_{i,t+1}$

其中，$\Delta \ln C_{i,t+1}$为总消费增长率，$\Delta \ln Nondur_{i,t+1}$为非耐用品与服务消费增长率，$\Delta \ln Dur_{i,t+1}$为耐用品消费增长率；$\beta_i$ 代表面板个体效应，可以为固定效应或随机效应。模型（1）用于检验消费信贷与居民消费的总体关系，而模型（2）、模型（3）、模型（4）则分别检验消费信贷的三种作用渠道。具体来讲，如果消费信贷从总体上促进了居民的当期消费，则模型（1）中 $\lambda_2 > 0$；渠道一发挥作用，模型（2）中 $\lambda_2 > 0$；渠道二发挥作用，模型（3）中 $\lambda_2 > 0$；渠道三发挥作用，模型（4）中 $\lambda_2 > 0$。

实证检验模型中，$C_{i,t+1}$、$Y_{i,t+1}$分别为居民当期消费性支出和当期可支配收入，而 $\Delta \ln C_{i,t+1}$、$\Delta \ln Y_{i,t+1}$分别为各自的对数差分，其经济含义分别代表当期消费的增长率和当期可支配收入的增长率。

$Nondur_{i,t+1}$代表非耐用品与服务消费，在此主要包含食品、衣着、家庭非耐用品、文娱非耐用品以及服务性消费等目前消费信贷很少涉及的消费项目，$\Delta \ln Nondur_{i,t+1}$表示非耐用品与服务消费的增长率；$Dur_{i,t+1}$代表耐用品消费，是与非耐用品与服务消费相对而言，具体表示为（总消费 - 非耐用品与服务消费），$\Delta \ln Dur_{i,t+1}$则表示耐用品消费增长率。

$\Delta Cred_{t+1}$是关注变量，用于衡量个人信贷条件的变化，该指标一方面代表消费信贷的发展状况，另一方面则代表了居民所面临的流动性约束环境。采用两个指标来对其进行考察。首先，参照巴切塔和格拉克（Bacchetta & Gerlach，1997）卢德维格松（1999）的研究，我们用当年消费贷款增长率来表示个人信贷条件，以 ΔCred 表示。消费信贷正式在我国开展的时间并不长，尚处于成长阶段，消费信贷发展及变化受国家政策调控的影响明显。当国家政策鼓励消费信贷发展时，消费信贷的发展就非常迅速；而当国家政策收紧时，消费信贷的发展就会相对缓慢。因此，消费信贷增长率实际上反映了国家调控个人信贷条件的松紧程度，该指标能够较好地反映居民所面临的流动性约束环境。其次，由于当前我国消费信贷中接近 80% 的比重为住房贷款，我们将利用关于住房贷款的指标来对消费信贷进行稳健性检验。由于无法获得各省的年度住房贷款余额，不能利用年度增长率来代表住房贷款的松紧程度，我们在此构造了一个替代指标对其进行代替。最终选择城镇居民抽样调查数据中住房贷款利用额与当年可支配收入的比重（Hcred）作为衡量住房贷款条件的代理变量。尽管与增长率的定义方式不同，但由于居民对住房贷款的利用额度与当年信贷条件密切相关，因此该变量同样能够反映各年度住房贷款的松紧程度。

$\sigma^2_{i,t+1}$代表居民所面临的收入不确定，用于反映预防性储蓄动机的作用。国外研究中经常用收入方差来衡量居民面临的不确定，但由于本节所运用的数据是省际人均数据，收入的波动很可能会由于个体异质性而相互抵消，加上研究时间段较短，因此收入方差变量的构造较为困难。另有研究利用失业率来表示不确定性，失业率的上升一方面造成失业人员的收入减少，另一方面使得未失业者产生较强的失业危机感，从而增大消费者的预防性储蓄。由于到目前我国并没有形成能够准确反映就业形势的统计指标，在此参照杭斌（2008）的研究，选择城镇居民抽样调查数据中的家庭“平均每一就业者负担人数”来进行代替。杭斌的研究表明，该指标能够较好地反映我国居民的就业形势和收入不确定风险。

$\Delta Z_{i,t+1}$为一组影响消费者效用偏好改变的变量，通常可以是消费者的年龄、性别、受教育程度、家庭规模等人口统计变量。由于实证数据为宏观加总数据，鉴于数据的可获得性，在此仅用两类家庭负担系数来代表，即15岁以下人口占15～65岁人口的比重（Young）和65岁以上人口占15～65岁人口的比重（Old）。对这两个指标的分析同时可以验证莫迪利亚尼（Modigliani）的生命周期假说在研究期内的适用性。

所用数据是我国30个省份的省际面板数据，海南、台湾地区、香港地区、澳门地区由于部分数据缺失而被舍弃。如前文所述，我国的消费信贷至2003年之后才开始摆脱快速成长期，并且在国民经济中达到一定规模，同时由于目前消费信贷主要是面向城镇居民，因此将研究对象锁定于2003～2009年我国各省份的城镇居民消费行为。进一步地，由于模型中消费、收入、消费信贷等变量均为增长率形式，实际检验中我们利用各变量的对数差分进行近似，因此最终利用的实证数据期间为2004～2009年。其中，各省份消费贷款余额数据来自中国人民银行各年度《区域金融运行报告》，其余数据来自各年度《中国统计年鉴》和《中国城镇居民生活与价格年鉴》，如无特殊说明，所有数据均已按照居民消费价格指数折算成2003年实际值。表4－5列出了实证中所用变量的定义和基本描述性统计特征。

表 4－5　　变量定义与描述性统计特征

变量	定义	观测数	均值	标准差	最小值	最大值
ΔlnC	总消费增长率	180	0.07	0.05	－0.35	0.17
ΔlnDur	耐用品消费增长率	180	0.06	0.07	－0.43	0.21
ΔlnNondur	非耐用品和服务消费增长率	180	0.08	0.04	－0.31	0.19
ΔlnY	可支配收入增长率	180	0.09	0.03	－0.07	0.19
ΔCred	消费信贷增长率	180	0.17	0.17	－0.33	0.59
Hcred	住房贷款占可支配收入比重	180	0.02	0.03	0.00	0.22
σ^2	收入不确定	180	1.97	0.15	1.67	2.82
Young	0～14 岁人口占 15～65 岁人口比重	180	0.25	0.07	0.10	0.45
Old	65 岁以上人口占 15～65 岁人口比重	180	0.12	0.02	0.08	0.20

（三）消费信贷对居民消费行为影响渠道的实证估计结果

通过对固定效应和随机效应的 Hausman 检验发现，在所分析的四个模型中，固定效应模型均在 1% 水平上优于随机效应模型，我们将选择固定效应模型作为基准进行分析。同时，我国各省市地区经济发展不平衡，截面之间产生的异方差会对实证结果产生干扰，因此，在回归中采用截面加权（cross-section weight）对截面异方差进行控制。

由于消费模型通常是建立在理性预期的基础上（Hall，1978），理论假定一般认为误差项 μ_{t+1} 与 t 期变量不相关，但并不排除它与 t＋1 期的变量存在相关关系，另外模型中的消费、收入、消费信贷等变量之间可能存在交互影响，这些都可能使模型的解释变量与误差项相关，产生内生解释变量问题。在这样的情况下，利用普通最小二乘法进行固定效应（FE）回归的结果可能是有偏的和非一致的。从模型的设定情况看，由于人口结构特征的变化原因较为独立，可以将其视为外生变量，但其余变量则可能为内生变量或前定变量，需要选择合适的工具变量运用固定效应－工具变量法（FE－IV）进行分析。根据理性预期的消费模型假定，任何滞后变量都可以是有效工具变量的备选项，但由于此时滞后一期变量往往与误差项存在序列相关（Working，1960），因此国外现有文献较普遍地采用内生解释变量的滞后二期及以上变量作为其自身的工具变量。在此，沿用坎贝尔和曼昆（Campell & Mankiw，1989）、巴切塔和格拉克（Bacchetta & Gerlach，1997）、萨拉索塔和斯图尔特（Sarantis & Stewart，2002）的做法，选取滞后二期的内生解释变量或其变形作为其自身的工具变量。

最后，由于模型在实证中存在较为严重的自相关，根据显著性水平在模型中加入 AR(1)、AR(2) 项对误差项进行了调整。为保证检验结果的稳健性，将固定效应模型（FE）与固定效应—工具变量模型（FE－IV）的估计结果同时列出以进行比较分析。

表 4－6 列出了对于消费信贷渠道检验的实证汇总结果。其中，模型 1 从总体上检验了居民消费行为与消费信贷发展的关系。从估计结果可以看到，无论是固定效应模型还是面板工具变量模型，居民消费行为均对收入变动与信贷条件变动同时存在“过度敏感性”，显著地拒绝了霍尔（1978）的随机游走假说。一方面，从估计系数来看，居民消费的收入敏感性系数达到 1.07、1.14，这与申朴和刘康兵（2003）的结果较为类似。① 另一方面，居民消费的信贷敏感性系数为 0.06、0.05，尽管在数值上远远低于收入敏感性系数，但其在 1% 显著性水平上显著。这表明总体上讲，当前的消费信贷发展确实对居民消费产生了一定的作用，但它的作用效果可能远不及收入对消费的影响。

表 4－6　　消费信贷作用渠道的实证检验结果

变量	模型（1）		模型（2）		模型（3）		模型（4）	
	ΔlnC		ΔlnDur		ΔlnNondur		ΔlnNondur	
	FE	FE－IV	FE	FE－IV	FE	FE－IV	FE	FE－IV
β	0.13 (0.93)	0.25 *** (2.78)	0.08 (0.37)	0.11 (0.52)	0.24 (1.61)	0.20 *** (5.14)	0.24 (1.63)	0.19 *** (5.02)
ΔlnY	1.07 *** (20.25)	1.14 *** (6.61)	1.41 *** (6.55)	1.76 *** (8.75)	0.80 *** (5.94)	0.83 *** (7.90)	0.80 *** (6.03)	0.83 *** (7.39)
ΔCred	0.06 *** (6.32)	0.05 *** (3.99)	0.12 *** 5.86)	0.19 *** (5.41)	0.01 (0.33)	－0.03 (－1.06)		
ΔCred $*\sigma^2$							0.004 (0.29)	－0.01 (－0.77)

① 理论上讲，收入的过度敏感性系数应该介于 0～1 之间。但消费理论中的消费一般仅是非耐用品和服务消费，由于实证中“一般性消费支出”中包含有耐用品消费量，因此过度敏感性系数偏高（Sarantis & Stewart，2002），对于“非耐用品与服务”的实证检验系数则处于合理的理论区间之内。

续表

变量	模型（1）		模型（2）		模型（3）		模型（4）	
	ΔlnC		ΔlnDur		ΔlnNondur		ΔlnNondur	
	FE	FE－IV	FE	FE－IV	FE	FE－IV	FE	FE－IV
σ^2	－0.10 *** （－2.06）	－0.13 *** （－4.07）	－0.11 （－1.41）	－0.17 ** （－2.13）	－0.12 ** （－2.53）	－0.08 *** （－3.54）	－0.13 ** （－2.54）	－0.08 *** （－2.91）
Young	0.17 *** （3.04）	－0.21 *** （－3.19）	0.60 ** （2.49）	0.65 * （1.70）	－0.16 （－0.83）	－0.62 *** （－7.21）	－0.16 （－0.86）	－0.59 *** （－6.65）
Old	0.01 （0.05）	0.22 （1.46）	－0.76 ** （－2.16）	－0.38 （－0.70）	0.47 * （1.76）	0.99 *** （4.65）	0.47 * （1.76）	0.96 *** （4.72）
AR(1)	－0.29 *** （－2.78）	－0.24 *** （－2.31）	－0.29 *** （－3.74）	－0.17 * （－1.94）	－0.33 *** （－3.39）	－0.51 *** （－5.23）	－0.33 *** （－3.39）	－0.51 *** （－5.17）
R^2	0.80	0.86	0.73	0.87	0.63	0.77	0.63	0.76
DW	2.42	2.38	2.35	2.66	2.68	2.35	2.68	2.36
F 统计量	13.17	3.65	8.80	5.84	5.58	2.52	5.57	2.39
Prob（F）	（0.00）	（0.00）	（0.00）	（0.00）	（0.00）	（0.00）	（0.00）	（0.00）

注：括号内为经过 White 截面加权调整的 t 统计值；***、**、* 分别表示在 1%、5%、10% 的显著性水平上显著；β 表示各截面总体均值；FE－IV 模型中工具变量选取为 ΔlnY（－2）、lnY（－2）、ΔCred（－2）、σ^2（－2）、Young、Old 和常数项 C。

与杭斌（2008）的研究类似，我们发现不确定性对居民消费行为产生了显著的抑制作用，从估计系数上看，两种方法的估计结果较为一致。由于我国的就业体制和福利保障体系改革尚未完全到位，居民所面临的收支不确定性风险仍然较大，这已经成为影响我国居民消费储蓄行为的重要因素。

另外，实证结果表明少儿负担系数对居民消费的影响为负，老年负担系数的影响为正，但后者在统计上并不具有显著性。近年来我国少儿负担系数呈现下降趋势，但对于单个儿童的抚养成本却在大幅度上升（汪伟，2008），因此少儿负担系数虽然在降低，但实际上却可能在提高家庭的当期消费；人口老龄化现象导致我国的老年负担系数在提升，因而也会在一定程度上加大家庭的消费，但从实证分析上看老龄化对我国居民消费行为的影响可能还并不显著（李文星等，2008）。

我们的进一步检验发现，少儿负担系数与老年负担系数对居民消费结构的影响是不同的。即少儿负担系数对耐用品消费的影响方向为正，而对非耐用品和服务消费的影响为负，由于研究期内少儿负担系数呈下降趋势，因此可以说少儿负担系数的变化减少了耐用品消费，而相对增加了非耐用品和服务的消费；而老年负担系数的作用与之类似，即上升的老年负担系数减少了耐用品消费，而提高了非耐用品和服务的消费。由于在消费者生命周期内，耐用品消费高峰通常发生在中年阶段，而少年、老年阶段一般更倾向于食品等非耐用品或一些服务类消费，从这个角度讲我们的检验结果基本可以接受。

模型（2）检验了居民耐用品消费与消费信贷发展的关系，用以检验消费信贷作用渠道一的作用效果。从检验结果来看，渠道一的作用效果是显著的。具体来讲，耐用品消费对信贷条件变动的敏感性系数达到 0.12、0.19，明显高于总量消费的信贷敏感性系数，表明消费信贷影响居民消费的主要途径就是促进居民耐用品消费的增长。收入仍然是影响居民耐用品消费的重要因素，收入敏感性系数达到 1.41、1.76，相比总消费模型也出现较大提高。由于非耐用品和服务大部分为居民的必要性消费，相比而言受收入的影响作用较小；而耐用品一般价值较高，居民一次性支出数量较大，在购买之前往往会存在一定时间的储蓄积累，因此更容易受到收入变动的影响，收入敏感性系数会更高。不确定性的存在明显地抑制了耐用品消费的增长，从估计系数上看，耐用品消费与总消费对不确定性的反映程度并无显著差异。

模型（3）、模型（4）分别检验了消费信贷作用渠道二、渠道三的作用效果，从估计结果来看，当前这两条渠道的作用效果都极为有限。模型（3）检验了信贷条件变动和居民非耐用品和服务消费的关系。从检验结果来看，二者并无显著的统计关系，这表明居民在通过消费信贷完成“大额刚性支出”的同时，储蓄压力并没有降低，消费信心仍然不足，因而并没有增加其他消费。同时，非耐用品和服务消费的收入敏感性系数达到 0.8、0.83，从经济理论上讲，这表示我国居民中受到流动性约束的比例较高；不确定性的影响系数显著为负，不确定性风险致使居民不但减少了当期耐用品消费，同时也进一步压缩了非耐用品和服务消费。模型（4）检验了消费信贷与不确定性之间的交互关系，从实证结果来看，消费信贷与不确定性的交互项在统计上并不显著，消费信贷的存在没有降低居民对不确定性的谨慎程度。这也再一次表明不确定性是导致目前我国居民消费不足的重要因素。

四、消费信贷对居民消费行为影响渠道的稳健性检验与扩展讨论

（一）对实证结果的稳健性检验

为了考察上述实证结果的稳健性，进一步对住房贷款与我国城镇居民消费行为的关系进行了检验。在检验中，有两个问题需要注意：第一，鉴于数据的可获得性，我们采用的住房贷款指标与消费信贷指标在定义上有所不同，即住房贷款指标采用当年住房贷款利用额与家庭可支配收入的比重，而消费信贷指标采用的是当年消费信贷余额增长率，因此二者在估计系数上并没有可比性，但我们可以通过比较变量的显著性来考察其对居民消费的影响。第二，在工具变量的选取中，我们发现，住房贷款的滞后二期变量对当期住房贷款的解释性并不大，而消费信贷的滞后二期变量可以较好地解释当期住房贷款，为避免弱工具变量问题，我们在检验中采用消费信贷的滞后二期变量作为住房贷款的工具变量。其余的计量方法设定与上文相同。表 4－7 列出了关于住房贷款与我国城镇居民消费行为的稳健性检验汇总结果。

表 4－7　　关于住房贷款与居民消费行为的稳健性检验

变量	模型（1）		模型（2）		模型（3）		模型（4）	
	ΔlnC		ΔlnDur		ΔlnNondur		ΔlnNcndur	
	FE	FE－IV	FE	FE－IV	FE	FE－IV	FE	FE－IV
β	0.27*** (3.68)	0.39*** (6.75)	0.12 (0.76)	0.39* (1.93)	0.32*** (3.99)	0.29*** (5.82)	0.32*** (3.99)	0.29*** (6.70)
ΔlnY	1.09*** (51.13)	1.57*** (37.16)	1.60*** (9.22)	2.18*** (24.55)	0.73*** (8.19)	0.88*** (11.73)	0.73*** (8.29)	0.87*** (11.45)
Hcred	0.12* (1.63)	0.11*** (2.92)	0.57*** (3.37)	0.76*** (4.64)	−0.29** (−2.11)	−0.72*** (−2.97)		
Hcred $*\sigma^2$							−0.16** (−2.28)	−0.38*** (−3.37)

续表

变量	模型（1）		模型（2）		模型（3）		模型（4）	
	ΔlnC		ΔlnDur		ΔlnNondur		ΔlnNondur	
	FE	FE－IV	FE	FE－IV	FE	FE－IV	FE	FE－IV
σ^2	－0.11*** （－3.98）	－0.15*** （－4.04）	－0.03 （－0.61）	－0.12 （－1.41）	－0.13*** （－4.02）	－0.11*** （－4.93）	－0.13*** （－4.01）	－0.10*** （－5.45）
Young	－0.13 （－1.51）	－0.49*** （－7.97）	0.04 （0.19）	－0.47** （－2.56）	－0.19* （－1.96）	－0.39*** （－8.65）	－0.19* （－1.96）	－0.39*** （－8.74）
Old	－0.38** （－5.85）	－0.32 （－1.20）	－1.20*** （－4.99）	－1.52*** （－4.84）	0.12 （0.59）	0.16* （1.79）	0.12 （0.58）	0.14 （1.28）
AR(1)	－0.51*** （－4.27）	－0.36*** （－6.14）	－0.42*** （－5.72）	－0.33*** （－3.11）	－0.34*** （－5.81）	－0.61*** （－12.22）	－0.34*** （－5.78）	－0.61*** （－12.75）
AR(2)	－0.41*** （－3.68）	－0.52*** （－11.96）	－0.47*** （－3.37）	－0.69*** （－5.85）		－0.49*** （－8.78）		－0.50*** （－9.72）
R^2	0.82	0.94	0.81	0.91	0.58	0.87	0.58	0.87
DW	2.31	2.56	2.27	2.69	2.35	2.21	2.35	2.19
F统计量	14.24	4.92	12.94	8.64	5.73	4.97	5.75	5.31
Prob（F）	0.00	0.00	0.00	0.00	0.00	0.00	0.00	0.00

注：括号内为经过 White 截面加权调整的 t 统计值；***、**、* 分别表示在 1%、5%、10% 的显著性水平上显著；β 表示各截面总体均值；FE－IV 模型中工具变量选取为 ΔlnY（－2）、lnY（－2）、ΔCred（－2）、σ^2（－2）、Young、Old 和常数项 C。

总体上讲，住房贷款对我国城镇居民消费行为的影响与消费信贷较为一致。住房贷款的发展对居民总量消费的影响系数为正，而且在统计上具有显著性，表明住房贷款发展能够在一定程度上带动我国城镇居民的当前消费。住房贷款发展对居民耐用品消费的影响系数也为正，而且其估计系数要高于对总量消费的影响，表明住房贷款发展影响居民消费的主要途径是带动居民的耐用品消费。住房贷款直接促进了居民的住房购买，而居民在购买住房之后，往往会带动一些相关耐用消费品增长，我们的实证结果在统计上验证了这种引致性消费的存在。

但我们同时注意到，与总量的消费信贷相比，住房贷款对城镇居民消费的影响也存在两点较明显的差异。首先，在模型（3）的估计中，住房贷款对居民非耐用和服务消费的影响为负，而且在统计上具有显著性，而在前文对消费信贷的检验中该系数并不显著。这表明与总量消费信贷相比，关于住房贷款的检验倾向于表明居民在利用住房贷款购买住房的同时，却减少了对非耐用品和服务的购买，这与消费信贷作用渠道二的理论预期不符。其次，在模型（4）的估计中，住房贷款和不确定性的交换项的估计系数为负，在统计上同样也具有显著性。这表明居民在利用住房贷款以后，反而对未来收支不确定的谨慎程度更大了，这也与消费信贷的消费保险功能明显相悖。因此，总体而言，关于住房贷款的检验结果表明，当前消费信贷对我国城镇居民消费行为的影响并不像理论预期的那样完美，由于某些客观原因的存在，消费信贷影响居民消费的一些作用渠道并没有得到很好的发挥。

（二）对实证结果的进一步讨论

我们的实证结果表明，从总体上讲，消费信贷对我国城镇居民的消费行为是具有一定影响的，消费信贷的发展能够在一定程度上促进居民消费，但从系数估计情况来看，影响效果可能并不是太大。通过对消费信贷作用渠道检验，我们发现，当前消费信贷对居民消费的影响仅仅是通过扩展收入预算约束促进了一些相关耐用品消费的增长，但消费信贷发展并没有降低居民的储蓄压力，消费信贷作为消费保险的功能也没有得到有效发挥。住房贷款是当前我国消费信贷的主要构成部分，而关于住房贷款的进一步检验发现，居民在利用住房贷款购买住房的同时，反而减少了对非耐用品和服务的消费，同时居民对于未来收支不确定的谨慎程度也明显提高。因此，我们倾向于认为，目前利用消费信贷来拉动居民的消费需求仍然存在着诸多限制。进一步讲，一方面，1999 年以后，我国消费信贷规模得到爆发式的增长，2009 年末与 GDP 之比已经达到 16.3%，[①] 但另一方面，我国城镇居民消费倾向却在不断降低，居民储蓄率在不断攀升。如何来理解这一现象呢？

根据实证检验结果，我们认为，过高的“大额刚性支出”成本和未来的收支不确定是造成消费信贷作用渠道无法顺畅发挥作用以及居民消费倾向不断走低的主要原因。

首先，从消费信贷的发展历程来看，消费信贷规模的增长是与居民生

---

① 笔者根据 1999～2009 年《中国人民银行年报》及 1999～2009 年《中国统计年鉴》数据整理所得。

活成本的提高相伴而生的。以住房为例，1997 年实行住房改革、取消福利分房制度以后，住房购买成为我国居民生命周期内最大的一笔开支。而面对房价的非理性高涨，仅以居民的当前收入显然无法满足购买住房的需要，而恰恰是在此时，消费信贷，尤其是住房贷款得以快速发展起来。应该注意的是，此时的消费信贷只是作为一种应对不断升高的“大额刚性支出”成本的必要措施，而并非一种新型的、能够辅以居民进行最优跨期决策的消费模式。因此，消费信贷规模的增长很大程度上是在反映我国居民当前的生活成本在不断升高。理论上讲，消费信贷只是一种配置居民收入的工具，居民在预期未来收入提高时才会利用这种工具将未来收入提前支取；而我国的情况恰恰相反，是由于生活成本的提高而使得居民不得不利用外部信贷去满足当前支出，在这样的前提下，消费信贷促进居民消费的理论基础并不能成立。

其次，由于部分“大额刚性支出”的支出成本过高，即便居民利用消费信贷完成了这部分支出，但其后却面临沉重的债务负担，还款压力取代之前的储蓄压力，居民的当期消费意愿仍旧无法提高。仍以住房贷款为例，2004～2009 年 6 年间，我国城镇居民的平均房价收入比高达 8.38∶1，① 远高于国际公认的 4～6 倍的可承受范围。以现行住房贷款首付 30% 的比例计算，购买住房的家庭所需要偿还的债务本金与收入比为 5.87∶1，再假定按揭期 20 年、偿还利息为债务本金的 30%，可得平均每年的债务收入比为 0.38∶1。也就是说，对于利用住房贷款购买住房的家庭，如果按照当前的可支配收入水平计算，其未来 20 年内每年总收入的 38% 要用于偿还贷款。如此沉重的债务压力，即便考虑到未来预期收入的增长，最初几年内家庭的消费行为也会受到明显影响。在这样的情况下，节衣缩食以保证顺利完成还款通常成为居民的自然选择，这也部分给出了在实证检验中住房贷款对居民非耐用品和服务消费影响为负的原因。

最后，受到文化传统影响，我国居民向来秉承量入为出的宗旨，“既无内债，又无外债”的家庭消费文化得到大力推崇（金晓彤，2004）。因此，不到万不得已，居民不会采用信贷消费模式去完成当前消费，更不会预想在未来可以利用消费信贷来抵御可能出现的不确定性风险，消费信贷作为消费保险工具的作用并不能得到发挥。退一步讲，即便居民利用消费信贷

① 房价收入比的计算方法为：(住房均价 × 住房面积)/(城镇居民人均可支配收入 × 家庭平均人口数)。其中，住房均价、城镇居民人均可支配收入取《中国统计年鉴》中“商品房平均销售价格”“城镇居民人均可支配收入”；住房面积取 90 平方米；家庭平均人口数取 3。

完成了某次大额支出，但继而面对的高额债务负担反而可能会加重居民的不确定感受。因为居民已经意识到，未来的收入存在不确定、未来的各类支出成本在不断上升，而在应对收支不确定之外，还必须要保证有足够的收入来满足每年的还款，这样就会使得居民对不确定性的谨慎程度更加严重。在我国当前的消费环境下，居民所能做出的应对方式也只能是持续压缩当期消费、不断进行内部积累。

因此，从目前的情况看，尽管消费信贷的规模在不断扩大，但它更多的是在反映居民生活成本的提升，与居民最优化跨期消费决策的关联并不大；同时，即便居民采用了消费信贷进行辅助消费，但对于我国的实际情形而言，在居民消费环境得不到显著改善之前，消费信贷对于拉动居民消费的作用还是相对有限的。

在存在流动性约束与预防性储蓄的消费模型框架下，本节对消费信贷影响我国城镇居民消费行为的作用渠道进行了总结，并利用2004～2009年我国城镇居民的省际面板数据对其进行检验。研究结果表明：从总体上讲，消费信贷在一定程度上促进了我国城镇居民的当期消费；然而从消费信贷的作用渠道来看，当前的消费信贷主要缓解了居民当期流动性约束，促进了相关耐用品消费的增长，但消费信贷发展并没有降低我国城镇居民的储蓄压力，其消费保险的功能也没有得到有效发挥。进一步利用住房贷款数据进行的稳健性检验表明，居民在利用住房贷款进行住房购买的同时，却相对减少了对非耐用品和服务消费的支出，同时居民对于未来收支不确定所产生的谨慎程度也进一步增大。因此，总结而言，当前消费信贷拉动居民消费的作用效果并不是十分理想。

我们认为，过高的“大额刚性支出”成本和未来收支的不确定性是导致消费信贷拉动居民消费的作用效果较弱的主要原因，因此单纯以扩张消费信贷规模来拉动居民消费的措施是不可取的。根据分析，我们建议，信贷消费模式的推广应该密切配合我国宏观经济背景和消费环境转变，也就是只有将收支不确定问题、“大额刚性支出”成本高涨问题、社会保障体系不完善问题等进行一个相对合理的控制以后，消费信贷才有可能成为促进我国居民消费的有力工具。同时，信贷消费模式相对于我国居民传统的消费习惯来讲是一种创新，而这种创新要融入我国居民的消费观念需要一个循序渐进的过程，因此需要不断优化金融服务环境，适度进行信贷消费的宣传和引导。

第五章　家庭资产与居民消费

第一节　家庭资产财富效应

一、基于微观数据的我国城乡房产财富效应检验

《国民经济和社会发展第十三个五年规划纲要》提出，适应消费加快升级，以消费环境改善释放消费潜力，以供给改善和创新更好满足、创造消费需求，不断增强消费拉动经济的基础作用。2021 年 3 月，《国民经济和社会发展第十四个五年规划纲要》进一步强调，畅通国内大循环，全面促进消费。增强消费对经济发展的基础性作用，顺应消费升级趋势，提升传统消费，培育新型消费。

2007 年 2 月以来，美国“次贷”危机引发的风险迅速释放，房地产价格的持续下跌产生的房地产财富负效应导致了居民消费的严重不足，使得美国经济放缓并对世界经济产生影响。其中，在本次危机中显示出来的房地产财富效应对国民经济的影响值得我们关注。所谓财富效应（wealth effect）是指，货币余额的变化，假如其他条件相同，将会在总消费开支方面引起变动。这样的财富效应常被称作庇古效应或实际余额效应。一般说来，现代意义上的财富效应，是指居民资产价值的变动对于居民消费需求的影响。由于社会财富构成日益多样化且其比重不断调整，不仅货币实际余额的变动影响个人财富的价值，而且其他资产价值的变动同样可以引起财富水平的变动，从而导致消费需求的变动。现代家庭所拥有的房产是其全部资产的一个重要组成部分，房产正在成为对于居民家庭消费行为产生显著影响的资产种类。因此弄清楚房产的财富效应对我国扩大内需的战略具有重要意义。

本节利用北京大学国家发展研究院2013年3月发布的中国健康与养老追踪调查（China Health & Retirement Longitudinal Study，CHARLS）微观数据，以家庭为基本单位，对房产、金融资产、其他物质资产等不同类型资产的财富效应进行了对比分析。

（一）文献综述

在经济生活中，家庭是基本的经济单位。因此，以家庭为分析视角有其合理性。美国金融学会会长坎贝尔（Campbell，2006）指出，家庭金融正逐渐成为金融学的一个重要领域和分支。国内该领域的相关研究限于家庭微观层面上的数据缺乏，多利用有限的几个年份、或一个年度内横截面数据展开分析，缺乏长期的趋势性分析。

西方国家对房地产财富效应的研究起步较早，各国学者依据本国的实际情况做了各种理论及实证研究，但是目前房地产财富效应是否存在以及财富效应的大小并没有定论。例如，斯金纳（Skinner，1989）分析收入动态平行调查数据（PSID）时发现房地产财富对消费的影响较小但很显著。吉川和大武（Yoshikawa & Ohtake，1989）在研究日本土地价格和储蓄时，发现较高的土地价格减少了计划购房的人数，住宅价格与租房者储蓄之间弱负相关。而且他们指出日本许多租房者以奢侈品消费替代住房消费，他们将这种行为称之为“绝望的消费”，根据他们的研究，住宅价格上涨不仅促进拥有住宅的消费者增加消费支出，而且缺乏住房的消费者消费支出也有较大幅度增加。凯斯等（Case et al.，2003）以1978～1996年欧洲14国数据和1975～1997年美国数据为样本，得出房地产价格上涨会对消费产生促进作用，而下跌的房价对消费没有影响。坎贝尔等（Campbell et al.，2007）在英国的家庭微观数据FES和BHPS的基础上，区分了房屋所有者和租住者，分年龄分地区，发现年轻家庭的租住者的房屋价格消费弹性最小，而年老房屋所有者的房屋价格消费弹性最大。

国内的相关实证检验则主要依据生命周期模型或其扩展形式如LC－PIH模型为基础，再进行不同角度扩展，进而得出当期消费的计量方程，以此为依据利用不同的数据来源进行实证分析。所应用的数据不同、分类不同，得出的结果也截然不同。田青（2011）在估算我国2001年以来居民金融资产与实物资产的基础上，分析了它们对消费的影响效应，发现拥有资产对居民消费有积极促进作用，其中实物资产的刺激作用较强，金融资产对当期消费有挤出效应，保险债券等对消费不存在显著影响。陈训波和周伟

（2013）利用 CFPS 项目 2008 年的数据，以城镇为样本，分析了家庭财富对我国城镇居民消费的影响，结果表明居民财富对消费有显著影响。且金融财富的影响大于房地产财富的影响，非自住房地产财富影响高于自住房地产财富，年轻家庭高于年老家庭。因此他们建议稳定房地产市场和金融市场，并征收遗产税。其分析仅选取北京、上海、广州三个国内一线城市作为分析样本，因此样本代表性有待商榷。张大永和曹红（2012）基于 CHFS 的数据，将消费分为耐用品和非耐用品，将家庭资产分为无风险金融资产、风险金融资产、自有住房资产和其他实物资产。研究发现房地产总财富效应大于金融资产的财富效应，住房价值对家庭非耐用品消费的影响大于耐用品，无风险资产对非耐用品消费的影响较大，风险资产对耐用品的消费影响较大，年轻的低收入家庭所表现出来的财富效应较大。该文利用的仅仅是一年内的横截面数据，因此也存在众多限制，对房价变化的财富效应研究依赖于后续跟踪调查数据的完善。同样应用横截面数据进行分析得出相似结论的还有解垩（2012），他利用中国健康与养老追踪调查（CHARLS）的数据，将资产分为房产和金融资产，将消费分为总消费和非耐用品消费，分城乡、分年龄分析了借贷约束下资产的消费作用问题，结果表明房产的消费弹性大于金融资产，年轻家庭消费弹性大于年老家庭，城市家庭消费弹性大于农村。当然，横截面数据分析的结论也只能在特定时间段内成立。

也有学者小范围开展区域性的家庭金融调查。如 2011 年在上海开展了一项家庭金融调查，随机抽取 15 个行政区，每个行政区随机抽取 1 ~ 5 个街道办事处，每个街道办随机抽取 1 个居委会，在其管辖范围内随机抽取 20 个家庭，得到有效问卷 635 份，在此基础上进行实证研究，发现近年来上海的房价上升总体上提高了居民的平均消费倾向，财富效应提高了自有住房家庭的平均消费倾向，替代效应提高了无自有住房家庭的平均消费倾向。因此他们认为抑制房价的政策有可能拖累居民消费，从而发展质量优良的公共租赁住房更有意义（杜莉等，2013）。

目前的文献中使用 CHARLS 数据的并不多，解垩（2012）文章中用到的是 2008 年的预调查数据，仅涉及浙江和甘肃两个省份，而 CHARLS 的 2011 年的全国基线调查数据 2013 年 3 月才对外公开，使用的人比较少，本节针对家庭的所有微观分析都将分城乡进行探讨。

（二）研究方法及数据简介

目前在研究资产对消费影响问题中，采用较多的是布兰查德和费雪

（Blanchard & Fisher，1989）的生命周期－持久收入假说（LC－PIH）。假说认为，消费者存在着时间偏好率 δ，消费者的预算约束要使得每一时间段末的资产等于期初资产与收入之和再减去该时间段的消费函数，即：

$$\max E\left[\sum_{t=0}^{T}(1+\delta)^{-t}U(C_t)\right]$$

$$s.t.\ A_{t+1}=(1+r_t)(A_t+Y_t-C_t) \tag{5-1}$$

最优消费的欧拉方程为：

$$C_t=\frac{r}{1+r}A_t+\frac{r}{1+r}\sum_{t=0}^{\infty}(1+r)^{-p}E_tY_{t+p} \tag{5-2}$$

在确定性情况下居民消费取决于个人持久收入，而持久收入是指居民一生所有获得资源的平均值，这就确定了居民消费与当期收入波动不相关。说明消费者的每期消费是资产价值与持久收入的线性函数。其中 A_t 的系数可以看作是当期财富的边际消费倾向。而假定收入遵循一阶自回归过程 AR(1) 为：

$$Y_t=\mu Y_{t-1}+\varepsilon_t \tag{5-3}$$

则消费方程便可以用当期资产与收入的函数来表示：

$$C_t=\beta_1A_t+\beta_2Y_t \tag{5-4}$$

本节的模型便借鉴式（5－4）的形式，利用微观截面数据，分析当期资产对于当期消费的影响。鉴于我国长期城乡居民消费存在差距的现状，为避免笼统分析造成的差异均等化，而带来较大拟合偏误，以下的分析将分城乡进行分别分析。实证检验则分为两个模块，一是房地产是否存在财富效应的检验，二是家庭资产财富效应程度的检验。并根据检验目的的不同而设置不同的解释变量组合，但本质上同式（5－4）是一致的，都是消费类变量作为被解释变量，收入和资产类变量作为解释变量，再加入一些人口统计学变量信息，建立在家庭微观单位上的具体模型设定如下：

$$\ln C=F(\ln y,\ \ln nhou,\ Dhouse,\ Z) \tag{5-5}$$

$$\ln C=F(\ln y,\ \ln tfin,\ \ln oth,\ \ln house,\ Z) \tag{5-6}$$

式（5－5）检验房地产是否存在财富效应，若存在的话，那么有房者和无房者的消费应该会存在一定的差别，解释变量依次为收入、非住房财富、是否拥有住房的虚拟变量，以及人口统计学变量。

式（5－6）检验家庭资产财富效应的大小。解释变量依次为收入、家庭总金融资产、家庭其他物质资产、房产价值、人口统计学变量。

（三）数据说明

本节使用的数据来源于 CHARLS 的 2011 年的全国基线调查数据。CHARLS 是北京大学中国社会科学调查中心对中国中老年人进行的一项调查，调查对象是随机抽取的家庭中 45 岁及以上的人。调查旨在建立一套高质量的公开的微观数据库，数据包括从广泛的社会经济状况到个人健康状况方面的信息。CHARLS 是在健康与养老调查（Health & Retirement Study，HRS）的基础上进行的调查，考虑到全国调查的复杂性，2008 年首先选取甘肃、浙江两个省开展预调查。预调查样本来自两省 32 个县/区的 95 个社区/村庄，共 1570 户家庭中的 2685 个人。预调查最终产出了一套高质量的调查数据，证明了在中国进行健康与养老类型的调查是可行的。在预调查的经验基础上，CHARLS 于 2011 ~ 2012 年进行了全国基线调查。为了保证样本的代表性，CHARLS 基线调查覆盖了全国 150 个县、区的 450 个村、居。成功访问了 10257 户家庭的 17708 个个人。

全国基线调查数据收集了丰富的家庭和个人信息、家庭和个人收入、支出和资产信息、健康状况、医疗保险状况等。由于本节的分析重点是资产的财富效应，所以剔除了消费为 0 及家庭总收入为 0 的家庭样本，同时还删掉了关键变量缺失或无效的一些样本，以及极端值样本，把家庭中的主要受访者（ID 后两位为 01）视为户主。按照户主的户口为农业和非农业，我们又将样本分为农村家庭和城镇家庭，最终，我们得到的有效样本家庭中，农村家庭 2129 个，城镇家庭 636 个。因为模型采用的是自然对数形式，形式变换后其中有些家庭的某些变量还会显示无效值，所以实际分析样本比得到的有效数据样本还要小一些。

CHARLS 提供了丰富的消费支出信息，其中有样本观测值的子名目多达 24 项，可以很容易计算出总消费支出和耐用品消费支出及非耐用品消费支出。由于众多家庭的耐用品消费支出信息为 0，观测值缺少，所以本节的分析以总消费支出和非耐用品消费支出为主。

CHARLS 的资产信息也相对丰富，有两部分，一是受访者和其配偶的资产；二是其他家庭成员的资产，我们把受访者及其配偶的资产进行分类汇总求和，然后利用相同的 Household ID 与其他家庭成员资产匹配，两部分相加，得出以家庭为单位的各资产名目，包含金融资产、其他实物资产和房产①。

CHARLS 的收入信息也相当丰富，对于家庭总收入的处理类似对资产的处理，将两部分合并得出。其中家庭总收入包括工资、养老金、各类补贴、农业生产收入（农业总收入减去总投入）、自雇收入、转移收入等项目。为明确户主的背景特征对消费的影响，借鉴坎贝尔和柯克（Campbell & Cocco，2007）做法，加入了人口统计学变量的虚拟变量，如年龄、学历水平、婚姻状况、性别等。其中关于年龄的分类，城乡又有所不同，分别以 60 岁、70 岁为界②。初始变量描述如表 5－1 所示。

表 5－1　　初始变量描述

名称	变量名	说明
非耐用品支出	Ndur	食品、衣着、休闲娱乐、健康等非耐用品支出
总消费支出	tc	非耐用品支出与家庭耐用品支出之和
家庭年总收入	y	工资、补贴、资产收入及农业生产收入（已扣除农业投入）
家庭总金融资产	tfin	风险资产与无风险资产之和
其他物质资产现值	oth	非生产性资产现值、生产性资产现值之和
家庭非住房资产	nhou	家庭总金融资产与其他物质资产现值之和
家庭房产价值	House	住房资产总和
家庭是否拥有房产	Dhouse	1 = 拥有，0 = 不拥有
户主 60（70）岁及以下虚拟变量	Below60（Below70）	城镇户主年龄小于等于 60 岁，为 1；大于 60，为 0 农村户主年龄小于等于 70 岁，为 1；大于 70，为 0
户主 60（70）岁以上虚拟变量	Above60（Above70）	城镇户主年龄大于 60 岁，为 1；小于等于 60，为 0 农村户主年龄大于 70 岁，为 1；小于等于 70，为 0
户主学历小学及以下虚拟变量	Xiaoxue	户主学历为小学及以下，为 1；其他，为 0
户主学历中学及职校虚拟变量	Zhongxue	户主学历为初中或高中、职校，为 1；其他，为 0

① 由于受访者中农村户口占了 77.49%，城镇户口只有 21.85%，所以金融资产中风险金融资产的样本观测值很少，有效样本中几项的合计数只有 118 个，因而无法对金融资产中的风险资产和无风险资产进行分别分析。

② 按照调查中对拟退休年龄的统计，以 60 岁和 70 岁的年龄居多，分别占 23.97%、23.75%，城镇参考国家法定男性退休年龄，以 60 岁为界，农村因 70 岁以下健康状况良好时会普遍参加农业生产活动，所以以 70 岁为界。

续表

名称	变量名	说明
户主学历大学及以上虚拟变量	Daxue	户主学历为大学及以上，为1；其他，为0
婚姻状况虚拟变量	Marry	户主为已婚并和配偶共同生活为1；其他，为0
性别虚拟变量	gender	户主为男性，为1；女性，为0

（四）实证分析

1. 房产财富效应的存在性检验

如研究方法所述，实证检验分两部分进行，首先对房产财富效应的存在性进行检验。根据式（5-5）的设定，以家庭总消费和非耐用品消费为被解释变量，以家庭总收入、是否拥有房产的虚拟变量，以及代表总金融资产和其他实物资产的非住房财富、家庭人口统计特征等为解释变量，对拥有房产与无房产家庭的消费进行分析。应用 Stata 计量软件回归，模型均通过了异方差与多重共线性的检验。结果如表5-2所示。

表5-2　是否拥有房产对家庭消费的影响检验结果

解释变量	被解释变量			
	城市		农村	
	家庭总消费	非耐用品消费	家庭总消费	非耐用品消费
lny	0.7362*** (13.95)	0.7135*** (13.72)	0.6797*** (36.64)	0.6487*** (34.5)
lnnhou	0.0582* (1.93)	0.0305 (1.03)	0.1046*** (8.55)	0.0844*** (6.84)
Dhouse	0.1418** (2.12)	0.1711** (2.37)	0.0877** (2.29)	0.0951** (2.4)
Below60	0.023 (0.21)	-0.0269 (-0.25)		
Below70			0.0452 (0.74)	0.0284 (0.46)
Xiaoxue	Dropped	Dropped	-0.0046 (-0.10)	-0.0224 (-0.47)

续表

解释变量	被解释变量			
	城市		农村	
	家庭总消费	非耐用品消费	家庭总消费	非耐用品消费
Zhongxue	0. 1610 (1. 5)	0. 1473 * (1. 93)	Dropped	Dropped
Marry	0. 1178 * (1. 92)	0. 2381 * (1. 89)	0. 1846 *** (4. 05)	0. 1991 *** (4. 35)
Gender	0. 0355 (0. 34)	0. 0169 (0. 16)	-0. 0825 ** (-2. 13)	-0. 1082 *** (-2. 78)
Constant	0. 3649 * (1. 86)	0. 6924 * (1. 66)	0. 5355 *** (3. 07)	0. 9178 *** (5. 22)
Obs.	299	298	2049	2040
Adj R - squared	0. 5519	0. 5304	0. 5538	0. 5197

注：括号内为 t 值，***、**、* 分别表示在 1%、5%、10% 的显著性水平上显著。部分人口统计学变量在回归时显示 Dropped，表中不再显示。

从表 5 -2 可以看出，总体来讲，不论城市还是农村，不论总消费还是非耐用品消费，Dhouse 的系数都为正，且都是在 5% 显著水平上显著，说明拥有房产的家庭消费要高于无房产的家庭，即房产对消费有正向的提升作用。同时，非住房财富对消费的影响也均为正，只是对城市非耐用品消费的影响不显著。而家庭总收入的消费弹性系数都较高，也都在 1% 水平上显著，说明当期收入对当期消费发挥着非常重要的作用。拥有房产对城市家庭非耐用品消费的提升（0. 1711）高于对总消费的提升（0. 1418），对农村家庭非耐用品消费的提升（0. 0951）也高于对总消费的提升（0. 0877），但总体上看，房产对城市家庭消费的提升要高于农村家庭。家庭人口统计特征变量中，年龄、文化程度对消费均没有显著影响，而婚姻、性别影响显著，城镇和农村家庭中户主婚姻状况为已婚并和配偶共同居住的家庭对消费有正向影响，说明完整的家庭环境对消费有正向影响。农村户主性别为男性的家庭对消费有显著负影响，说明农村男性户主倾向于节省消费。

2. 分城乡家庭资产财富效应检验

更进一步，下面将以拥有房产的家庭为研究对象，依据式（5 -6）设定不同的形式，分城乡来详细探讨房地产财富以及其他家庭财富对消费的影响，及他们的协同作用，模型均通过了异方差与多重共线性的检验。结果分别如表5－3和表5－4所示。

表5－3　　　　城市家庭资产财富效应检验结果

变量	被解释变量							
	家庭总消费 lntc				家庭非耐用品消费 lnndur			
	模型（a）	模型（b）	模型（c）	模型（d）	模型（e）	模型（f）	模型（g）	模型（h）
lny	0.7306*** (12.11)	0.6854*** (10.72)	0.7041*** (11.09)	0.7043*** (11.36)	0.6731*** (12.17)	0.6491*** (10.21)	0.6553*** (11.08)	0.6869*** (11.93)
lnhouse	0.0644* (1.86)	0.0679* (1.72)	0.0489** (1.96)	0.0621 (1.2)	0.0631** (2.3)	0.0684* (1.74)	0.0525** (1.99)	0.0604** (2.24)
lnnhou		0.0615* (1.78)				0.0339** (1.98)		
Dothhou			0.0130 (1.25)				0.0088 (0.86)	
Dfinhou				－0.0828 (－0.66)				－0.0931 (－0.78)
Below60	0.0320 (0.26)	0.0601 (0.48)	0.0271 (0.22)	0.0182 (0.15)	－0.0344 (－0.29)	－0.0193 (－0.16)	－0.0375 (－0.31)	－0.0494 (－0.41)
Xiaoxue		0.4114* (1.67)				0.2337 (0.91)		
Zhongxue	0.2104* (1.7)	0.5212** (2.23)	0.2011* (1.69)	0.2157* (1.73)	0.1838 (1.53)	0.3634* (1.64)	0.1769 (1.46)	0.1893* (1.77)
Marry	0.0964 (0.62)	0.0933 (0.63)	0.0901 (0.58)	0.1003 (0.65)	0.1897 (1.34)	0.1847 (1.26)	0.1858 (1.31)	0.1944 (1.37)
Gender	－0.0314 (－0.27)	0.0049 (0.04)	－0.0345 (－0.29)	－0.0261 (－0.22)	－0.0605 (－0.52)	－0.0355 (－0.29)	－0.6301 (－0.54)	－0.0549 (－0.47)
Constant	0.3824 (0.66)	－0.1671 (－0.24)	0.7457 (1.22)	0.3315 (0.57)	0.8711 (1.51)	0.5132 (0.73)	1.1173* (1.84)	0.8139 (1.43)
Obs.	239	234	239	239	238	233	238	238
Adj R－squared	0.5173	0.5060	0.5201	0.5183	0.4879	0.4695	0.4893	0.4893

注：回归系数下的括号内为t值。***、**、*分别代表1%、5%、10%的显著水平。部分人口统计学变量在回归时显示Dropped，表中不再显示。

表 5-4 农村家庭资产财富效应检验结果

变量	被解释变量									
	家庭总消费 lntc					家庭非耐用品消费 lnndur				
	模型（A）	模型（B）	模型（C）	模型（D）	模型（E）	模型（F）	模型（G）	模型（H）	模型（I）	模型（J）
lny	0.7286 *** (41.26)	0.6049 *** (18.82)	0.6553 *** (33.58)	0.6893 *** (37.24)	0.7207 *** (40.33)	0.6854 *** (38.49)	0.5805 *** (17.7)	0.6234 *** (31.37)	0.6521 *** (34.72)	0.6794 *** (37.68)
lnhouse	0.0855 *** (5.99)	0.0625 *** (2.66)	0.0611 *** (4.14)	0.0534 *** (3.57)	0.0805 *** (5.60)	0.0812 *** (5.66)	0.0720 *** (2.99)	0.0632 *** (4.23)	0.0552 *** (3.66)	0.0774 *** (5.35)
lnnhou			0.0911 *** (6.98)					0.0688 *** (5.23)		
lntfin		-0.0065 (-0.34)					-0.0357 * (-1.83)			
lnoth		0.1317 *** (5.40)					0.1188 *** (4.78)			
Dothhou				0.0265 *** (6.41)					0.0219 *** (5.26)	
Dfinhou					0.0103 *** (2.67)					0.0078 ** (2.03)
Below70	0.0372 (0.60)	-0.0337 (-0.36)		0.0244 (0.40)	0.0462 (0.74)	0.0251 (0.40)	-0.0707 (-0.75)		0.0150 (0.24)	0.0319 (0.51)

续表

变量	被解释变量									
	家庭总消费 lntc					家庭非耐用品消费 lnndur				
	模型（A）	模型（B）	模型（C）	模型（D）	模型（E）	模型（F）	模型（G）	模型（H）	模型（I）	模型（J）
Xiaoxue		0.0373 (0.51)	-0.0239 (-0.50)	-0.0178 (-0.37)	-0.0439 (-0.90)	-0.0336 (-0.06)	0.0449 (0.60)	-0.0347 (-0.72)	-0.0256 (-0.53)	-0.0475 (-0.97)
Zhongxue	0.1258 (0.21)					0.0135 (0.02)				
Daxue		0.5341 (0.69)	-0.2436 (-0.41)	-0.1918 (-0.32)	-0.1362 (-0.23)		0.6262 (0.80)	-0.0968 (-0.16)	-0.0677 (-0.11)	-0.0214 (-0.04)
Marry	0.2299*** (4.88)	0.0958 (1.3)	0.2089*** (4.59)	0.2168*** (4.65)	0.2321*** (4.94)	0.2378*** (5.05)	0.1576** (2.09)	0.2181*** (4.76)	0.2278*** (4.87)	0.2394*** (5.09)
Gender	-0.0521 (-1.3)	-0.0951 (-1.56)	-0.0615 (-1.54)	-0.0482 (-1.21)	-0.0563 (-1.40)	-0.0736* (-1.83)	-0.1327** (-2.13)	-0.0847** (-2.10)	-0.0705* (-1.76)	-0.0768* (-1.91)
Constant	0.0381 (0.60)	0.7095** (2.29)	0.3444* (1.82)	0.7036*** (3.41)	0.2395 (1.24)	0.5118 (0.81)	1.0838*** (3.43)	0.7221*** (3.78)	0.9726*** (4.67)	0.5830*** (3.02)
Obs.	1904	666	1851	1904	1904	1895	664	1842	1895	1895
Adj R - squared	0.5642	0.5585	0.5567	0.5732	0.5656	0.5345	0.5223	0.5200	0.5410	0.5353

注：回归系数下的括号内为 t 值。***、**、* 分别代表 1%、5%、10% 的显著水平。部分人口统计学变量在回归时显示 Dropped，表中不再显示。

先来分析表5－3中城市家庭资产财富效应的检验结果。模型（a）、模型（e）分析的仅是家庭资产中的房产对消费的影响。在此基础上模型（b）、模型（f）中加入了家庭非住房财富，我们可以看出家庭总收入的消费弹性系数依然很高，模型（b）、模型（f）中家庭房产的消费弹性系数比模型（a）、模型（e）中略高，说明加入其他资产的协同作用后，房产的财富效应变得略微明显。而无论四个方程中的哪种形式，城市家庭的房产财富效应对于总消费和非耐用品消费影响差异不大。值得注意的是，家庭非住房资产对于家庭总消费的影响（0.0615）要高于对家庭非耐用品消费的影响（0.0339），前者是后者的近一倍。说明家庭非住房资产对耐用品的消费产生更大的影响，这和非住房资产中包括以耐用品为主的其他物质资产有很大关系。

许多关注微观家庭资产财富效应的学者将家庭资产分为房产、金融资产和其他实物资产，然后分别进行分析（张大永，2012；解垩，2012），本节采用这种方法后，除收入外，各种解释变量均不显著，回归结果不理想①，所以城市家庭样本分析中没有用该方法。但为了分析其他家庭资产和房产对消费的协同作用效果，探讨在不同其他家庭资产水平下房产财富效应大小，设定了虚拟变量，模型中引入了交叉项②。即设定Dfin和Doth两个虚拟变量，然后分别和lnhouse相乘得到交叉项Dfinhou和Dothhou。即在不同的其他家庭资产水平下使用不同的斜率③。回归结果由模型（c）、模型（g）和模型（d）、模型（h）报告出。模型（c）、模型（g）表明，其他物质资产与房产对于消费的影响是同向的，其他物质资产大于等于3850的家庭的房产总消费和非耐用品消费弹性系数为0.0619、0.0613，而其他物质资产较小的家庭为0.0489、0.0525，说明其他物质资产较多的家庭，房产对消费者的影响较大。模型（d）、模型（h）表明总金融资产与房产对于消费的影响是反向的，家庭总金融资产大于0的家庭房产的总消费和非耐用品消费弹性系数分别为－0.0207、－0.0327，而家庭金融资产为0的家庭房产

---

① 主要原因是因为城市有效分析的样本较少，家庭金融资产和其他物质资产中又有很多观测值为0，解释变量使用其他物质资产（lnoth）和家庭总金融资产（lntfin）后，去除无效观测值，只有110个样本。

② Dfin和Doth两个虚拟变量，前者指家庭金融资产虚拟变量，当家庭金融资产为0时，输出0，大于0时，输出1；后者指其他物质资产虚拟变量，当其他物质资产大于等于3850（其他物质资产的中位数）时，输出1，否则输出0。

③ 以Dothhou为例，在模型 $lntc = \alpha lny + \beta lnhouse + \gamma Dothhou + Z + \xi$ 中，当其他物质资产大于等于3850时，lnhouse的系数为（$\beta + \gamma$），当其他物质资产小于3850时，lnhouse的系数为 β。

对消费的影响与模型（a）、模型（e）相当。但两个交叉项均不显著。

下面来分析表 5－4 农村家庭资产财富效应的检验结果。模型（A）、模型（F）中仅分析的家庭房产对消费的影响，可以看出农村房产对农村家庭总消费和非耐用品消费的影响都显著为正，且对总消费的影响稍大一些。模型（B）、模型（G）中实现了将家庭总金融资产和其他物质资产一起引入模型，这样样本数虽大幅下降，但仍达到六百多个，与模型（A）、模型（F）相比较，加入其他家庭资产后，房产的消费弹性系数有所下降，但仍然在 1% 的水平上显著，其中家庭总消费的弹性系数下降较明显。农村家庭其他物质资产的消费弹性系数均在 1% 水平上显著，数值均比房产消费弹性系数要大，而金融资产消费弹性系数较小，且均为负，对家庭总消费的影响还不太显著。说明各类资产对农村家庭消费影响由大到小的排列是：其他物质资产 > 房产 > 金融资产。原因应该是目前农村房产大都为自建房，几乎没有投资价值，也没有像城市的升值空间，流通性较差，拥有房产的目的就是为了自住，所以不如农业生产设备、家电家具等其他物质资产对消费的影响大。这也进一步说明农村的资产性收入来源较少，而农地确权，变土地资源为现实的资产和资本，将释放出农村家庭的巨大消费潜力。将总金融资产和其他物质资产求和后加到一起引入模型就产生了模型（C）、模型（H），可以看到两个方程的主要变量都在 1% 水平上显著，家庭非住房资产对家庭总消费的影响（0.0911）明显大于对非耐用品消费的影响（0.0688），但比房产的消费弹性系数都要高。由于在模型（B）、模型（G）中金融资产消费弹性系数均为负，且模型（B）中还不显著，因此有必要进一步进行深入分析三类资产的协同作用，类似城镇家庭的处理，引入交叉项[①]，得出模型（D）、模型（I）和模型（E）、模型（J），四个方程的主要变量较高的显著性水平和系数说明农村家庭中其他物质资产、金融资产与房产对于消费的影响均为同向的。其他物质资产大于等于 3300 的家庭房产总消费弹性系数（0.0799）要大于其他物质资产小于 3300 的家庭（0.0534），对非耐用品消费影响同样如此。模型（E）、模型（J）中也是类似结果，说明农村家庭其他物质资产、金融资产较多的家庭，房产的财富效应较明显，对消费的影响也就较大。最后来分析金融资产相关变量的系数问题，lntfin 项系数为负，Dfinhou 项为正，前者表明所有农村家庭样本

---

① 与城市样本处理中不同的是农村样本的 Doth 分界线是 3300（农村样本其他物质资产现值中位数），其余相同。

的金融资产财富效应为负，后者表明金融资产大于0时的农村家庭样本财富效应为正，说明增加农村家庭的金融资产，提升理财观念，将会带动农村家庭的消费。家庭人口统计变量特征检验结果显示，对家庭总消费和非耐用品消费有显著正影响的是婚姻状况，而性别状况对非耐用品消费的影响显著为负。说明农村已婚的完整正常家庭资产对消费有显著正向影响，农村家庭户主为男性的偏好于节省性消费。其他变量如学历、年龄则影响不显著。

综合来看，由于样本数比较多，农村家庭的回归结果较好，资产财富效应比城市家庭更加明显。

（五）结论

本节借助于CHARLS中国健康与养老追踪调查2011年全国基线数据，分城乡重点分析了房产对家庭消费的影响，并将其与家庭金融资产、其他物质资产的财富效应进行了对比。研究表明，不管是城市还是农村，对于是否拥有房产的家庭消费检验中系数均显著为正，家庭房产对总消费和非耐用品消费都有显著的提升作用，且对城市家庭的提升作用更大一些。这说明在目前相对落后的消费观念影响下，城市家庭自有住房率的提高可以显著提高消费。

通过对拥有自有住房家庭不同资产价值影响效应的对比，我们发现：

第一，对城镇有房家庭来说，房产对消费的影响大于其他类型资产，城镇家庭房产的消费弹性系数在0.063～0.068之间，非住房财富也有显著正影响，但比房产的影响程度略低，且非住房财富对总消费的影响约为对非耐用品消费影响的两倍。

第二，农村家庭房产的消费弹性系数在0.062～0.085之间，金融资产与其他物质资产对消费均有显著影响，在住房很少进入流通领域的农村中，其他物质资产的影响要大过房产的影响。综合来看对农村家庭消费影响由大到小依次为：其他物质资产、房产、金融资产。

第三，通过加入金融资产和其他物质资产的虚拟变量与房产的交叉项，分析得出：城乡非住房资产较多的家庭，房产的财富效应相应较明显。说明有房家庭房产的财富效应可能会和家庭非住房资产的有无、大小相关。家庭人口统计学变量中，对城市消费有显著正影响的是户主学历为初中、中学或职校的变量，而户主已婚并和配偶共同居住的农村正常家庭对消费有正向影响，户主为男性的农村家庭对非耐用品消费有显著负影响。

当然，在本节的分析中，还存在较多的不足和欠缺之处，首先调查数据针对 45 岁以上的中老年人群，且农村受访户居多，虽然这些家庭中也有年轻人群被归类在家庭成员中，但毕竟不是主要受访者，信息还存在一定的不完整，不能就年轻人群与中老年人群的差异性进行分析。其次，一个年度的截面数据无法分析房价的变化带来的效应及其变动趋势，且分析结果仅在特定时间段内有效，希望随着跟踪调查数据的完善，后续能做更进一步的研究。

二、消费黏性视角下我国城镇居民财富效应检验

在完全信息下，居民可以无成本地获取影响其消费与储蓄行为等经济活动的所有信息，且基于这些信息，可以对未来做出无偏估计。这是众多传统消费理论的隐含假定之一。但现实中很多信息的获取是有成本的，或信息更新是缓慢的，消费者很大程度上也受到自身消费习惯的影响，这一系列的因素会导致相关政策刺激、资产价值变化等带来的效应出现延续和滞后。基于传统消费理论基础上的财富效应测度大都是采用协整模型对消费与财富、收入的关系做出判断，而用协整的方法估计财富效应存在两点问题（Carroll et al.，2011）：一是消费与收入及财富间稳定协整向量的存在需要众多参数在估计区间内保持稳定，如收入增长率、利率、相对风险厌恶系数及贴现率等，而这些宏观经济变量的冲击随时有可能打破这一假设前提，导致这一长期均衡关系不存在；二是即使稳定的协整向量存在，则如此持久的动态关系的估计需要数百年的可靠数据支持，这也是基本不可能的。

由于协整方法的局限性，以及大量经验研究所证明的消费“过度敏感性”的存在，卡罗尔等（Carroll et al.，2011）结合消费增长的动态演变规律，提出了一种度量财富效应的新方法，认为消费黏性下财富效应存在两大维度：速度（speed）与力度（strength），从而使消费黏性与财富效应很好地结合起来。消费对于冲击的反应是有速度的，且比随机游走的基准模型要慢得多，而其力度则取决于消费黏性的大小及作用的时间区间。具体来说，这种速度和力度使得在估计时财富效应可分为直接财富效应（本期冲击对下一期消费的直接影响）和累积财富效应（由之前各期的黏性影响累积加总得出）。具体实证模型为在 CRRA（constant relative risk aversion）效用函数中加入消费黏性因素，在戴南（Dynan，2000）模型框架下得到跨

期最优的欧拉方程，进而得出测度消费黏性系数和直接财富效应的实证方程，并以消费黏性系数为公比，以当期财富效应为首项，利用等比数列求和公式得出累积的财富效应。

（一）文献综述

传统意义上的财富效应（wealth effect）是现金余额的变化所带来的消费支出的变动。随着经济的发展与社会的进步，居民家庭财富构成日益多元化，且家庭财富的结构仍在不断调整中，因而影响财富水平变动的因素不仅仅局限于货币余额，其他资产如房产价值的变化同样可以带来财富水平的变动。因此，现代意义上的财富效应我们可以理解为居民资产价值的变动所带来的消费支出方面的变动。

国外对于该领域的研究起步较早，研究领域多集中于总资产及各类资产对消费影响的实证检验。路德维格和史洛克（Ludwig & Slok，2004）使用经济合作与发展组织（OECD）16 国的面板数据，发现随着时间推移，资产价值的变动对消费支出的影响程度在不断加深，且银行主导型金融体系的国家要小于市场主导型金融体系国家。莱图和卢德维格松（Lettau & Ludvigson，2004）从宏观角度研究表明，美国居民家庭总资产每增加 1 美元，产生的正的财富效应为 5～6 美分。莱布哈德、斯蒂尔和杨（Labhard、Steme & Young，2005）采用 VAR 模型研究发现美国和加拿大总资产边际消费倾向在 0.01 左右，而欧元区域国家的该项值在 0.01～0.05 之间，美国和加拿大金融资产边际消费倾向的值要比欧元区域国家大很多。意味着财富效应在各国中的异质性表现可能是由于资产配置方式与资本市场开放程度造成的。

而不同资产的市场化程度、变现能力各不相同，居民的偏好也各不相同，这导致了不同资产对消费影响的方式和程度也存在差异。基肖尔（Kishor，2007）的研究证明，美国 1952～2002 年住房资产和金融资产每增值 1 美元，将分别带来 7 美分和 3 美分的消费上涨。凯斯等（Case et al.，2005）通过对 1975～1996 年 14 个发达国家及 1982～1999 年美国各州的两部分面板数据研究后发现，美国住房资产的边际消费倾向在 0.03～0.04 之间，而欧洲国家则要高很多，如德国为 0.085，法国和意大利均为 0.06 左右，股市资产的边际消费倾向均小于住房资产。

国内对于财富效应的研究多为实证分析，主要依据生命周期模型或 LC－PIH（生命周期—持久收入假说）模型，进行不同角度扩展，再采用不同的数据来源进行实证分析，沿着该分析路径，部分学者证明了财富效应的存在，也有学者证明这个效应很微弱。较早对我国财富效应的存在性问题做出研究的如李振明（2001），估计得出中国居民股市资产的财富效应系数约为0.026。同样得出股市资产弱财富效应的还有郭峰等（2005），通过股票价格指数与消费支出的协整分析发现，我国股票市场确实带来了一定的弱的财富效应。而张存涛（2006）的研究结论是我国房地产价格的变动不存在财富效应。陈强、叶阿忠（2009）利用 EGARCH - M 模型考察了公民收入、股价、经济风险对消费支出的影响，并且经过数据分析后发现它们之间存在稳定的关系，股价上升对公民消费具有明显的促进作用。田青（2011）将居民资产区分为金融资产与实物资产，发现资产的拥有量越高，居民消费越积极，两者相比较而言，实物资产的刺激效果要更强一些。

由此可见，应用生命周期理论验证的财富效应在大多数国家是显著存在的，只是不同资产的财富效应会有所不同。在这种理论基础下，使用协整的分析方法即使能够得到消费、资产、收入之间的长期均衡关系，那这样的均衡关系可靠吗？鉴于相关理论假设多与现实脱节，一部分学者开始考虑与现实靠拢，引入除当期消费、收入、资产之外的其他变量。杜森贝利（Duesenberry，1949）认为消费存在棘轮效应和示范效应，从而在消费者行为的研究当中最早引入了习惯因素。戴南（2000）发现，滞后一期的消费与收入不确定性对当期的消费具有重要影响。杭斌（2010）在修正 Dynan 模型的基础上得出了和戴南（2000）一致的结论，发现消费习惯和收入不确定性与我国城镇居民的平均消费倾向均存在反向影响。这一系列的研究证明消费习惯在消费者行为中起着很重要的作用。消费习惯在有些文献中也称之为消费黏性，但实际上消费黏性不只是由消费习惯引起，也会由信息疏忽、滞后等因素引起。卡罗尔和斯拉卡勒（Carroll & Slacalek，2006）则从信息不完全的角度利用预期调整的迟缓介绍了消费的黏性。卡罗尔等（2011）认为不管哪种解释更合理，消费行为均存在跨期依赖，在分析了传统财富效应实证方法的不足后，将与现实更贴近的消费黏性因素纳入到了财富效应的度量中。国内使用卡罗尔等的方法度量财富效应的目前只有骆祚炎（2011），其估计的消费黏性系数在0.85左右，直接财富效应在0.01～0.02之间，累积财富效应在0.11～0.18之间，且住房资产的财富效应大于金融资产。该文所用的样本为1991～2009年的季度全国数据，为了克服时间序列分析的多重共线性的困扰，提供更多的信息、变化、更多的自由度和估计效率，本节将选用2000～2012年度的28个省份季度面板数据，在消费黏性的视角下估计我国城镇居民的财富效应。

（二）理论模型及数据说明

1. 戴南模型

戴南在2000年研究习惯形成的一篇文章中提出了以CRRA效用函数为基础的消费者跨期选择行为模型。模型假设随机变量c_t为t期消费者的实际消费支出，$\beta=\frac{1}{1+\delta}$为折现因子，其中δ为时间偏好率。这里的CRRA效用函数引入了消费黏性因素，即代表性消费者的效用函数满足：

$$U(C,h)=\frac{(C-xh)^{1-\rho}}{1-\rho} \tag{5-7}$$

其中，x表示度量消费黏性大小的系数，满足$0<x<1$，ρ为相对风险厌恶系数，C为当期消费，h为习惯存量，即之前各期消费的加权平均数，满足：

$$h_t=(1-\theta)h_{t-1}+C_{t-1} \tag{5-8}$$

通常认为，滞后一年的习惯因素比滞后两年、甚至滞后时间更长的习惯作用要大得多，贾男和张亮亮（2011）也证明了这一点。因此为处理方便，此处假定$\theta=1$，即当前消费的效用仅与前一期消费在本期的影响值有关。则效用函数变为：

$$U(C_t)=\frac{(C_t-xC_{t-1})^{1-\rho}}{1-\rho} \tag{5-9}$$

这样，加入消费黏性因素的剩余寿命为T期的消费者跨期最优选择行为的表达式为：

$$\max E_t\sum_{i=0}^{T}\beta^iU(C_t) \tag{5-10}$$

其中，E_t表示消费者根据t期所有可能获得的信息所作出的预期。当t期消费的边际效用值等于$t+1$期消费边际效用值的折现值时，消费者的跨期决策达到最优，欧拉方程为：

$$U'(C_t)=R\beta E_t[U'(C_{t+1})] \tag{5-11}$$

式（5-11）可以简化为：

$$R\beta\frac{U'_{t+1}}{U_t}=1+\varepsilon_t \tag{5-12}$$

代入CRRA形式后，两边取自然对数，式（5-12）变为：

$$\Delta\ln(C_t-xC_{t-1})=\frac{1}{\rho}[\ln R+\ln\beta]-\frac{1}{\rho}\ln(1+\varepsilon_t) \tag{5-13}$$

根据缪尔鲍尔（Muellbauer，1988），上述方程左侧可以用 $\Delta \ln C_t - x\Delta \ln C_{t-1}$ 近似替代，设 $\alpha_0 = \frac{1}{\rho}[\ln R + \ln\beta]$，$\xi_t = -\frac{1}{\rho}\ln(1+\varepsilon_t)$，则得出消费增长动态模型：

$$\Delta \ln C_t = \alpha_0 + x\Delta \ln C_{t-1} + \xi_t \tag{5-14}$$

从式（5－14）可以看出，消费黏性因素使得本期消费增长率与上一期的消费增长率呈现出正的相关关系，而外部冲击不仅影响当期消费，还会波及下一期，波及程度的大小取决于黏性系数。正是消费者对这种外部冲击反应的滞后，恰说明了消费者期望平滑消费、排斥消费剧烈波动的一种谨慎心态。也为我们度量财富效应提供了一种新的思路。

2. 卡罗尔等的改进

（1）度量消费黏性系数。

由戴南模型推导出来的式（5－14）中，由对数方程决定的估计系数 x 是一个弹性的概念，是不能直接反映 t 期与 t＋1 期消费绝对额变化关系的。在度量财富效应时，若将总资产（B）分为房产（H）和金融资产（F），则增长率的形式同样行不通。卡罗尔等（2011）用消费或财富的变化比上初始消费水平作为一种变化率（或相对于初始时期的增长率）形式对式（5－14）对数方程做了一个改进。即：

$$\partial C_t = \frac{C_t - C_{t-1}}{C_{t-5}} \tag{5-15}$$

$$\partial B_{t-1} = \frac{B_{t-1} - B_{t-2}}{C_{t-5}} \tag{5-16}$$

分母之所以选择 t－5 期，是因为卡罗尔等（2011）等选择了美国的季度数据样本，而后面的分析中用到了滞后一年（4 期）的数据，所以这里的初始值选择了滞后 5 期。将上述变化率的形式替代式（5－14）中对数增长率的形式，得到如下估计消费黏性系数的方程：

$$\partial C_t = \gamma + x\partial C_{t-1} + \mu_t \tag{5-17}$$

（2）度量直接财富效应和累积财富效应。

给定一个当期的财富效应（即本期对下一期的影响）为 k，则当期消费变动为之前多期资产冲击波及到当期后，所引起的消费变化之和，我们取影响较大的前 4 期，即：

$$\Delta C_t \approx kx(\Delta B_{t-1} + x\Delta B_{t-2} + x^2\Delta B_{t-3} + x^3\Delta B_{t-4}) + \varepsilon_t \tag{5-18}$$

同时设定：

$$\bar{\partial} B_t = (\Delta B_{t-1} + x\Delta B_{t-2} + x^2\Delta B_{t-3} + x^3\Delta B_{t-4})/C_{t-4} \tag{5-19}$$

则依据式（5－15）计算得出：

$$\partial C_t = \gamma + \alpha \bar{\partial} B_{t-1} \tag{5-20}$$

由于 α 为 t－1 期的财富效应，所以 α = xk。而之前多期资产每一单位的冲击波及当期后，带来的累积的财富效应（用 K 表示）是在多期内财富效应的叠加，构成了一个以黏性系数为公比，以当期财富效应为首项的等比数列，通过等比数列求和公式得出：

$$K = \frac{k}{1-x} = \frac{\alpha}{x(1-x)} \tag{5-21}$$

以上步骤和公式均为计算时间序列数据的公式，在具体应用到本节的面板数据中时，我们先来考虑面板数据的三种估计策略：一是混合回归，样本中每个个体的回归方程完全相同；二是单独回归，样本中每个个体的回归方程各不相同；三是以上两种方式的折中，即相同处为每个个体回归方程的斜率，不同处为截距。可以看出，无论哪种估计策略，各个省份作为个体，每个个体都适用我们上述时间序列的公式，各个体间组成的面板则需要添加横截面维度，转变为面板方程：

式（5－15）变为：

$$\partial C_{it} = \frac{C_{it} - C_{i,t-1}}{C_{i,t-5}} \tag{5-22}$$

式（5－16）变为：

$$\partial B_{i,t-1} = \frac{B_{i,t-1} - B_{i,t-2}}{C_{i,t-5}} \tag{5-23}$$

式（5－17）变为：

$$\partial C_{it} = \gamma + x \partial C_{i,t-1} + \mu_{it} \tag{5-24}$$

式（5－19）变为：

$$\bar{\partial} B_{it} = (\Delta B_{i,t-1} + x\Delta B_{i,t-2} + x^2 \Delta B_{i,t-3} + x^3 \Delta B_{i,t-4}) / C_{i,t-4} \tag{5-25}$$

式（5－20）变为：

$$\partial C_{it} = \gamma + \alpha \bar{\partial} B_{i,t-1} \tag{5-26}$$

综合起来，度量直接财富效应和累积财富效应的步骤分别为：

第一步，利用工具变量估计式（5－24），得出黏性系数 x；

第二步，依据式（5－25）构建估计量 $\bar{\partial} B_{it}$，用同样方法也构建出金融资产和房产的该统计量；

第三步，估计式（5－26），将式（5－26）中的总资产分为房产与金融资产两种形式，再次估计得出三类资产直接的财富效应；

第四步，利用式（5－26）的估计结果和式（5－21），求出各类资产累积的财富效应。

（三）数据说明

卡罗尔等（2011）检验财富效应所用到的数据为 1960 ~ 2007 年的人均季度数据。我国因房改的时间在 2000 年左右，因此本节样本区间选择了 2000 ~ 2012 年，数据频率也为季度。因有关房产的统计数据多为城镇样本，所以主要选择城镇居民作为分析对象，各省份的人均数值可视为该省份的一个典型消费者。28 省份为除数据不全的云南、西藏、甘肃及港澳台地区之外的其他省份。人均收入数据使用城镇居民季度人均可支配收入，人均消费使用城镇居民季度人均现金消费支出，人均住房资产使用城镇居民人均住宅建筑面积 × 住宅销售额/住宅销售面积。人均金融资产为城乡居民储蓄存款余额/常住人口数，需要关注的是该变量为城乡人均储蓄存款，而非城镇人均储蓄存款，但由于城镇居民储蓄存款没有连续的数据，且资金流量表中家庭住户部门的金融资产数据偏低，进而选取了占城乡居民金融资产比重最大的储蓄存款这个变量。人均总资产近似地等于人均金融资产与人均住房资产的和。此外，考虑到宏观因素的影响，方程中还加入了消费者预期指数、人民币存款基准利率来控制。

相关数据的处理均剔除了以 2000 年为基期的城市居民消费价格指数，同时有季节趋势的数据用 Eviews 6 做了 x12 法季度调整以剔除季度因素及个别不规则因素的影响。对于个别极端值采取了取前后两期的平均值作为插值的办法。部分数据少数年份只有年度数据，利用 Eviews 6 的数据频率转换补齐了少量季度数据。数据来源为中经网统计数据库和产业数据库、国家统计局网站、各省份统计年鉴，及建设部 2002 ~ 2005 年《城镇房屋概况统计公报》。各变量的总体统计特征如表 5 - 5 所示。

表 5 - 5　2000 ~ 2012 年全国 28 省份季度面板数据总体统计特征　单位：元

变量名	均值	标准差	最小值	最大值	观测值
人均消费 C	2070	801	900	5156	1456
人均金融资产 F	3505	3189	332	20951	1456
人均房产 H	80643	68449	10735	425877	1456
人均总资产 B	84148	71305	11625	444676	1456
人均可支配收入 Y	3061	2087	1128	18430	1456

从表5-5可以看出，人均可支配收入均值为3061元，人均消费均值为2070元，2000~2012年我国城镇居民的总体平均消费倾向在0.67左右。人均总资产均值为84148元，其中人均房产占比高达95.8%，金融资产仅占约4.2%。房产在我国居民资产的构成中占据绝对主要的地位。横向来看，我国各省份城镇居民人均可支配收入、资产、消费这些指标的均值和极值相差都较大，说明我国各省份间城镇居民的收入及家庭资产水平、消费水平均差距较大，这是由我国区域间经济发展的不平衡导致的。

（四）实证分析

1. 平稳性检验

本节的以下估计均使用了 Stata 12 计量软件。首先检验面板数据的平稳性，选择了 LLC 检验方法。因人均消费支出与各类资产、收入在处理成式（5-22）、式（5-23）变化率的形式时，均经过了一阶差分，而所有的回归均以变化率的形式做出，所以本节研究模型中所有变量平稳性较好。具体检验结果如表5-6所示。

表5-6 变量的 LLC 单位根检验结果

变量名	LLC 检验相关系数	P 值
按式（5-16）构建的统计量 ∂C_{it}	-1.662	0.000
按式（5-17）构建的统计量 ∂F_{it}	-0.356	0.000
按式（5-17）构建的统计量 ∂H_{it}	-1.575	0.000
按式（5-17）构建的统计量 ∂B_{it}	-1.576	0.000
按式（5-17）原理构建的统计量 ∂Y_{it}	-0.481	0.000

2. 估计黏性系数

对于式（5-24）所确定的模型内生性问题，我们使用豪斯曼检验方法，结果 χ^2 值为63.95，对应P值为0.0000，因此解释变量具有内生性，需采用面板工具变量法进行估计。而由 ∂C_{it}、∂B_{it}、∂Y_{it} 的定义式，我们很容易可以推出以下方程：

$$\partial C_{it} = \alpha_0 + \alpha_1 \partial B_{i,t-1} \tag{5-27}$$

$$\partial C_{it} = \alpha_0 + \alpha_1 \partial Y_{i,t-1} \tag{5-28}$$

各种经验研究证明了，收入是影响消费的首要因素，因此本节在卡罗尔等（2011）的研究方法基础上，构造了统计量 ∂Y_{it}，并得到式（5-28）。在变化率的形式下，我们可以将总资产拆分为金融资产与住房资产的和，得出：

$$\partial C_{it} = \alpha_0 + \alpha_1 \partial F_{i,t-1} + \alpha_2 \partial H_{i,t-1} \tag{5-29}$$

可以看到，这三个方程为我们用面板工具变量法估计式（5－24）提供了依据。考虑到以下原因，上面三个方程中解释变量都采用了滞后一阶的变量，第一，资产数据和收入数据是季度末的时点数，而消费却在整个季度中连续发生，即本期资产价值的变动及收入的变动对消费的影响只会从下一期开始产生，并逐渐蔓延至今后各期；第二，若消费、资产、收入被同一潜在的宏观变量同时干扰时，资产与收入反应较快，使用同期数据容易产生误差；第三，中高频数据中消费的预测也需要滞后数据。具体到数据结构上，我们分别作出当期、一阶滞后、二阶滞后的解释变量与被解释变量的时间趋势图，显示一阶滞后的解释变量与被解释变量拟合程度最好。根据式（5－24）、式（5－27）、式（5－28）、式（5－29）确定的关系，工具变量应选取收入变化率、资产变化率的二阶滞后。估计结果详如表5－7所示。

表5－7　　消费黏性系数估计结果

方程	工具变量	黏性系数 x	季度时间趋势	常数项	R^2 overall	过度识别性检验 P 值
Ⅰ	$\partial Y_{i,t-2}$	0.785*** (0.225)	0.00001 (0.00005)	0.004 (0.006)	0.151	—
Ⅱ	$\partial Y_{i,t-2}$、$\partial B_{i,t-2}$	0.595*** (0.178)	−0.00007*** (0.00003)	0.011*** (0.004)	0.149	0.363
Ⅲ	$\partial Y_{i,t-2}$、$\partial F_{i,t-2}$、$\partial H_{i,t-2}$	0.606*** (0.185)	−0.00007*** (0.00003)	0.010*** (0.005)	0.149	0.536

注：括号内为标准差，*** 表示在1%的显著性水平上显著。

表5－7方程Ⅰ是单独以可支配收入二阶滞后 $\partial Y_{i,t-2}$ 作为消费变化率一阶滞后 $\partial C_{i,t-1}$ 的工具变量，得出的黏性系数为0.785，但时间趋势和常数项均不显著，且因工具变量个数等于内生变量个数而无法行过度识别性检验。方程Ⅱ是以可支配收入、总资产的二阶滞后为工具变量，方程Ⅲ同时以可支配收入、金融资产、住房资产的二阶滞后为工具变量。可以观察到，后面两个方程的各项结果均类似，且每项系数都显著，均通过了过度识别性检验。考虑到消费同时受到收入及资产的影响，以资产和收入同时作为工

具变量更准确一些，因此选择消费黏性系数为第Ⅱ、第Ⅲ个方程估计系数的近似值0.6，这比卡罗尔等（2011）利用美国的数据得出的黏性系数0.71稍小。说明这一时期城镇居民的消费波动呈现出非常显著的跨期相关性，因此任何的资产冲击都会对后续的消费施加持续的影响。时间趋势显著为负说明消费的变化率随着时间的变化呈递减趋势，但该项估计值较小。

3. 估计直接财富效应与累积财富效应

根据以上消费黏性系数的估计结果，为估计直接财富效应，按照式（5－19）构建 $\bar{\partial}B_{it}$、$\bar{\partial}F_{it}$、$\bar{\partial}H_{it}$统计量，并对其进行单位根检验，LLC 检验结果显示三个统计量均平稳，如表 5－8 所示。

表 5－8　　　　平稳性检验结果

变量名	LLC 检验相关系数	P 值
按式（5－19）构建的统计量 $\bar{\partial}F_{it}$	－0.476	0.000
按式（5－19）构建的统计量 $\bar{\partial}H_{it}$	－2.017	0.000
按式（5－19）构建的统计量 $\bar{\partial}B_{it}$	－2.017	0.000

下面将按式（5－26）估计直接财富效应，首先对该长面板数据进行组间异方差、组内自相关、组间截面相关的检验。采用 LR 检验组间异方差，用 Wald 检验一阶组内自相关。结果 P 值均小于 0.01，显示该数据样本既存在组间异方差也存在组内自相关。使用截面相关性（csd）检验组间截面相关，三种检验 P 值均为 0，残差相关系数矩阵的非主对角线元素的绝对值之平均值为 0.295，所以也存在组间截面相关。估计时使用同时处理组内自相关与组间截面相关的 FGLS，加入了人民币基准存款利率和消费者预期指数及时间趋势后，总资产及各类资产的估计结果分别如表 5－9、表 5－10 所示。累积的财富效应为根据估计结果，通过式（5－21）计算出的值。

表 5－9　　　　总资产的直接财富效应与累积财富效应估计结果

变量名	利率 L. r	预期指数 L. exp	季度 时间趋势	常数项	$\bar{\partial}B_{i,t-1}$系数 （直接财富效应）	累积 财富效应
估计结果	0.141 （0.113）	－0.00073 ** （0.00033）	－0.00003 （0.00010）	0.092 *** （0.029）	0.00033 *** （0.00011）	0.0014

注：括号内为标准差，**、*** 分别表示在 5%、1% 的显著水平上显著。L. r、L. exp 分别为一阶滞后。

表 5－10　金融资产与房产的直接财富效应与累积财富效应估计结果

变量名	利率 L. r	预期指数 L. exp	季度时间趋势	常数项	$\bar{\partial}F_{i,t-1}$ 系数（金融资产的直接财富效应）	金融资产的累积财富效应	$\bar{\partial}H_{i,t-1}$ 系数（房产的直接财富效应）	房产的累积财富效应
估计结果	0.148 (0.118)	−0.00072** (0.00032)	−0.00002 (0.00011)	0.090*** (0.031)	0.015 (0.014)	0.060	0.00031*** (0.00012)	0.0013

注：括号内为标准差，**、*** 分别表示在 5%、1% 的显著水平上显著。L. r、L. exp 分别为一阶滞后。

从表 5－9 结果来看，总资产的直接财富效应在 1% 显著水平上显著，但数值较小，只有 0.00033，经过公式（5－15）计算的总资产累积的财富效应为 0.00136，即 t 期总资产每增加 1 元，t＋1 期的消费将增长 0.00033 元，经过多期后最终累积的消费增长为 0.0014 元。说明虽然消费呈现出一定的跨期依赖性，且资产的冲击对消费具有持续影响，但就影响的力度来讲，无论是当期效应还是长期的累积效应都非常微弱。表 5－10 中房产的直接财富效应在 1% 显著水平上显著，但数值同样较小，为 0.00031，累积财富效应为 0.0013。金融资产的直接财富效应为 0.015，累积财富效应为 0.060，但该项值不显著。而卡罗尔等（2011）估计的美国总资产直接财富效应为 0.009，累积财富效应为 0.047；金融资产的直接财富效应与累积财富效应分别为 0.008、0.041；房产分别为 0.018、0.087。所有显著的估计结果数值上远小于发达国家的估计结果，说明在我国，家庭资产价值的变动，尤其是房价的上升带来的财富增加并未转化为持续的消费增加，我国消费者面临的资产冲击不会对消费带来太大波动。

4. 稳健性检验

根据以上的研究结果，我们进行了如下的稳健性检验：第一，文中估计黏性系数时使用了不同的工具变量，在表 5－7 第Ⅱ、第Ⅲ个方程估计结果中可以看出，在考虑其他估计系数显著性的前提下，以可支配收入、总资产为工具变量得出的黏性系数为 0.595，以可支配收入、金融资产、住房资产为工具变量得出的黏性系数为 0.606，其他变量的估计系数也几乎相同；第二，因数据不足，文中用全国人均储蓄存款数据代替了城镇居民人均储蓄存款，鉴于城镇居民人均储蓄存款普遍高于全国平均水平，我们用人均储蓄存款乘以系数来近似地表示城镇储蓄存款水平，以平衡全国人均数值的偏低。系数取值一是参考了城镇居民年度人均可支配收入与全国居民年度人均可支配收入之间的比值，二是参考了城镇居民和农村居民的平均消费倾向差额，两者同时考虑时可以近似得到城镇居民与全国居民储蓄水平的差异。2012 年的城镇居民可支配收入与全国居民可支配收入的比值为 1.47，2013 年为 1.44[①]，而 2000～2012 年，城镇居民的平均消费逐渐低于农村居民，差距在几个百分点左右。参考以上数据，我们将系数取值定为 1.5，估计结果如表 5－11 所示。可以看到，黏性系数的估计值只有微小变化，仍可取值 0.6，总资产以及房产的估计系数值均没有显著改变。金融资产的估计系数值由 0.015 变为 0.00969，但仍然不显著。说明上文的研究结论有着较好的稳健性。

表 5－11　　稳健性检验

黏性系数估计			直接财富效应估计		
工具变量	黏性系数 x	过度识别性检验 P 值	$\bar{\partial}B_{i,t-1}$ 系数	$\bar{\partial}F_{i,t-1}$ 系数	$\bar{\partial}H_{i,t-1}$ 系数
$\partial Y_{i,t-2}$、$\partial B_{i,t-2}$	0.594 *** (0.194)	0.359	0.00033 *** (0.00012)	0.00969 (0.00935)	0.00031 *** (0.00012)
$\partial Y_{i,t-2}$、$\partial F_{i,t-2}$、$\partial H_{i,t-2}$	0.606 *** (0.206)	0.536			

注：括号内为标准差，*** 表示在 1% 的显著性水平上显著。

（五）结论

本节采用 2000～2012 年全国城镇居民 28 省份的季度面板数据，基于消费黏性的视角将财富效应一分为二，对总资产及金融资产、房产的直接财富效应做出了检验，并进一步计算了累积财富效应。其中直接财富效应为当期财富冲击对下一期消费的影响，而累积财富效应的度量则需要首先计算出消费黏性或跨期依赖性的大小。经过形式变换及面板工具变量法计算，得出消费黏性系数为 0.6 左右，意味着每个季度有 60% 的消费者受到消费习惯或更新信息滞后等因素的影响，而使消费出现黏性，消费的路径依赖较强。2000 年后，我国住房制度、医疗制度、教育制度等不断推出各项改革，同时住房、教育、医疗价格也出现普遍上涨，使得城镇居民的消费支

① 数据来源为历年《中国统计年鉴》，因 2012 年以前的统计数据没有公布全国居民人均可支配收入的数值，这里根据已公布的农村居民人均纯收入、城镇居民人均可支配收入与城乡人口数比重估算了 2012 年全国居民人均可支配收入，进而得出比值。

出预期不断增大。在加入消费黏性因素的 CRRA 效用函数中，获得正的效用值是有条件的，即当期消费必须大于上一期的消费在本期的影响值。在这样的情况下要保证消费水平长期稳定提高，城镇居民家庭谨慎度会更强，就会更倾向于预防性储蓄。

总资产直接财富效应的估计结果虽显著，但数值很小，基本可以忽略。经过多期累积的财富效应只有 0.0014。房产的直接财富效应同样出现了上述结果，多期累积的财富效应为 0.0013。金融资产的直接财富效应较大，为 0.015，累积财富效应为 0.060，但该估计值不显著。资产价值变动对于消费的影响甚微。因此，收入仍然是扩大居民消费需求的根本和关键所在，要千方百计提高居民的收入，进而增强居民消费的可持续能力。同时建立符合各地区实际的多层次、多标准的社会保障体系，从而消除城乡居民，特别是低收入群体的后顾之忧，使居民形成良好的消费预期，降低居民的预防性储蓄动机。

当然，在本节的分析中还存在较多的欠缺和不足，如城镇居民人均金融资产的代理变量为城乡人均储蓄余额，这样一方面遗漏了证券、保险、公积金账户等城镇居民金融资产的几个重要构成部分；另一方面由于农村人口数量多，存款相对较少，用城乡人均储蓄余额作为城镇居民人均金融资产的代理变量有失准确。但又无法同时获得 28 省份较准确的金融资产数据。另，由于 x12 法中节假日设定为西方节假日，和我国目前节假日还有所不同，因此季节调整没有考虑节假日的效应。希望随着数据的进一步完善，后续能做进一步的研究。

第二节　住房价格波动与城镇居民消费

一、问题的提出与文献综述

（一）问题的提出

在我国，由于地域辽阔，不同地区间在经济发展水平、金融市场的完善程度和城市化进程上存在较大的差距，而房地产市场的发展也表现出明显的地区差别，这是否会导致房价波动对居民消费的影响存在显著的区域结构性差异呢？另外，城镇居民内部收入差距的不断扩大已成为不争的事实，与之相伴随的必然是不同收入阶层住房支付能力的巨大差异，以及由此带来的住房资产持有[①]和住房需求层次上的差异，这是否会导致房价波动对消费的影响表现出明显的收入结构性差异呢？最后，考虑到近年来城镇居民的消费行为呈现出结构变化加快，品质不断升级的趋势，究竟房价波动对城镇居民的消费结构升级会产生怎样的影响呢？这些都是非常值得关注、亟待解决的问题，而基于全国层面总量消费数据的分析是无法揭示这些差异的，利用我国城镇居民的省际面板数据分析房价波动对居民消费的影响在地域上、不同收入水平上和不同消费类别上存在的差异。

（二）文献综述

国外学者通常是在财富效应的框架内来分析房价波动与消费间的关系，就其具体的研究框架而言，主要围绕以下三个方面展开：房价波动对消费的影响效果，影响的异质性分析，房价波动影响消费支出的具体传导途径。

第一，关于影响效果的测度，国外相关研究基本上都是以生命周期—持久收入（LC－PIH）模型为基准模型来估计房地产财富效应的大小；从测度指标上看，有的采用对数形式估计房地产财富的消费弹性，有的采用差分或比值形式估计房地产财富的边际消费倾向；从研究数据看，或是利用宏观总量数据即时间序列数据和面板数据，或是利用微观数据。

从使用的计量方法看，基于总量时间序列数据的研究多是在协整的框架下进行实证分析（Mehra，2001）。其中，苏萨（Sousa，2008）进一步考虑到不同来源（永久性和暂时性）的住房财富的变动对消费的影响不同，利用 VECM 模型对美国房地产财富的变动来源进行了区分，发现尽管美国股票市场财富波动主要是暂时性变动，但非股票市场财富（包括房地产财富）的波动主要是永久性变动。威尔曼和邓斯坦（Veirman & Dunstan，2010）使用新西兰的数据，也发现房地产财富的绝大多数变动都是永久性变动，对消费有滞后影响，在长期中房地产净财富的消费弹性为 0.09；但考虑到经济中结构不稳定性因素的存在，部分学者放弃协整的分析方法，尝试了其他的分析方法，如布雷迪和斯蒂默（Brady & Stimel，2011）直接

① 根据 2007 年城镇住户大样本调查数据统计，家庭住房面积、住房价值与家庭收入之间表现为显著的正相关关系。

利用 VAR 模型研究资产与消费间的动态关系。卡罗尔等（2006，2011）利用基于消费黏性的测度方法将住房财富对消费的影响分解为速度和强度两个维度进行估计，根据美国 1960 ~2007 年的季度数据发现房地产财富的即期边际消费倾向很小，仅为 2 美分，而经过一段时间的平均累积值则可达到 9 美分。斯拉卡勒克（Slacalek，2009）利用同样的方法对 16 个 OECD 国家的财富效应（包括住房财富）进行研究，发现长期中平均累积的边际消费倾向为 1 ~ 5 美分。此外，多纳休和阿夫拉缅科（Donihue & Avramenko，2007）、苏等（Su et al.，2011）还运用门限误差修正模型（TECM）检验房地产财富效应中非对称性的存在。基于面板数据的研究既有采用静态面板数据模型进行估计的，也有采用动态面板数据模型进行分析的（Dvornak et al.，2007）；凯斯等（Case et al.，2005）、佩尔托宁等（Peltonen et al.，2012）、恰洛内（Ciarlone，2011）也都发现了显著的财富效应。从估计结果看，多数研究都认可房产财富或房价对总量消费支出有显著的正向影响。

第二，关于影响的异质性分析，由于住房资产的如下特征：兼具消费品属性（Sinai & Souleles，2005；Buiter，2008）、资产增值收益的变现较为困难（Muellbauer，2007）等。人们往往会倾向于将其归入长期持有的“心理账户”（Dvornak & Kohler，2007），或是作为身份和地位的象征为持有而持有（Case et al.，2005），甚至出于担心子女未来面临更高的房价使生活质量下降，而存在较强的遗赠动机。导致房地产财富效应的大小会受房地产市场的发展程度、住房拥有率的高低、金融自由化程度、金融产品创新程度、家庭居住观念、消费观念等多方面因素的影响，而在不同地区、不同时间段、不同人群间表现出较大的异质性。卡特等（Catte et al.，2004）对 10 个 OECD 国家住房财富的边际消费倾向进行估计后发现，房价对消费影响最大的是那些抵押市场非常活跃的国家，例如美国、英国、加拿大、澳大利亚及荷兰，其住房财富的长期边际消费倾向在 0.05 ~0.08 之间，而在日本、意大利等抵押市场不活跃的国家，这个值仅在 0.01 ~0.02 之间。斯拉卡勒克（Slacalek，2009）、佩尔托宁等（Peltonen et al.，2012）、恰洛内（Ciarlone，2011）、赵（Cho，2011）、哈里发（Khalifa，2013）在进行跨国分析时也得出了类似的结论。

此外，考虑到消费者对不同消费品购买决策行为的差异以及购房本身带来的引致效应的存在，一些研究还注意区分不同消费品支出对房价波动反应的不同，如博斯蒂克等（Bostic et al.，2009）、陈等（Chen et al.，2010）将总消费品支出区分为耐用品消费和非耐用品消费支出，来分析它们对住房财富波动反应的差异。

第三，关于房价波动影响消费的传导途径。尽管部分学者认为，房价与居民消费表现出共同运动的轨迹，可能是由于预期收入、利率、金融自由化等第三方因素在影响房价的同时也影响了消费所导致的，而并非存在因果关系（Aoki et al.，2004；Attanasio et al.，2005）。但波特巴（Poterba，2000）、爱迪生和斯洛克（Edison & Slok，2001）指出，虽然我们无法在两者的相关性中排除这种非因果渠道的可能，但没有理由不相信财富的变动会引起消费的变动，且这种影响是不可忽视的。因此，多数研究都认为住房价格的波动能够通过居民拥有的房地产财富的变动影响消费支出，但考虑房地产财富具有与金融财富不一样的特性，因此其影响消费支出的传导渠道可能不同于金融市场。对此，国外学者就房价波动对消费的影响渠道进行了不同的划分，如路德维格和斯洛克（Ludwig & Slok，2004）认为房地产价格或财富主要通过以下几条渠道影响消费：一是住房所有者已实现的财富效应；二是住房所有者未实现的财富效应；三是对住房所有者的流动性约束影响；四是对租户的预算约束影响；五是欲购买新住房的家庭的替代效应。类似的研究还有卡罗尔等（Carroll et al.，2006）、帕耶拉（Paiella，2009）、本尼托等（Benito et al.，2006）。

在实证检验中，研究者常通过对不同组别家庭住户的消费行为进行分析，来有效区分不同的传导渠道。如博斯蒂克等（2008）、卡尔卡尼奥等（Calcagno et al.，2009）利用美国和意大利的住户微观调查数据进行检验，均发现：历年老住户对房地产财富变动的消费反应明显大于年轻者的反应，从而支持了直接财富效应传导渠道的存在。赵（2011）基于高收入阶层的住房持有量一般要大于低收入阶层这一事实，利用韩国不同收入阶层的面板数据分析了房价上升对不同收入阶层居民的影响效应，发现虽然房价上升对总量消费的影响并不明显，但对高收入阶层却表现出显著的正财富效应，从而也验证了直接财富效应渠道的结论；坎贝尔和陈等（Campbell & Chen et al.，2010）将居民信贷情况区分为受约束和不受约束的两种，利用汉森（Hansen）的门限模型进行估计发现，受约束的预期到的房价变动对耐用消费品消费支出的影响明显增强，说明房价波动时居民的消费行为与抵押效应的描述是一致的。甘（Gan，2010）运用我国香港住户的面板数据对居民的房产财富和消费行为进行了研究，发现无流动性约束的住户其消费对房产财富变动反应是显著的，而高杠杆率住户对房产财富变动的反应不显著，说明抵押效应不是房产财富影响消费的主要渠道，缓冲储备效应才是房价冲击下推动消费变化的主要原因。哈里发（Khalifa，2013）借鉴坎贝尔和科科（Campbell & Cocco，2007）的方法，应用静态面板门槛模型，发现由收入门槛分隔的收入区域住房财富效应存在明显差异，从而验证了流动性约束渠道和预防性储蓄渠道的存在。

国内的学者主要从影响效果、影响机制两方面做了相关的研究，并在此基础上与金融资产对消费的影响进行对比分析。

目前我国房价与消费关系的实证分析基本上都是围绕生命周期—持久收入假说展开，通过研究消费、收入、住房财富之间的关系来研究房价上涨对消费的影响。但由于采用的计量方法不同，选取的样本数据不同，导致得到的结论也大不相同，认为我国房地产财富效应微弱、显著为正和显著为负的都有。如周建军和鞠方（2009）选取1999～2007年全国城镇居民收入、消费及房地产价格指数的季度数据，运用协整和误差修正模型，发现房地产表现出显著的财富效应。宋勃和王子龙（2007），许箫迪和徐浩然（2009）利用类似数据也发现无论从长期还是短期分析，房屋价格变动都会对居民消费带来财富效应。黄静和屠梅曾（2009）利用家庭微观调查数据的分析结果也支持了上述结论。而黄平（2006），骆祚炎（2007），林霞、姜洋（2010），杜冰（2010）利用类似宏观数据则得出房地产价格上涨对消费影响不显著的结论。此外，张存涛（2007），刘红（2009），杜莉（2010），谭政勋（2010）等则发现房价上升对居民消费有抑制作用。

可以看出，这些研究大部分是利用全国总体宏观数据，在协整的框架下利用误差修正模型进行分析，在研究方法、指标选择上并不存在太大差异的情况下，最终得出的结论却差异巨大，究其原因可能是因为：单方程的误差协整分析总是先验性地假定财富是外生的，因而无法如实地描述房价与消费间的动态变化关系，无法识别住房资产变动的来源，从而影响了对协整分析结果的解释；另外，在样本区间的选择上有较大的随意性，没有考虑到可能存在的结构突变及协整关系的不稳定性，导致实证结果的可靠性有待检验；最后，在模型的设定和估计方法的选择上，很少考虑到房价和消费之间双向因果关系带来的内生性偏差，以及是否存在重要变量的遗漏问题，这可能会导致研究结论稳健性不佳。虽也有一些学者利用微观数据或者其他的计量方法来分析房地产财富效应（黄静和屠梅曾，2009；况伟大，2011；陈健和高波，2010；杜莉，2010；王柏杰等，2011），但总的看来在实证方法上仍较单一。

关于房价波动对居民消费的影响机理，目前我国相关的分析基本上都是借鉴国外学者的相关研究，并且仅停留描述性分析层面，缺乏相应的实证检验。如宋勃（2007），周建军和欧阳立鹏（2008）认为房价的波动主要通过住房所有者已兑现的财富效应、住房所有者未兑现的财富效应、住房所有者的流动性约束效应、租房者的预算约束效应和欲购买新住房家庭的替代效应这五条渠道影响消费。黄静和屠梅曾（2009）进一步指出，由于房地产市场是宏观经济的先行指标，其价格的趋势性变动往往反映了未来收入预期与价格预期的变动趋势，因此房价的上涨还会通过信心效应拉动消费。邓婕和张玉新（2011）将信贷传导机制引入 LC－PIH 的消费分析框架，证明了房价上升可以通过放松流动性约束和促进跨期消费替代效应来间接地影响消费

总的看来，目前我国就消费与房价关系的研究仍较为粗糙，有待进一步的深化和系统化。主要体现在从研究结论看，已有的研究并没有就房地产价格波动对消费的影响程度和大小形成一致的、公认的结论；从研究视角看，现有研究基本局限于房价变化是否影响居民消费这个问题上，较少进一步探讨房价变化对居民消费的影响在时间上的动态性，而这对宏观经济政策的制定是非常重要的；从研究层面看，现有研究主要集中在房价波动对消费影响的总量检验上，较少分析总量背后存在的结构性差异：空间上的、不同收入阶层间的、不同消费类别间的，这对于政府制定差别化的房地产调控政策尤为重要；最后，从研究深度看，对房地产价格波动是如何影响消费的，即其影响渠道问题，既缺乏理论上的分析也没有相应的实证检验，导致仍无法把握究竟房价波动对居民的消费行为带来怎样的影响。

二、房价波动影响居民消费行为的渠道分析

已有研究表明，预防性储蓄动机和流动性约束已成为影响我国城镇居民消费行为的重要因素，因此住房价格的波动可能就会通过以下三和渠道影响居民的消费：

渠道一：直接的财富效应渠道。根据 LC－PIH 模型，追求效用最大化的消费者会在生命周期中平滑其消费量，最优消费取决于未来劳动收入和财产之和的年金值。一旦发生未预期到的财富增加，消费者就会调整其消费计划，将增加的财富平均分配到预期的余生中去。从这个角度看，住房作为家庭的资产，如果其价格发生出乎预料的上升使个人财富增加时，直接财富效应的存在意味着消费者可能会出售一部分房产获得其增值收益从

而增加以后各期的消费，也可能因为在这种情况下平滑消费需要进行的生命周期储蓄减少，从而增加以后各期收入中用于消费支出的比例，不管怎样这都会带来消费持久性的增加（CBO，2007）。

就作用机理而言，直接财富效应渠道认为只有未预期到的房价变化才会对消费有影响，因为理性的前瞻的消费者在预期到房价上升的那一刻就会调整其消费计划，而不需等到实际发生的时候；从作用的时间特征看，直接财富效应渠道意味着未预料到的房价上升会引起整个生命周期内消费的永久性增加，是一种长期的影响；从作用的强度看，由于住房还兼具消费品的属性，因此房价的上升不仅会带来住房持有者财富总量的增加，同时也意味着更高的住房使用成本。在这种情况下，对于准备长期居住在某一居所的家庭，其持有的住房资产恰好等于其未来对住房消费服务的折现值，升高的房价可能仅仅补偿了更高的租房成本，在不考虑替代效应的情况下，是不存在直接的财富效应的。只有拥有的住房资产已远远超出了其未来对住房消费服务的折现值的家庭，直接财富效应才可能起作用，并且住房资产持有的数量越多，房价上升时直接财富效应的作用应该越明显（Buiter，2010）。这意味着房价波动通过直接的财富效应渠道对消费的影响效果往往更明显地体现在某类消费者的消费反应上，而不是总量消费的表现上。因此，许多学者在实证检验中经常通过比较不同年龄的消费者对房价变动的反应来证明直接财富效应的存在。因为年长者与年轻者相比，一般会拥有更多的住房资产。

渠道二：抵押或流动性约束渠道。由于住房对消费者借贷而言具有抵押品的作用，因此房价上升会提高抵押品的价值，降低融资成本，从而放松住房持有者面临的借贷约束和流动性约束，使其可以通过资产增值抵押借款（housing equity withdrawl，HEW）① 来筹集更多的消费资金。

从作用机理看，抵押约束渠道认为，住房价格之所以可以对消费产生影响，是因为房屋具有抵押品的功能，因此房价上升不管是否被预期到，只要发生了，以其增值作为抵押进行借贷就可以缓解流动性约束，故抵押约束效应的发挥依赖于房价的真实增加，即使是被预期到的也可以通过放松流动性约束而对消费产生影响（Campbell & Cocco，2007）。从作用的时间特征看，在这种情况下，住房价格上涨导致的消费增长，不像直接的财

① 资产增值抵押借款是指将房屋抵押给银行，但所取得的贷款并非用于住房投资，而是用于家庭消费。

富效应那样是一种整个生命周期内消费的持久增长，而只是使面临流动性约束的消费者能够在其生命周期中平滑消费，将未来消费的增长提前到当期，因此它只改变了消费的时间路径，是一种暂时的增长。从作用强度看，由于房价波动通过该渠道只会对那些面临借贷约束的住房持有者的消费产生影响，而对不受流动性约束的消费者不会产生影响。因此，抵押效应的强弱往往取决于居民受到的流动性约束程度和信贷市场的发达程度。一般来说，信贷市场越发达，房产抵押贷款就越容易，抵押效应也越强。居民受流动性约束影响的比例越大，房价上升通过放松流动性约束对总量消费的影响越明显。但随着居民手中可抵押物价值的不断增加，其借贷能力不断增强，这时房价的进一步上升所带来的抵押效应就会越来越有限，说明抵押约束渠道的作用不会随着住房资产价值的增加而不断增强。另外，本尼托（Benito，2007）指出房价波动的不确定性越小，人们越愿意进行住房抵押贷款，从而抵押渠道对消费的影响越显著。布里奇斯等（Bridges et al.，2006）还指出随着无担保借贷（unsecured credit）的获得更加容易和利率的不断下降，房价波动通过该渠道对消费的影响也会有所减弱。

渠道三：预防性储蓄渠道。当住房资产可以起到一种缓冲储备或预防性储蓄的作用时，房价上涨房产财富增加会使居民相应减少其他形式的预防性储蓄，从而增加消费支出。从作用机理看，显然预防性储蓄效应的实现依赖于住房资产是否能够扮演预防性储蓄，或者缓冲储备的职能进行风险的平滑，对此，卡罗尔等（Carroll et al.，2003）在对预防性储蓄动机进行检验时发现，失业风险对中等收入住户会产生显著的预防性储蓄影响，这种预防性储蓄影响对包括住房资本在内的财富十分明显，对排除房产财富后的金融财富的影响则不显著，从而肯定了房产财富的预防性储蓄功能。赫斯特和斯塔福德（Hurst & Stafford，2004）利用美国家庭住户的微观调查数据对 1991 ~1994 年美国住户的抵押再融资（mortgage refinancing）行为进行研究，发现当收入遭受负向冲击，且持有的流动性资产数量较少，不足以应对这种意外冲击时，即便需要支付一定的交易成本，住房持有者也愿意提取住房资产收益，说明住房在一定程度上起到了平滑消费的缓冲储备的作用。卢斯蒂希和凡·纽维伯格（Lustig & Van Nieuwerburgh，2005，2008）从住房可抵押性的角度强调了住房提供消费保险的功能，因为对某些消费者来说，背运之时的借贷能力可以作为一种保险工具，否则消费者就只能依靠积累更多的储蓄或资产来进行自我保险。瑞施克等（Hryshko et al.，2010）也发现，房屋持有者与租房者相比对收入的波动能更好地进行风险的分担（risk sharing）。另外考虑到住房的消费品属性，西奈和苏勒雷斯（Sinai & Souleles，2005）指出，住房资产的持有还可以对冲未来住房服务成本的不确定，尤其是在预期未来租房成本会持续上升时对冲效果更好。这些都表明，随着住房资产收益的提取越来越方便和住房抵押贷款业务的发展，住房资产已越来越成为居民可以用来应对未来各种不确定性的重要资产。

从作用的时间特征看，预防性储蓄渠道与抵押约束渠道一样，也是只改变了消费的时间路径即当期消费和未来消费的配置，而不会影响整个生命周期内的持久消费。因为它们都没有增加可供住房持有者支配的一生的总资源，而只是通过对预防性储蓄动机和流动性约束的影响，改变了短期内消费对收入的反应方式。从作用的强度看，居民对未来不确定性的预期越强，住房资产的价值越稳定时，房价波动通过该渠道对消费的影响就会越显著。且随着住房资产价值的增加，其影响效果会逐渐增强，但当已有的住房资产已满足了消费者对预防性储蓄的要求后房价的进一步上升，通过该渠道对消费的影响就不再那么明显了，这一点与抵押约束渠道一样。但不同的是，由于住房资产可以对未来的各种不确定性起到一种缓冲储备的作用，因此当房价上升使住房资产价值增加时，人们是由于不需要再进行那么多的预防性储蓄从而增加了当期消费，而并不是因为可以利用资产增值抵押获得更多的贷款而增加当期的消费（Benito，2006）。因此，房价波动通过缓冲储备渠道应该对那些原本手中已积累了一定数量预防性储蓄的消费者影响最大，而对于那些预防性储蓄较少，远低于其目标水平的住房持有者（如高度杠杆化的家庭）则不会产生影响，而流动性约束渠道则恰恰相反，通过它房价波动对受借贷约束的消费者（一般储蓄较少甚至负储蓄）的影响是最大的（Gan，2010）。

总的看来，我国城镇居民消费行为的特征意味着房价波动可能会通过这三种渠道来影响居民的消费。但由于它们对消费的作用机理是不同的，因此它们对消费影响的时间特征是不同的，对不同类型消费者的影响也存在较大的差异。此外，随着居民住房财富的不断增加，房价的进一步上升通过不同渠道对消费的影响强度的变化趋势也是不同的。

三、房价波动对城镇居民消费影响的动态分析

随着 1994 年我国城镇住房制度改革的正式开始，住房的商品属性日益

明确，住房价格更是呈现出不断上涨的趋势，与此同时，城镇居民住房的私有化率不断提高，房产逐渐成为城镇家庭资产构成中最重要的组成部分。在这样一个背景下，究竟房价的波动对居民的消费支出产生了怎样的影响，是我们急需回答的问题。以往研究不仅得到的结论差异较大，而且存在以下的问题：大都是在协整的框架下利用误差修正模型来进行分析；很少考虑到财富和消费之间双向因果关系带来的内生性问题；只侧重分析房价波动对消费影响的效应大小，而没有分析其时间特征（持续的还是暂时的），更没有进一步探讨房价波动对消费的动态影响路径。

（一）地区差异、房价波动与居民消费

1. 变量选取和数据说明

前文分析表明，2003 年之后住房资产的财富效应开始显现，但巨大的潜在住房需求的存在意味着房价上升同时会对消费产生明显的挤出效应。因此，房价上升对消费的最终影响效果就取决于这两种力量的相对强弱。考虑到我国不同地区在经济总量、住房市场的流动性程度、金融市场的发展水平、住房价格水平和人口流动分布等方面存在的巨大差异，可能会导致财富效应和挤出效应的强弱对比明显不同，因此，房价上升最终对消费的影响效果可能会表现出较大的地区性差异。为此，本节将利用我国2004～2011 年的省际面板数据就房价波动对城镇居民消费行为影响的地区差异进行重点检验。

前文研究表明，这一时期全国住房价格的波动表现出显著的区域间、省际间差异：即使在经济发展程度相似、地区相邻的省份之间住房价格也存在明显的差异，所以单纯以东中西三个区域板块进行划分可能并不是非常准确。因此，为了全面系统地检验总体影响背后存在的地区间结构性差异，我们将在常见的东、中、西部地区划分的基础上，再按照 2011 年住房销售价格水平的高低，将我国除台湾地区、香港地区、澳门地区外的 31 个省份分成高、中、低三个房价组：其中，高房价组包括北京、上海、天津、浙江、广东、海南、福建 7 个省份，住房价格均高于 7000 元/平方米，中等房价组包括江苏、山东、辽宁、陕西、四川、重庆、安徽、吉林、湖北、江西、河北、黑龙江、广西、湖南，共 14 个省份，住房价格位于 3500～6500 元/平方米，低房价组包括西藏、云南、贵州、新疆、内蒙古、宁夏、河南、山西、甘肃、青海共 10 个省份，住房价格位于 3000～3500 元/平方米，利用式（5－30）和式（5－31）就房价波动对城镇居民消费的影响在

不同区域省份之间、不同价格水平省份之间所存在的差异进行检验。

$$\ln C_{it} = \beta_0 + \beta_1 \ln Y_{it} + \beta_2 \ln H_{it} + \beta_3 \ln F_{it} + \mu_i + \varepsilon_{it} \quad (5-30)$$

$$\ln C_{it} = \alpha_0 + \alpha_1 \ln Y_{it} + \alpha_2 \ln H_{it} + \alpha_3 \ln F_{it} + \gamma \ln C_{it-1} + \mu_i + \varepsilon_{it} \quad (5-31)$$

模型中各变量所采用的具体指标如下：其中，C_{it}用各省市城镇居民人均消费支出来表示，Y_{it}用各地区城镇居民人均可支配收入来表示，H_{it}用各省市商品房中住宅销售额与住宅销售面积之比得到的住宅价格来表示，F_{it}用各省市居民人均储蓄存款来表示，所有数据均来自《中国统计年鉴》。此外，为了消除价格波动因素的影响，对上述数据以2004年为基期按照各省市城镇居民消费价格指数进行了平减处理。表5－12报告了主要变量的基本统计信息。

表5－12　　主要变量的描述性统计

变量	样本数	均值	标准差	中位数	最小值	最大值
lnC	248	9.056	0.291	9.017	8.522	9.919
lnY	248	9.372	0.314	9.345	8.852	10.286
lnH	248	7.885	0.509	7.777	7.022	9.634
lnF	248	9.406	0.631	9.31	7.904	11.289

2. 地区差异性检验

首先，进行东中西部检验。接下来，采用同样的方法对东、中、西部的子样本数据分别进行估计，以重点考察房价波动对居民消费的影响在不同区域间的结构差异性，具体结果如表5－13所示。

表5－13　　房价波动对居民消费影响的区域差异（按东、中、西部划分）

变量	静态面板模型（FGLS）			动态面板模型（一步系统GMM）		
	东部	中部	西部	东部	中部	西部
$\ln Y_t$	0.844*** (24.75)	0.955*** (20.57)	0.826*** (16.17)	0.205** (2.45)	0.209*** (3.63)	0.307*** (6.34)
$\ln H_t$	0.035* (1.69)	−0.025 (−0.97)	0.080*** (3.45)	0.010 (0.67)	−0.016 (−0.48)	0.09** (2.34)
$\ln F_t$	−0.06** (−2.01)	−0.011 (−0.31)	−0.064*** (−2.88)	0.027** (2.1)	−0.005 (−0.21)	0.024* (1.7)

续表

变量	静态面板模型（FGLS）			动态面板模型（一步系统 GMM）		
	东部	中部	西部	东部	中部	西部
$\ln C_{t-1}$				0.707 *** (6.83)	0.804 *** (10.16)	0.477 *** (4.57)
常数项	1.543 *** (9.27)	0.409 ** (2.46)	1.319 *** (5.61)	0.444 *** (3.87)	0.048 (0.27)	0.967 ** (2.44)
AR(1) 系数	0.365	0.363	0.329			
联合显著性检验 p 值	0.000	0.000	0.000	0.000	0.000	0.000
Hansen 检验				5.14 [1.000]	1.43 [1.000]	8.26 [1.000]
Diff-in - Hansen GMM 检验				0.00 [1.000]	-0.00 [1.000]	-0.00 [1.000]
AR(1)				-2.47 ** [0.013]	-2.39 ** [0.017]	-1.4 [0.16]
AR(2)				-0.1 [0.921]	1.51 [0.131]	1.3 [0.195]
样本数	96	72	80	96	72	80

注：***，**，*分别代表在1%、5%、10%显著性水平上显著；括号内是估计参数的t统计量；[ ] 内为相应检验统计量的P值；由于将所有的解释变量均视作弱外生变量或内生变量，故差分检验只给出了 Diff-in - Hansen GMM 检验的结果，该检验为对 GMM Style 工具变量子集包括内生变量和前定变量的有效性检验；AR(1) 和 AR(2) 检验分别为 Arellano - Bond 一阶和二阶自相关检验，原假设分别为模型不存在一阶和二阶自相关。为了检验估计结果的有效性，我们分别对东、中、西部地区进行了混合 OLS 估计和 FE 估计，其中东、中、西部地区滞后消费的混合 OLS 估计值为：0.743、0.835、0.856，FE 估计值为 0.207、0.503、0.404，可以看出不同地区滞后消费的 sys - GMM 估计值均落于两者之间，因此估计结果是有效的。

静态面板模型的估计结果可以看出：不管在哪一个地区收入始终是影响消费的关键因素，但在不同地区弹性系数值是不同的，从大到小依次为：中部、东部和西部，说明中部地区收入对消费的影响最大；而房价变化对城镇居民消费的影响确实存在明显的地区差异：东、西部地区房价上涨对城镇居民消费支出表现为显著的促进作用，房价每上涨1%，居民消费支出分别增长0.035%和0.08%；而中部地区房价上涨对居民消费的影响则表现为抑制作用，但并不显著，从弹性系数值来看，房价每上涨1%，居民消费支出将下降0.025%。

动态面板模型的估计结果显示，不同地区城镇居民的消费行为均表现出较强的惯性，且收入始终是影响消费的最重要因素，这与前面总样本的估计结果是完全一致的，说明总样本的估计结果是稳健的。但同时也可发现各地区城镇居民的消费行为表现出较大的差异：消费惯性的强度明显不同，从高到低依次为中部、东部和西部地区，其中西部地区的惯性值明显小于中部和东部地区，说明西部地区消费对各种冲击的反应是比较快速的；收入对消费的影响，就当期来看最大的是西部地区，其次是中部和东部地区，考虑到消费的惯性可以计算出其长期的影响系数，则东、中、西部依次为：0.7、1.1、0.6，说明收入对消费的长期影响在中部地区是最大的，其次是东部地区，最后是西部地区，这与静态面板模型得到的结论完全一致。

而我们关注的房价变化对居民消费的影响在不同地区也表现出明显的不同，并且这种差异不仅体现在当期的影响效果上，而且还体现在由消费惯性所决定的房价变动对消费影响的时间特征上。在控制了房价的内生性问题之后，西部地区房价上升对城镇居民当期的消费支出依然表现为显著的促进作用，房价每上涨1%，居民消费支出增长0.09%；中部地区房价上升对城镇居民当期的消费支出也仍表现为微弱的挤出效应，弹性系数值为-0.016%；而东部地区房价上涨对城镇居民当期消费支出的影响却只表现为微弱的正效应，且不显著，说明东部地区房价和居民消费呈现出的同步变化趋势在一定程度上可能是缘于共同因素驱动所导致的，并不是真正的因果关系，这时若利用静态面板模型进行估计可能会因遗漏变量而导致结果有偏。从房价波动对消费影响的持续性上来看，虽然在东部和西部地区，房价上升都对消费具有正向的影响，但在东部地区该影响表现为一种长期的促进作用，而在西部地区则更多地体现为一种短期的效应。最后，在控制了内生性问题之后，与静态面板模型的估计结果相比，储蓄资产对居民消费的影响发生了较大的变化，并且在不同地区也表现出一定的差异性：在东部和西部地区均表出微弱的财富效应，而在中部地区则体现为对当期消费的替代。

接下来，进行高中低房价组的检验。由于尽管东部地区的平均房价水平远高于中西部地区，但也有广西、河北等房价水平较低的省份。同样，中、西部地区房价水平虽然整体不高，但也有陕西、重庆、吉林等房价水平相对较高的省份。考虑到近年来房地产的调控政策一直都将房价作为调控的重要目标，而上述基于区域分组的检验结果并不能清晰地反映出随着房价水平的上升，房价波动对消费的影响效果究竟会发生怎样的变化，因此接下来我们将利用我国各省住房销售价格水平由高到低的分组做进一步的分析，具体结果如表 5－14 所示。

表 5－14　房价波动对居民消费影响的区域差异（住房价格水平划分）

变量	静态面板模型（FGLS）			动态面板模型（一步系统 GMM）		
	高房价组	中等房价组	低房价组	高房价组	中等房价组	低房价组
$\ln Y_t$	0.86*** (16.66)	0.842*** (22.81)	0.986*** (23.33)	0.259** (2.48)	0.173*** (3.5)	0.398*** (4.52)
$\ln H_t$	0.054** (2.44)	0.001 (0.04)	−0.025 (−1.21)	−0.024* (−1.9)	0.074** (2.22)	0.027 (0.51)
$\ln F_t$	−0.073** (−2.05)	0.016 (0.58)	−0.043* (−1.84)	0.028*** (2.6)	−0.009 (−0.61)	−0.003 (−0.18)
$\ln C_{t-1}$				0.689** (5.95)	0.719*** (11.69)	0.521*** (5.07)
常数项	1.365*** (8.04)	1.052*** (9.2)	0.391* (1.95)	0.375** (3.34)	0.477*** (3.48)	0.456 (1.22)
AR(1) 系数	0.372	0.42	0.826			
联合显著性检验 p 值	0.000	0.000	0.000	0.000	0.000	0.000
Hansen 检验				0.68 [1.000]	7.71 [1.000]	5.04 [1.000]
Diff-in－Hansen GMM 检验				0.00 [1.000]	0.00 [1.000]	−0.00 [1.000]
AR(1)				−1.94* [0.053]	−2.78*** [0.005]	−1.58 [0.114]
AR(2)				−0.22 [0.826]	0.54 [0.592]	1.44 [0.15]
样本数	56	112	80	56	112	80

注：***，**，*分别代表在 1%、5%、10% 显著性水平上显著；括号内是估计参数的 t 统计量；[ ] 内为相应检验统计量的 P 值；由于将所有的解释变量均视作弱外生变量或内生变量，故差分检验只给出了 Diff-in－Hansen GMM 检验的结果，该检验为对 GMM Style 工具变量子集包括为生变量和前定变量的有效性检验；AR(1) 和 AR(2) 检验分别为 Arellano－Bond 一阶和二阶自相关检验，原假设分别为模型不存在一阶和二阶自相关。为了检验估计结果的有效性，我们分别对高、中、低房价地区进行了混合 OLS 估计和 FE 估计，其中高、中、低房价地区滞后消费的混合 OLS 估计值为：0.69、0.793、0.565，FE 估计值为 0.152、0.391、0.439，可以看出不同地区滞后消费的 sys－GMM 估计值均落于两者之间，因此估计结果是有效的。

在中等房价组和高房价组，动态面板估得的房价波动对消费的影响系数和显著性与静态面板的估计结果相比均发生了较大的变化，这说明由于持久收入往往会内生地影响房价，因此在房价水平越高的地区房价与消费的同步变动越有可能是由对未来收入的预期共同驱动的[①]，因此住房价格的内生性问题可能更严重，从而导致静态面板模型的估计结果会存在严重的偏差，不仅在数值上可能较大地偏离真实值，甚至于方向都可能相反。根据动态面板的估计结果，房价上升对消费的促进作用在按房价水平由低到高的不同组中表现出随着房价水平的上升先递增后递减的倒 U 形变化趋势。在低房价组，房价上升对消费的促进作用非常微弱且不显著，从时间特征来看也是较为短暂的；在中等房价组，房价上升对消费的影响表现为显著的长期的促进作用，而在高房价组，在考虑到房价的内生性问题之后房价上升对消费的影响由显著的正效应转变为显著的负效应，说明在这些地区房价的快速上涨已对居民的消费产生了显著的抑制作用。

由于动态面板分析不仅充分利用了面板数据的优势，同时还控制了住房价格的内生性对估计结果的影响，因此我们认为该估计结果更稳健，也能更加贴近我国城镇居民消费行为的现实特征，故下面将以动态面板的估计结果来进行具体的分析。

根据动态面板对东、中、西部地区的检验结果，在西部地区，由于经济发展处于起步阶段，房地产投机炒作行为相对较少，再加上土地资源相对丰裕，人口相对稀少，所以房价上涨速度比较适中，居民的购房压力不是很大，因此房价上升所带来的挤出效应并不明显。此外，居民的购房行为往往还会刺激与住房相关的派生性消费支出，如对住房装修、家庭设备用品等的消费支出，因此房价的上涨对西部地区居民消费的短期促进效应较强。在东部地区，由于经济较为发达，住房市场和金融市场的发育较为完全，居民自有住房中具有更高价值的商品住房所占的比重显著高于其他地区（郑思齐等，2009），因而房屋持有者能够较容易地获得住房增值所带来的资本收益，并且较快的经济发展速度和城市化进程，也使人们认为房价的上涨更多的是持久的，这些都会增强房价上升可能带来的财富效应，但同时相对较高的房价收入比也对那些刚性和改善性住房需求者产生了显著的挤出效应，因此最终正、负效应相互抵消后，房价上涨对居民的消费

① 张亚丽等（2011）的研究表明，高房价、中等房价地区预期收入对房价的影响非常突出，而在低房价地区，预期收入对房价没有显著的影响。

则表现出一种长期的微弱的正向影响。而在中部地区，由于住房的市场化程度不高[①]，资产的流动性不强，因此房价上涨引起的资产增值收益并不能像东部地区那样快速的实现，而且近年来房价的快速上涨不仅加重了居民的购房压力，同时还强化了居民对房价上升的预期，将购房计划提前，在信贷市场发展不完善[②]的情况下为支付购房支出居民不得不压缩其他的消费性支出，最终导致房价的上涨对中部地区城镇居民的消费表现为持续的挤出效应。

根据动态面板对高中低房价组的检验结果可以看出，高房价组的7个省份虽都属于东部地区，但其房价收入比[③]均大于7，排在全国前列，其中北京、上海、海南的房价收入比更是超过了11，说明在这些地区房价已完全超出了普通居民的支付能力，市场中越来越多的是投资性需求，在它们的驱使下房价会呈现出进一步上升的趋势。面对房价的这种非理性上涨，人群中能买得起商品房的越来越少，在公租房、廉租房等保障性住房供给缺乏的情况下，只能靠长期租赁私人住宅来解决住房需求，因此房价的上升不仅在短期会抑制其消费支出，更会在长期对其消费产生显著的、持续的挤出效应。中等房价组既有山东、辽宁、江苏、河北这样的东部省份，也有重庆、湖北、吉林这些中、西部地区经济较发达的省份，整体上看这些省份房价的上升基本没有脱离经济基本面，而且相对发达的房地产市场和金融市场也使住房资产具有较强的流动性，便于住房资产财富效应的实现，因此房价的上升对消费表现出持续的促进作用。低房价组的大部分省份都属于西部地区，其次是中部地区，虽然这些省份的房价水平、经济发达程度相差不多，但整体的检验结果却并没有像西部地区那样表现出显著的短期消费促进作用，这可能是因为政府在西部地区的保障房供给水平相对较高（陈健等，2012），因而一定程度上减弱了房价上涨对中低收入群体的挤出效应所致。

综上所述，2003年之后虽然从总体上看房价上升对我国城镇居民的消费表现为一种促进作用，但这一影响无论是其大小还是时间特征在不同地区之间都表现出非常显著的差异。根据这些差异我们可以得出如下的结论：

---

① 郑思齐等（2009）的调查发现虽然中部地区住房自有化率（86.3%）接近东部地区（86.5%），但自有住房的市场化程度（31.25%）却远低于东部地区（42.59%），甚至还低于西部地区（32.02%）。

② 东部地区占据了我国消费信贷的绝大部分，2004年东部地区消费信贷占全部消费信贷余额的比重达到73.53%，2011年虽略有下降，但也达到68.3%。

③ 依据的是2010年的房价收入比数据。

随着房地产市场的不断发展，只要房价的增长是在一个合理范围内，房价的上升就能起到促进消费的作用，并且房地产市场化程度越高，金融市场越完善，就越便于住房增值收益的实现，从而使房价上升对消费表现为长期的促进作用。但当房价的上涨速度过快吸引了越来越多的投资甚至投机性需求时，在他们的推动下房价会表现出一种脱离基本面的支撑持续上涨的趋势，这不仅会将居民的真实住房需求完全挤出市场，而且高昂的住房支出会给其带来沉重的生活负担，甚至对消费起到一种长期的抑制作用。而一个合理的保障房供应体系由于可以对居民的基本住房需求提供一定的保障，因此不仅可减弱房价上升对中低收入阶层消费的挤出效应，释放其因为住房负担而压抑的消费潜能，还可在一定程度上抑制房价的非理性上涨。

（二）收入差异、房价波动与居民消费

1. 城镇居民的房价收入比差异

随着城镇居民收入水平的不断提高，不同收入阶层之间收入的增长幅度表现出较大的差异。在房价不断上涨的背景下，较大收入差距的存在，意味着不同收入阶层居民的购房支付能力明显不同，如表5－15所示。

表5－15　　2004～2011年我国不同收入阶层的房价收入比

年份	全国平均	最低收入户	低收入户	中等偏下收入户	中等收入户	中等偏上收入户	高收入户	最高收入户
2004	6.92	22.78	14.72	10.82	7.98	5.90	4.36	2.57
2005	7.31	24.45	15.69	11.42	8.34	6.08	4.46	2.66
2006	7.19	23.68	15.26	11.19	8.23	6.02	4.43	2.64
2007	7.40	24.24	15.69	11.47	8.48	6.23	4.59	2.77
2008	6.41	21.29	13.74	9.93	7.24	5.26	3.86	2.32
2009	7.79	25.46	16.39	11.90	8.69	6.36	4.71	2.86
2010	7.81	25.10	16.08	11.75	8.67	6.44	4.81	2.90
2011	7.49	23.75	15.30	11.26	8.35	6.18	4.59	2.77

注：房价收入比＝(商品住宅平均销售价格×人均住房面积)/城镇居民家庭人均可支配收入，由于没有人均住房面积、住房价格的分组数据，人均住房面积按全国城镇居民的平均水平来估算，住房价格按当年住宅平均价格计算。

中等收入户的房价收入比接近全国平均水平，中等以下收入户的房价

收入比均高于全国平均水平，而中等以上收入户的房价收入比均低于全国平均水平。从具体的数值来看，只有中等偏上收入户、高收入户和最高收入户有能力承受住宅价格的持续上涨，尤其是对于高收入阶层来说，4倍左右的房价收入比意味着其购房的支付能力很强。而对于中等偏下收入户、低收入户和最低收入户来说，住房支付力明显不足，尤其是低收入阶层，15倍以上的房价收入比已达到非常高的程度，说明其基本上不具备购买商品住宅的能力。购房支付能力的较大差异，往往直接会导致不同收入阶层在住房资产的持有量上存在明显的差别。一般居民收入水平越低，拥有住房资产的数量就可能越少，甚至可能只是住房租赁者；收入水平越高，购房能力越强，从而拥有自住住房的可能性就越大。根据2007年城镇住户大样本调查统计数据，随着收入水平的提高，家庭拥有的住房资产的价值也增长，两者存在非常显著的正相关关系（郑思齐等，2009）。

此外，考虑到房价波动除了通过直接财富效应渠道影响消费外，还可能通过抵押渠道、预防性储蓄渠道影响居民的消费支出，由于不同收入阶层居民面临的流动性约束的强度可能是不同的，对风险的态度也可能是不同的，因此这些渠道对不同收入阶层居民的作用效果也会表现出较大的差异。李和姚（Li & Yao，2005）、西奈和苏勒雷斯（Sinai & Souleles，2005）都认为房产财富增加对消费分布的影响要大于对消费总量的影响。可究竟最终房价波动对居民消费的影响在不同收入阶层间的分布结构是怎样的，不同学者的研究结论却未达成一致。如豪林等（Haurin et al.，2004）利用SCF与NLSY的数据进行研究，发现收入较高的家庭的住房财富效应低于收入较低的家庭，赵（2011）发现房价上升对高收入阶层消费的财富效应最显著，哈里发（Khalifa，2013）发现中间收入区域的住房财富效应最明显。

为进一步考察我国房价波动对消费的影响在不同收入阶层间的分布是怎样的，接下来将重点检验房价波动对不同收入阶层城镇居民消费的影响是否存在显著的不同，并进而分析和比较不同收入人群消费行为的差异。

2. 变量选取和数据说明

限于数据的可获得性，本节只搜集整理到了2004～2011年我国部分省份各个收入阶层城镇居民的人均可支配收入、人均消费支出数据和各省市的住宅价格数据①，而不同收入阶层储蓄资产的数据却无法获得。为了分析的简化，在利用面板数据检验房价波动对不同收入阶层消费影响的差异时，

① 以商品房中住宅销售额与销售面积之比计算得到。

不再将储蓄资产纳入待估模型，即利用如下的静态面板数据模型进行分析：

$$\ln C_{jit} = \beta_{0,j} + \beta_{1,j}\ln Y_{jit} + \beta_{2,j}\ln H_{it} + \mu_{ji} + \varepsilon_{jit} \qquad (5-32)$$

在此基础上，考虑到消费行为的动态性，进一步利用如下的动态面板数据模型进行分析：

$$\ln C_{jit} = \alpha_{0,j} + \alpha_{1,j}\ln Y_{jit} + \alpha_{2,j}\ln H_{it} + \gamma_j \ln F_{jit-1} + \mu_{ji} + \varepsilon_{jit} \qquad (5-33)$$

其中，下标 i 表示省份，下标 j 表示不同的收入组①，下标 t 表示年份。H 代表房价，F 代表金融资产，μ_i 表示不可观测的地区特定效应，ε_{it}表示随机误差项。由此可以看出，在所设定的实证模型中，住房价格变量在不同收入阶层的模型中均采用各省的平均住宅价格表示，这一设定的含义实际上是在测量同样的房价波动会对不同收入阶层的居民分别产生怎样的影响，如表 5 - 16 所示。

表 5 - 16　　主要变量的描述性统计

变量	定义	样本数	均值	标准差	中位数	最小值	最大值
$\ln C_1$	低收入组消费支出	192	8.422	0.331	8.391	7.836	9.313
$\ln Y_1$	低收入组可支配收入	192	8.514	0.362	8.481	7.886	9.541
$\ln C_2$	中等偏下收入组消费支出	192	8.795	0.303	8.782	8.209	9.611
$\ln Y_2$	中等偏下收入组可支配收入	192	9.008	0.324	8.981	8.426	9.908
$\ln C_3$	中等收入组消费支出	192	9.032	0.29	8.99	8.523	9.841
$\ln Y_3$	中等收入组可支配收入	192	9.307	0.31	9.279	8.743	10.143
$\ln C_4$	中等偏上收入组消费支出	192	9.261	0.3	9.234	8.707	10.11
$\ln Y_4$	中等偏上收入组可支配收入	192	9.594	0.311	9.583	9.016	10.404
$\ln C_5$	高收入组消费支出	192	9.675	0.322	9.646	9.051	10.454
$\ln Y_5$	高收入组可支配收入	192	10.114	0.338	10.098	9.51	10.945
lnH	住房价格	192	7.957	0.54	7.84	7.022	9.634

为了能够最大化地利用各省居民生活数据的信息，我们将所有七分类法下的居民收入、消费数据采用加权平均转换为五分类下的收入消费数据。但由于一些省份并没有统计相关分组居民的数据，故我们最终整理得到了

① j=1 代表低收入组，j=2 代表中等偏下收入组，j=3 代表中等收入组，j=4 代表中等偏上收入组，j=5 代表高收入组。

全国24[①]个省份的五分类收入法下的居民收入消费数据。考虑到通货膨胀的影响，对这些数据以2004年为基期按照各省市城镇居民的消费价格指数进行平减处理，表5－16报告了主要变量的基本统计信息。

3. 实证结果与分析

首先，分析静态面板估计结果。为了避免非平稳变量回归所造成的伪回归问题，与前文一样先对不同收入组的面板数据进行平稳性检验，结果显示，变量lnC，lnY，lnH除了LLC检验拒绝原假设外，其余检验都不能拒绝原假设，其一阶差分也均不存在面板单位根，因此可判定变量lnC，lnY，lnH均为一阶单整序列。在此基础上，又对不同收入组的变量进行面板协整检验，Kao检验均在1%的显著水平上拒绝原假设，Pedroni检验中的Panel PP、Panel ADF、Group PP以及Group ADF统计量也均在1%的显著水平上拒绝原假设，由此可认为在各个收入组变量lnC，lnY，lnH之间都存在面板协整关系，接下来就可采用面板回归模型对参数进行估计了。为了节约篇幅，并未列出相应的检验结果。

在对式（5－32）进行估计时，采用与前文相同的步骤，首先根据豪斯曼检验对不同收入组的面板数据模型形式进行选择，然后对误差结构进行检验，在此基础上利用FGLS方法进行估计，具体结果如表5－17所示。

表5－17　　　　静态面板数据的估计结果

变量	低收入组	中等偏下收入组	中等收入组	中等偏上收入组	高收入组
lnY_t	0.809*** (22.16)	0.840*** (33.34)	0.850*** (24.48)	0.822*** (30.43)	0.742*** (10.09)
lnH_t	0.055** (2.43)	0.003 (0.15)	0.023 (1.21)	0.069*** (4.05)	0.095*** (2.63)
常数项	1.104*** (7.02)	1.295*** (15.01)	0.933*** (4.33)	0.829*** (4.55)	1.432*** (2[illegible]7)
AR(1)	0.653		0.569		0.505
联合显著性检验p值	0.000	0.000	0.000	0.000	0.000
个体数	192	192	192	192	192

注：***，**分别代表在1%、5%显著性水平上显著，括号内是经过稳健性调整t统计量。

① 东部地区包括：北京、天津、辽宁、上海、江苏、浙江、福建、广东、广西和海南，中部地区包括：内蒙古、山西、吉林、黑龙江、安徽、江西、河南和湖北，西部地区包括：四川、西藏、陕西、宁夏、青海和新疆。

由表 5－17 可以看出，不管对于哪一个收入组，收入水平都是决定城镇居民消费需求的最主要因素，并且随着收入水平的增加其影响系数呈现出先增后减的变化趋势，其中高收入组的弹性系数值最小为 0.742，中等收入组的弹性系数值最大为 0.85。从住房价格的弹性系数估计值来看，房价上升对不同收入组居民的消费支出均表现为促进作用，且呈现出随着收入水平的增加而不断增强的趋势，其中，对中等偏上收入组和高收入组消费的促进作用最强且在 1% 的水平上显著。而房价上升对低收入组居民消费的影响也表现为显著地正效应，这与我们的预期有一定的差距。由于大部分低收入阶层的居民往往是租房者，根本没有自有住房，因此房价上升不会对其产生财富效应。并且房价上升带来的住房租金的上涨，会迫使他们为了应对未来房租增加导致的预算开支增加而不得不减少当期的消费支出，如果再考虑到未来购房的打算的话，房价上升更是会对低收入组居民的消费产生抑制作用。

下面分析动态面板估计结果。考虑到消费的动态性和收入、房价的内生性，为提高估计的准确性，接下来进一步利用动态面板数据进行分析。在工具变量的设定上，与前面类似，允许误差项与住房价格和收入的未来实现值相关，即把 $\ln H_{it}$ 和 $\ln Y_{it}$ 做弱外生变量或内生变量处理，选取两个变量的滞后项作工具变量，利用一步系统 GMM 进行估计，结果见表 5－18。

表 5－18　　动态面板数据的估计结果

变量	低收入组	中等偏下收入组	中等收入组	中等偏上收入组	高收入组
$\ln Y_t$	0.555*** (5.62)	0.593*** (5.95)	0.614*** (7.46)	0.499*** (5.89)	0.347*** (4.07)
$\ln H_t$	−0.032* (−1.69)	0.024 (0.76)	0.05* (1.76)	0.06 (1.29)	0.007 (0.26)
$\ln C_{t-1}$	0.416*** (3.55)	0.280*** (2.98)	0.240*** (3.83)	0.388*** (4.28)	0.591*** (8.51)
常数项	0.478*** (2.83)	0.815*** (4.27)	0.771*** (3.55)	0.435 (1.22)	0.441*** (2.83)
联合显著性检验 P 值	0.000	0.000	0.000	0.000	0.000
Hansen 检验	18.2 [0.999]	20.57 (0.995)	21.38 [1.000]	22.79 (0.944)	22.71 [0.987]

续表

变量	低收入组	中等偏下收入组	中等收入组	中等偏上收入组	高收入组
Diff-in - Hansen GMM 检验	2.13 [1.000]	-0.13 [1.000]	-0.57 [1.000]	1.25 [1.000]	5.86 [1.000]
AR(1)	-2.97*** [0.003]	-2.89*** [0.004]	-2.36** [0.018]	-1.62 [0.105]	-2.45** [0.014]
AR(2)	1.31 [0.189]	1.42 [0.157]	0.52 [0.604]	1.48 [0.138]	1.34 [0.18]
个体数	192	192	192	192	192

注：***，**，*分别代表在1%、5%、10%显著性水平上显著；括号内是估计参数的t统计量；[ ]内为相应检验统计量的P值；由于将所有的解释变量均视作弱外生变量或内生变量，故差分检验只给出了Diff-in - Hansen GMM检验的结果，该检验为对GMM Style工具变量子集包括内生变量和前定变量的有效性检验；AR(1)和AR(2)检验分别为Arellano - Bond一阶和二阶自相关检验，原假设分别为模型不存在一阶和二阶自相关。为了检验估计结果的有效性，我们分别对低、较低、中等、较高、高收入组分别进行了混合OLS估计和FE估计，其中低、较低、中等、较高、高收入组滞后消费的混合OLS估计值为：0.611、0.464、0.487、0.579、0.675，FE估计值为0.248、0.103、0.163、0.291、0.455，可以看出不同收入组滞后消费的sys - GMM估计值均落于两者之间，因此GMM估计是有效的。

与静态面板下的估计结果相比，动态面板下房价上升对各收入组消费的影响系数和显著性均发生了较大的变化，如图5-1所示。这再次说明如果不对住房价格的内生性问题加以控制，会导致估计结果有偏，而估计结果的经济意义也必定是扭曲的。首先，从短期影响效果来看，房价上涨对低收入组居民的当期消费存在显著的抑制作用，这与我们的预期较为一致；其次，房价上涨对中等偏下收入组居民的当期消费存在微弱的促进作用，而对中等收入组居民当期消费的影响系数为0.05，且在10%的水平上显著；再次，房价上涨对中等偏上收入组当期消费的影响系数最大为0.06，但却并不显著；最后，房价上涨对高收入组当期消费的影响系数仅为0.007，且非常的不显著。从消费滞后项系数来看，房价波动对消费影响的持续时间由长到短依次为：高收入组、低收入组、中等偏上收入组、中等偏下收入组和中等收入组。因此，总的看来，房价上升对于从低到高的五个不同收入组居民消费的最终影响效果表现为：房价上升对低收入组居民的消费存在显著的、长期的抑制作用，对中等偏下收入组居民的消费存在微弱的短期促进作用，对中等收入组居民的消费存在显著的短期促进作用，对中等偏上收入组居民消费的促进作用最强但显著性有所降低，而对高收入组居民消费的影响不仅不显著且非常微弱，呈现出倒U形特征。

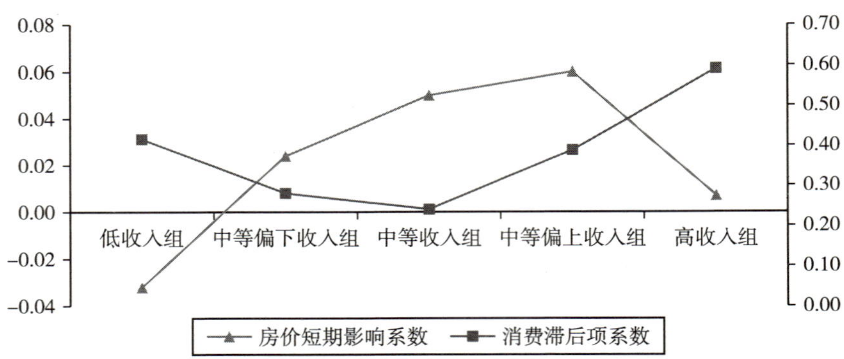

图 5-1　房价上升对不同收入组居民消费影响的差异分析

综上所述，考虑到动态面板分析可以有效地控制住房价格的内生性问题，因此应更加稳健、可信，更能贴近不同收入组城镇居民消费行为的现实特征，故下面将以动态面板的估计结果为依据来进行分析。对最低收入组居民而言，在目前保障房供给体系不完善，主要依靠市场供给的背景下，房价的快速上涨会强化他们关于未来住房租金上涨的预期，为了能满足自己未来对居住的最基本的需求，他们只有压缩自己的各项开支，故房价上升对其消费表现为持续的抑制效应。对中等偏下收入组，尤其是中等收入组而言，房价上升对消费的短期促进作用非常明显，一方面可能源于购房行为所产生的派生性消费支出的增加，另一方面可能是由于这类家庭所持收入与资产比例相当，因此不会对住房产生强烈的改善性需求更不会有投机性需求，而房价的快速增长，对资产组合较为单一且储蓄资产持有量较少的中低收入家庭而言，使住房资产不仅起到一种很好的缓冲储备效应，而且作为一种优质资产它还可为家庭消费或者个人创业投资进行融资，从而在一定程度上缓解了家庭可能面临的“流动性约束”。就中等偏上收入组而言，房价上升对消费产生的促进作用从数值上看是最大的，但却不像中等收入组那样显著，可能是因为收入水平的快速增加使这类家庭对住房的改善性需求不断增强，在我国二套房信贷政策不断趋紧的情况下居民只好减少消费支出来满足自己的需求①，这在一定程度上会夸大改善性住房需求所带来的挤出效应，从而削弱已有住房的财富效应。最后，对于高收入组

① 臧旭恒和李燕桥（2012）发现较高收入组居民的信贷敏感系数最高。

而言，虽然他们往往除了拥有自住住房外还可能拥有第二套甚至多套住房[①]，但房价上升似乎并没有对他们产生明显的财富效应，这恰好说明这一时期房价的快速上涨，使住房日益成为高收入家庭青睐的投资对象，尤其是在投资渠道缺乏、货币贬值的背景下，更是会刺激其对住房的投资或投机性需求（李绍荣等，2011），这就导致房价上升所带来的财富的增加从用途上看，并没有主要的用于消费支出的增加上，而是更多地用于住房投资上。

由此可以看出，2003 年之后城镇居民内部收入差距不断扩大带来的不同收入阶层住房资产持有和住房需求上的差异，使房价上升对消费的促进作用在从低到高五个不同收入组中的分布表现出倒 U 形特征：房价上升主要是促进了中等收入阶层消费的短期增加，而对住房支付能力最强、住房资产持有量最多的高收入阶层的消费并没有表现出明显的财富效应，并且过高的房价还对低收入阶层的消费产生了持续的抑制作用。

（三）房价波动对不同类别消费影响的差异性分析

居民消费行为的研究一般可分为两个层次：第一个层次主要研究消费的生命周期配置问题，即消费者在一生总资源的约束下，对各期消费的配置；第二个层次则着眼于研究每期消费支出在各类消费品间的配置，即消费结构问题。我们前面就房价波动对居民消费影响的结构性差异研究都是在第一个层次内展开的，即住房价格变化对居民跨期消费配置影响的差异。接下来我们将进一步分析住房价格变化对城镇居民期内各消费支出项目配置影响的差异，即对消费结构的影响。

首先，从住房本身具有的消费属性来看，购房行为的发生往往会刺激与住房相关的派生性消费，如家具、家用电器等消费品需求的增加，因此房价上升就可能对不同消费品支出的影响效果存在较大的差异。其次，从不同消费品的消费特点来看，非耐用消费品往往是当期购买，当期消费，比如日常消费中的食品。而耐用消费品则是当期购买、多期消费，比如汽车和各类家用电器。这种消费特点上的不同可能会导致消费者的购买决策存在较大的差异，因此当住房资产的价格发生波动时，可能对它们的消费行为的影响就会存在较大的差别。如果耐用品的消费取决于未来不可预期

---

① 西南财大发布的《中国家庭金融调查报告 2011》显示，中国城市家庭拥有两套及以上住房的比例占到 19.07%。

的财富变化，或者说，耐用消费品的购买可以使家庭持有的资产更加多元化，那么，相对于非耐用品的消费，耐用品对资产的波动更具有弹性。如果耐用品的消费是一种长期购买行为，那么短期内财富的变化对耐用品消费的影响不大（Bostic et al.，2009）。最后，我国目前城镇居民的消费正处于结构变化加快、品质不断升级的阶段，而如何通过居民消费结构升级来启动居民消费正成为各方面普遍关注的问题。在这样一个大背景下，究竟房价上升促进了哪些消费类别的增长，抑制了哪些消费类别的增长，与当前居民的消费结构升级有无相互关联，存在怎样的内在关系，都是需要尽快解决的问题。而这些也正构成了本节分析的出发点。

1. 变量选取和数据说明

为了检验房价波动对不同消费品影响的异质性并探寻房价波动与消费结构升级之间的关系，我们将按照《中国统计年鉴》中城镇居民消费支出的分类标准，具体考察房价波动对食品、衣着、家庭设备、医疗保健、交通通信、文教娱乐、居住这七大类消费支出的影响。考虑到在总量检验中储蓄资产对消费的影响非常的不显著，因此为了分析的简化，也不再将储蓄资产纳入待估模型，而是分别构建如下的静态面板数据模型和动态面板数据模型来分析房价波动对不同分项消费影响的差异：

$$\ln C_{j,i,t} = \beta_{0,j} + \beta_{1,j}\ln Y_{i,t} + \beta_{2,j}\ln H_{i,t} + \mu_{j,i} + \varepsilon_{j,i,t} \quad (5-34)$$

$$\ln C_{j,i,t} = \alpha_{0,j} + \alpha_{1,j}\ln Y_{i,t} + \alpha_{2,j}\ln H_{i,t} + \gamma_j \ln C_{j,i,t-1} + \mu_{j,i} + \varepsilon_{j,i,t} \quad (5-35)$$

其中，下标 i 表示省份，j = 1，2，…，7 表示消费类别，下标 t 表示年份，μ_i 表示不可观测的地区特定效应，ε_{it}表示随机误差项。$C_{j,i,t}$代表各省市城镇居民第 j 类人均消费支出，$Y_{i,t}$表示各地区城镇居民人均可支配收入，$H_{i,t}$表示各省市商品房住宅价格。所有数据均来自 2004 ~ 2012 年的《中国统计年鉴》。为消除价格波动因素的影响，对上述数据均以 2003 年为基期的各省市城镇居民消费价格指数进行了平减处理。表 5 – 19 报告了主要变量的基本统计信息。

表 5 – 19　　主要变量的描述性统计

变量	定义	样本数	均值	标准差	中位数	最小值	最大值
$\ln C_1$	食品支出	248	8.069	0.281	8.052	7.473	8.883
$\ln C_2$	衣着支出	248	6.816	0.32	6.821	5.673	7.599
$\ln C_3$	家庭设备支出	248	6.239	0.378	6.214	5.299	7.334
$\ln C_4$	医疗保健支出	248	6.391	0.332	6.384	5.348	7.247

续表

变量	定义	样本数	均值	标准差	中位数	最小值	最大值
$\ln C_5$	交通通信支出	248	6.952	0.439	6.892	6.179	8.152
$\ln C_6$	文教娱乐支出	248	6.94	0.384	6.871	5.831	8.017
$\ln C_7$	居住支出	248	6.746	0.289	6.737	5.115	7.519
lnY	可支配收入	248	9.372	0.314	9.345	8.852	10.286
lnH	住房价格	248	7.885	0.509	7.777	7.022	9.634

2. 实证结果与分析

首先，分析静态面板估计结果。与前文一样，为了避免非平稳变量回归所造成的伪回归问题，首先对各个消费分组中的变量 $\ln C_j$，lnY，lnH 及其一阶差分值进行面板单位根检验，结果表明变量 $\ln C_j$，lnY，lnH 均为一阶单整序列。然后又对各个消费分组中的变量进行面板协整关系，发现在各个消费分组中变量 $\ln C_j$，lnY，lnH 之间都存在面板协整关系，这里为了节约篇幅，同样没再列出相应的检验结果。

在协整检验的基础上，利用豪斯曼检验对不同组面板数据的模型形式进行选择，然后判定误差结构，在此基础上利用 FGLS 方法对式（5－33）进行估计，具体结果如表 5－20 所示。

表 5－20　　　　　　　　静态面板数据的估计结果

解释变量	食品消费	衣着消费	家庭设备及用品消费	医疗保健消费	交通通信消费	教育文化娱乐消费	居住消费
$\ln Y_t$	0.878 *** (34.6)	1.013 *** (30.11)	1.103 *** (17.04)	0.851 *** (13.55)	0.923 *** (14.22)	0.425 *** (9.01)	0.786 *** (14.26)
$\ln H_t$	−0.055 *** (−3.06)	0.069 ** (2.52)	0.045 (0.91)	−0.138 *** (−2.75)	0.194 *** (3.68)	0.08 ** (2.42)	−0.057 (−1.27)
常数项	0.235 * (1.96)	−3.45 *** (−23.69)	−4.479 *** (−15.43)	0.089 (−0.33)	−3.24 *** (−11.92)	2.794 *** (12.14)	−0.214 (−0.92)
AR(1)	0.322	0.307	0.389	0.233	0.215	0.303	0.18
联合显著性检验 p 值	0.000	0.000	0.000	0.000	0.000	0.000	0.000
个体数	248	248	248	248	248	248	248

注：***，**，* 分别代表在 1%、5%、10% 显著性水平上显著，括号内是系数估计值的 t 统计量。

可以看出，不管对于哪一类消费支出，收入始终是最重要的决定因素，其中家庭设备支出、交通通信支出和衣着支出的收入弹性最大，表明随着收入的增加，城镇居民对这三类分项消费支出的增长最快，这与上文中根据消费结构的演变趋势得到的结论一致。但房价波动对不同分项消费的影响却表现出了明显的差异：首先，房价上升对交通通信支出、教育文化娱乐支出和衣着支出表现为显著的促进作用；其次，房价上升对家庭设备支出和住房消费支出并不存在显著的影响；最后，房价上升对对医疗保健支出和食品支出表现出明显的抑制作用。

接下来，分析动态面板估计结果。考虑到消费的动态性和解释变量的内生性问题，接下来进一步采用动态面板数据对式（5－34）进行分析，在工具变量的设定上，与前文相同将 $\ln Y_{it}$ 和 $\ln H_{it}$ 均视为弱外生变量或内生变量，并选取两个变量的滞后项作为自身的工具变量，利用一步系统 GMM 进行估计，结果如表 5－21 所示。

表 5－21　　动态面板数据的估计结果

解释变量	食品消费	衣着消费	家庭设备及用品消费	医疗保健消费	交通通信消费	教育文化娱乐消费	居住消费
$\ln Y_t$	0.279*** (2.96)	0.284*** (3.33)	0.523*** (3.18)	0.125 (0.94)	0.555*** (3.46)	－0.081 (－0.77)	0.139 (1.44)
$\ln H_t$	－0.011 (－0.25)	－0.015 (－0.25)	0.063 (0.58)	－0.022 (－0.27)	0.183** (2.45)	0.156* (1.73)	0.034 (0.96)
$\ln C_{t-1}$	0.638*** (4.03)	0.758*** (12.07)	0.547*** (9.5)	0.867*** (10.66)	0.462*** (6.18)	0.875*** (16.29)	0.724*** (7.14)
常数项	0.078 (0.25)	－0.831*** (－2.65)	－2.525*** (－4.96)	－0.095 (－0.37)	－1.904*** (－3.49)	0.434*** (0.98)	0.325 (1.4)
联合显著性检验 P 值	0.000	0.000	0.000	0.000	0.000	0.000	0.000
Hansen J	29.73 [0.938]	30.22 [0.892]	27.39 [0.949]	30.15 [0.871]	30.05 [0.706]	29.89 [0.9]	30.24 [0.892]
Hansen 差分检验	0.73 [1.000]	4.57 [1.000]	11.12 [0.982]	1.84 [1.000]	7.6 [0.997]	2.74 [1.000]	6.88 [1.000]
AR(1)	－3.96*** [0.000]	－3.54*** [0.000]	－2.31** [0.021]	－3.51*** [0.000]	－3.28** [0.001]	－2.000 [0.045]	－3.75 [0.000]

续表

解释变量	食品消费	衣着消费	家庭设备及用品消费	医疗保健消费	交通通信消费	教育文化娱乐消费	居住消费
AR(2)	1.2 [0.228]	0.23 [0.819]	1.31 [0.19]	1.64 [0.101]	1.38 [0.166]	0.57 [0.569]	-1.24 [0.217]
个体数	248	248	248	248	248	248	248

注：***，**，*分别代表在1%、5%、10%显著性水平上显著；括号内是估计参数的t统计量；[ ] 内为相应检验统计量的P值；由于将所有的解释变量均视作弱外生变量或内生变量，故差分检验只给出了Diff-in-Hansen GMM检验的结果，该检验为对GMM Style工具变量子集包括内生变量和前定变量的有效性检验；AR(1) 和AR(2) 检验分别为Arellano-Bond一阶和二阶自相关检验，原假设分别为模型不存在一阶和二阶自相关。为了检验估计结果的有效性，我们分别对食品支出、衣着支出、家庭设备、医疗保健、交通通信、文教娱乐支出和居住支出分别进行了混合OLS估计和FE估计，其滞后消费的混合OLS估计值分别为：0.827、0.921、0.78、0.92、0.683、0.939、0.851，FE估计值为0.497、0.399、0.466、0.357、0.34、0.541、0.424，可以看出不同分项消费下滞后消费的sys-GMM估计值均落于两者之间，说明我们的估计结果是有效的。

在所有分项消费的检验结果中，滞后一期消费的弹性系数值均在1%的统计水平上显著，说明城镇居民的消费行为不仅在总消费支出上表现出较强的惯性，在各分项消费中也表现出不同程度的惯性和对冲击调整的缓慢。在有效地控制了消费的惯性和房价、收入的内生性问题之后，检验结果表明，当期收入水平的增加，会带来交通通信支出、家庭设备支出、衣着支出和食品支出的显著增加，这与静态面板下的估计结果基本一致。而我们关注的房价上升对各分项消费的影响具体表现为：短期内会显著地促进交通通信支出和文教娱乐支出的增加，但对家庭设备支出和住房支出的正向效应不明显，且对衣着支出、食品支出和医疗保健支出均表现出微弱的抑制作用。进一步考虑到消费的惯性可以发现，在长期内房价上升将对文教娱乐支出表现出一种持续的促进作用，因而正向效应最大，对交通通信支出的促进作用短期效果更明显，而对家庭设备支出和住房支出的正向效应即使在长期作用效果也是比较微弱的。另外，房价上升在长期内会对衣着支出、食品支出和医疗保健支出表现出持续的挤出效应，虽然这一效应并不明显。

综上所述，根据静态面板和动态面板的检验结果，我们可以得出：首先，这一时期房价上升对总消费的正向影响并不能归咎于是住房消费所带来的派生效应的结果，或者至少在总量上看这不是其主要原因，因为房价上升无论是短期还是长期都没有显著地促进居住支出以及与购房行为高度相关的家庭设备支出的增加；其次，根据狭义的非耐用品消费支出的计算方式来看[①]，在耐用品消费和非耐用品消费之间，房价上升显著地促进了耐用品消费的增加，说明居民并没有将房价上升所带来的财富的增加如同收入增加一样纳入生命周期消费决策当中，因此它对衣、食这种日常性的消费行为没有产生显著的影响，而主要促进了交通通信、家庭设备等耐用消费品支出；最后，从消费结构升级的视角看，房价上升对文教娱乐、交通通信等“享受型”消费支出表现为显著的促进作用，而对食品、衣着和医疗保健等“生存型”消费支出具有一定的抑制作用，这表明房价上升对当前我国城镇居民消费结构升级具有一定的积极意义。但考虑到房价波动对不同收入阶层居民消费影响的差异，这一结果可能意味着，房价上升主要促进了中高收入阶层享受型消费支出的增加，使其消费结构和消费品质不断提高，但同时面临巨大的购房压力和不断上涨的租金价格，低收入阶层不得不压缩日常的“生存型”消费支出，这不仅会导致其现在的生活质量不断下降，还会使其未来的人力资本存量从而收入水平进一步恶化，因此房价上升在加快消费升级的背后可能会带来收入差距的继续扩大和消费不平等现象的进一步加剧。

第三节　家庭资产与消费行为

一、家庭资产、人力资本与城镇居民消费行为

城镇居民的消费行为不仅受到家庭可支配收入的影响，同时家庭的财富水平如资产持有和人力资本等作为家庭收入的重要补充，也对居民的消费行为有一定的作用。家庭资产是财富的重要组成部分，主要包括固定资产和金融资产两大类。固定资产中以住房资产为主，还包括生产性固定资产和其他实物资产，如古玩、字画和珠宝等。金融资产主要指现金及金融机构存款、政府债券、股票、基金等流动性较强的资产。此外，家庭成员的人力资本同样能够为家庭带来财富的增加，本节将其视为一种特殊的家庭财富。人力资本是居民通过接受教育、培训或保健等获得的无形资本，

---

① 非耐用品消费支出 = 食品消费支出 + 衣着消费支出；耐用品消费支出指标 = 总消费性支出 − 非耐用消费品支出。

和其他物质资本一样可以为持有者带来劳动报酬等收益，具有增值空间，因此也被称为“非物力资本”。人力资本主要包括持有者的教育资本和健康资本。

卡罗尔等（Carroll et al.，2011）认为不同类型的家庭财富对于居民消费行为的影响可能具有一定的差异性，影响的作用机制也不相同。本节采取CFPS微观家庭调查数据进行实证研究，充分体现微观个体的异质性，提高了分析的精确程度，增强了检验结果的说服力和可信度。本节将家庭财富按照不同类型进行详细划分，将家庭资产和人力资本放在同一分析框架中，分析其对居民消费行为的影响。在实证检验中，引入上期消费水平解决消费函数中家庭成员能力和预期等不可直接观测因素导致的内生性问题。在分析家庭资产的财富效应时，结合当前性别比例失衡的社会背景，考察家庭中是否有未婚子女对家庭收入、资产和消费水平的影响及影响渠道。与已有文献相比，本节创新之处在于：第一，分别对住房资产、金融资产和生产性固定资产以及拥有房产数量对家庭消费行为的影响进行对比分析；第二，将家庭总资产与净资产对居民消费行为的影响进行对比分析，观察贷款借款对居民消费行为的影响程度；第三，在家庭财富的分析中加入了人力资本的影响，在同一分析框架中分析家庭资产和人力资本对消费行为的影响；第四，对家庭中是否有未婚子女对家庭资产和家庭消费行为的影响予以分析。

（一）文献综述

在居民消费和储蓄行为的影响分析中，从绝对收入假说开始，消费理论学界发展了相对收入假说、生命周期假说和持久收入假说等主流消费理论以及后来的随机游走假说，已有大量研究关注了收入对消费水平的影响。相比于收入，家庭财富对居民消费和储蓄行为的影响方式有所差别，根据安多和莫迪利安尼（Ando & Modigliani，1963）提出的生命周期理论分析框架，增加的劳动收入大部分用于消费而增加的资产性收入则大部分用于储蓄。表明居民对不同来源的收入有着不同的消费敏感性。居民的劳动收入构成了可支配收入的重要组成部分，而资产性收入则多是通过所持有的资产获得。

家庭资产对居民消费行为的影响已经有较多文献进行了分析。其中，对包括金融资产和实物资产在内的家庭资产的财富效应关注较多。资产的财富效应指的是家庭持有的资产价值发生的变化对居民消费水平的影响，尤其是居民拥有的资产价值上涨，家庭的财富水平增加，消费预算上升，居民的消费意愿增加，从而促进消费增长（Grant & Peltonen，2008）。大多数文献都认为家庭资产的价值与居民消费水平具有较强的正相关关系（Mehra，2001；周晓蓉等，2014），但是对于不同类型家庭资产的财富效应大小仍然存在争议。对于受到关注较为集中的住房资产和金融资产这两种重要的家庭资产，其财富效应的大小存在两种对立观点。特雷西等（Tracy et al.，1999）和骆祚炎（2008）分别使用美国和中国的数据检验，认为金融资产的财富效应大于住房资产的财富效应。特雷西等（Tracy et al.，1999）认为住房资产价格上涨带来的财富水平提高可能比股票上涨带来的财富水平高，但是房地产价格上涨对促进居民消费的作用比股票上涨对消费的刺激作用要小。骆祚炎（2008）基于宏观数据检验了住房资产和金融资产占居民可支配收入的比例对边际消费倾向的影响，发现拥有自住房产的居民的财富效应被无房者和租房者为买房而减少消费的行为抵消了一部分，住房资产的财富效应总体微弱，并且居民对流动性较强的金融资产的依赖性更强也加强了金融资产的财富效应。另外一种观点则认为住房资产的财富效应大于金融资产的财富效应，如卡罗尔等（Carroll et al.，2011）认为美国房地产的财富效应有效地促进了居民消费和投资增长，房地产的财富效应总体大于股票的财富效应，并且房地产的长期财富效应明显大于其短期财富效应。李玉山和李晓嘉（2006）使用宏观数据检验认为短期内房地产有较小的负向财富效应，长期的房地产财富效应为正，同时由于居民不能形成证券资产稳定的收入预期，股票的财富效应并不显著。同样认为住房资产的财富效应大于金融资产（尤其是证券资产）的还有凯斯等（Case et al.，2001）、魏锋（2007）、张大永和曹红（2012）等。

另外，在性别比例失衡的社会背景下，有未婚子女的家庭消费行为具有一定的特殊性，可能通过影响住房价格影响居民的储蓄行为。2014 年 0 ~ 70 岁人口的性别比（女性 =100）的人口抽样调查结果，相比其他年龄段的性别比例，年龄低于 30 岁的人口性别比例失衡严重，0 ~ 14 岁人口的性别比甚至超过了 115，该年龄段男性明显多于女性。[①] 魏和张（Wei & Zhang，2011）首次提出性别比例失衡会导致家庭的竞争性储蓄动机加剧，也就是在性别比例失衡严重的地区，由于适婚年龄男子比适婚年龄女子人数多，有男孩的家庭将会减少消费、提高家庭储蓄水平，表现出较高的家庭财富

① 笔者根据国家统计局相关数据整理所得。

水平，从而增加在婚姻市场中的竞争力。住房资产作为重要的家庭资产，能够在一定程度上表现出家庭的经济实力，因此这种竞争性的储蓄动机还会推动当地房价上涨。房价上涨也将促使有女孩的家庭在买房时不得不面对高房价，进而提高家庭储蓄水平。另外，有女孩的家庭为了在婚后家庭内部更加具有话语权（bargaining power），或者增加嫁给富有男孩的概率，也会提高家庭储蓄率。谢洁玉等（2012）使用城镇住户调查数据进行实证检验，认为房价显著抑制了家庭消费水平。随着房价上涨，有成年未婚男性的家庭会更加明显地抑制消费，并且随着未婚男性年龄的增加，这种抑制作用逐渐增强。

本节认为居民对性别比例失衡的现实已有普遍认识，在家中有男孩出生时就会考虑到孩子成年后在婚姻市场面临的激烈竞争，这种预期时间跨度较长且相对稳定，因此不仅有成年未婚男性的家庭，有未成年未婚男性的家庭尤其是收入水平较低或收入水平稳定、增长预期不高的家庭可能也会提前降低家庭消费水平，为将来的婚姻市场竞争做准备。考虑到这一点，本节试图从财富效应的角度检验性别比例造成的婚姻市场竞争性动机对有未婚子女的家庭以及所持有各项资产对家庭消费水平的影响。

家庭资产水平和居民消费可能同时受到一些不可直接观测的特征因素的影响，比如家庭成员的能力与习惯偏好等因素和受到周围收入阶层消费行为的影响等，这将导致直接研究资产价格水平对居民消费的影响出现内生性。另外，居民对资产价格的预期也是会影响到资产价格变动对消费水平的影响，预期的作用使得资产价格的边际消费倾向不是固定的（李涛和陈斌开，2014）。

由于本节使用的是两期数据，对于这些问题，本节借鉴霍尔（Hall，1978）提出的随机游走假说中理性预期的研究思路，认为滞后一期的消费水平包含了所有影响居民未来边际效用的信息，如居民的能力、习惯偏好和预期等。因此，为考察家庭资产价格水平变动对居民消费水平的变动，即居民资产的财富效应，本节在模型中引入滞后一期[①]的居民消费作为当期消费的解释变量，这样就可以将不可直接观测的能力差别和预期等因素分离出来。

① 本节使用数据年份较少，滞后期的消费只能选取滞后一期而没有更多期的消费数据。但是滞后一期的消费已经包含了能力等相关因素，而且相比于滞后更多期的消费对当期消费水平的解释力度最强。因此本节认为选取滞后一期消费作为解释变量是合理的。

不同类型的家庭资产对居民消费可能产生不同的影响，除了前文提到的住房资产和金融资产两个占比最大的资产组成外，李涛和陈斌开（2014）认为家庭自有的生产性固定资产对消费水平具有较强的促进作用，主要在于生产性固定资产是生产性的实物资本，能够降低家庭的预防性储蓄动机，并缓解家庭所受的流动性约束。本节将住房资产、金融资产与生产性固定资产等几类主要的资产类别放在统一的分析框架中，分别讨论其对居民消费水平的影响。

已有相关文献大多重视对家庭总资产水平的研究，对家庭负债状况分析较为缺乏。家庭负债水平和资产水平同样能够影响居民的消费行为，但是影响程度和渠道可能不同。净资产是家庭资产水平中扣除家庭负债的资产持有量，与总资产密切关联，但是受到的影响因素随着净资产水平不同而不同（陈斌开和李涛，2011），净资产同时受到家庭资产和负债水平的影响，能够反映家庭实际拥有的资产水平。因此有必要区分家庭总资产与净资产对居民消费行为的影响。

根据生命周期假说，家庭将财富平滑地分配到各个生命周期中，以达到跨期效用最大化（Ando & Modigliani，1963）。这里所指的家庭财富不仅包括金融资产和实物资产，也包括代表家庭成员能力的人力资本因素。人力资本最重要的组成部分就是教育资本和健康资本。人力资本对消费的影响方式主要通过两个渠道，一方面人力资本水平提高，居民的预期收入水平相应也会提高（何兴强和史卫，2014），进而促进消费增加；另一方面，人力资本尤其教育资本的积累能够改变人的认知模式和消费观念（肖作平等，2011），从而改变消费行为。

很多文献在考察人力资本与消费的关系时使用受教育程度作为人力资本的代理变量，如周弘（2011）在控制了收入、家庭金融资产等影响家庭消费水平的变量后，考察人力资本水平对家庭消费的影响，发现高学历家庭的边际消费倾向显著高于低学历家庭，并且其金融资产的财富效应比低学历家庭更强。巴伯尔（Barber，2005）指出增加受教育程度可以提高智力，扎格罗斯（Zagorsky，2007）据此使用智商测试得分（IQ test score）分析智力水平与收入和财富水平的关系，结果表明智力水平与收入显著正相关，但是与个人的净财富水平几乎不相关，主要原因是高智商的人认知模式与其他人群不同，更加偏爱高风险的投资项目。肖作平等（2011）分析了由受教育得到的人力资本对家庭房产投资消费的影响，认为人力资本较高的家庭可能更频繁地迁徙，并且相比投资风险较低的房产更愿意投资高风险高回报的项目，这两方面原因导致了人力资本较高的家庭与房产投资消费水平呈现负相关关系。

观察已有文献，户主的受教育程度经常被用来作为家庭教育资本的代理指标，且家庭消费水平与户主的受教育程度具有一定的相关关系，表5－22展示了城镇居民家庭随着户主受教育程度的提高，家庭消费水平的平均值呈现规律的递增趋势。

表5－22　　户主的受教育程度与家庭平均消费水平

户主的受教育程度	家庭平均消费水平（元）	样本数
文盲/半文盲	35561.89	2220
小学	38104.76	2068
初中	44247.4	3711
高中/中专/技校/职高	49329.43	2285
大专	60747.29	903
大学本科	69988.42	560
硕士	120560.1	33

资料来源：中国家庭追踪调查（CFPS）2012年数据库数据。

同时也应注意到家庭成员的健康状况对消费产生的影响。健康状况也是人力资本的一项衡量指标，身体健康就可能为家庭带来更多的收入和财富，反之，不仅会减少收入来源，更可能会面临失业等风险，失去健康导致的医疗费用可能对家庭消费有挤出的作用。王弟海（2012）根据获得渠道不同区分了格罗斯曼型健康人力资本和福格尔型健康人力资本，前者的获取是通过健康投资，后者则是通过食物消费和营养获取。王弟海三要分析了健康人力资本对宏观经济增长的作用，认为福格尔型健康人力资本本身不能产生内生经济增长机制，但是存在外生技术进步的情况下，这种健康人力资本能够促进经济增长率的提高。杨丽和陈超（2013）采用省际面板数据分析知识资本和健康资本对提升东、中、西部地区的农村居民消费水平的影响，结果表明提高知识资本和健康资本能够有效促进不同地区农村居民的生活边际消费倾向。基于以上分析，本节采用微观数据，实证分析教育资本和健康资本对城镇居民消费水平的影响。

（二）数据来源及描述

本节分析所使用的数据来自北京大学“985”项目资助、北京大学中国社会科学调查中心执行的中国家庭追踪调查（CFPS）。该数据库提供有关家庭收入和消费等2010年和2012年的调查数据时，提供了经过调整后的2012年数据，即2012年相关调查数据与2010年的调查口径保持一致，使两年的数据具有可比性。本节使用的数据如无特殊说明，均来自CFPS已经公布并更新后的2010年和2012年家庭追踪调查数据。为了找到更具普遍性的规律，本节将样本家庭中可支配收入低于1000元的家庭剔除，并将家庭年消费水平超过20万元且消费支出大于两倍的可支配收入的家庭也剔除出样本。剔除了极端值和缺失值以后的城镇家庭样本共有3908户。

根据本节所要分析的家庭财富对居民消费水平的影响，首先选取居民消费水平，CFPS数据库中提供了居民家庭的消费性支出，包括食品支出、衣着支出、居住支出、家庭设备及日用品支出、医疗保健支出、交通通信支出、文教娱乐支出和其他消费性支出等。以上消费性支出是在家庭层面上，而对应的可支配收入①则是家庭人均可支配收入②，因此在数据处理时通过人均可支配收入和家庭规模计算得出家庭加总可支配收入。家庭总资产主要包括家庭住房总资产、金融总资产、生产性固定资产等。其中，家庭的房产分为现住房和非现住房产，一般认为一套房产家庭只有用于自住的现住房，多套房产家庭除了现住房以外还有其他的房产。金融资产主要包括现金和存款总额、政府债券、股票、基金、金融衍生品和其他金融产品。模型中考察的住房净资产是由住房总资产减去总房贷得到的，同理，金融净资产由金融总资产减去金融负债得到。家庭净资产是由家庭总资产减去总负债得到的，其中总负债主要包括住房贷款和金融负债。本节生产性固定资产是指家庭生产经营者所拥有的使用期限超过1年的房屋、建筑物、机器、机械、运输工具以及其他与生产、经营有关的设备、器具、工具等。

本节选取问卷中“对家庭财务情况最熟悉的人”作为户主，因为户主的年龄与家庭的消费偏好直接相关，并且对整个家庭的消费决策具有较大

---

① 由于数据库在收入数据汇总时没有区分城镇和农村，因此统一使用“纯收入”字眼。本节仅考察城镇居民消费行为，根据国家统计局的称谓，认为此处的纯收入即为城镇居民的可支配收入。

② 人均可支配收入在2012年和2010年的统计口径有所差别。为保证数据可比性，2012年数据选择调整后的可比人均可支配收入。

的影响。同理，在选择人力资本代理变量时用户主的受教育程度作为家庭教育人力资本的指标。由于数据库中没有对各家庭成员的健康状况的直接调查数据，虽然有访员观察的参访者健康状况的变量，但是本节认为直接观察不能完全反映参访者的健康水平，因此本节选取家庭的医疗支出作为健康状况的代理变量，也就是健康人力资本的衡量指标。一般认为医疗支出的水平越低，家庭成员的健康状况越好。

主要变量的描述性统计如表 5-23 所示。表中的经济变量都已经经过了对数化处理，但仍然可以看出各变量的分布趋势。家庭现住房的价值均值超过家庭的收入和消费均值，在一定程度上说明了家庭住房资产在家庭财富中的地位。家庭非现住房产价值的对数值均值明显小于现住房产的价值对数值，而家庭净房产对数的均值和家庭现住房对数值的均值相近，可以看出多数家庭只拥有一套房产，多套房产家庭所持有的非现住房产可能会产生更强的财富效应。家庭金融资产对数值均值明显低于现住房价值对数的均值，同时标准差比房产价值对数的标准差更小，表明金融资产在家庭之间分布比房产的分布差距要小。家庭生产性固定资产对数的均值相对其他资产明显更小，主要是由于生产性固定资产价值较高，但是在家庭之间分布差距较大，本节选取的 3908 户家庭中，拥有生产性固定资产的只有 801 户，持有率仅为 20%，远小于住房资产和金融资产。户主的平均年龄为 51 岁，但是从标准差看样本家庭在各个生命周期周期阶段中分布范围较广。从受教育程度均值来看，户主的平均受教育程度在初中水平，这可能与户主的年龄和出生年代有一定关系。家庭医疗支出对数作为衡量家庭健康状况的代理变量，其均值代表的是家庭成员平均健康状况。

表 5-23　　主要变量描述性统计

变量名	变量含义	均值	标准差	最小值	最大值
lnc12	2012 年家庭消费对数值	10. 36	0. 78	6. 91	13. 45
lnc10	2010 年家庭消费对数值	8. 84	0. 81	4. 32	12. 12
lny12	2012 年家庭可支配收入对数值	10. 35	1. 09	6. 91	14. 93
lnasset	家庭总资产对数值	12. 34	1. 52	3	17. 34
lnnetasset	家庭净资产对数值	12. 11	2. 22	0	17. 34
lnhousing	家庭现住房价值对数值	10. 34	4. 54	0	16. 81
lnotherhousing	家庭非现住房产价值对数值	2. 09	4. 68	0	17. 14

续表

变量名	变量含义	均值	标准差	最小值	最大值
lnnethousing	家庭净房产对数值	10.31	4.55	0	16.81
lnfinasset	家庭金融资产对数值	9.33	2.05	0.69	15.3
lnnetfinasset	家庭净金融资产对数值	8.22	3.82	0	15.3
lnfixasset	家庭生产性固定资产对数值	1.82	3.77	0	16.12
age	户主年龄	50.69	14	16	92
edu	户主受教育程度	2.94	1.4	1	7
lnmed	家庭医疗支出对数值	6.64	2.6	0	11.92

注：由于数据库中没有2011年的数据，本节使用2010年数据作为上期数据。户主受教育程度的取值从1到8分别代表文盲/半文盲、小学、初中、高中/中专/技校/职高、大专、大学本科、硕士和博士，截止到调查日期时已经获得的学历。考虑到家庭的消费水平、收入和资产价值等经济变量可能会造成异方差和非线性的问题，在模型中将这些变量进行对数化处理，也就是采用这些变量的自然对数形式，相应的变量名称即为原变量名前加上“ln”。

（三）模型设定

1. 总资产

基于以上介绍，本节对不同类型的家庭财富对居民消费水平的影响分别进行分析。对于城镇居民家庭来说，家庭总资产主要包括住房资产、金融资产、生产性固定资产和耐用消费品等。其中，住房资产和金融资产是家庭总资产的重要组成部分。在样本家庭中，家庭的平均住房资产价值为33.6万元，而总资产的平均价值为55.1万元，住房资产在家庭资产中占有最大的份额。金融资产是家庭资产中流动性最强的部分，对缓解居民的流动性约束作用最强，也是影响居民消费行为的重要因素。

人力资本作为家庭重要的非物质资产，其积累状况对居民消费行为也可能具有一定影响。本节选取受教育程度和健康状况作为家庭人力资本水平的代理变量。

本节将户主年龄作为家庭所处生命周期阶段的代理变量，由于年龄对家庭消费的影响可能是非线性的，借鉴肖作平等（2011）多数文献的做法，同时引入户主年龄的平方项作为控制变量。

由以上分析，结合本节所使用数据，得到家庭总资产对消费水平的影响模型：

$$\ln c_{12i} = \alpha_i + \beta_1 \ln c_{10i} + \beta_2 \ln y_{12i} + \beta_3 \ln asset_i + \beta_4 age_i + \beta_5 age_i^2 + \beta_6 edu_i + \beta_7 \ln med_i + \varepsilon_i \quad (5-36)$$

其中，c_{12}表示2012年调查得到的居民家庭的消费水平。c_{10}表示2010年的居民家庭消费水平，在此引入已有数据中的上期消费控制居民家庭中一些不可直接观测因素和居民的预期对当期消费造成的影响，因为之前已经获得的信息和居民的预期可以全部在上期消费中反映出来。同时，滞后一期消费对当期消费的影响最大，在此引入上期消费也可以反映习惯形成对居民消费行为的影响（Carroll et al.，2000；雷钦礼，2009）。y_{12}表示居民家庭的可支配收入，lnasset是家庭拥有的总资产价格的对数，age是户主年龄，也代表家庭所处的生命周期阶段。edu是户主的受教育程度，用于衡量家庭的人力资本。lnmed表示家庭的医疗支出的对数，由于家庭成员的健康状况较难直接获取，在此选取家庭的医疗支出作为家庭成员健康状况的代理变量，一般认为二者成负相关关系，即医疗支出水平越低，居民的健康状况越好。

2. 净资产

由前文分析可知，家庭资产水平与负债水平具有相关关系，二者同时受到家庭的收入水平、受教育水平及认知模式、所处生命周期的阶段和其他不可直接观测因素的影响。家庭净资产由家庭总资产减去家庭总负债得到，扣除负债之后的净资产水平能够更加真实地反映家庭实际持有的资产配置情况，因此本节不仅分析总资产对居民消费水平的影响，同时还对家庭净资产对消费的作用予以考察，模型如下：

$$\begin{aligned} lnc_{12i} = \alpha_i + \beta_1 lnc_{10i} + \beta_2 lny_{12i} + \beta_3 lnnetasset_i + \beta_4 age_i + \beta_5 age_i^2 \\ + \beta_6 edu_i + \beta_7 lnmed_i + \varepsilon_i \end{aligned} \quad (5-37)$$

其中，lnnetasset表示家庭净资产对数，由家庭总资产中扣除家庭所有的房贷及非房贷的金融负债后得到。

3. 拥有房产数量

住房资产是家庭占比最大的家庭资产，住房资产的数量对家庭资产有直接的影响，从而可能对居民消费水平产生一定的影响。对于只有唯一一套住房的家庭来说，他们的房产是生活必需品。但是拥有两套及两套以上房产（以下称多套房产）的家庭对住房可能表现出一定的投资性需求，因此有必要将拥有一套房产和多套房产的家庭的各项资产持有和居民消费水平的关系分别进行检验。不同的资产配置状况和资产水平对居民消费行为的影响可能有所不同，其资产价格的边际消费倾向能够反映出家庭资产持有对消费水平的影响，接下来针对拥有一套房产和多套房产的家庭的资产和消费水平构建模型如下：

$$\ln c_{12i} = \alpha_i + \beta_1 \ln c_{10i} + + \beta_2 \ln y_{12i}^2 + \beta_3 \ln housing_i + \beta_4 \ln finasset_i + \beta_5 \ln fixasset_i + \beta_6 age_i^2 + \beta_7 edu_i + \beta_8 \ln med_i + \varepsilon_i \quad (5-38a)$$

$$\ln c_{12i} = \alpha_i + \beta_1 \ln c_{10i} + + \beta_2 \ln y_{12i} + \beta_3 \ln etnhousing_i + \beta_4 \ln netfinasset_i + \beta_5 \ln fixasset_i + \beta_6 age_i^2 + \beta_7 edu_i + \beta_8 \ln med_i + \varepsilon_i \quad (5-38b)$$

$$\ln c_{12i} = \alpha_i + \beta_1 \ln c_{10i} + + \beta_2 \ln y_{12i} + \beta_3 \ln housing_i + \beta_4 \ln finasset_i + \beta_5 \ln fixasset_i + \beta_6 \ln otherhousing_i + \beta_7 age_i^2 + \beta_8 edu_i + \beta_9 \ln med_i + \varepsilon_i \quad (5-39a)$$

$$\ln c_{12i} = \alpha_i + \beta_1 \ln c_{10i} + + \beta_2 \ln y_{12i} + \beta_3 \ln housing_i + \beta_4 \ln finasset_i + \beta_5 \ln fixasset_i + \beta_6 \ln otherhousing_i + \beta_7 age_i^2 + \beta_8 edu_i + \beta_9 \ln med_i + \varepsilon_i \quad (5-39b)$$

其中，式（5－38a）、式（5－38b）主要考察拥有一套房产的家庭各项资产的财富效应，式（5－39a）、式（5－39b）主要考察拥有多套房产的家庭各项资产的财富效应。

根据前文分析，地区的性别比例失衡导致有未婚子女的家庭会对减少消费、提高储蓄水平。考虑到计划生育政策实施情况和方便对比，本节选取家庭中有一个或两个子女的样本，对家中是否有未婚子女及其对家庭资产和消费水平的影响进行实证检验，建立模型如下：

$$\ln c_{12i} = \alpha_i + \beta_1 \ln c_{10i} + + \beta_2 \ln y_{12i} + \beta_3 \ln housing_i + \beta_4 \ln finasset_i + \beta_5 \ln fixasset_i + \beta_6 u1_i + \beta_7 u2_i + \beta_8 u1y_i + \beta_9 u2y_i + \beta_{10} u1h_i + \beta_{11} u2h_i + \beta_{12} age_i^2 + \beta_{13} edu_i + \beta_{14} \ln med_i + \varepsilon_i \quad (5-40)$$

$$\ln c_{12i} = \alpha_i + \beta_1 \ln c_{10i} + + \beta_2 \ln y_{12i} + \beta_3 \ln housing_i + \beta_4 \ln finasset_i + \beta_5 \ln fixasset_i + \beta_6 \ln otherhousing_i + \beta_7 u1_i + \beta_8 u2_i + \beta_9 u1y_i + \beta_{10} u2y_i + \beta_{11} u1h_i + \beta_{12} u2h_i + \beta_{13} u1oh_i + \beta_{14} u2oh_i + \beta_{15} age_i^2 + \beta_{16} edu_i + \beta_{17} \ln med_i + \varepsilon_i \quad (5-41)$$

其中，u1 和 u2 是虚拟变量，分别代表家庭中是否有未婚子女。u1 表示家庭子女是否有未婚男性，如果有，u1 取 1，否则为 0。u2 表示家庭子女是否有未婚女性，如果有，u2 取 1，否则为 0。u1y 和 u2y 表示是否有未婚子女的虚拟变量和家庭可支配收入对数的交互项，如果其符号为正，表示家庭中有未婚子女使得家庭将更多的收入用于消费。u1h 和 u2h 表示是否有未婚子女的虚拟变量和家庭现住房产对数的交互项，如果其符号为正，表示现住房价格上涨对有未婚子女的家庭的消费有促进作用。u1oh 和 u2oh 表示是否有未婚子女的虚拟变量和家庭非现住房产对数的交互项，如果其符号为正，表示非现住房价格上涨时有未婚子女的家庭会提高消费水平。

（四）实证结果及分析

1. 总资产与净资产

表5－24展示了居民家庭总资产和净资产的财富效应对比检验结果。直接观察回归结果可以看出，上期消费对当期消费有显著的正向影响，表明居民的消费行为总体受到消费习惯的影响。收入的边际消费倾向大于家庭资产和人力资本，家庭当期收入的增加对居民的消费水平具有明显的促进作用。

表5－24　　总资产和净资产的财富效应

变量	式（5－33）	式（5－34）
	lnc12	lnc12
lnc10	0.22*** (15.94)	0.24*** (17.43)
lny12	0.18*** (17.68)	0.2*** (19.99)
lnasset	0.11*** (15.25)	
age2	－0.0001*** (－13.95)	－0.0001*** (－14.18)
edu	0.03*** (3.20)	0.03*** (3.84)
lnmed	0.06*** (16.97)	0.07*** (17.00)
lnnetasset		0.04*** (9.00)
常数项	5.03*** (37.72)	5.38*** (40.60)
样本数	3908	3908
R^2	0.40	0.38

注：*** 表示在1%的显著性水平上显著。括号内的数值表示t值检验结果。

家庭总资产对消费的影响系数为0.11，与收入对消费的影响较为接近，表明家庭资产在促进消费方面具有一定的替代家庭收入的作用，家庭拥有的资产价值水平能够促进家庭的消费水平有较大的提升。而相比较来看，家庭净资产对消费的影响系数仅为0.04，明显小于总资产的财富效应，表明家庭负债水平对消费的影响并不显著，也就是说相比较家庭资产的财富效应，居民的负债情况对消费的负向影响较小，居民消费行为对负债水平并不敏感。

户主年龄的平方项对家庭消费的影响十分显著，反映出随着户主年龄的增加，家庭消费水平递减趋势更加明显。

人力资本对家庭消费的影响十分显著。具体来看，户主受教育程度对家庭消费具有正向影响，户主学历每增加一级，家庭消费率增加3个百分点。家庭人均医疗支出作为家庭健康资本的代理指标，对家庭的消费水平具有正向影响，说明家庭成员的健康状况好能够减少医疗方面的支出，因为医疗支出在消费支出中具有一定的刚性，减少医疗支出能够减少对其他消费的挤出，促进其他消费支出项。

2. 拥有不同房产数量家庭的财富效应

将样本家庭按照拥有房产数量不同分为一套房产家庭和多套房产家庭，得到一套房产家庭3249户，多套房产家庭659户。接下来按照式（5-35）、式（5-36）分别检验一套房产家庭和多套房产家庭各项资产的财富效应，实证结果如表5-25所示。发现上期消费对当期消费的影响系数都十分显著，将二者进行比较可以看出，一套房产家庭上期消费对当期消费的影响明显大于多套房产家庭，前者总是比后者影响系数多7个百分点，表明一套房产家庭的消费习惯强度明显大于多套房产家庭，具有更强的消费惯性，可能与一套房产家庭的消费支出中耐用消费品占比较低有关。

表5-25　　不同房产数量家庭的财富效应

变量	式（5-35a）	式（5-35b）	式（5-36a）	式（5-36b）
	lnc12	lnc12	lnc12	lnc12
lnc10	0.22*** (14.61)	0.25*** (16.29)	0.15*** (4.14)	0.18*** (4.84)
lny12	0.19*** (17.62)	0.21*** (19.51)	0.17*** (6.45)	0.18*** (6.76)
lnhousing	0.005** (2.09)		0.005 (1.11)	
lnotherhousing			0.075*** (4.06)	0.093*** (5.00)

续表

变量	式（5－35a）	式（5－35b）	式（5－36a）	式（5－36b）
	lnc12	lnc12	lnc12	lnc12
lnfinasset	0.056 *** （9.65）		0.079 *** （5.54）	
lnfixasset	0.01 *** （3.18）	0.012 *** （3.94）	0.019 *** （3.53）	0.022 *** （4.00）
age2	－0.0001 *** （－12.71）	－0.0001 *** （－12.33）	－0.0001 *** （－4.67）	－0.0001 *** （－4.48）
edu	0.018 * （1.96）	0.029 *** （3.07）	0.047 ** （2.37）	0.058 *** （2.90）
lnmed	0.063 *** （15.02）	0.063 *** （14.87）	0.071 *** （7.43）	0.073 *** （7.52）
lnnethousing		0.006 ** （2.36）		0.008 （1.57）
lnnetfinasset		0.008 ** （2.49）		0.012 * （1.93）
常数项	5.62 *** （38.93）	5.6 *** （38.11）	5.25 *** （15.21）	5.27 *** （14.90）
样本数	3249	3249	659	659
R^2	0.37	0.35	0.42	0.4

注：***、** 和 * 分别表示在 1%、5% 和 10% 的显著性水平上显著。括号内的数值表示 t 值检验结果。

本节对式（5－35）、式（5－36）的实证结果进行对比，分析一套房产家庭和多套房产家庭的各项资产、人力资本及家庭所处的生命周期对消费的影响。具体来看，一套住房家庭和多套住房家庭的可支配收入对数对消费的影响与总资产检验模型中相比变化不大，一套房产家庭消费水平对收入的敏感程度比多套房产家庭更高，可见一套房产家庭的消费更加依赖当期收入水平，从侧面验证了多套房产家庭的房产对家庭消费具有更强的财富效应，在房价上涨时能够使居民感到更加富有，从而促进居民消费水平提高。

拥有不同房产数量的两类家庭的现住房对消费水平的影响系数都在 0.005 左右，且多套住房家庭的现住房对消费的影响不显著。这说明一套住房家庭的住房资产对消费的促进作用很小，其财富效应非常微弱。多套住房家庭的现住房并没有表现出财富效应，验证了现住房对居民家庭来说主要表现出长期消费品的属性而不具备投资品属性，这一点与波特巴（Poterba，2000）、黄静和屠梅曾（2009）的研究一致。而多套房产家庭的非现住房产对家庭消费水平有明显的促进作用，影响系数为 0. 075 且非常显著，表明房产作为家庭资产的重要组成部分，在物价水平快速上涨的经济背景下成为良好的保值增值资产，表现出投资品的属性。拥有非自住的房产能够给居民带来较强的财富效应，显著提高家庭消费水平。

金融资产对消费的影响也非常显著，对一套房产家庭和多套房产家庭消费的影响系数分别为 0. 056 和 0. 079，表明流动性较强的资产对于居民消费有较强的促进作用。对比来看，多套房产家庭的金融资产对消费的促进作用大于一套房产家庭，在拥有更多住房资产的情况下，居民消费对金融资产具有更好的敏感性。

从总样本来看，生产性固定资产对家庭消费的促进作用非常显著，但是直接观察其影响程度较小且在两类家庭中差别不大，影响系数仅在 0. 015 左右。同时注意到生产性固定资产主要由自我雇佣的家庭持有，居民对于这种资产的回报率有明确且稳定的预期，因此其对消费的促进作用应该大于以上结果。前文统计显示生产性固定资产的家庭持有率仅为 20%，总体分析其财富效应可能会造成结果偏小，本节选取样本中拥有生产性固定资产的家庭对其资产的财富效应进行重新检验。可以看到在这些家庭中，生产性固定资产的财富效应明显提高，其对消费的促进作用超过了金融资产和非现住房产。拥有生产性固定资产的家庭大多是自我雇佣家庭或是从事生产经营活动的家庭，居民对生产活动的现金流具有相对稳定的预期，倾向于将这部分收入用于消费。

户主年龄对家庭消费在两类家庭（一套住房家庭和多套住房家庭）中都表现非常稳定且显著的负向影响，即随着户主年龄的增加，家庭消费水平出现缓慢下降，储蓄水平相应上升，与生命周期假说不符合。表明无论拥有房产数量为一套还是多套，家庭所处的生命周期阶段对消费的影响程度和方向都是一致的。

比较住房和金融两项主要资产的总量与净值对消费的影响可以看到，住房净资产对家庭消费的影响程度与住房总资产相当。当前贷款买房现象普遍存在，且贷款买房的居民对收入水平一般有着相对稳定的预期，房贷并没有对居民消费行为造成大的负面影响。一套住房家庭的住房财富效应比较微弱，但是较为显著；多套住房家庭的财富效应也很小，而且不显著。

同时注意到，多套房产家庭的非现住房产价值对消费的影响非常显著，且影响程度较大，系数在0.093左右。家庭拥有的非现住房产的财富效应远大于现住房产，甚至超过了金融资产，成为对消费影响最大的家庭资产。这一点表明家庭非现住房资产的财富效应非常明显，持有多套房产的居民在心理上认为自己更为富有，尤其是在房价上涨时，非现住房产的持有能够有效促进家庭消费。

观察人力资本对家庭消费的影响可以看到，一套住房家庭教育资本的影响系数在0.02到0.03之间，而多套住房家庭教育资本的影响系数在0.05到0.06之间。多套住房家庭的教育资本对消费的促进作用明显大于一套住房家庭，原因可能是一套住房家庭消费水平主要依赖于可支配收入，消费行为表现出谨慎动机，由于资产中占比较大的住房资产价值比多套住房家庭低一些，缓解流动性约束的能力较差，因此其他资产对消费的影响相对较小。从医疗支出对数的回归结果来看，医疗支出对两类家庭消费的影响系数大致相当，再次验证了健康是居民基本的需求，为了维持健康的医疗支出在家庭消费中有一定的刚性。

3. 未婚子女

在性别比例失衡的社会背景下，家庭中是否有未婚子女会对其资产和消费状态产生一定特殊影响。为了便于对比，接下来的实证过程中从已有样本剔除了以下类型的家庭：没有子女；子女数量为3个及3个以上；子女婚姻状态不明的家庭；子女的婚姻状况为同居、离异或丧偶。剔除以上四种家庭后共得到3228个家庭样本。其中，一套房产家庭有2643户，多套房产家庭有585户。前文已经分析过净资产对消费的影响，此处不再多做验证。实证检验的结果如表5－26所示。

表5－26　　　　未婚子女对家庭资产和消费的影响

变量	式（5－37）	式（5－38）
	lnc12	lnc12
lnc10	0.24*** (14.42)	0.16*** (3.87)
lny12	0.23*** (11.38)	0.18*** (3.08)
lnhousing	0.001 (0.27)	0.01 (0.89)

续表

变量	式（5－37）	式（5－38）
	lnc12	lnc12
lnotherhousing		0.09*** (2.68)
lnfinasset	0.06*** (9.23)	0.08*** (5.23)
lnfixasset	0.011*** (3.30)	0.017*** (3.01)
u1	0.47* (1.92)	0.03 (0.05)
u2	0.72*** (2.86)	0.59 (0.90)
u1y	－0.048** (－2.07)	－0.01 (－0.16)
u2y	－0.067*** (－2.75)	0.012 (0.18)
u1h	0.002 (0.35)	－0.012 (－1.08)
u2h	0.001 (0.23)	0.003 (0.24)
u1oh		0.014 (0.35)
u2oh		－0.054 (－1.29)
age2	－0.0001*** (－7.59)	－0.0001*** (－3.74)
edu	0.02** (1.98)	0.05** (2.49)
lnmed	0.06*** (13.27)	0.07*** (6.80)
常数项	5.03*** (22.02)	4.81*** (8.02)
样本数	2643	585
R^2	0.35	0.43

注：***、**和*分别表示在1%、5%和10%的显著性水平上显著。括号内的数值表示t值检验结果。

首先观察与家庭是否有未婚子女（u1，u2）有关的解释变量对家庭消费的影响。u1 表示家庭中有未婚儿子，u2 表示家庭中有未婚女儿。拥有房产数量不同的两类家庭在是否有未婚子女方面具有明显不同的消费行为，一套房产家庭消费水平明显受到家庭中是否有未婚子女的影响，而多套房产家庭却几乎不受到这种影响，这可能是由于家庭已经为未婚子女购置了房产，即家庭的非自住房产，这使得未婚子女在婚姻市场上有了相当的竞争力，从而家中有未婚子女对家庭消费没有表现出抑制作用。而一套房产家庭中无论有未婚儿子还是未婚女儿，都会明显提高家庭的消费水平，这并不表明与本节预期的结论相反，因为本节选取未婚子女是所有处于未婚状态的子女，包括未成年子女。家庭中有未成年子女会明显提高家庭的消费支出，一方面未成年子女没有收入来源，另一方面家庭抚养成本逐渐增加，抚养子女的消费支出对一套住房家庭消费影响较大。同时注意到，一套住房家庭是否有未婚子女与家庭收入的交叉项显著为负，这表明在家庭收入水平提高的情况下，有未婚子女的一套住房家庭仍然会减少消费，提高储蓄水平，这证明了有未婚子女的一套住房家庭对未来的消费预期较高，不管是为了当下的抚养支出还是未来提高子女在婚姻市场的竞争力，家庭都是选择减少当前消费支出，积累家庭财富。对比来看多套房产家庭，是否有未婚子女与家庭收入的交叉项也为负，但是有未婚子女对家庭消费的抑制作用并不显著，可能是家庭已拥有非自住房产，在性别比例失衡的环境中具有一定的竞争力，对未来买房等大额消费支出的预期相对较低，因而有未婚子女对当前家庭消费的影响较小。

一套房产家庭和多套房产家庭的现住房价值与家中是否有未婚子女对家庭消费的影响很小且均不显著，再次证明无论家庭拥有几套房产，现住房总是表现出其用于居住的生活必需品属性。多套房产家庭的非现住房产与家中是否有未婚子女对消费水平的影响也很小且不显著，其中家庭中有未婚女儿的多套房产家庭消费受到了一定的抑制作用，但不显著。对比以上实证结果，认为家庭中是否有未婚子女与住房资产没有直接关系，家庭中有未婚子女能够直接促进家庭消费，影响的渠道主要是通过将家庭收入转化为消费支出，对家庭住房资产影响不显著。

（五）结论

本节使用家庭追踪调查数据，在同一经验分析框架下对城镇居民家庭实物和金融资产以及人力资本对家庭消费水平的影响进行了详细的分析，同时考察了家庭中是否有未婚子女这一特殊因素对家庭资产和消费行为的影响。出于对家庭资产重要性的考虑，本节考察了资产中的住房资产、金融资产和生产性固定资产，并按照拥有住房数量将样本家庭划分为两类，对其消费影响因素进行分别分析。对于人力资本的衡量，本节不仅检验了教育资本，同时使用代理变量对健康资本对家庭消费水平的影响进行检验。针对家庭资产的检验中，本节还区别了家庭总资产和净资产对消费的影响，以求能够分析家庭贷款借款对消费行为的影响。主要的结论如下：

第一，家庭总资产对居民的消费水平有显著的促进作用，相比之下，家庭净资产对消费水平的促进作用虽然也很显著，但是明显小于家庭总资产的财富效应，表明城镇居民的借贷消费思想比较普遍，对负债对消费的负向影响并不敏感，借贷资金能够在一定程度上缓解居民受到的流动性约束，促进居民消费。家庭的可支配收入水平对消费具有显著的正向影响，消费习惯强度对居民的消费行为也有不同程度的正向影响。

第二，家庭资产中的住房资产对于消费的影响是不同的。将家庭按照拥有房产数量划分为两类，一类是拥有一套房产的家庭，另一类是拥有多套房产的家庭。二者进行对比可以得出，家庭的现住房产主要表现出生活必需的长期消费品性质，不具备投资品的属性，因而在家庭没有更换住房意愿的情况下，现住房产不具有财富效应，对居民消费水平没有影响；而对多套房产家庭来说，非现住房产具有显著的投资品属性，其财富效应非常明显，但非现住房产对促进居民消费的作用明显。家庭是否有未婚子女这一因素并没有使住房资产对消费行为的影响产生直接的作用。

第三，无论家庭拥有的房产数量是一套还是多套，家庭资产中的金融资产对于消费都具有显著的正向影响，且多套房产家庭金融资产的财富效应大于一套房产家庭，其消费对金融资产水平表现出更高的敏感程度。相比之下，一套房产家庭的消费水平主要依赖于可支配收入，可能是由于对收入有较稳定的预期。

第四，生产性固定资产作为家庭资产的组成部分，对居民消费水平表现出显著的促进作用，尤其是选取拥有生产性固定资产的家庭进行分析发现生产性固定资产的财富效应很明显，其对家庭消费的促进作用超过了金融资产和非现住房产。但是由于该种资产的家庭持有率偏低，总体来看生产性固定资产对消费的促进作用较低。

第五，本节检验了人力资本中的重要组成部分，即教育资本和健康资本对家庭消费水平的影响。分析表明教育资本对家庭消费具有显著的促进作用，但是这种作用受到其他家庭资产的影响，多套房产家庭的消费相对于一套房产家庭对于教育资本更加敏感。而健康资本对消费的影响则稳定得多，说明健康需求在家庭消费中具有一定的刚性。另外，家庭所处的生命周期阶段对家庭消费具有显著但程度较小的负向影响，即随着户主年龄的增加、家庭所处生命周期的发展，家庭消费水平有着缓慢的下降，储蓄水平有增加的趋势。

第六，家庭中有未婚子女从直接和间接两个方面对家庭消费水平产生影响。一方面，抚养未成年子女在家庭中属于“纯支出”，直接增加了家庭消费支出；另一方面，在性别比例失衡的社会背景下，家庭为了提高成年未婚子女在婚姻市场上的竞争力，也会抑制家庭消费、提高储蓄水平。未婚子女对家庭消费的抑制作用主要通过提高收入中用于消费的部分，对于家庭资产，尤其是房产的财富效应影响不显著。

二、家庭资产结构与消费倾向

近年来，随着中国经济的高速增长，居民家庭资产总量得以迅速增加。据中国社会科学院经济研究所收入分配课题调查数据显示，1995～2002 年，我国居民的人均财产从 12102 元增加到 25897 元（以 2002 年价格计算），8 年间增加了 1.14 倍。2014 年我国居民部门的净资产总额达到 231 万亿元，从 2002 年到 2014 年 10 年间增加了 5 倍，是同期居民部门可支配收入的 6.4 倍多①。按 2014 年总人口 13.68 亿计算，人均净资产 16.9 万元，分别为 1995 年和 2002 年人均财产的 14 倍和 6 倍多。伴随着资产存量的增加，我国居民的财产性收入也进入了快速增长阶段，从 1992 年的 1191.4 亿元增加到 2014 年的 2.2 万亿元，扣除价格因素之后，年均增长速度达到 9%，而近 10 年的增速更是高达 16%，远远高于同期人均收入的增长速度②。与此同时，由于居民理财意识的日益增强，中国居民的家庭资产构成也日趋多元。金融业竞争的加剧所带来的多样化投资渠道则进一步加速了这一进程。

居民家庭资产及其所产生的财产性收入直接影响到其在整个生命周期内资源禀赋的多寡，因而会对居民家庭的消费行为产生显著影响。不同形式的资产在其变现以可供用于购买消费品或服务时会有不同的交易成本，

① Wind 资讯数据库，下文居民部门资产存量数据均源于此。

② 笔者根据历年《中国统计年鉴》整理所得。

有可能导致运用传统的生命周期模型分析消费者行为时产生偏差。人们注意到，在我国居民家庭资产快速积累的近十几年期间，居民消费率快速下降了近 10 个百分点，2012 年下降到 37.1% 上下，近两年来略有回升①。消费需求的持续走低严重制约了我国经济发展方式的转型，同时也不利于国民经济的长期平稳发展。而近年来，流动性较高的金融资产在居民家庭总资产中的占比持续升高，金融资产占比从 2012 年的 40.3% 上升到了 2014 年的 40.7%，与之则伴随的是居民消费率从 37.1% 上升到了 37.9%，这在一定程度上表明，家庭资产结构有可能会影响居民的消费倾向。深入探究居民家庭资产究竟如何影响居民消费，对于从家庭微观视角构建提振我国居民消费的长效机制具有重要的意义。同时，中国居民的“低消费之谜”具有显著的中国特色，从居民家庭资产结构入手无疑为理解这一问题提供了一个有益的视角。

本节利用 CFPS（2012）微观调查数据，在考虑不同类型资产变现成本的基础上，将居民家庭总资产划分为两类，即流动性较高的资产和流动性较低的资产，并结合生命周期模型，对我国居民家庭资产结构与消费倾向之间的关系进行全面的探讨，以期更加深入地了解我国居民消费率的变动，为提振我国的消费需求提供相应的政策建议。本节的理论模型主要是从理论视角分析资产变现成本影响居民消费行为的内在机理，实证分析则直接检验家庭资产结构与居民消费倾向之间的关系。而家庭资产变现成本又与资产结构密切相关，因而本节的理论模型与实证分析可看作相互补充关系，共同分析资产结构对居民消费倾向的影响。

（一）文献综述

依据生命周期理论，居民的消费行为既与其收入的水平和轨迹相关，也与其资产拥有状况密切相关。为了实现跨期效用最大化，消费者可通过调整资产存量来平滑各期的消费。正如卡罗尔等（Carroll et al.，2014a）所指出的，上述推论均假定，消费者在资产存量的调整过程中并不存在任何成本，而现实中不同类型的资产在变现以供消费者购买消费品或服务时却面临着不同的交易成本。由此导致的理论预测与经济事实之间的偏差在近

① 也有学者或研究机构认为中国国家统计局有关居民消费率的数据低估了居民消费，按他们的估算，居民消费率，即居民消费占 GDP 的比重远高于国家统计局公布的 35% 上下（2012 年），而大约为 46% 上下。转引自 Economist，http：//www.economist.com/news/china/21574503 – consumption – china – may – be – much – higher – official – statistics – suggest – bottoms – up。

年逐渐引起了学术界的关注。

卡普兰和维奥朗特（Kaplan & Violante，2014）在研究美国2001年退税政策时发现，基于微观数据的大量实证检验普遍认为，居民对政府临时退税所得的边际消费倾向大约为0.2～0.4，而传统消费理论（如生命周期模型、理性预期模型和预防性储蓄模型等）对于这一参数的估计则接近于0。此外，实证研究还发现，居民对暂时性收入的边际消费倾向与收入的多少并无必然联系，相当一部分高收入者表现出与低收入者相同的边际消费倾向（Misra & Surico，2014；Johnson et al.，2006；Shapiro & Slemrod，2003）。为解释上述现象，卡普兰和维奥朗特（2014a）、亨特利和米凯兰杰利（Huntley & Michelangeli，2014）分别依据现实经济中各类资产变现的成本高低和收益率的大小，将居民的资产分为收益率较低且变现成本低的流动性较高的资产和收益率较高且变现成本也高的流动性较低的资产，建立了包含上述两类资产的生命周期模型，大幅缩小了理论预测与实证结果之间的差距，提升了理论模型对现实消费者行为的解释力。卡罗尔等（Carroll et al.，2014a，2014b）基于缓冲存货模型分析财富分布与边际消费倾向时采取了类似的策略，也发现资产的流动性差异会对居民消费产生显著影响。卡普兰和维奥朗特（2014）重点考察了拥有可观的财富但仅持有少量流动资产（包括现金资产）的美国家庭，发现该类家庭表现出与传统模型中受到流动性约束的家庭相类似的消费行为特征，即拥有一个较高的对暂时收入的边际消费倾向。这意味着引入资产变现成本实质上是通过扩大受到流动性约束的家庭的界定范围①，来提高理论模型中全体居民对暂时性收入的边际消费倾向，以缩小与实证研究的差距。卡普兰等（Kaplan et al.，2014）通过跨国分析进一步支持了上述结论。贾派利和皮斯特福瑞（Jappelli & Pistaferri，2014）通过对意大利居民微观调查数据的实证研究，也得到了类似的结论，即对于暂时性收入，资产流动性较低的家庭表现出较高的边际消费倾向，尽管这类家庭中资产总量的拥有情况会出现很大的差异。

我国经济正处于转轨时期，居民消费行为具有典型的中国特征，与发达经济体并不完全相同（臧旭恒等，2012）。针对我国居民家庭财富与消费的关系，不少学者研究了不同类型资产对居民消费影响的差异。如张大永和曹红（2012）基于中国家庭金融调查的微观数据研究发现，房地产财富

① 卡普兰和维奥朗特（2014a，2014b）所构造的包含了两类资产的生命周期模型中，将持有少量流动性较高的资产但同时又拥有流动性较低的资产的家庭，在短期内也看作受到流动性约束，这类家庭在传统理论模型中被视为不受流动性约束。

对消费的影响幅度大于金融资产，中等收入家庭消费的收入弹性最大，低收入家庭消费的各类财富弹性系数均最大。而陈训波和周伟利用“中国家庭动态跟踪调查（2008）”数据的实证分析发现，城镇居民的金融财富的边际消费倾向高于房地产财富。李涛和陈斌开（2014）区分和比较了家庭生产性固定资产和非生产性住房资产对居民消费的异质性影响，发现住房资产只存在微弱的“资产效应”，不存在“财富效应”，而家庭生产性固定资产具有明显的“资产效应”和“财富效应”。还有学者分别研究了金融资产或房地产资产对居民消费的影响（胡永刚和郭长林，2012；李剑和臧旭恒，2014；王柏杰等，2011；黄静和屠梅曾，2009；柴国俊和尹志超，2013），虽然得到的估计结果存在差异，但均认为各类资产对居民消费存在显著影响。而其他针对居民消费率和储蓄率的相关研究，往往没有重视家庭资产的影响，这有可能导致研究结论产生偏差（李晓嘉和蒋承，2014；沈坤荣和谢勇，2012；谢勇，2010）。

综上所述，居民家庭资产结构对暂时性收入的边际消费倾向的影响已得到了理论和实证结果的证实，但考虑不同类型资产的变现成本后，家庭资产结构对于居民的整体消费倾向会产生何种影响并未得到进一步的解释，对这一问题的探讨有助于全面了解一国宏观经济中居民消费率的变动。现有研究中关于家庭资产结构与居民消费之间关系的探讨多基于资产组合的“风险—收益”分析（臧旭恒和王立平，2006；吴卫星等，2010；周月书和刘茂彬，2014），鲜有考虑不同类型资产交易成本的存在对家庭资产结构及居民平均消费倾向的影响，本节的研究试图弥补该方面的不足。

（二）理论模型简介

本部分将一个简单的“消费—储蓄”决策模型与鲍莫尔—托宾（Baumol – Tobin）货币需求模型相结合，构建了一个包含流动性较低的资产和流动性较高的资产的双资产消费决策模型，用以分析家庭资产结构对消费倾向的影响。

在传统生命周期模型中，所有的资产在变现用于消费时不需要支付任何成本。然而，现实中流动性较高的资产和流动性较低的资产在变现时却具有差距悬殊的交易成本，因而在整个生命周期内，家庭有动机持有部分流动性较高的资产，并多次变现用以平滑各期消费，而且与持有流动性较低的资产而言，又不必支付较高的“变现”交易成本。假定家庭总资产 s_t

可分为流动性较高的资产 s_t^H 和流动性较低的资产 s_t^L，两者在总资产中的占比分别为 σ 和 $1-\sigma$，所对应的预期收益率分别为 R_t^H 和 $R_t^L(R_t^H < R_t^L)$。家庭在第 t 期内，会分多次变现资产用来消费，每次变现的金额平均为 K_t，那么第 t 期共需变现资产次 $\frac{c_t^T}{K_t}$。这里，c_t^T 为在 t 期家庭需用资产平滑的那部分消费。如果每次变现的交易成本为 b_t，那么 t 期内变现的总成本为 $\frac{b_t c_t^T}{K_t}$。对于流动性较高的资产，$b_t = b_t^H$；对于流动性较低的资产，$b_t = b_t^L$；在每一期内，均有 $b_t^H \leqslant b_t^L$。假定每次变现资产后，获得的现金均以均匀的速度支出，那么 t 期内家庭的平均手持现金额为 $\frac{K_t}{2}$。这里，假定在资产变现前家庭除拥有与正常消费流相当的“消费基金”外，不拥有任何手持现金。若变现资产的收益率为 R_t，那么家庭 t 期内用来变现资产的总成本 D_t 为：

$$D_t = \frac{b_t c_t^T}{K_t} + \frac{K_t R_t}{2} \tag{5-42}$$

显然，当家庭变现流动性较高的资产用以消费，所付出的成本最低。因而，式（5-42）中 $R_t = R_t^H$，$b_t = b_t^H$。通过求解成本最小化的一阶条件可得 t 期最优的变现金额为：

$$K_t^* = \sqrt{\frac{b_t^H c_t^T}{2R_t^H}} \tag{5-43}$$

这意味着每期流动性较高资产的持有量 s_t^H 应不低于 K_t^*，即 $s_t^H \geqslant K_t^*$。K_t^* 与流动性较高的资产每次变现的成本 b_t^H、家庭需用资产平滑的消费支出 c_t^T 成正比关系，与其自身的收益水平 R_t^H 成反比关系。为方便分析，不妨假定家庭在各期持有的流动性较高的资产的数量等于 K_t^*，即：

$$s_t^H = \sqrt{\frac{b_t^H c_t^T}{2R_t^H}} \tag{5-44}$$

那么流动性较高的资产占比 σ 可表示为：

$$\sigma = \frac{s_t^H}{s_t} = \sqrt{\frac{b_t^H c_t^T}{2R_t^H s_t^2}} \tag{5-45}$$

因而，在资产变现成本和资产收益率不变的情况下，σ 主要受家庭需用资产平滑的消费支出和资产总量二者相对变动的影响。假定家庭总消费 c_t 由需用资产平滑的消费支出 c_t^T 和不需用资产平滑的消费支出 c_t^P 两部分组成，且 c_t^T 与 c_t^P 近似成正比关系。与式（5－42）相关的一种接近现实的情况是，随着收入的增长，家庭总资产 s_t 的增长速度在初期较快，随后逐渐降低；而消费 c_t 在初期增长较慢，随后随着消费需求的逐步升级，增速逐渐提高。那么这就会导致 σ 随着收入的增加呈现出先减小后增加的 U 形变化轨迹。

此外，可求得家庭资产的整体预期收益率为：

$$R_t = \frac{s_t^H R_t^H + s_t^L R_t^L}{s_t^H + s_t^L} = R_t^L - \sigma(R_t^L - R_t^H) \tag{5-46}$$

因而，家庭总资产中流动性较高的资产的比重越高，家庭资产的整体预期收益率也越高。

假设家庭的效用函数为 CRRA 形式，各期收入、流动性较高的资产和流动性较低的资产的预期收益率均外生给定，则家庭的效用最大化问题可以表示为：

$$\max E_0 \sum_{t=0}^{\infty} \beta^t \frac{c_t^{1-\theta} - 1}{1-\theta}, 0 < \beta < 1, \theta > 0$$

$$\text{s. t. } c_t + s_t = (1-\delta)A_t,$$

$$A_{t+1} = s_t R_{t+1},$$

$$R_t \sim \text{iid}，A_0 \text{ 给定}$$

其中，β 为主观效用贴现率，θ 相对风险厌恶系数，A_t 为家庭在 t 期的可供使用的总财富（包括各类收入），R_t 代表家庭持有资产的整体收益率，δ 代表家庭持有各类资产的整体变现成本。

对于上述最优化问题，将 A_t 和 R_t 视作状态变量，s_t 和 A_{t+1} 视作控制变量。假定 $s_t = \gamma(1-\delta)A_t$，这是因为伴随着当期消费会产生 δA_t 的资产变现成本，需要从当期总财富中扣除。可以写出相应的贝尔曼方程：

$$V(A，R) = \max_s \left\{ \frac{[(1-\delta)A - s]^{1-\theta} - 1}{1-\theta} + \beta E[V(s\tilde{R}，\tilde{R}) \mid R，A] \right\} \tag{5-47}$$

将式（5－44）求关于的一阶条件，可得：

$$[(1-\delta)A - s]^{-\theta} = \beta E[V_1(\tilde{A}，\tilde{R})\tilde{R} \mid R，A] \tag{5-48}$$

再求出式（5－44）的包络条件：

$$V_1(A，R) = [(1-\delta)A - s]^{-\theta} \tag{5-49}$$

把 $s_t = \gamma(1-\delta)A_t$ 代入（5－46）式，整理得：

$$V_1(A，R) = [(1-\delta)(1-\gamma)A]^{-\theta} \tag{5-50}$$

相应地，可得：

$$V_1(\tilde{A},\ \tilde{R}) = [(1-\delta)(1-\gamma)\tilde{A}]^{-\theta} \tag{5-51}$$

将式（5-48）代入式（5-45），可得欧拉方程为：

$$[(1-\delta)A - s]^{-\theta} = \beta E\{[(1-\delta)(1-\gamma)\tilde{A}]^{-\theta}\tilde{R} \mid R,\ A\} \tag{5-52}$$

进一步整理，可得家庭消费的最优解为：

$$c_t = [1 - \delta - \beta^{\frac{1}{\theta}}(E[R_{t+1}^{1-\theta}])^{\frac{1}{\theta}}]A_t \tag{5-53}$$

可以看出，家庭资产的整体变现成本越低，整体预期收益率越低，那么家庭的消费支出越多。结合前文分析，不难发现，当家庭持有更多流动性较高的资产时（即 σ 较大时），会导致家庭储蓄资产的整体收益水平和整体变现成本的降低，进而会使得家庭增加消费支出。

（三）数据简介与变量分布特征

1. 数据简介

本节使用的数据来自北京大学中国社会科学调查中心提供的中国家庭追踪调查（CFPS）2012 年截面数据。该调查于 2010 年展开全国基线调查，覆盖了全国 25 个省级行政区 162 个县的 14798 户家庭，调查内容包含了家庭人口学变量、收入、资产等方面的信息，其分层多阶段的抽样设计使其样本具有较好的代表性。2012 年 CFPS 对 2010 年样本进行了追踪调查，相比于前者提供了更为详尽的关于家庭资产方面的信息。由于本节研究中引入了家庭金融资产及住房资产等变量，难以对不同年份上述资产价值做出可比性调整，加之前后两个年份的调查在家庭资产的分类口径上并不完全一致，因而本节仅采用 2012 年的截面数据，考虑到数据的完整性及极端异常值问题，经筛选共获得 9134 个样本。值得注意的是，在上述样本中，仅有 64% 的家庭平均消费倾向小于 1，有 36% 的家庭支出大于收入。这一方面可能是由于调查样本中部分家庭确实因日常生活负担过重（如大病医疗支出、子女教育负担等）出现了上述入不敷出的情形；另一方面，可能由于调查中，家庭对于消费支出的回答较为明确，而对于收入的回答中低报了收入或遗漏了部分隐性收入等①。但正常情况下，多数家庭的消费支出不会大于收入。因而，下文选择平均消费倾向小于 1 的 4903 个家庭作为基准样本进行分析，其余样本的消费行为特征将在稳健性检验部分进行讨论，以对本节的主要结论做进一步检验。基准样本主要变量的统计性描

① 本节还考察家庭的非房贷金融负债和房贷金融负债与平均消费倾向的关系，但发现二者均与平均消费倾向大体上呈现负相关关系，因而排除了借贷消费导致平均消费倾向过高的可能性。

述如表 5－27 所示。

表 5－27　　变量的统计性描述（样本容量：4903）

变量	含义	平均值	中位数	标准差	最小值	最大值
apc	消费倾向	0.52	0.51	0.26	0.01	1.00
c_total	人均消费（元）	9876.83	6550.67	15287.09	113.20	450000
c	人均非耐用品消费（元）	8143.40	6044.00	7788.93	113.20	110000
income	人均净收入（元）	18762.70	13070.86	26502.01	500.00	610000
gender	户主性别（男性＝1，女性＝0）	0.55	1.00	0.50	0.00	1.00
marriage	户主婚姻状况（已婚＝1，其他＝0）	0.90	1	0.50	0	1
edu	户主受教育年限（年）	7.14	9.00	4.82	0.00	22.00
age	户主年龄（周岁）	50.10	49.00	13.58	16.00	92.00
urban	户籍（城市＝1，农村＝0）	0.49	0	0.50	0	1
pension	养老保险人口比例	0.04	0.00	0.12	0.00	1.00
health	医疗保险人口比例	0.27	0.25	0.17	0.00	1.00
oldratio	老年抚养比（65 岁以上人口数/15～64 岁人口数）	0.13	0.00	0.34	0.00	2.00
childratio	少儿抚养比（15 岁以下人口数/15～64 岁人口数）	0.13	0.00	0.16	0.00	0.71
lnfinance	金融资产对数值	9.02	9.47	2.59	0.00	15.30
lnhouse	住房资产对数值	11.74	11.92	1.51	5.30	17.18
σ	流动资产占比	0.11	0.06	0.14	0.00	0.88

注：CFPS 中没有明确户主身份，本节将最熟悉家庭财务信息的个体视为户主。

本节把消费倾向定义为人均消费支出①与人均纯收入②之比。将流动性较高的资产占比定义为各类金融净资产（具体包括现金和金融机构存款、

① 具体包括食品、衣着、居住、医疗保健、交通通信、文教娱乐、日用品和其他等 8 项支出，不包括汽车、可办公类电器、家具和家电等支出。其中，居住支出包括水电费、燃料费、取暖费、物业费和房租。

② 具体包括工资性收入、经营性收入、财产性收入、转移性收入和其他收入。

政府债券、股票、基金、金融衍生品，并扣除各项金融负债）之和占总资产的比重。相应的，将流动性较低的资产占比定义为房产占总资产的比重。进一步，定义总资产由上面界定的流动性较高的资产和流动性较低的资产构成。通常情况下，家庭一般不会考虑把汽车、家电等耐用消费品用于投资或进行变现用于消费。因而本节中总资产不包含上述资产。由表 5－27 可知，2012 年样本中居民人均消费支出为 9876.83 元，人均净收入为 18762.70 元，样本总体平均消费倾向为 0.52。样本中城乡家庭数目较为接近，城镇户籍家庭占比为 49%；户主男女数目相近，平均年龄为 50 岁左右，多数已婚，平均受教育年限为初中水平。家庭资产在不同的家庭间差距巨大，而且家庭大部分资产以房产形式持有，流动性较高的资产占比的平均值为 11%。

2. 关键变量分布特征

本节主要研究家庭资产结构与居民消费倾向之间的关系，而资产结构有可能受到资产总量的影响，而资产总量作为存量指标又和作为流量指标的家庭收入联系紧密。因而，研究家庭资产结构对消费倾向的影响，有必要详细了解上述关键变量的分布特征。接下来，依资产总量五分位数将样本分为五组，各组内依流动性较高的资产占比的五分位数，进一步将每组样本细分为五组（依次分别记作 gr＝i，i＝1，2，3，4，5）。在上述分组策略的基础上，同时考察资产结构与消费倾向的变动规律，为后文实证分析提供依据，详见图 5－2 至图 5－5。

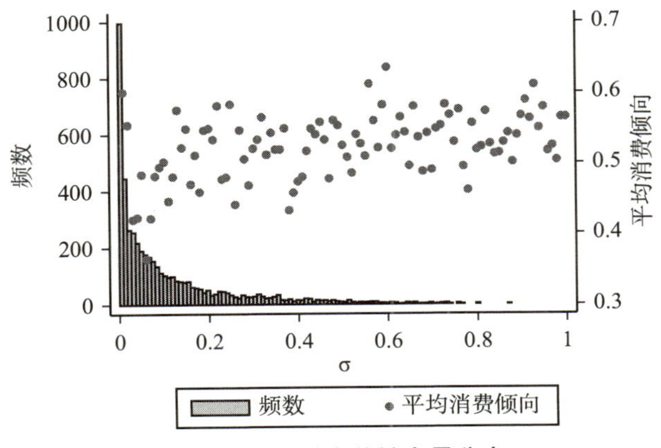

图 5－2　全样本关键变量分布

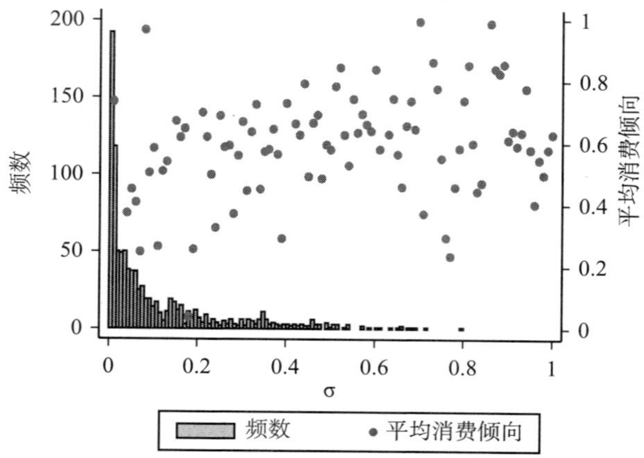

图 5－3　子样本（gr＝1）关键变量分布

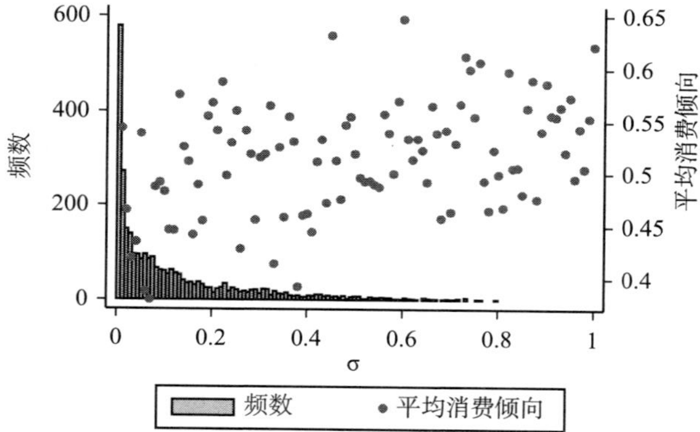

图 5－4　子样本（gr＝2，3，4）关键变量分布

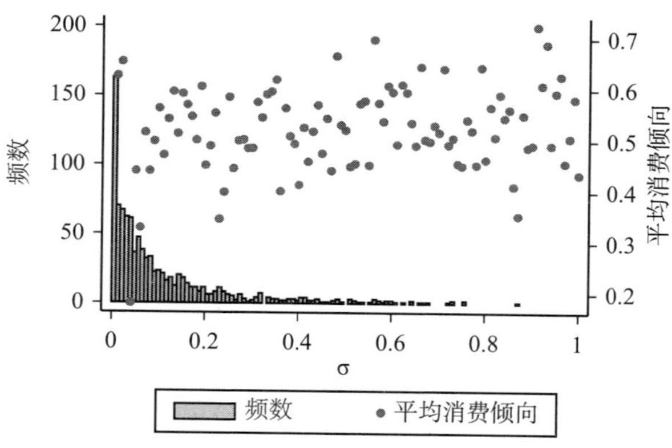

图 5－5　子样本（gr＝5）关键变量分布

上述各图中，主纵轴代表样本流动性较高资产占比σ的频数分布，对应的横轴代表流动性较高的资产占比；次纵轴代表对应样本在不同σ分位区间内消费倾向的平均值，对应的横轴为σ的百分位数①。图1为全样本流动性较高的资产占比与消费倾向分布图，图5－3至图5－5分别为子样本相关变量分布图，限于篇幅限制，将依据资产总量五分位数分组后的第二、第三、第四组相关变量的分布统一绘于图5－4中。

从样本数量的分布来看，随着σ的升高，样本整体及各组子样本均呈现类指数分布形态。随着资产总量的增加，各组内样本分布形态并未发生较大改变。这表明，资产总量的多少对家庭资产结构的影响并不明显，而且目前中国居民家庭更多的偏好于持有流动性较低的资产。从消费倾向的分布来看，消费倾向整体上随着σ的升高而逐步升高，并在横轴的两端呈现较大的异方差。随着总资产的增加，消费倾向的水平数值有所降低，异方差也有所减弱。这表明分布在σ数值区间两端的家庭样本，消费倾向存在较大的异质性，但这种异质性会随资产总量的增加而减弱。

由于资产总量及σ无法有效反映出家庭消费及资产配置状况随时间变化的趋势，而家庭收入则是一个动态增长的过程，因此，接下来将样本按照家庭人均收入的百分位数分成100组，并分别计算每组的流动资产占比的平均值，绘出流动性较高的资产占比与人均收入的关系图如图5－6所示。

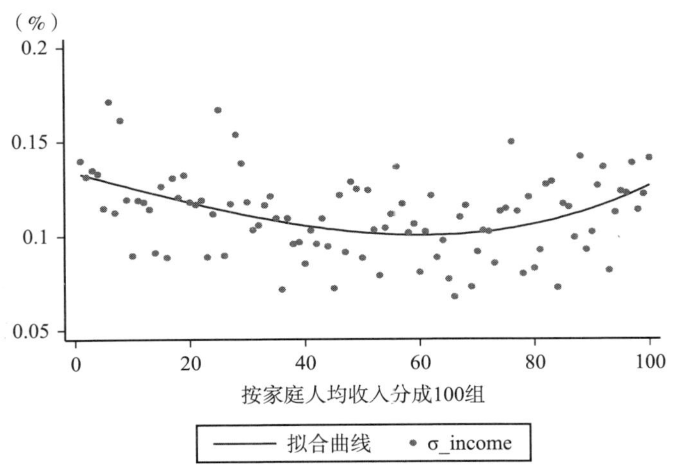

图5－6　流动性较高的资产占比与人均收入关系

① 此处首先计算出σ的百分位数，将对应样本分成100组，然后分别计算各组内样本的消费倾向的均值。因而，对应的横轴刻度应为0，1，…，100，为图形简洁起见，不再标出。

图5-6显示，样本流动性较高的资产占比在不同的收入水平上均呈现较明显的异方差，表明家庭的资产配置状况随收入的增加会呈现出多元化分布。但整体上看，随着人均收入的增加，流动性较高资产的占比近似呈现出先减小后增加的U形变化轨迹，与本节理论模型的预测相符。具体来讲，如果假定家庭在整个生命周期内为了获取最高的跨期效用之和，时刻需要在资产收益和资产流动性（即资产的变现成本）之间做出取舍（因为高收益资产往往变现成本较高，反之亦然），那么对于上述变量的分布特征，一个可行的解释是：随着家庭收入的增加，在初始阶段，家庭更加注重未来的消费，因而主要任务是积累财富，以提升整个生命周期的效用水平，此时家庭更愿意把财富以流动性较低的资产形式持有，以获取更大的资产收益。在这一阶段，资产的增值比资产的变现更为重要。随着收入的进一步增加和生命周期的推进，家庭更加注重现期的消费，此时适当地增加现期消费（反映在平均消费倾向提高）要比类似于上一阶段的投资于流动性较低的资产，所获得的总效用水平更高，即家庭为了维持现期消费水平，用收益较低但更易变现用于消费的流动性较高的资产代替流动性较低的资产。之所以发生这种转变可能和家庭的消费需求的升级有关，因为收入的持续增加往往会带来消费需求的升级。

值得注意的是，上述的分析是针对样本整体所表现出来的变化趋势，对于家庭个体来讲，会表现出较大的异质性，导致上述各图中异方差的出现。对于一个强烈偏好当期消费的家庭，即使在收入处于较低水平时，也有可能保留较大比例的流动性较高的资产，以方便现期消费；而对于一个追求较高财富总量的家庭，即使收入处于较高的水平，仍然会持有较多的流动性较低的资产，以获取更多的收益。此外，随着收入的增加，部分家庭的 σ 也有可能不会保持持续上升。这是因为随着收入的增加，当家庭面临收益相比之前收益更高而之前又无力购买的非流动性较低的资产时，有可能再次提升该类资产的存量，以获取较高收益来提升剩余生命周期的总效用。每一次这样的调整都会带来家庭 σ 的大幅波动，进一步导致异方差的出现。

（四）实证分析

基于前文的分析，本部分运用计量模型实证分析家庭资产结构对居民消费倾向的影响。实证回归模型如下：

$$apc_i = \beta_0 + \beta_1 \ln Y_i + \beta_2 \ln finance_i + \beta_3 \ln house_i + \beta_4 group_i + \beta_5 family_i + \varepsilon_i \tag{5-54}$$

其中，被解释变量为消费倾向 apc_i。lnY_i 为家庭收入变量的对数值，回归中分别采用了家庭人均净收入的对数值 $lnincome_i$ 以及持久收入 $lnpi_i$ 和临时性收入 $lnti_i$ 的对数值。$lnfinance_i$ 为家庭金融资产的对数值，$lnhouse_i$ 为家庭房产的对数值。$group_i$ 为分组虚拟变量，回归中分别采用了家庭流动性较高资产占比、家庭资产总量和户主年龄变量的五分位数。$family_i$ 为家庭特征变量，具体包括户主的性别、婚姻状况、受教育年限、年龄、家庭人口参与养老保险比例、家庭人口参与医疗保险比例、老年抚养比、少儿抚养比等。

在分析中，首先引入资产结构分组虚拟变量，分析资产结构对居民消费倾向的影响，作为基准回归结果。同时，分别采用稳健 OLS 回归和可行的广义最小二乘法控制异方差引发的估计偏差。其次，基于前文分析，考虑到流动性较高的资产占比在不同的分位数处可能对消费倾向产生不同的影响，采用分位数回归对变量关系的阶段性特征进行探究。最后，为检验结果的稳健性，分别对样本分城乡进行分析；同时对由于出现异常值而删除的样本个体的特征（包括收入水平、户主年龄、户主教育水平等）进行分析，探讨样本删除偏差的影响。

表 5 - 28 显示了各基准回归结果。关于持久收入和暂时收入的估计，与多数截面数据分析类似（沈坤荣和谢勇，2012；李晓嘉和蒋承，2014），采用研究中通常采用的戴南等（2004）的估计策略，利用户主特征和家庭人口学特征构建家庭的收入方程，用方程的预测值作为持久收入，残差值作为暂时收入。本节收入方程估计中使用的人口学变量包括户主的性别和政治面貌，家庭成员的平均年龄及平方项、平均受教育年限、工作人口比例等。

表 5 - 28　　基准回归结果（样本容量：4568）

解释变量	模型（Ⅰ）（稳健 OLS）		模型（Ⅱ）（FGLS）		模型（Ⅲ）（稳健 OLS）		模型（Ⅳ）（稳健 OLS）	
	系数	标准误	系数	标准误	系数	标准误	系数	标准误
lnincome	-0.201***	0.005	-0.201***	0.005	-0.199***	0.005		
lnpi							-0.114***	0.017
lnti							-0.208***	0.005
gender	-0.025***	0.007	-0.026***	0.007	-0.026***	0.007	-0.014*	0.007

续表

解释变量	模型（Ⅰ）（稳健 OLS）		模型（Ⅱ）（FGLS）		模型（Ⅲ）（稳健 OLS）		模型（Ⅳ）（稳健 OLS）	
	系数	标准误	系数	标准误	系数	标准误	系数	标准误
marriage	0.022 *	0.012	0.021 *	0.011	0.030 **	0.012	0.032 *	0.012
edu	0.004 ***	0.001	0.004 ***	0.001	0.004 ***	0.001	-0.001	0.001
age	-0.002 ***	0.000	-0.002 ***	0.000	-0.002 ***	0.000		
pension	0.143 ***	0.031	0.140 ***	0.028	0.141 ***	0.031	0.111 ***	0.031
health	0.220 ***	0.024	0.212 ***	0.023	0.217 ***	0.024	0.214 ***	0.024
oldratio	0.005	0.011	0.005	0.011	0.006	0.011	0.006	0.012
childratio	-0.086 ***	0.023	-0.086 ***	0.023	-0.083 ***	0.023	-0.097 ***	0.024
lnfinance	0.005 ***	0.002	0.005 *	0.003			0.009 ***	0.002
lnhouse	0.052 ***	0.003	0.052 ***	0.003			0.047 ***	0.003
c					0.096 ***	0.025	0.113 ***	0. -33
group2	0.131	0.013	0.012	0.013	0.046 ***	0.011	-0.009	0.010
group3	0.047 ***	0.015	0.043 ***	0.015	0.098 ***	0.011	-0.059 ***	0.010
group4	0.047 ***	0.016	0.044 ***	0.016	0.149 ***	0.012	-0.067 ***	0.011
group5	0.073 ***	0.018	0.070 ***	0.019	0.232 ***	0.012	-0.097 ***	0.014
Constant	1.761 ***	0.051	1.753 ***	0.051	2.315 ***	0.051	0.944 ***	0.148
R - squared	0.271		0.279		0.264		0.277	

注：***，**，* 分别代表估计结果在1%，5%和10%的水平上显著，下同。

模型（Ⅰ）、模型（Ⅱ）中的分组虚拟变量 group 按家庭流动性较高资产占比 σ 的五分位数分组获得，具体的，如 group2 代表分组变量第 1 个分位数和第 2 个分位数之间的样本所在的组；与之类似，模型（Ⅲ）、模型（Ⅳ）中的分组虚拟变量 group 分别按家庭资产总量和户主年龄变量[①]的五分位数分组获得。其余变量含义参见表 5 - 27，模型（Ⅰ）、模型（Ⅲ）、模型（Ⅳ）均为稳健 OLS 回归，模型（Ⅱ）为 FGLS 回归。

对比模型（Ⅰ）、模型（Ⅱ），不难发现稳健 OLS 和 FGLS 的估计结果

① 模型（Ⅳ）中的分组虚拟变量 group1 ~ group5 分别代表户主的年龄是否落在 16 ~ 39 岁、40 ~ 46 岁、47 ~ 54 岁、55 ~ 62 岁、63 ~ 92 岁之间。各组的界点由户主年龄变量的五分位数确定，因而各组样本容量相同，避免了样本容量差异所导致的估计偏差。

在数值上仅存在微小的差别，这表明本节的估计结果较为稳健。考虑到稳健 OLS 回归在不确定条件方差函数形式的情形下仍然可以得到对系数和标准差的一致估计，而 FGLS 的估计效力依赖于对条件方差函数形式的准确设定，因而采用稳健 OLS 的结果分析。具体来看，随着家庭人均净收入的增加，会导致消费倾向显著降低。具体来看，人均收入增长 1% 将导致消费倾向降低 0.2 个百分点。户主年龄的增加会降低家庭的消费倾向，但影响较小；男性户主的家庭相比于女性户主的家庭，消费倾向要低 0.025 个百分点；结婚家庭的消费倾向相比不结婚家庭高 0.022 个百分点。受教育年限的提高，拥有养老保险和医疗保险均能显著提升居民的消费倾向。教育年限的提高表明家庭人力资本积累更为充足，更有可能在劳动力市场上获得较高收入的职位，因而消费会增加。而养老保险和医疗保险可以降低家庭未来支出的不确定性，进而降低预防性储蓄动机，提高消费倾向。老年抚养比对消费倾向的影响并不显著，而少儿抚养比的系数均为负，这表明家庭少儿抚养人口的增加会显著增加家庭的预防性储蓄动机，人口老龄化尚未对消费倾向产生影响。家庭金融资产和住房资产均对消费倾向具有显著的促进作用，二者各增加 1% 分别会使消费倾向提升 0.005 个和 0.052 个百分点。

对于分组虚拟变量，基准回归模型（Ⅰ）中以第一组样本作为参照，回归结果中只有第二个百分位分组的虚拟变量 group2 的系数不显著。不难发现，随着流动性较高资产占比的提升，σ 对消费的促进作用也不断增加，这与图 5－2～图 5－5 所示情形相符。流动性较高资产占比对消费倾向存在显著的影响，还表明估计结果中金融资产和房产变量的系数只能作为样本整体的平均估计值，二者相对比例的变化同样会引起消费倾向的波动。因而，如果在实证分析中不考虑资产结构变动对消费倾向的影响，有可能带来估计上的偏差。

模型（Ⅲ）将样本按照家庭资产总量的五分位数分成五组，因而对应的虚拟变量含义与其他模型不同。结果显示，随着资产总量的增加，资产总量对消费倾向的促进作用也逐步增大。这表明，家庭资产的总量和内部结构变化均会对消费倾向产生影响，实证估计得出的金融资产和房产的系数只能视为样本整体在现有资产总量和资产结构下的一个平均值，随着家庭资产总量的增长和内部结构的变化，相应的估计系数也会发生显著的改变。

模型（Ⅳ）将收入分为持久收入和暂时收入，同时引入了流动性较高资产占比与两类收入和两类家庭资产的交叉项，以检验资产结构对消费倾向的影响渠道。由于各交叉项的系数均不显著，此处结果中不再列示，表明资产结构只会通过资产变现成本来影响消费倾向。此外，模型（IV）的分组虚拟变量分段考察了户主年龄对消费倾向的影响。结果显示，当户主年龄较为年轻时（处于第一组中），平均消费倾向位于整个生命周期的最高点，而随着户主年龄的增加，家庭的消费倾向会逐步降低。这是因为，在家庭生命周期的初期，家庭收入较少，因而平均消费倾向较高。随后随着收入的增加，虽然消费需求也在增加，但随着家庭新增加了青少年人口以及老年人口，在这个时候家庭往往有更强的预防性储蓄动机，相比于上一时期，虽然消费和收入的总量有了较大提高，但收入中用于消费的比例却有所下降。当家庭步入中老年阶段，虽然中老年家庭的医疗养老支出较多，但中国的老年家庭往往有很强的遗赠动机，同时更易受到节俭等传统文化的影响，因而平均消费倾向相比于之前各期进一步降低。

前文的分析表明不论是家庭资产的总量还是家庭资产的结构，对家庭消费倾向的影响均会随着资产总量或资产结构的变化而呈现出差异化。为了进一步检验上述结论，接下来采用分位数回归，一方面能够刻画本节所关注的解释变量对在消费倾向不同数值分位处的影响差异，更为全面地了解家庭资产结构对消费倾向的影响；另一方面分位数回归较之于OLS，能够有效地克服极端数值的影响，得出的结果也更为稳健，结果如表5－29所示。

表5－29　　分位数回归（样本容量：4568）

解释变量	1/5 分位数		2/5 分位数		3/5 分位数		4/5 分位数	
	系数	标准误	系数	标准误	系数	标准误	系数	标准误
lnpi***	－0.091***	0.021	－0.105***	0.024	－0.127***	0.025	－0.131***	0.033
lnti***	－0.184***	0.007	－0.221***	0.007	－0.245***	0.007	－0.235***	0.007
gender	－0.008	0.009	－0.221**	0.009	－0.016*	0.009	－0.010	0.013
marriage	0.046***	0.011	0.046***	0.012	0.263	0.018	－0.014	0.027
edu	－0.001	0.002	0.001	－0.001	－0.002	0.002	－0.003	0.002
age***	－0.002***	0.000	－0.003***	0.000	－0.003***	0.000	－0.003***	0.001
pension*	0.122***	0.044	0.144***	0.052	0.163***	0.042	0.163***	0.046
health***	0.243***	0.031	0.248***	0.031	0.248***	0.029	0.203***	0.044
oldratio	0.026*	0.014	－0.002	0.013	0.001	0.014	0.008	0.022

续表

解释变量	1/5 分位数		2/5 分位数		3/5 分位数		4/5 分位数	
	系数	标准误	系数	标准误	系数	标准误	系数	标准误
childratio ***	-0.114 ***	0.029	-0.084 ***	0.030	-0.127 ***	0.034	-0.154 ***	0.043
lnfinance	0.007 ***	0.002	0.008 ***	0.002	0.007 ***	0.002	0.011 ***	0.003
lnhouse ***	0.046 ***	0.004	0.050 ***	0.004	0.055 ***	0.003	0.052 ***	0.005
σ **	0.128 ***	0.037	0.121 ***	0.043	0.122 ***	0.047	0.126 ***	0.052
Constant	0.582 ***	0.187	0.851 ***	0.191	1.137 ***	0.208	1.378 ***	0.287
Pseudo R^2	0.1639		0.1789		0.1778		0.1424	

注：标准误由自助抽样法得到，重复次数为400。变量后的 ***，**，* 代表该变量对应的系数在对应的4个分位数回归中分别在1%，5%和10%的水平上不完全相等。

可以看出，大部分变量对消费的影响在各分位数处均显著，各系数在各分位数处的差别程度并不相同。具体来看，随着分位数的增加，不论是持久收入还是暂时收入，系数均为负且绝对值逐渐增大，与边际消费倾向递减规律的预测相符。金融资产和房产对消费的影响也有增大的趋势，但数值上差别并不明显。家庭人口特征变量（户主性别、婚姻状况、受教育年限、户主年龄）等在各分位处对消费的影响有所差异，但变化不大。养老保险人口比例和医疗保险人口比例对消费的影响均为正，数值随分位数的变化并不明显。老年抚养比对消费的影响只在1/5分位数处显著，这是因为只有家庭步入中老年时期，老年抚养比的影响才会逐步显现，而这一时期的平均消费倾向显著低于之前的阶段。少儿抚养比的系数为负，整体上看，其绝对值随分位数的增加而增大。这是因为少儿抚养比对消费的影响在家庭的中青年阶段最为明显，而这一阶段的消费倾向处于整个生命周期的较高水平。不难发现，老年抚养比和少儿抚养比系数的变化，与基准回归中关于消费倾向随年龄变化的估计结果完全一致。

流动性较高资产占比的系数为正，而且在分位数的两端（1/5和4/5分位数处）要比中间分位数处的数值略大（约0.6个百分点），但总体上看与基准回归中的结果十分接近。这表明消费倾向在低数值区间和高数值区间受σ的影响更大。这意味着，如果流动性较高资产占比从较小的数值水平开始增大，那么其对消费的促进作用会表现为“先减小后增大”的动态变化轨迹。我国当前流动性较高的资产占比明显低于发达经济体，这一方面和我国资本市场不健全相关，另一方面也受居民旺盛的住房需求的影响。

随着我国多层次资本市场的逐步健全，居民家庭资产的流动性也将逐步提高，我国政府应采取多重措施加快家庭资产结构的调整和优化，有效释放居民的消费潜力。

（五）稳健性检验

1. 分城乡

由于中国的城乡之间差异较大，为检验前文实证结果的稳健性，此处对样本分城乡分别进行回归，并与前文结果进行对比，结果如表 5 - 30 所示。

表 5 - 30　　分城乡检验

自变量	城市		农村	
	系数	标准误	系数	标准误
lnincome	-0.193***	0.007	-0.220***	0.007
gender	-0.027***	0.010	-0.008	0.009
marriage	0.008	0.017	0.046***	0.017
edu	0.005***	0.001	0.001	0.001
age	-0.001***	0.000	-0.003***	0.000
pension	0.093***	0.035	0.171**	0.069
health	0.150***	0.032	0.289***	0.036
oldratio	0.005	0.015	-0.007*	0.015
childratio	-0.095***	0.034	-0.071**	0.031
lnfinance	0.006***	0.004	0.003	0.003
lnhouse	0.047***	0.005	0.040***	0.004
group2	0.014	0.019	0.009	0.017
group3	0.040*	0.021	0.047**	0.020
group4	0.037	0.023	0.053***	0.023
group5	0.064***	0.027	0.078***	0.025
Constant	1.742***	0.071	2.070***	0.081
样本容量	2187		2381	
R - squared	0.244		0.311	

注：标准误由自助抽样法得到，重复次数为 400。变量后的 ***，**，* 代表该变量对应的系数在对应的 4 个分位数回归中分别在 1%，5% 和 10% 的水平上显著。

具体来看，各主要变量系数的符号均与基准回归相一致。城市家庭人均年净收入和住房资产的系数与农村家庭相近，但城市金融资产的系数是农村家庭的2倍，而且农村家庭的这一系数并不显著，这主要是由于农村家庭相比于城市家庭较少参与到金融市场当中，因而金融资产的财富效应并未得到有效发挥。城市户主的受教育年限系数显著为正，而农村样本则不显著，且远小于城市样本，这很可能由于农村户主整体受教育水平要低于城市户主，且多为初中以下文化水平，教育的人力资本效应并未显现出来，因而对消费倾向的影响也不显著。从衡量不确定性的相关变量来看，农村家庭受不确定性的影响要大于城市家庭。城乡样本的分组虚拟变量变化趋势与基准回归中揭示的规律相一致，随着流动性较高资产占比的提升，家庭消费倾向也会逐步变大。但城市样本分组变量的系数整体上要略低于农村样本，这是由于城市样本人均收入水平要高于农村样本，对应着流动性较高资产占比的水平也要低于农村样本（如图5－6所示），而上述实证已揭示σ与消费倾向之间存在着正相关关系，因而导致了上述现象的发生。这进一步支持了上文的实证结果。

2. 样本筛选偏差分析

考虑到异常值可能带来的影响，在上述分析中只选择了平均消费倾向小于1的样本。但现实中少数极困难家庭的存在，则有可能导致部分家庭出现“入不敷出”，即在一定时期内平均消费倾向大于1的情形。此外，家庭瞒报或者低报收入也有可能导致平均消费倾向大于1。但一般而言，平均消费倾向大于10的情形十分异常，而且从概率分布密度函数来看，此时的样本分布变得十分分散，因而对于该部分样本本节不再考虑。

诚然，对于入不敷出的家庭而言，当期收入才是影响其消费的最为重要的因素，这类家庭可能不上资产结构（因为可能没有资产积累）的影响。但为了更为全面地考察本节的样本筛选是否会带来严重的选择偏差，进而影响到结论的一般性和适用性，此处对删除样本和未删除样本主要变量的统计学特征做进一步分析，如表5－31所示。

表5－31　　删减样本与未删减样本主要变量统计学描述

变量	变量含义	删减样本（apc＞1）			未删减样本（apc≤1）		
		样本容量	平均值	中位数	样本容量	平均值	中位数
income	人均净收入	3029	6437	4550	6111	17936	12530
edu	户主受教育年限	3029	6.210	6	6110	6.950	9

续表

变量	变量含义	删减样本（apc >1）			未删减样本（apc≤1）		
		样本容量	平均值	中位数	样本容量	平均值	中位数
eduave	平均受教育年限	3029	5.990	6	6111	7.140	7.200
age	户主年龄	3029	50.14	49	6111	49.50	49
ageave	平均年龄	3029	48.10	45.50	6111	45.08	42.50
urban	户籍	3029	0.380	0	6111	0.430	0
childratio	少儿抚养比	3029	0.140	0	6111	0.130	0
oldratio	老年抚养比	2672	0.150	0	5703	0.130	0
c_total	人均消费	3029	12604	9260	6111	9674	6480
c	人均非耐用品消费	3029	11525	8770	6111	7986	5944
food	食品支出	3029	18638	15600	6111	13291	10400
dress	衣着支出	3029	1891	1000	6111	1956	1000
house	居住支出	3029	2475	1680	6111	2215	1620
daily	日用品支出	3029	4652	1100	6111	6941	1200
med	医疗保健支出	3029	4690	1500	6111	2651	1000
trco	交通通信支出	3029	3277	1800	6111	3198	1800
eec	文教娱乐支出	3029	4622	660	6111	3327	500
other	其他支出	3029	2787	0	6111	1291	0

注：样本此处容量与实证分析时使用样本容量的差异由所用变量得数据完整性造成。

从表面上看，删减样本平均消费倾向较高的原因主要在于家庭人均收入远低于未删减样本（仅为后者的1/3多），而人均消费支出又是后者的1.3倍多。具体来看，删减样本的户主受教育年限和家庭人口平均受教育年限均比未删减样本短，这表明删减样本家庭可能由于人力资本的匮乏导致收入水平的低下。从户主年龄和家庭人口平均年龄来看，未删减样本家庭更为年轻，少儿抚养比和老年抚养比要低于删减样本家庭，这导致删减样本家庭中的非劳动人口较多，进而提高了消费倾向。此外，删除样本农村户籍家庭占到62%，而未删除样本的这一比例为57%，这表明农村家庭更有可能出现较为严重的“入不敷出”情形。从分项消费支出对比来看，删除样本的食品支出、医疗保健支出、文教娱乐支出和其他支出要显著高于未删除样本1.5~2倍。这和两类家庭的人口年龄结构密切相关，较高的少儿抚养比和老年抚养比直接推高了医疗保健支出和文教娱乐支出。而农村家庭享受的社会保障体系不完善也进一步加剧了删除样本家庭消费倾向值的异常。为探究上述异常值样本对本节实证结果的具体影响，接下来对全体样本进行分位数回归，结果如表 5－32 所示。

表 5－32　　全样本分位数回归结果（样本容量：7138）

解释变量	1/5 分位数		2/5 分位数		3/5 分位数		4/5 分位数	
	系数	标准误	系数	标准误	系数	标准误	系数	标准误
lnpi ***	－0.317 ***	0.023	－0.453 ***	0.026	－0.627 ***	0.039	－0.975 ***	0.061
lnti ***	－0.415 ***	0.007	－0.576 ***	0.016	－0.771 ***	0.022	－1.130 ***	0.035
pension *	0.263 ***	0.048	0.362 ***	0.049	0.420 ***	0.065	0.585 ***	0.152
health ***	0.493 ***	0.040	0.613 ***	0.052	0.730 ***	0.059	1.000 ***	0.104
oldratio	0.011 *	0.015	0.008	0.029	0.004	0.036	0.045	0.074
childratio ***	－0.198 ***	0.038	－0.334 ***	0.046	－0.530 ***	0.062	－0.941 ***	0.119
lnfinance	0.013 ***	0.003	0.016 ***	0.004	0.013 ***	0.004	0.012 ***	0.008
lnhouse ***	0.075 ***	0.004	0.095 ***	0.006	0.126 ***	0.006	0.170 ***	0.011
σ **	0.174 ***	0.052	0.221 ***	0.065	0.488 ***	0.089	0.956 ***	0.177
Pseudo R^2	0.1705		0.2052		0.2421		0.3256	

注：户主特征变量系数与之前差别不大，此处不再列示。

可以看出，各变量系数的符号均未发生改变，但系数的绝对值均随分位数的增加而变大。表 5－32 中各分位数处消费倾向的数值依次为 0.36、0.61、0.95 和 1.53，可见基准回归中被删减的样本集中于消费倾向的 3/5 分位数右侧，而且极端值样本则落在消费倾向的 4/5 分位数右侧。整体来看，消费倾向越大的样本收到各变量的影响也敏感，这与表 5－32 所揭示的异常值样本多为低收入家庭，预防性储蓄动机较强等结论相一致。对于 σ 的系数，则从 1/5 分位数处的 0.174 增加到 4/5 分位数处的 0.956。而基准回归中各变量在各分位数处的回归系数则呈现出了较强的稳健性，未出现随分位数的增加而大幅变动的情况。

此外，值得注意的是，由于人们也有可能因为需要消费才决定持有相应数额的流动性较高的资产，即家庭资产结构会影响到居民的消费决策，反之亦然，由此则会导致内生性的存在。为此，本节尝试使用家庭人均收入、家庭金融资产和住房资产等作为工具变量（由图 5－6，人均收入与 σ

相关，但不受消费倾向的影响）进行回归分析，结果中一方面对 σ 的系数并未产生实质性影响，另一方面，引入上述工具变量后 σ 的系数不再显著，限于篇幅原因不再列示。因此，对于本节所涉及的内生性问题仍需进一步探讨。

（六）结论及政策建议

本节基于 CFPS 数据，把不同类型资产的变现成本引入到了家庭消费决策的分析中，将家庭资产区分为流动性较高的资产和流动性较低的资产两种类型，构建了一个简单双资产消费决策模型，并通过实证研究发现中国居民家庭资产结构对消费倾向有着显著的影响。与已有研究关注边际消费倾向不同，本节将家庭不同资产的变现成本引入到了对家庭平均消费倾向的分析中。在考虑不同资产的变现成本的前提下，由于不同类型资产的变现成本及预期收益率存在着差异，家庭在整个生命周期内使用不同类型的资产平滑消费时会面临着不同的机会成本。因而家庭资产结构有可能对家庭的消费决策产生影响。

本节研究发现，当家庭持有更多流动性较高的资产时，会导致家庭储蓄资产的整体收益水平和整体变现成本降低，进而会使得家庭增加消费支出。从样本整体来看，流动性较高的资产占比每增加 1 个百点，家庭的平均消费倾向会增加 0.11 个百分点；随着家庭流动性较高的资产占比的增加，其对消费的促进作用也会显著增加。对基准样本的分位数回归结果显示，各变量系数随分位数的增加，变化很小，具有较高的稳健性。分城乡样本的回归分析则进一步支持了上述结论。此外，对包含异常值样本在内的全样本进行分位数回归后，结果显示，在消费倾向的较高数值区间，各主要变量对消费倾向的影响均变得十分敏感，这表明本节实证分析的结果对异常值较为敏感。

本节的研究表明，随着未来我国家庭资产总量的进一步扩张以及资产结构的日趋多元，家庭资产总量以及资产结构将在居民消费决策的过程中发挥越来越重要的作用。当前，我国经济正处于发展转型的关键时期，从家庭微观视角上构建扩大居民消费需求的长效机制，对于转型时期国民经济的稳定健康发展具有重要意义。依据本节的研究，流动性较高的资产占比的提升能够显著提升家庭消费。而与发达经济体相比，我国家庭资产的流动资产占比明显偏低（甘犁，2013）。因而，伴随着我国资本市场的进一步发展，快速促进流动资产占比的进一步提升，有助于构筑扩大居民消费需求的微观基础。基于此，政府首先应当通过进一步促进资本市场的发展，增强金融市场的竞争，为家庭提供种类更为丰富、“期限—收益”搭配多样化的可投资资产，改变以房产为代表的不动产在家庭资产中占比过大的局面；其次，在利率市场化改革深入推进的背景下，降低国有金融机构的垄断地位，通过降低社会金融服务的整体资费水平，减少居民各类资产变现的机会成本，提高其流动性，进而促进消费倾向的提升；再次，应在合理监管的前提下，促进互联网金融产业的发展，为居民提供更为便捷、高效的金融服务，通过不断提升居民家庭流动资产占比，在长期内促进居民消费倾向的提高。

第四节　家庭财富、消费异质性与消费潜力释放

一、问题的提出与文献综述

（一）问题的提出

随着我国经济的快速增长，居民家庭财产也得以迅速积累。数据显示，1995～2012年，我国家庭人均财产存量由1.8万元增加到18.1万元（以2012年价格计算），年均增长14.5%。家庭财产及其所产生的财产性收入，在家庭消费决策中的影响愈发显著。与此同时，我国居民的消费率呈现出快速下降趋势，从1996年的47.7%快速下降到2011年的35.7%，下降了12个百分点[①]。《中共中央关于全面深化改革若干重大问题的决定》中，明确提出要“多渠道增加居民财产性收入”，家庭财产总量随之也将进一步增加。深入探究家庭财产与居民消费之间的关系，对于“新常态”下构建经济增长新动力，促进经济的平稳转型具有重要的意义。

目前，由于我国资本市场发育并不完善，居民可选择的有效投资途径有限，财产性收入获取渠道狭窄，家庭资产构成缺乏多样化，2014年我国家庭的住房资产占到总资产的71%，而同期美国家庭的这一比例不到30%。美国自20世纪70年代末开启利率市场化以来，居民家庭金融资产的形式也

① 笔者根据国家统计局相关数据整理所得。

发生了显著变化，现金和银行存款在金融资产中的比重由20世纪70年代的20%以上下降到了目前的13%左右，而同一时期的居民消费率平稳上升了近8个百分点。[①] 由此推测，利率市场化所推动的家庭资产多元化与居民消费率的变动很可能存在着一定的联系。依据生命周期理论，家庭可通过变现资产来平滑消费支出，以达到整个生命周期内的效用最大化。然而整体上看，由于可选资产种类单一，我国居民家庭资产流动性水平较低，在变现时需要支付较高的交易成本，这与生命周期理论所假设的资产变现“零”成本的情形相去甚远。近年来随着房地市场的持续升温以及居民储蓄利率始终维持在较低水平，因而，可大致将我国居民的家庭资产划分为“低变现成本、低收益”的金融资产（以商业银行存款为主）和“高变现成本、高收益”的住房资产。上述二元资产结构及相应的资产变现成本的存在，会导致部分家庭为追求未来较高的资产收益而减少现期消费支出。同时，现实经济中广泛存在的资产变现成本也会减少家庭的资源禀赋，进而降低家庭在整个生命周期内的消费水平。因而，拥有不同数量财产及财产结构不同的家庭，有可能遵循形状迥异的生命周期消费轨迹，由此产生较为显著的消费异质性。当家庭持有充足的资产，但因交易成本的存在而不愿用以平滑消费时，这类家庭就会表现出与传统模型中受到流动性约束的家庭相一致的行为特征。

当前，我国利率市场化进程快速推进，金融业竞争日益加剧，在可预见的未来内，我国居民资产将逐步改变目前“房产独大”的单一局面，非存款类金融资产的占比会进一步提升。深入探究当前背景下异质性消费群体的行为特征，对于“新常态”下构建扩大居民消费的长效机制，寻求经济增长的新动力，显得尤为重要。本节基于RCK模型，探讨当前家庭所处金融环境所引致的消费异质性对居民消费和经济增长均衡路径的影响。在此基础上，借助CFPS微观数据对我国居民中异质性消费者比例进行估计，并实证研究该类群体的消费行为特征及其对我国收入分配政策效果的影响。

（二）文献综述

异质性消费者的概念最早由坎贝尔和曼昆（Campell & Mankiw，1989）提出，他们将消费者外生设定为两类，一类消费者称为“李嘉图式消费者”，另一类消费者称为“非李嘉图式消费者”，即异质性消费者。异质性

① 笔者根据国家统计局相关数据整理所得。

消费者的提出，有效地解释了消费过度敏感性问题。同时，相比于传统消费行为理论的同质消费者假定，异质性消费者的假定与经验数据也更为相符（Mankiw，2000），一系列的实证研究进一步支持了“非李嘉图式消费者”的存在（Chyi & Huang，1997；Himarios，2000）。“非李嘉图式消费者”的引入对政府财政政策和货币政策的效果评估也产生了显著的影响（Galí et al.，2005；Morita，2015；Natvik，2012）。

对于“非李嘉图式消费者”的产生机制，主要沿着两个方向展开。其一，认为该类消费者面临着流动性约束，仅拥有少量的资产或者没有资产，同时缺乏从资本市场获得信贷的渠道，因而无法实现消费的跨期动态优化（Zeldes，1989）。其二，从“有限理性”及信息不完全的约束出发，对“短视”性消费行为的产生进行解释。例如，现实中的消费者很难准确评估终生财富的价值，同时跨期的动态优化求解往往具有较大难度，导致其计算出跨期消费路径与理论上的最优消费路径存在较大的误差（Blanchard，1985；Kotlikoff et al.，1988；Lettau & Uhlig，1999）。此外，现实中消费者在进行最优决策获取最大化效用时，还需要支付信息搜集成本，收益与成本的权衡会导致消费者的最优消费路径偏离理论上的最优消费路径，导致“非李嘉图式消费者”的出现（Krusell & Smith Jr.，1996；Love，2013）。

依据异质性消费者理论，美国政府多次推出“退税”政策，用以刺激私人消费。以美国2001年退税政策为例，大量基于微观数据的实证检验发现居民对政府临时退税所得的边际消费倾向大约为0.2～0.4（Misra & Surico，2014；Johnson et al.，2006；Shapiro & Slemrod，2003）。依据传统的同质性消费模型的估计，居民对临时收入的边际倾向接近于0。因而，必须引入有足够数量的“非李嘉图式消费者”才能缩小理论预测与实证结果之间的差距。但遗憾的是，即使包含异质性消费者的预防性储蓄模型和流动性约束模型仍无法“产生”足够的“非李嘉图式消费者”。卡普兰和维奥朗特（Kaplan & Violante，2014a）、亨特利和米凯兰杰利（Huntley & Michelangeli，2014）在此方面做出了开创性研究。他们将传统生命周期模型中家庭所持有的资产分为“高流动性、低收益”的流动性较高的资产和“低流动性、高收益”的流动性较低的资产，两类资产在家庭变现用以消费时均需支付交易成本，流动性较高的资产的变现成本要远低于后者。如此一来，家庭在跨期决策时还需要权衡变现资产用以平滑消费的收益和成本，导致一部分家庭资产整体流动性较低的家庭在短期内也可被视为受到流行性约束。通过这种方式，使得传统单资产模型中的相当一部分“李嘉图式消费者”

转变为“非李嘉图式消费者”，称之为“富裕型非李嘉图式”消费者，而传统模型中收到流动性约束的消费者称之为“贫困型非李嘉图式”消费者。这表明，资产结构和资产变现成本会对居民的消费行为产生显著影响，已引起学界关注（Carroll et al.，2014；Jappelli & Pistaferri，2014）。与之类似，斯蒂格利茨（Stiglitz，2015）在新古典经济增长理论的基础上构建了一个将居民分为资本家和工人的分析框架，在消费异质性的基础上进一步衍生出资本积累的异质性，更为全面地考察了财产的积累对家庭决策的影响。不难发现，异质性的引入在未来将进一步改写经济学的分析框架。

我国学者对异质性消费者的关注较少，已有研究或多基于宏观数据探讨我国居民的消费行为特征，如受到流动性约束（臧旭恒和裴春霞，2007）、城乡差异显著（唐绍祥等，2010）、具有短视性等（王曦，2002；叶海云，2000），或借助微观数据定量探讨家庭资产与居民消费之间的关系（陈训波和周伟，2013；李涛和陈斌开，2014），鲜有关于二者之间内在作用机理及家庭财富所引致的消费异质性的研究，而在我国家庭财富迅速积累的背景下，这一研究对于准确把握我国居民消费行为特征，评估内需管理政策十分重要，本节尝试弥补该方面的不足。

二、理论及模型简介

本部分以RCK模型为基础，在考虑传统“资本投入型”增长路径的前提下，构建一个包含“双资产”（即“高流动性、低收益”的流动性较高的资产和“低流动性、高收益”的流动性较低的资产）的经济增长模型，借此深入探究异质性消费的产生机理及二元金融资产结构所引致的居民消费异质性对居民消费和经济增长均衡路径的影响。

同经典RCK模型一样，假定家庭的瞬时效用函数为CRRA效用函数：

$$u(c_t)=\frac{c_t^{1-\theta}}{1-\theta},\ \theta>0,\ \rho-n-(1-\theta)g>0 \tag{5-55}$$

其中，θ为相对风险厌恶系数，ρ为贴现率，n为人口增长率，g为技术进步率。

假设家庭可投资资产分为流动性较低的资产 s_t^L 和流动性较高的资产 s_t^H，两者在总资产 s_t 中的占比分别为δ和1－δ，且二者所对应的收益率分别为 R_t^L 和 R_t^H（$R_t^H<R_t^L$），并记二者之差的绝对值为ΔR。两类资产变现时均需支付变现成本，流动性较高的资产变现成本较低，记为 b_t^L；流动性较低的

资产变现成本较高，记为 b_t^H（$b_t^H \ll b_t^L$）。家庭不同的资产结构对应着不同的资产整体预期收益率以及不同的整体变现成本，较高的资产收益对应着较高的资产变现成本，反之亦然。因而，在遵循跨期最优决策的前提下，家庭需要在资产收益率与资产变现成本之间做出权衡，不同的家庭以及处于不同阶段的同一个家庭由此可能做出不同的抉择。为便于分析，将家庭资产的平均变现成本记为 $e(0 < e < 1)$，e 越大，那么资产的平均变现成本越高。现实中，资产平均变现成本 e 往往与家庭的总资产收益率密切相关，从而会影响家庭的资产结构选择，因此，我们可以将 δ 视为 e 的函数，即 $\delta = \delta(e)$。

那么家庭的最优化问题可表示为：

$$\max \sum_{t=0}^{\infty} \beta^t \frac{c_t^{1-\theta} - 1}{1 - \theta}, 0 < \beta < 1, \theta > 0 \tag{5-56}$$

$$\text{s. t. } c_t + s_t = (1 - \delta e) A_t,$$

$$A_{t+1} = s_t \cdot \frac{1 + \delta \cdot \Delta R}{1 - \delta e} R_{t+1}^H,$$

$$R_t \sim \text{iid}, \ A_0 \text{ 给定}$$

其中，β 为主观效用贴现率，c_t、s_t 分别为家庭 t 期的消费和储蓄，A_t 为家庭 t 期总资产，R_{t+1}^H 代表 t+1 期家庭资产全部以流动性较高的资产形式持有时的预期收益率（可视为传统生命周期模型中的资产收益率）。而由于二元资产结构下，家庭总资产收益率与家庭资产结构和高、低流动性资产收益率的差值相关，因而可用 $R_{t+1} = (1 + \delta \cdot \Delta R) R_{t+1}^H$ 代表家庭 t 期的资产预期收益率。约束条件中 $(1 - \delta e) A_t$ 表示当家庭将全部资产变现用于消费时需要支付比例为 δe 的变现成本，因而最多只能消费 $(1 - \delta e) A_t$。对于 t 期总资产 A_t 未用于消费的部分 s_t 则以储蓄的形式进入下一期，由于 s_t 并不涉及资产变现环节，因而其进入下一期时的数额为 $s_t/(1 - \delta e)$。

家庭 t 期消费的边际效用为 $u'(c_t) = c_t^{-\theta}$，假设家庭在 t 期减少 Δc 的消费支出用于储蓄至下一期消费，如果家庭处于最优的消费路径上，那么上述调整对家庭终生效用的边际影响应为零。具体来讲，家庭在 t 期减少的效用为 $u'(c_t) \cdot \Delta c$；而将“节省”下来的 Δc 的资产用于储蓄至 t+1 期，将使 t+1 期的总资产增加 $R_{t+1} \cdot \Delta c/(1 - \delta e)$。考虑到资产变现成本，上述调整导致 t+1 期可增加的消费为 $R_{t+1} \cdot \Delta c$，因而家庭在 t+1 期增加的效用为 $u'(c_t) \cdot R_{t+1} \cdot \Delta c$。因此，对于处在最优化消费路径上的家庭应满足：

$$u'(c_t) \cdot \Delta c = \beta \cdot u'(c_{t+1}) \cdot R_{t+1} \cdot \Delta c \tag{5-57}$$

即 $c_t^{-\theta}\cdot\Delta c=\beta\cdot c_{t+1}^{-\theta}\cdot(1+\delta\cdot\Delta R)R_{t+1}^{H}\cdot\Delta c$，整理可得欧拉方程为：

$$\frac{c_{t+1}}{c_t}=[\beta\cdot(1+\delta\cdot\Delta R)R_{t+1}^{H}]^{\frac{1}{\theta}} \tag{5-58}$$

因而，当流动性较低的资产在家庭总资产中的占比越高，二元资产结构中两类资产的收益率差值越大，那么家庭越有动机延期消费。相比于传统生命周期模型，二元资产结构中，由于资产变现成本的存在，家庭除了面临当前消费与投资的抉择之外，还要考虑两类资产的投资比例。二元资产结构为家庭提供了具有更高收益率的资产，因而家庭可以获得相比于传统生命周期模型中更多的资源禀赋，但高收益的资产也伴随着较高的变现成本，频繁的变现流动性较低的资产又会在一定程度上减少家庭的资源禀赋。这样导致的结果就是家庭会持有部分流动性较低的资产用于平滑日常消费支出，也会持有部分流动性较高的资产用于获得较高的收益来提升终生资源禀赋。总体而言，家庭所配置的流动性较低的资产的比例越高，二元资产收益率差值越大，那么家庭延期消费的动机也越强。

进一步地，与经典 RCK 模型类似，将 c_{t+1} 表示为 $c_t\cdot e^{\dot{c}_t/c_t}$，将 R_{t+1} 表示为 $e^{(1+\delta\cdot\Delta R)}R_t^H-\rho-\theta g$，那么式（5－55）可变为：

$$\frac{\dot{c}_t}{c_t}=\frac{(1+\delta\cdot\Delta R)R_t^H-\rho-\theta g}{\theta} \tag{5-59}$$

如上文所述，由于经典 RCK 模型中并没有考虑资产变现成本的存在，因而同上，R_t^H 可视为经典 RCK 模型中的资本回报率，即 $R_t^H=f'(k)$，k 为人均资本存量，$f(k)$为单位有效劳动产出。那么由式（5－56）不难发现，在经典 RCK 模型中引入资产变现成本后，会导致稳态时的人均资本存量 k 增加。而在经典 RCK 模型中，如图 5－7 所示，k 的稳态值的增加，意味着家庭消费 c 的稳态值会同时增加（由均衡点 A 移动到均衡点 B），家庭的消费率则会降低。但对于当前中国经济而言，在传统的投入驱动型增长模式中，人均资本存量的增加并不一定带来单位有效劳动产出的同步增加。一个更为符合现实的情况是，$f(k)$会随着 k 的增加发生“变异”，即当 k 增加到一定数值 k^0 时，$f(k)$会蜕化为 $f^-(k)$，且 $f^-(k)<f(k)$，$\forall k>k^0$。这主要是因为我国经济在前一阶段的增长过程中，尤其是在“国有银行－国有企业－大型基建项目”这一投资驱动型增长模式下，存在大量重复投资，导致投资效率大幅降低，单位有效劳动产出也随之恶化。此外，人均资本存量增加所带来资源禀赋总量的增加额中的一部分又以资产变现成本的形式流入到以国有银行为代表的金融体系中，也进一步降低了家庭可支配的单位有效劳动产出。正如图 5 - 7 所示，人均资本的增加并未使得均衡点移动到 B 处，由于单位有效劳动产出状况的恶化，$\dot{k}$ =0 曲线下移，导致新的均衡点移动到了 C 处。与原均衡点 A 相比，由于人均资本的提升，将导致家庭消费率的下降；由于单位有效劳动产出状况的恶化，家庭消费支出并不一定随 k 的增加而增加，反而有可能减少。

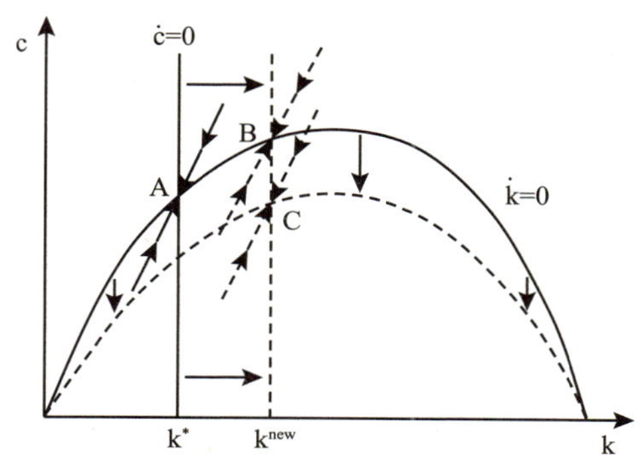

图 5 - 7 资产变现的引入对经典 RCK 模型稳态的影响

不难看出，二元资产结构及资产变现成本的引入导致家庭有更强的动机去储蓄，同时弱化了当期消费动机，进而改变了经典 RCK 模型中的稳态路径。相比于经典 RCK 模型，引入二元资产结构及资产变现成本之后，家庭分化为“李嘉图式”和“非李嘉图式”两种类型，流动性较低的高收益率资产的存在则导致稳态时人均资本存量的增加，这又带来了家庭消费率的降低。而对于中国现实经济，产业升级的滞后、低水平重复性建设的广泛存在、以国有银行为代表的金融垄断势力的存在，均会导致单位有效劳动产出随人均资本增长而呈现出的“恶化”态势，从而导致家庭消费支出及消费率双降局面的出现。

三、实证分析

由上文分析，资产变现成本的存在导致了异质性消费者的产生，进而对经济均衡路径和居民消费率产生影响。然而现实经济中很难直接对资产变现成本进行直接衡量，只能通过观察其引致的后果，如家庭资产结构以及异质性消费者的多寡进行判断，继而推测其对经济均衡状态的影响。本部分首先基于卡普兰和维奥朗特（Kaplan & Violante，2014）提出的衡量方法并结合我国居民的消费决策习惯加以改进，对我国由资产变现成本所引致的“非李嘉图式”消费者比例进行估计；其次，基于收入分层视角，对我国异质性消费者分布特征进行探究，深入分析我国“非李嘉图式”消费者产生的体制原因。

（一）数据简介

本节使用的数据来自北京大学中国社会科学调查中心提供的中国家庭追踪调查（CFPS）2012 年截面数据。该调查于 2010 年载全国开展，覆盖了全国 25 个省级行政区 162 个县的 14798 户家庭，调查内容包含了家庭人口学变量、收入、资产等方面的信息。由于数据统计口径以及金融资产价值可比性等问题，本节仅采用 2012 年的截面数据。考虑到数据完整性问题，经筛选共获得 9140 个样本，进一步地，剔除总支出大于或等于总收入的家庭，共获得 5812 个样本。这一方面可能是由于调查样本中部分家庭确实因日常生活负担过重（如大病医疗支出、子女教育负担等）出现入不敷出的情形；另一方面可能由于调查中，家庭对于消费支出的回答较为明确，而对于收入的回答中低报了收入或遗漏了部分隐性收入等。本节把消费倾向定义为人均消费支出（包括食品、衣着、居住、医疗保健、交通通信、文教娱乐、日用品和其他等）与人均纯收入（包括工资性收入、经营性收入、财产性收入、转移性收入和其他收入）之比；流动性较高的资产包括现金和金融机构存款、政府债券、股票、基金、金融衍生品，并扣除各项金融负债，流动性较低的资产包括房地产（由于家庭的土地、公司股本等很难用于变现平抑消费，因而不予考虑），家庭总资产为上述二者之和。样本主要变量的统计性描述如表 5－33 所示。

表 5－33　　主要变量的统计性描述（样本容量：5812）

变量	含义	平均值	中位数	最小值	最大值
apc	消费倾向	0.52	0.50	0.01	1
c_total	人均消费	9780	6520	113.20	450000
c	人均非耐用品消费	8005	5952	113.20	110000
income	人均净收入（元）	18467	12955	500	610000
gender	性别	0.54	1	0	1

续表

变量	含义	平均值	中位数	最小值	最大值
edu	户主受教育年限（年）	7.07	9	0	22
age	户主年龄（周岁）	49.24	49	16	92
urban	户籍（城市=1，农村=0）	0.47	0	0	1
finance	金融资产	44105.63	10000	1	4.4e+06
house	住房资产	3.3e+05	1.4e+05	40	2.9e+07

由表5-33，样本中居民人均消费支出为9780元，人均净收入为18467元，样本总体平均消费倾向为0.52。样本中城乡家庭数目较为接近，城镇户籍家庭占比为47%；户主男女数目相近，平均年龄为49岁左右，平均受教育年限为初中水平。不同家庭的家庭资产贫富差距较大，流动性较高的资产占比的平均值为38%。

（二）"非李嘉图式"消费者比例的整体估计

在已有研究中，"非李嘉图式"消费者往往作为理论假设进入到模型分析中，少有研究者借助微观数据估计其在全体消费者中所占比重，而卡普兰和维奥朗特（Kaplan & Violante，2014）在此方面做出了开创性研究。依据卡普兰和维奥朗特（2014）的研究，对于一个"非李嘉图"式家庭，在每期期初不会持有任何流动性较高的资产，并且仅在每期期末对家庭的资产存量做出调整，如果假设家庭在每期的期末收到家庭的当期收入，并且家庭在每期内以均匀的速率消费，那么在该期中家庭的流动性较高的资产（即现金收入）的平均值应为当期收入的1/2，即 $y_t/2$。因而，如果一个家庭为富裕型"非李嘉图"式家庭，那么其应满足条件：$s_t \leq 0$，且 $0 \leq s_t^H \leq y_t/2$；如果一个家庭为贫穷型"非李嘉图"式家庭，那么其应满足条件：$s_t > 0$，且 $0 \leq s_t^H \leq y_t/2$。否则，则该家庭为传统的"李嘉图式"家庭。据此，即可估算出"非李嘉图"式家庭所占比例。

但值得注意的是，由于我国多数居民收入均是按月支付，因而本节将上述 y_t 视为家庭月收入。因CFPS中提供的家庭收入数据为年度数据，此处视年内各月收入相等（年终奖均摊至各月），用年收入除以12获得月收入。由于我国家庭不同于美国家庭存在着广泛的消费信贷并且家庭储蓄率较低，因而在判断"富裕型"或"贫穷型"非李嘉图式家庭式以 $s_t = 0$ 为界会存在较大偏差。考虑到我国居民往往以月为理财周期进行家庭财富规划，因而

本节采用 $s_t = y_t$ 作为判别阈值。此外，现实中，我国消费者存在较为显著节庆日突击消费等现象，这会导致我国居民在一定程度上违背均匀消费支出速率的假定，为稳健期间，本节进一步对上述测量标准加以调整，用以观测估计结果的稳健性，具体结果如表 5－34 所示。

表 5－34　“李嘉图式”家庭与非“李嘉图式”家庭比例估计（样本总数：5812）

筛选条件		$\frac{1}{4}\cdot y_t$		$\frac{1}{2}\cdot y_t$		$\frac{3}{4}\cdot y_t$	
		数量	比例	数量	比例	数量	比例
“李嘉图式”家庭		4203	72.32%	3861	66.43%	3596	61.87%
非“李嘉图式”家庭	贫困型	124	2.13%	127	2.19%	130	2.24%
	富裕型	1485	25.55%	1824	31.38%	2086	35.89%

表 5－34 中分别采取了 $y_t/4$、$y_t/2$、$3y_t/4$ 三个检测标准对“李嘉图式”家庭与非“李嘉图式”家庭的比例进行了估计。不难发现，随着检测标准门限值的提升，“李嘉图式”家庭的占比逐步下降，非“李嘉图式”家庭的占比则逐步提升，但非“李嘉图式”家庭内部，“贫困型”占比要远低于“富裕型”家庭的占比。此处仍以 $y_t/2$ 为标准的估计结果作为基准值进行讨论。具体来看，传统生命周期与持久收入理论中所假定的“李嘉图式”家庭占比为 66.43%，而非“李嘉图式”家庭占比则达 33.57%。在非“李嘉图式”家庭中，仅有 6.51% 的家庭为“贫困型”，没有任何资产，这类家庭相当于传统消费理论中受到流动性约束的家庭；另外 93.49% 的家庭为“富裕型”，这类家庭有着一定数量的家庭资产，但资产几乎全部以流动性较低的资产形式持有，由于流动性较低的资产存在较高的变现成本，并且该类家庭执着于追求较高的资产收益主观上不愿变现资产用于消费，因而该类家庭表现的如同受到流动性约束一样，其消费对于收入变动有着较高的敏感性。虽然两类非“李嘉图式”家庭资产拥有情况差距悬殊，但却共同表现出迥异于传统消费模型中的“李嘉图式”家庭的消费行为。而样本中“李嘉图式”家庭流动性较高的资产占比要远高于非“李嘉图式”家庭，进一步表明本节对两类家庭的判定标准是稳健的。作为现代经济学基础的消费者行为理论，在引入异质性消费者之后，也必然会影响到对一系列现实经济学问题的分析。作为对比，卡普兰和维奥朗特（2014）利用跨国微观数据估计发现，美国、加拿大、德国的“非李嘉图式”家庭占比约为 30%，

这与本节的估计结果较为接近，而澳大利亚、法国、意大利、西班牙的这一比例约为20%。“非李嘉图式”家庭内部的“贫穷型”与“富裕型”家庭的比例也存在着较大的国别差异，澳大利亚、法国和西班牙“贫穷型非李嘉图式”家庭占样本总数比例仅为3%左右，与本节结果较为接近，意大利为7.4%，其余国家则在10%以上。可见，我国异质性消费者的分布状况与主要发达国家并不相同，有着显著的“中国特色”。

（三）不同收入群体“非李嘉图式”消费者比例估计

为进一步考察我国“非李嘉图式”消费者的分布状况，以分析其产生的深层原因，接下来对样本按收入的四分位数分将样本分为低收入群体、低中收入群体、中等收入群体、中高收入群体和高收入群体五组，进而分别考察各组内异质性消费者分布状况，如表5－35所示。其中，五个收入组的收入范围分别为1000～28220元，28245～42600元，42620～60000元，60060～87551元，87600～1837848元。

表5－35 不同收入组“李嘉图式”家庭与非“李嘉图式”家庭比例估计

收入分组		低收入组	低中收入组	中等收入组	中高收入组	高收入组
“李嘉图式”家庭（%）		70.34	67.38	63.77	63.88	66.78
非“李嘉图式”家庭（%）	贫困型	1.12	2.15	2.27	2.11	3.27
	富裕型	28.54	30.47	33.95	34.01	29.95
总数		1163	1162	1187	1138	1162

由表5－35，随着收入的提高，“李嘉图式”家庭占比呈现先减少后增加的变化轨迹，非“李嘉图式”家庭则与之相反；具体来看“非李嘉图式”家庭，“贫困型”家庭占该组样本总数的比例随收入增加整体上呈轻微增加趋势，而“富裕型”家庭占该组样本总数的比例则随收入的增加呈先增加后减小的变化轨迹。

对于上述变化，一个可行的解释是：由于流动性较低的高收益资产往往具有一定的准入门槛，受此限制，多数低收入家庭的资产以流动性较高的资产形式持有，受二元资产结构和交易成本的影响较小，因而“李嘉图式”家庭占比较高；随着收入的增加，中等收入家庭可以投资部分流动性较低的高收益资产，同时处于这一收入阶段的家庭对于跨期总收入增加的追求超过了现期消费所能带来的效用，因而受二元资产结构和交易成本的影响逐渐增加，“李嘉图式”家庭占比开始降低，而非“李嘉图式”家庭占比则开始上升；当家庭进入高收入阶段时，在投资市场上的议价能力更强，拥有了更为丰富的“收益—流动性”投资组合选择空间，同时处于此阶段的家庭对现期消费效用的追求胜过了跨期收入增加所能带来的效用，这就导致了部分非“李嘉图式”家庭转变成了“李嘉图式”家庭。

由此可见，二元资产结构下的交易成本主要由中等收入群体承担，这在一定程度上制约了中等收入群体的消费潜力，降低交易成本，丰富各收入阶层家庭的投资组合，同时促进各收入阶层，尤其是中、低收入阶层家庭收入的快速增长，则可以在很大程度上释放出居民的消费潜力。

四、政策模拟分析

由上文分析，异质性家庭的存在会直接影响到政府内需调控政策的效果。由于消费最终受到居民收入的制约，因而当前我国推出的各项内需调控政策，如家电下乡、汽车下乡、家电以旧换新等，均可视为通过对不同群体进行转移支付来促进消费的增长，而收入分配的调整更是如此。假定政府借助收入分配手段来扩大居民消费，那么依据上文分析，当转移支付用于补贴不同的群体时，将会通过“李嘉图式—非李嘉图式”家庭比例结构产生不同的政策效果，“非李嘉图式”消费者的比例越高，政府刺激内需政策的效果也会越明显。本部分基于微观数据，直接对政府内需调控政策的效果进行评估，如表 5 – 36 所示。

表 5 – 36　　政府内需调控政策效果评估

政策调控方式		APC	总消费增长率 Δc（%）
转移支付成本由政府承担	（1）转移支付给低收入组	0.67	1.56
	（2）转移支付给中等收入组	0.52	1.24
	（3）转移支付给高收入组	0.40	0.86
	（4）转移支付给全体居民	0.52	1.21
转移支付成本由高收入组居民承担	（5）转移支付给低收入组	—	0.70

表 5 – 36 中，平均消费倾向 APC 和总消费增长率 Δc 的计算公式为：$APC = (\sum_i apc_i * \tau_i)/G$ 和 $\Delta c = (\sum_i apc_i * \tau_i)/(\sum_i c_i)$。其中，$apc_i$ 为家

庭 i 的平均消费倾向，τ_i 为家庭 i 所收到的转移支付数额，G 为政府转移支付的总规模，这里设定为全体居民总收入的 1%，c_i 为家庭 i 的消费支出。因而，此处的平均消费倾向 APC 可用来衡量政府借助转移支付的政策效率，而 Δc 则可用来衡量转移支付政策的宏观效应。表 5－36 中（1）~（3）项的模拟结果显示，转移支付转移给最低收入组时政策效率最高，平均消费倾向达到 0.67，对总消费的促进作用也最大，能够促进总消费增长约 1.56%。转移支付给全体居民时的政策效率和对总消费的促进作用与转移支付给中等收入群体时的效果类似。由（5）项，当转移支付的成本全部由高收入组居民承担，并且转移给低收入组时，这相当于通过税收机制将较高收入组的部分收入转移给低收入组，将导致高收入组居民消费支出减少，而低收入组居民消费支出增加，整体上看，会带动消费支出增长 0.70%。由前文对“非李嘉图式”消费者比例的估计中，中等收入群体的这一比值最高，因而消费倾向受此影响最大。高收入组虽然“非李嘉图式”消费者比例有所降低，但由于受到边际消费倾向递减规律的制约，掩盖了“非李嘉图式”消费者比例的降低对消费倾向的影响，这也制约了刺激内需政策的效率。

进一步地，表 5－37 分别利用稳健 OLS 和 FGLS 方法估计各因素对平均消费倾向的影响，模型（Ⅰ）、模型（Ⅱ）中的分组虚拟变量 group 按家庭流动性较高资产占比 σ 的五分位数分组获得，具体的，如 group2 代表分组变量第 1 个分位数和第 2 个分位数之间的样本所在的组。不难发现，随着 σ 的提高，其对平均消费倾向的促进作用也逐步提高。而前文研究发现，“非李嘉图式”家庭的 σ 数值要远低于“李嘉图式”家庭。因而，如若能够降低中等收入群体中的“非李嘉图式”家庭的比例，则可进一步提高政府刺激内需政策的效力。反过来，这也在一定程度上解释了当前刺激内需政策效果不是十分理想的原因。

表 5－37　　　　回归结果（样本容量：4568）

解释变量	模型（Ⅰ）（稳健 OLS）		模型（Ⅱ）（FGLS）	
	系数	标准误	系数	标准误
lnincome	－0.201 ***	0.005	－0.201 ***	0.005
lnfinance	0.005 ***	0.002	0.005 *	0.003
lnhouse	0.052 ***	0.003	0.052 ***	0.003
group2	0.131	0.013	0.012	0.013

续表

解释变量	模型（Ⅰ）（稳健 OLS）		模型（Ⅱ）（FGLS）	
	系数	标准误	系数	标准误
group3	0.047 ***	0.015	0.043 ***	0.015
group4	0.047 ***	0.016	0.044 ***	0.016
group5	0.073 ***	0.018	0.070 ***	0.019

注：***，**，* 分别代表估计结果在 1%，5% 和 10% 的显著性水平上显著，限于篇幅限制，结果中省略了控制变量的相关估计系数。

此外，本节的政策模拟中，分到每个家庭的转移支付大概为 3300 元，足以使相当一部分低收入家庭跨入到中低收入组的家庭中，这就意味着表 5－36（1）项的模拟结果将在一定程度上向（2）项偏移。而 3300 元的收入很难使（2）项中的中等收入家庭跨入到高收入组之中，因而在收到转移支付之后，（2）项的模拟结果基本不会发生较大变化。如若能够降低非李嘉图式消费者比例，则有望进一步提高政府促进内需政策效力。

五、结论与政策建议

本节基于异质性消费理论的最新进展，探讨了在我国家庭财富快速增长的背景以及现阶段特定的金融环境下，居民消费异质性行为的产生机理及其对经济增长路径的影响，并借助 CFPS 微观数据对我国居民的消费异质性进行了估计，此外通过政策模拟进一步揭示了消费异质性对政府内需调控政策的影响。

研究发现，当前我国家庭面临的二元资产结构（即“高流动性、低收益”的流动性较高的资产和“低流动性、高收益”的流动性较低的资产）及相应的资产变现成本，导致家庭有更强的动机去储蓄，同时弱化了当期消费动机，家庭所配置的流动性较低的资产的比例越高，二元资产收益率差值越大，那么家庭延期消费的动机也越强。相比于经典 RCK 模型，引入二元资产结构及资产变现成本之后，家庭分化为传统消费理论模型所假定的“李嘉图式”家庭和引起严重的消费异质性的“非李嘉图式”家庭这两种类型，流动性较低的高收益率资产的存在则导致稳态时人均资本存量的增加，直接导致了家庭消费率的降低。而对于中国现实经济，产业升级的滞后、低水平重复性建设的广泛存在、以国有银行为代表的金融垄断势力的存在，均会导致单位有效劳动产出随人均资本增长而呈现出的“恶化”态势，从而导致家庭消费支出及消费率双降局面的出现。通过实证研究，我国约有33.57%的家庭为“非李嘉图式”家庭，而这其中多数为“富裕型非李嘉图式”家庭；随着收入的提高，“非李嘉图式”家庭占比呈现先增加后减少的变化轨迹，在“非李嘉图式”家庭内部，“贫困型”家庭所占比例随收入增加整体上呈轻微增加趋势，而“富裕型”家庭占比则随收入的增加呈先增加后减小的变化轨迹。通过政策模拟发现，“非李嘉图式”消费者的存在也会显著影响政府转移支付对消费的促进作用，但随着收入的提升，边际消费倾向递减规律的存在则会在一定程度上掩盖“非李嘉图式”消费者的影响。

在经济新常态下，为进一步释放居民消费潜力，构建扩大居民消费的长效机制，政府应进一步促进资本市场的发展，通过削弱金融垄断势力降低金融资产交易成本。在风险可控的前提下，鼓励金融创新，推出种类更为丰富的“期限—收益”可投资资产组合。首先，通过普惠金融使不同阶层的家庭能以较低的准入门槛以及较低的交易成本自由选择符合主观决策意愿的产品，以提升居民跨期总效用。其次，通过丰富居民可选择投资渠道，为居民开拓稳定的财产性收入来源，不断改善居民资产结构，有效引导居民家庭财富在流向实体经济的同时，分享经济红利。再次，通过加强供给端改革，避免低水平重复建设，通过实施创新驱动战略，推动产业升级换代。最后，借助消费需求的扩张带动产业升级，通过产业升级进一步推动消费需求的扩张。在改善投资效率的前提下提高我国的劳动生产率，以此有效释放居民消费潜力，实现“投资—消费”需求的良性扩张。

第六章　预防性储蓄行为研究

中国居民高储蓄一直受到各界的广泛关注。居民储蓄是指一定时期内居民可支配收入减去居民消费的剩余，中国居民的储蓄形式主要是银行储蓄存款。

统计资料显示，从1998年以来，中国城乡居民的储蓄率始终维持在20%以上，并呈现出持续增长趋势，与之相对应，居民消费支出占国民生产总值的比率较低，且呈现不断下降趋势。1991～1998年，最终居民消费率基本维持在47%左右，而1998～2010年，则由46.48%下降到33.22%。①

虽然中国人民银行自1996年5月1日起连续8次下调人民币存贷款利率，一年期存款的平均名义利率已从1996年的9.18%降低到后来的1.98%，为改革开放以来的最低水平；中国政府也从1999年10月开始征收利息税，并采取鼓励个人信贷消费、提高中低收入居民的收入等措施，然而这些措施的效果并不理想，居民储蓄仍呈高增长态势。②

因此，探究中国居民高储蓄率背后的原因，对于扩大内需、优化结构和促进增长具有非常重要的理论和政策含义。

改革开放以来中国经济经历着从计划经济向市场经济的转轨。在收入分配体制、就业体制、教育体制、医疗体制以及社会保障体制等方面改革深化的背景下，居民更多地面临未来收入与支出的不确定性，由于原有福利制度的解体和社会保障制度的尚未完全建立健全，绝大多数城市居民要通过储蓄方式来应对未来的不确定性。

尤其是20世纪90年代中期以来，“铁饭碗”被打破，失业下岗人数大大增加，收入差距扩大，住房、医疗、教育等福利制度取消，城市居民越来越多地面临未来收入和支出的不确定性，因而直觉上中国城市居民预防性储蓄动机应该很强。

预防性储蓄是指风险厌恶的消费者为预防未来不确定性导致的消费水

①② 笔者根据国家统计局网站相应各年份统计公报数据所得。

平的下降而进行的储蓄。预防性储蓄理论最早可追溯到费雪（Fisher）和弗里德曼（Friedman）的研究，20 世纪 80 年代末 90 年代初，预防性储蓄理论获得极大发展。

生命周期假设认为，人们储蓄的主要目的是维持退休后的生活。很多证据表明，储蓄的一个重要动机是用于预防未来可能出现的收入下降，即有远见的消费者总是未雨绸缪，在光景好时增加储蓄，以便在坏光景时维持消费。

利兰德（Leland，1968）首次对预防性储蓄动机进行了理论阐释，当消费者面临的收入的不确定性越大的时候，他越不可能按照随机游走来消费，这时他更多的是依据当期收入来进行消费。同时，未来的风险越大，他越会进行更多的预防性储蓄。在不确定性情况下，预期未来消费的边际效用要大于确定性情况下的消费的边际效用。当收入下降时，预防性储蓄增加，从而消费支出降低；相反当收入增加时，预防性储蓄减少，从而消费支出增加。

扎德斯（Zeldes，1989）考虑一个具有常相对风险厌恶（CRRA）的效用方程的消费者来建立预防性储蓄模型并进行经验分析，发现在美国财富积聚的一个显著的部分可以归因于预防性储蓄，那些相对于预期的将来收入拥有较低的当前财产的人，其收入的暂时性变化的边际消费倾向要大于其他人，并且具有 CRRA 效用的理性人对暂时收入过度敏感，储蓄太多，并有较高的消费的预期增长率。戴南（Dynan，1993）利用 1985 年的消费者支出调查中包含的几个反映不确定性的变量，使用两阶段最小平方法对其假设进行了检验。检验结果表明，有较大风险的家庭储蓄的较多，这正是预防性储蓄理论所预言的；但是暗含的相对预防性系数（Kimball，1990）非常小，标准误差也非常小，估计的结果低于许多研究强调的预防性储蓄的潜在显著性。卡罗尔等（Carroll et al.，1996）提出了缓冲存货储蓄模型，假定消费者是有预防性储蓄动机的消费者，并且如果未来收入具有确定性，同时消费者又是不耐心的，他们倾向于选择大于当前收入的消费。并进行经验检验发现，如果消费者依此模型行动并面临收入冲击，他的目标财富的对数与不确定性之间的关系就应该大致是线性的，并且显著正向相关。

关于中国的预防性储蓄动机的检验已经有很多研究发表在国内外学术期刊上。扎兰和瑞韦林（Jalan & Ravalion，2001）利用农村住户调查数据检验了收入风险对财富持有的影响，研究结果表明预防性储蓄动机较小，收入风险仅提高了以流动形式持有的财富不到1%。克雷（Kraay，2000）使用1995年以前的省级数据研究了收入冲击对中国居民消费的影响和未来收入不确定性对中国居民储蓄的影响，其得出的结果表明，无论持久收入假说还是预防性储蓄动机理论都不能解释中国城市居民的储蓄行为。龙志和和周浩明（2000）利用戴南（1993）发展出来的理论框架，采用1991年至1998年分地区消费、收入及物价数据构成的面板数据对中国城镇居民的相对谨慎系数进行了估算，得出中国城镇居民在这一期间有着较强的预防性储蓄动机的结论。孙凤和王玉华（2001）利用1991～1998年的时间序列资料分析了中国城市居民的预防性储蓄动机，得出的结论是不确定性对即期消费有负影响，即中国居民储蓄行为中存在预防性储蓄动机。而孟（Meng，2003）利用1995年和1999年的城市住户调查数据检验了由失业风险导致的预防性储蓄动机，研究结果有力地证明了预防性储蓄动机的存在。施建淮和朱海婷（2004）的研究认为中国城市家庭的预防性储蓄动机并非如人们预期的那么强。周绍杰（2010）年对中国城市居民的预防性储蓄行为进行了研究，发现总体而言，中国城市居民呈现出较强的预防性储蓄倾向，这也在一定程度上反映了城市居民家庭对未来较高的支出预期，尤其体现在教育、医疗和住房等领域。凌晨和张安全（2012）年对中国城乡居民预防性储蓄进行了对比研究，发现在2004年以后，城镇居民的储蓄率始终高于农村居民。到2010年，城镇居民和农村居民的储蓄率分别达到30%和26%。并由此推断我国城乡居民都存在显著的预防性储蓄动机，且城镇居民的相对谨慎系数大约是农村居民的两倍，即城镇居民有着更为强烈的预防性动机。雷震和张安全（2013）提出一个以家庭为决策单位的最优预防性储蓄动态模型对中国城乡居民预防性储蓄进行量化分析，结果发现由于收入不确定性而引起的预防性储蓄至少能够解释城乡居民人均金融财产积累的20%～30%左右，是导致中国城乡居民财富积累的一个重要原因。

第一节　预防性储蓄动机强度的检验

本节运用基于VAR模型的广义脉冲响应函数与方差分解技术，对我国城镇居民1978～2008年的消费（储蓄）行为进行了动态分析，并对预防性储蓄动机强度进行了测量。研究结果表明，我国城镇居民的消费（储蓄）

行为中的确存在预防性储蓄动机，但该动机无论是对居民消费水平的变动还是对居民消费增长率的变动，产生的作用强度均不大。

一、模型设定、变量选取与数据描述

本章利用VAR模型（vector autoregressive model）及其广义脉冲响应函数（GIRF）、方差分解技术（VD）对我国城镇居民的消费（储蓄）行为进行动态分析，并从中测度预防性储蓄动机的贡献程度。VAR模型最早由西姆斯（Sims）于1980年提出，经常被用来分析经济系统内相互依赖的变量间的动态关系，一个标准的VAR模型可以表示为：

$$X_t = A_0 + A_1X_{t-1} + A_2X_{t-2} + \cdots + A_pX_{t-p} + \varepsilon_t$$

其中，X_t 设定为引入居民消费方程的变量组成的系统向量，X_{t-i} 为系统向量的滞后值，i 表示滞后阶数，ε_t 为扰动项。在对VAR系统进行模型设定以及稳定性检验之后，可以进一步利用脉冲响应函数与方差分解技术对系统内各变量进行动态分析。脉冲响应函数（IRF）可以得到在随机误差项上施加一个标准差大小的冲击后对内生变量的当期值和未来值所带来的影响，同时为去除变量次序对脉冲结果的影响，本章采用佩斯卡拉和沈（Pesaran & Shin，1996，1998）提出的广义脉冲响应函数法（GIRF）。而方差分解（VD）则被用于测度系统变量由于其自身冲击与其他变量的冲击而导致移动的比例，进而分析各变量对系统均方误差所作的贡献。

参照主流经济学中的居民消费模型，本章选取了收入、资产、利率、不确定性作为影响居民消费决策的主要因素，同时根据VAR模型的设定形式，消费习性因素也会以消费变量滞后项的形式出现在分析系统内。因此，本章最终建立的基准模型形式为VAR（消费、收入、资产、利率、不确定性），实证过程中将采用代替指标对各变量进行衡量。

本章所选取的变量时间跨度均为1978～2008年；为保证选取数据时间方向的可比性，除利率外，本章将所有的原始绝对数据利用居民消费价格指数平减为1978年实际值；如无特殊说明，数据均来自国家统计局1978～2008年《中国统计年鉴》各卷。各变量的替代指标选取方法如下：

消费（LC）为当年城镇居民人均消费性支出的自然对数值；收入（LY）为当年城镇居民人均可支配收入的自然对数值；资产（LS）为城镇居民人均储蓄存款余额的自然对数值；实际利率（RR）以各年度金融机构一年期储蓄存款利率加权，同时减去当年通货膨胀率获得。

不确定性指标（UNC）是对居民预防性储蓄动机的衡量，是本章实证分析过程中的一个重要指标。现有文献对不确定性的衡量主要基于对收入不确定性的衡量，一般来说有三类处理方法：第一类是用数理模型对消费行为进行模拟，并计算模型中所暗示的预防性储蓄数量；第二类是用间接变量代替风险的计量经济学方法，国内文献大多采取该种方法；第三类则是用自我报告未来收入的主观风险来测度不确定性。考虑到数据的可获得性，本章采取第二类方法，采用间接变量代替不确定性。卡罗尔（Carroll，1996）采用样本收入方差来衡量不确定性，孙凤（2001）、秦朵（2002）延续了此种做法。在此借助该方法，利用 1978 ~2008 年各年度全国 30 个省份的城镇人均可支配收入的样本方差代表不确定性，同时在计算过程中对其除以当年均值转化为标准化方差消除规模性的影响。

二、数据平稳性与协整关系检验

VAR 模型的构建对选用数据的性质提出了严格要求，本章在此采用迪基和富勒（Dickey & Fuller，1981）提出的 ADF 方法对选取的数据进行单位根检验。鉴于某些变量的水平序列存在单位根，我们同时对其一阶差分序列进行了检验，检验方程的滞后期数根据 SIC 准则进行自动选取，检验结果见表 6 -1。可以看出，在本章选取的五个城镇居民消费变量中，消费（LC）、当期可支配收入（LY）、不确定性（UNC）在水平值下非平稳，但它们的一阶差分值均表现为平稳序列，为 I（1）过程；而人均储蓄（LS）、实际利率（RR）在水平值下即已表现为平稳序列，为 I(0) 过程。

表 6 -1　　数据单位根检验结果

变量	ADF 统计量	检验类型 （c，t，k）	临界值 （5% 显著性）	稳定性	结论
LC	-0.84	（c，t，0）	-3.57	不平稳	I(1)
D(LC)	-4.57	（c，0，1）	-2.97	平稳	
LY	-0.52	（c，t，0）	-3.57	不平稳	I(1)
D(LY)	-4.64	（c，0，1）	-2.97	平稳	
LS	-3.66	（c，0，2）	-2.97	平稳	I(0)
D(LS)	-5.58	（c，t，1）	-3.58	平稳	

续表

变量	ADF 统计量	检验类型 (c, t, k)	临界值 (5%显著性)	稳定性	结论
RR	-4.15	(0, 0, 1)	-1.95	平稳	I(0)
D(RR)	-5.29	(0, 0, 3)	-1.95	平稳	
UNC	-1.6	(c, t, 0)	-3.57	不平稳	I(1)
D(UNC)	-4.57	(0, 0, 0)	-1.95	平稳	

注：(c, t, k) 分别代表 ADF 检验方程中截距项、时间趋势、滞后阶数的选取；D 代表一阶差分。

单位根检验结果显示出选取数据的复杂性，为此进一步对变量间的协整关系进行检验。鉴于人均储蓄（LS）、实际利率（RR）表现为平稳过程，与其余三个变量的数据生成过程不同，为保证检验结果的稳定性，在此将变量组合进行顺次检验。即先检验三个非平稳变量间是否存在协整关系，进而将剩余的两个平稳变量依次加入，同时将得到的协整方程进行比较。在对变量间协整关系进行检验过程中，我们采用 Johansen 协整检验方法，并同时采用迹统计量以及最大值统计量作为检验统计量，以同时通过这两种检验作为选取标准。从检验结果来看，本章选取的变量之间存在着较显著的协整关系（限于篇幅，在此将检验结果略去）。我们将各组变量下的协整方程进行显示求解，并进行对比分析，具体如表 6-2 所示。

表 6-2　　标准化协整方程显示解

变量组合	标准化协整方程显示解
(LC, LY, UNC)	LC = 0.693LY - 1.959UNC + 0.018@ trend (0.027) (0.148) (0.002)
(LC, LY, LS, UNC)	LC = 0.844LY + 0.064LS - 2.065UNC (0.0138) (0.0083) (0.1904)
(LC, LY, LS, RR, UNC)	LC = 0.864LY + 0.056LS + 0.210RR - 1.658UNC (0.0121) (0.007) (0.045) (0.206)

注：方程下方括号里数值为估计系数的标准差；@ trend 代表协整方程中存在线性趋势项。

从得到的协整方程来看，当期可支配收入（LY）、人均储蓄（LS）的增加有助于提高消费，不确定性（UNC）的增加使得消费减少，而实际利率（RR）尽管由于财富效应和替代效应的同时存在致使其在理论上对消费的影响方向不明确，但在我们的分析中，实际利率（RR）的提升促进了消费，表明我国城镇居民对实际利率的反应表现出一定的财富效应。同时，从均衡方程的回归系数来看，城镇居民的长期消费行为也比较稳定，表现为：消费对可支配收入的回归弹性在 0.693 ~ 0.864 之间；对人均储蓄的弹性在 0.056 ~ 0.064 之间；对实际利率的回归系数为 0.210；尤其要强调的是消费对不确定性的反应，不确定性的存在显著减少了居民的当期消费水平，表现为不确定性每提高一个标准差，消费的长期均衡量下降 1.658 ~ 2.065 个百分点。从对均衡方程的分析来看，我国城镇居民的长期消费（储蓄）行为表现出较强的规律性。

三、基于 VAR 模型的动态检验与分析

（一）VAR 模型的设定

为全面分析我国城镇居民消费（储蓄）行为的动态特征以及预防性储蓄动机在该决策过程中的影响程度，本章采用两套数据进行 VAR 建模：第一套为上文选取的居民消费行为变量的原始水平值，另外一套则为相应的一阶差分序列。第一套数据的建模被解释变量为城镇居民人均消费性支出，模型描述的是居民消费行为的决策过程，该模型可以表示为 VAR（LC，LY，LS，RR，UNC）；第二套数据的建模被解释变量为城镇居民人均消费支出的增长率，因此模型侧重分析的是居民消费增长率的变动，可表示为 VAR（DLC，DLY，DLS，DRR，DUNC）。第一套数据本身虽有非平稳序列，但变量组合存在长期均衡关系，而第二套数据经检验全部为平稳序列，因此两套数据均能满足稳定 VAR 模型的建模要求。在具体建模中，我们综合运用 LR、FPE、AIC、SC、HQ 五个检验准则选择最优滞后期数分别为滞后 4 期和滞后 2 期，进一步对模型进行相关的设定检验以及稳定性检验以后，运用广义脉冲响应函数与方差分解技术对我国城镇居民的消费行为进行动态分析。

（二）基于 VAR 模型的脉冲响应分析

为避免系统中变量次序对脉冲响应函数造成干扰，本章采用不依赖于变量次序的扰动项正交矩阵的广义脉冲方法对所建立的两个 VAR 系统进行

动态分析。图 6－1、图 6－2 分别描述了居民消费水平与居民消费增长率对来自当期可支配收入、人均储蓄、实际利率、不确定性的单位随机冲击后的冲击反应。

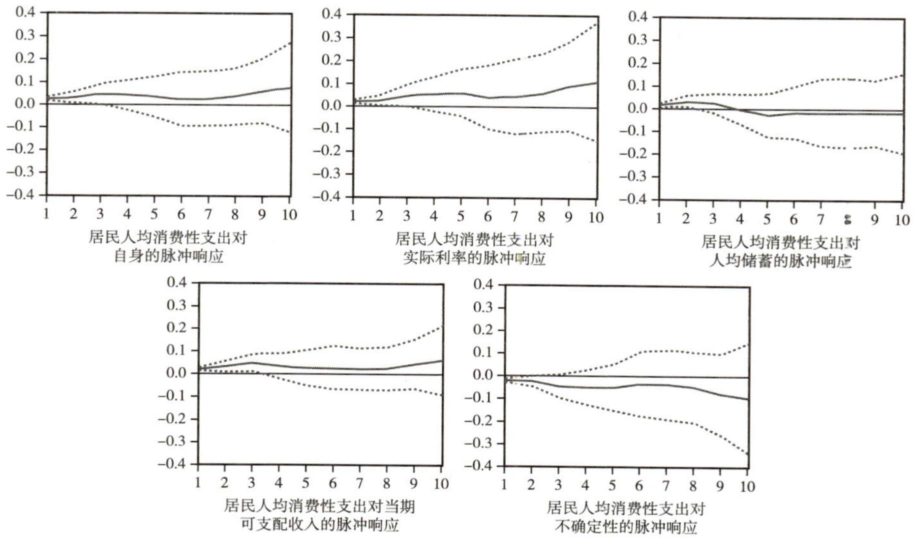

图 6－1　居民人均消费性支出的脉冲响应分析

从图 6－1 可以看出，消费对其自身的当期冲击为正，且具有一定的持续性，表明当前我国城镇居民消费行为中存在着一定的行为惯性；当期可支配收入对居民消费行为的冲击为正且具有持续性，这与经典的消费行为理论保持一致；人均储蓄对消费的当期冲击为正，然而冲击强度渐弱，并于第 4 期开始对消费出现微弱的负冲击，第 6 期以后达到一个新的均衡，人均储蓄代表的财富存量增加对消费仅表现为具有短期促进作用，而其长期效果较弱甚至具有轻微的负效应；实际利率对消费的冲击为正，且具有一定的持续性，尽管冲击强度并不大，这表明我国城镇居民已经开始对利率的财富效应具有一定的敏感性；不确定性是我们考察的重点变量，可以看到不确定性的增加对当期消费产生了抑制，并且冲击强度于第 4 期达到一个高峰，第 5 期至第 7 期尽管冲击强度变弱，但从第 8 期开始又重新得到提升，这表明不确定性对我国城镇居民消费行为的影响为负且具有一定的持续性，再一次表明预防性储蓄动机的确存在。

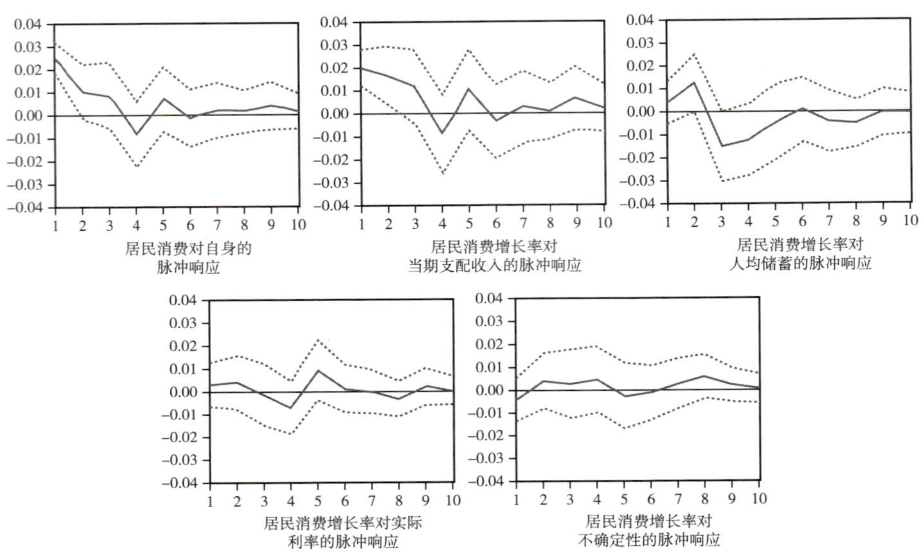

图 6－2 居民消费增长率的脉冲响应分析

从图 6－2 可以看出，消费增长率对其自身的当期冲击为正，但此后冲击强度逐渐降低，在第 4、第 5 期出现一个正负交替以后，从第 6 期开始冲击强度基本趋近于零；可支配收入增长率对其近期冲击强度显著为正，第 3 期到第 6 期出现正负交替波动，而从第 7 期开始趋近于 0，但总体来讲，可支配收入增长率的一个正向冲击会提升消费的增长率；人均储蓄增长率对消费增长率的当期冲击为正，但似乎持续期比前面两类因素要短，从第 3 期开始冲击强度持续为负，并于第 6 期开始减弱并趋近于 0。这表明财富存量水平变动仅会对近期的消费增长率产生正向影响，且持续时间较短，此后还可能会对消费增长率的提高具有一定的负面影响；实际利率的变动对消费增长率的冲击当期为正，但此后一直处于冲击强度的正负交替期，从第 7 期开始冲击强度趋近于 0。

不确定性对消费增长率的影响较为复杂。尽管在当期不确定性对消费增长率的冲击影响为负，但此后似乎一直对消费增长率施加了一个正向冲击（除去第 5 期仍有一个微弱的负冲击外）。我们在对不确定性对城镇居民消费行为的冲击反应已经得到，不确定性对居民消费产生了持续的抑制作用，但对远期的居民消费增长率却出现了正向冲击效应。这应该是不确定性对居民消费的当期压抑使得居民的当期消费水平减少，同样，当期的消费增长率也会降低，但却使得居民在远期由于当期消费水平的低下出现加快消费的冲动，促使被压抑的消费增长率得到释放。

（三）基于 VAR 模型的方差分解分析

脉冲响应函数描述了居民消费或居民消费率对各解释变量单位冲击的反应程度，但如果想进一步了解各解释变量的相对贡献程度，则需要进行基于 VAR 模型的方差分解分析。表 6－3、表 6－4 分别描绘了 1978～2008 年收入、资产、消费习性、利率、不确定性等各类变量对居民消费变动与居民消费增长率变动的相对影响程度。

表 6－3　　居民人均消费性支出的方差分解

周期	S. E.	LC	LY	LS	RI	UNC QIN
1	0.02	100	0	0	0	0
2	0.04	82.07	0.11	17.59	0.20	0.03
3	0.07	79.78	4.56	7.32	8.02	0.33
4	0.10	59.23	19.84	11.86	6.15	2.92
5	0.13	38.72	37.42	17.00	4.40	2.46
6	0.15	34.64	39.29	17.54	6.20	2.33
7	0.16	32.33	42.22	17.63	5.55	2.27
8	0.18	30.27	45.53	17.49	4.47	2.23
9	0.21	29.53	47.01	17.63	3.45	2.38
10	0.25	29.44	47.58	17.40	3.37	2.20

表 6－4　　居民消费增长率的方差分解

周期	S. E.	LC	LY	LS	RI	UNC QIN
1	0.03	100	0	0	0	0
2	0.03	68.23	17.09	5.38	7.39	1.91
3	0.04	50.08	15.77	27.72	4.95	1.48
4	0.04	48.69	15.05	30.47	4.45	1.34
5	0.05	44.57	16.36	29.88	7.96	1.23
6	0.05	43.81	16.83	29.57	8.55	1.24
7	0.05	43.07	16.69	30.42	8.41	1.40
8	0.05	42.07	16.28	31.05	8.30	2.29
9	0.05	41.68	17.25	30.56	8.10	2.41
10	0.05	41.64	17.31	30.56	8.07	2.42

从表6－3可以看出，我国城镇居民的消费行为在近期和远期，所受到的主要影响因素发生了变化。在近期，居民消费行为主要受到消费自身的影响，平均贡献率达到73.7，这表明消费习性对当期消费行为的影响是相当大的；可支配收入、人均储蓄虽然也对居民消费产生一定影响，但影响程度远不及消费自身的影响，贡献程度分别约为8.2%、12.3%，而实际利率与不确定性对消费行为的影响较弱，贡献程度仅为4.8%、1.0%。在远期，影响居民消费最主要的因素变为可支配收入，其贡献程度逐渐上升并超过了消费自身的影响，平均贡献程度达到43.2%；而消费自身的影响虽然较前期有所下降，但仍然保持较高的贡献程度，贡献率约为32.5%；人均储蓄的贡献程度在远期较为稳定，约为17.4%；实际利率与不确定性的贡献程度依然较小，分别约为4.6%、2.3%。从这个过程可以看到，尽管不确定性所导致的预防性储蓄行为确实在我国城镇居民的消费行为决策中存在（这可从前文协整方程与脉冲响应分析中得到验证），但相比于其他影响居民消费的因素，尤其是可支配收入与消费习性，预防性储蓄动机对居民消费决策行为的影响贡献度还相对较小。

从表6－4可以进一步验证预防性储蓄动机对我国城镇居民消费（储蓄）行为的影响程度。可以看到，导致居民消费增长率变动的影响因素较为稳定，并没有在近期和远期出现主导因素的易位。相比而言，对居民消费增长率影响最大的是其自身，平均贡献率达到47.1%，再次验证了消费习性在影响我国城镇居民消费行为中的重要地位；人均储蓄的变动率对其也有较强的影响，平均贡献率达到27.3%；可支配收入变动率的影响程度尽管没有像对消费水平值的影响那样强烈，但平均贡献率也达到16.5%；实际利率与不确定性对居民消费增长率的影响依然较小，贡献率分别为7.4%、1.7%。从本章的实证检验结果来看，无论是对居民消费的影响还是对居民消费增长率的影响，不确定性所导致的预防性储蓄动机对该过程的影响程度均较小，相比之下，收入因素、资产、消费习性对我国城镇居民的消费行为影响较大。因此可以说，尽管预防性储蓄动机确实存在，但其对城镇居民消费行为的影响还远没有达到可以主导该过程的程度。

（四）对实证结果的进一步说明

本节的实证检验结果与现有多数文献有所不同。现有文献大多数强调预防性储蓄动机的重要性，而本节的检验结果则表明，尽管预防性储蓄动机的确存在于我国城镇居民的消费（储蓄）行为中，但其对居民消费决策过程的影响程度还相对较小。本节认为出现这种差异的原因可能有两个：

第一，本节的研究目的与现有大多数文献不同。现有文献多是利用预防性储蓄动机解释我国居民不断攀升的储蓄率问题，而本节则是基于对预防性储蓄动机对居民消费（储蓄）行为的影响程度的测量，也即是为了考察预防性储蓄动机与其他影响居民消费行为的因素如收入、资产、消费习惯、实际利率等相比，对居民决策行为产生影响的相对贡献程度的大小。现有文献均没有从该角度对预防性储蓄动机的重要程度进行分析。而从居民消费行为的决定来看，收入、资产、消费习惯等因素对消费水平的决定可能会更大一些。

第二，来源于对预防性储蓄动机的理解及其替代指标选取的差异。利兰德等人发展起来的预防性储蓄理论认为不确定性的来源主要来自收入的不确定性，然而现有文献对我国城镇居民不确定性来源的论述则更加多样化。尽管伴随我国不断深入的经济体制与收入分配体制改革，居民收入也逐渐面临更大的不确定性环境，但从中国人民银行历年的居民储蓄动机调查情况来看，居民储蓄更多的却是对未来住房、医疗、教育、养老等消费支出不确定性的预防。仔细分析可以看出二者是存在很大区别的。未来收入的不确定性更多的是一种随机波动的概念，这与利兰德所阐述的预防性较为一致；而住房、教育、养老等消费支出（可能医疗有点例外）则不同，它们实际上具有很大的“确定性”，因为居民必须为未来的各类消费性支出保留相当的“预防”性储蓄。由收入不确定所引发的预防性储蓄动机并不足以覆盖未来的住房、医疗、教育、养老等消费支出不确定。因此，本节认为，当前我国居民所面临的不确定性与西方预防性储蓄理论中的不确定性是有所差别的，单纯用收入不确定来解释当前国内文献中所表述的“预防”性储蓄并不全面，而利用收入不确定来衡量的预防性储蓄动机也很可能只对居民消费（储蓄）行为产生一个较弱的影响程度。因此，为充分理解我国居民消费倾向不足的原因，必须摆脱单纯依靠国外预防性储蓄框架对我国居民消费行为的研究，而应该选取更加全面的替代指标来综合衡量我国居民所面临的不确定性，这实际上也是现有文献中存在的一个共同问题。

四、结论

本章的研究结果表明，我国城镇居民的消费（储蓄）行为中的确有预防性储蓄动机存在，但其对整个决策过程的影响程度较小。这一方面是由于本章测度的是消费影响因素对整个消费决策过程的相对影响程度，预防性储蓄动机相比于收入、资产、消费惯性等，的确存在影响不足的可能；另一方面是对不确定性指标的选取存在偏差，收入不确定代表的不确定并不能够完全衡量当前我国城镇居民所面临的不确定环境，因此选取更恰当的指标可能会产生不同的结果。这也是本章需要进一步深入研究的方向。

第二节　预防性储蓄重要性测度

本节在缓冲存货模型的框架下，使用大型微观家庭面板数据 CHNS 检验了城乡居民的预防性储蓄行为。本节中使用相对等价谨慎性溢价及收入对数的方差分别作为不确定性的代理变量，结果表明收入不确定性对于居民的储蓄行为具有很大影响，且农村要更大一些。进一步地，在假设不确定性完全消除后，居民预防性储蓄比例在 51% ~55% 之间。分城乡估算后得出农村样本的预防性储蓄比例比全国样本约高 8 个百分点。

一、理论框架

缓冲存货的概念最早由迪顿（Deaton，1991）提出，卡罗尔（Carroll）对之进行了发展，于 1992 年提出了储蓄的缓冲存货理论，并证实该理论模型与美国宏观经济数据的大量消费与储蓄的特征相符，即消费者在工作时间进行缓冲存货储蓄，到了 50 岁左右开始为退休储蓄，此时缓冲储蓄的动机变为生命周期的动机。卡罗尔（Carroll，1992）将消费者的谨慎和缺乏耐心同时纳入了模型，谨慎意味着多储蓄，而缺乏耐心意味着多消费，两种心理状态转换的条件是目标财富水平与实际财富积累的关系，即当财富积累超过目标财富水平时，消费者缺乏耐心的程度比谨慎程度更强烈，将倾向于消费；反之则倾向于储蓄，以使财富积累达到目标财富的水平。CRRA 效用函数下，由于该模型不存在解析解，卡罗尔和萨姆维克（Carroll & Samwick，1998）用倒推法得到了缓冲存货模型的数值模拟解，结果表明，缓冲存货模型意味着收入不确定性 ω 和财富收入比（W/P）之间存在着以下关系，其中 P 为家庭持久收入，W 为家庭持有的财富：

$$\log\left(\frac{W}{P}\right) = \alpha_0 + \alpha_1 \omega \tag{6-1}$$

变形后，加入人口统计学变量及扰动项，可以得到基准的计量方程：

$$\log(W) = \alpha_0 + \alpha_1 \omega + \alpha_2 \log(P) + \alpha_3' Z + \xi \qquad (6-2)$$

通过式（6－2）的估计，我们可以得到家庭面临的不确定性与财富积累的关系。式（6－2）的估计需要的变量包括：家庭财富、家庭持久收入、收入不确定性，及人口统计学变量。假设式（6－2）的估计结果显著，那么在确定了有关不确定性与财富积累的对应关系之后，要想进一步分析预防性储蓄的重要性，则需要将预防性储蓄从整个财富积累中剥离出来，然而人们很难主观判断并给出这个数值。我们不妨回到预防性储蓄的定义，预防性储蓄是指由不确定性而引致的额外储蓄。那么在其他条件不变的前提下，如果设定所有家庭均不再面临或仅面临少量的不确定性，并代替样本中的实际数值，那么我们就可以得到财富累积相应的变化。假设不确定性由 ω 减少为 ω^*，ω^* 可以是 ω 的 30%，或者 50%，也可能是 0。按照缓冲存货理论，财富积累将发生变化，假设变为 W^*，将这一对应关系代入式（6－2）后我们可以得到另一个式（6－3）：

$$\log(W^*) = \alpha_0 + \alpha_1 \omega^* + \alpha_2 \log(P) + \alpha_3' Z + \xi \qquad (6-3)$$

我们将上述思路反过来分析，假设不确定性最初很小，为 ω^*，当不确定性发生变化，由 ω^* 上升为 ω 时，若式（6－3）中 α_2 的估计系数为正，则对应的财富值也会由 W^* 上升为 W。由预防性储蓄的含义可知，在其他条件不变的情况下，仅由不确定性产生的额外的财富积累的变化为（$W-W^*$）。也就是说，在不确定性为 ω 时，对应的财富积累额 W 中，预防性储蓄额为（$W-W^*$）（其中 W^* 为不确定性为 ω^* 时对应的财富积累值）。那么此时预防性储蓄的比例 K 即为：

$$K = (W - W^*)/W \qquad (6-4)$$

用这种方法，我们近似得计算出了在现有不确定性下居民家庭预防性储蓄的比例。在这个过程中最关键的部分即为式（6－2）的估计，下一节将分步骤分别介绍式（6－2）估计中用到的数据，及方程中家庭财富、持久收入、不确定性等几个关键变量的处理。

二、数据及处理

（一）数据

本章选择了美国北卡莱罗纳大学人口中心与中国疾病预防控制中心营

养与食品安全所合作的追踪项目——中国健康与营养调查（CHNS）。该项目分别于 1989 年、1991 年、1993 年、1997 年、2000 年、2004 年、2006 年、2009 年、2011 年共开展过 9 次调查，范围覆盖了 9 个省份的城市和农村，且每次调查都会有新样本加入，也会有样本退出。为了取得面板追踪数据的完整性和最大化，本章选用了 CHNS 1997 ~ 2011 年的六个调查年度（两个调查年度之间间隔 2 ~ 4 年）的数据。经过匹配后得到全样本为 7996 个家庭，去除关键变量缺失及其他由人口统计学因素的变动造成的干扰，经筛选我们最终得到了 315 户典型的家庭平衡面板，作为以下各实证分析的样本。具体筛选方法如表 6 – 5 所示。

表 6 – 5　　样本筛选的步骤及结果

筛选条件	剩余数
全样本	7996
筛选 6 个年份都参与调查的家庭	2090
删除调查期间户主发生变化或个体变量缺失的家庭	1804
取出 1947 ~ 1960 年出生的在考察期内 50 ~ 64 岁的样本 805 户，最终得到户主出生年晚于 1961 年的，即户主年龄在考察期内在 50 岁以下的样本	396
删除婚姻在考察期内发生变化的家庭	377
删除家庭资产缺失值的家庭，以及职业为其他或不知道的家庭	315

（二）关键变量的处理

1. 家庭财富 W

理论上，家庭财富应该是不含房产的家庭净资产期末余额，一般会用流动性较强的资产代替，比如储蓄存款。但 CHNS 中不涉及银行存款等金融资产的数据，有关家庭资产主要是房产及其他耐用品资产价值（如家电家具、交通工具、农业生产用具等），由于房产价值属于固定资产投资，因此结合各种实际情况，本章的各年度家庭财富 = 家庭资产总额 – 房产价值，这里及下面所有有关收入、资产的数据均以 1996 年为基期进行了物价平减。

2. 持久收入 P

布朗宁和卢萨尔迪（Browning & Lusardi，1996）与福克斯·舍恩德伦（Fuchs Schundeln，2005）提出了一种根据相对稳定的经济地位来推算持久收入的方法，在此基础上，本章更加细化了分组，根据调查问卷中户主所属的10种不同职业分组，首先计算10种职业6个年份间的平均实际收入，再用每年每个家庭的年收入除以每组每年平均收入，得到比值后计算6个年份的均值，再乘以每组每年的收入平均值，得到的数值作为每年的持久收入。再对每年的持久收入求均值，得出每个家庭在考察期内的持久收入。除了在整个社会中家庭有相对稳定的经济地位外，相同职业内部同样也有经济地位之分，利用职业分组的好处是缩小了样本范围，减小了单个家庭的样本误差。

3. 收入不确定性 ω

卡罗尔和萨姆维克（Carroll & Samwick，1998）证明了REPP（相对等价谨慎性溢价）与VARLY（对数收入的方差）是不确定性的良好衡量指标，并验证了它们与目标财富的函数关系。关于REPP的计算，卡罗尔（Carroll，1994）是从金伯尔（Kimball，1990）所定义的直接测度不确定性的指标EPP（等价谨慎性溢价）开始的。等价谨慎性溢价是一个基于理论推导出的测度指标，但它的计算需要依赖消费的数据，要有相对风险厌恶系数的取值。假定消费服从随机分布，且围绕着消费的均值会有个乘性的冲击X，则 $c=\bar{c}X$。假设EPP用 ψ 来表示，则其定义式推导如下：

$$u'(\bar{c}-\psi)=E[u'(c)]$$

$$(\bar{c}-\psi)=[Ec^{-\rho}]^{-(1/\rho)}=\bar{c}[E(X)^{-\rho}]^{-(1/\rho)}$$

$$\psi=\bar{c}\{1-[E(X)^{-\rho}]^{-(1/\rho)}\} \tag{6-5}$$

可以看出，平均消费与实际消费间有一个差额，这个差额是由影响消费支出各种因素带来的冲击决定的，因此我们可以说EPP衡量了不确定性直接导致的消费支出的减少，这个不确定性不管来源如何，都导致了消费者的谨慎。

由于CHNS中没有消费的数据，如同PSID中的情况类似，这里用当期持久收入和实际收入分别来代替平均消费和实际消费。假设每个家庭 $C=Y$，即i家庭在t年消费 Y_{it}，为独立同分布，则 $Y_{it}=\mu_{it}+\varepsilon_{it}$。进一步可以得到，考察期间Y的均值即平均消费为持久收入，$\hat{\mu}_{it}=P$。若消费确实等于收入，则每期 $MU=u'(Y_{it})$。

则t年度待估计的收入冲击为 $\varepsilon_{it}=Y_{it}-\hat{\mu}_i$，假定期望边际效用等于实际边际效用，则可进一步假定上式收入冲击在考察期间内分布不变，则有：

$$E[u'(Y_i)]=\frac{1}{6}\sum_{t=1997}^{2011}u'(Y_{it})+\gamma_i \tag{6-6}$$

γ_i 为真实值与预期值的差，理性预期意味着 $E(\gamma_i)=0$，则可用 $\frac{1}{6}\sum_{t=1997}^{2011}u'(Y_{it})$ 估计 $E[u'(Y_i)]$。假设效用函数为 CRRA 形式，ρ 为相对风险厌恶系数，由于我们以上设定了 Y = C，因此代入式（6-5）、式（6-6）后，可推算出 EPP，标准化后，得到 REPP 的表达式：

$$REPP = 1 - \frac{\left[\frac{1}{6}\sum_{t=1997}^{2011}(Y_{it})^{-\rho}\right]^{-\frac{1}{\rho}}}{P} \qquad (6-7)$$

式（6-7）的计算需要对相对风险厌恶系数取值，这里假设为3。按上面公式计算的 REPP 值和标准化后的家庭样本的对数收入方差 VARLY 按户主职业、受教育程度、医保状况分别汇总均值后见表 6-6。从职业分组来看，不论是 REPP 还是收入对数的方差，专业技术工作者、办公室一般工作人员等组别面临的不确定性较小，这也恰是我们通常认为的工作和收入都较稳定的群体。农民群体的不确定性没有预想中高，要低于技术工人、司机及服务行业人员，农民群体生活中一部分的自给自足和较低的生活费用开支，使其对收入的依赖性较生活在城市中的几个群体要小，尤其是服务行业人员从业的单位一般规模较小，工作稳定性差，各类保险及补贴待遇等较难落实，加剧了其收入的不确定性。从最高受教育程度分组来看，学历水平越低，不确定性越高。

表 6-6　　　　不确定性指标分组均值

类型		REPP	VARLY	obs.
户主职业分组	高级专业技术工作者	0.381	0.067	9
	一般专业技术工作者	0.326	0.060	12
	管理者/行政官员/经理	0.431	0.086	22
	办公室一般工作人员	0.318	0.068	19
	农民、渔民、猎人	0.375	0.099	187
	技术工人或熟练工人	0.378	0.132	13
	非技术工人	0.477	0.095	23
	士兵与警察	0.327	0.055	3
	司机	0.568	0.244	15
	服务行业人员	0.555	0.170	12

续表

类型		REPP	VARLY	obs.
户主最高受教育程度分组	小学毕业	0.423	0.115	58
	初中毕业	0.413	0.108	160
	高中毕业	0.377	0.093	62
	中等技校、职校毕业	0.305	0.067	16
	大专或大学毕业	0.339	0.071	5

4. 人口统计学变量的确定

通过上文的分析，户主在家庭消费及储蓄行为及实施过程中扮演了家庭代理人的角色，因此户主本身的特征变量将具有重要的影响。本章选择了1997年样本中户主性别、年龄等控制变量。最高受教育程度、工作单位类型既反映了户主的收入状况，也是影响收入不确定性的重要因素，而对财富积累又没有直接影响，下文中将使用这两个变量，及其这两个变量分别与年龄、年龄平方的交叉项来作为模型的工具变量。户主的性别、年龄、年龄的平方将作为人口统计学变量参与分析，以囊括不同年龄组的不同情况。

三、实证研究

（一）收入不确定性与家庭财富积累

因持久收入和收入不确定性的估算中，不可避免会出现测量误差，这里将分别使用REPP与VARLY及其它们的对数值分别作为不确定性的替代变量，使用基准的回归方程式（6－2），使用ivreg 2命令对总体样本及分城乡样本进行最优GMM估计，估计结果如表6－7所示。

表6－7 收入不确定性与家庭财富的工具变量回归总体估计与分城乡估计结果

logW	总体样本				城镇样本		农村样本	
	方程一	方程二	方程三	方程四	方程五	方程六	方程七	方程八
logP	1.03***	1.066***	0.996***	1.387***	1.272***	1.131***	1.102***	1.074***
REPP	0.908**				0.602		1.601**	

续表

logW	总体样本				城镇样本		农村样本	
	方程一	方程二	方程三	方程四	方程五	方程六	方程七	方程八
VARLY		0.856						
logREPP			0.838 ***			0.677 *		1.110 **
logVARLY				0.462 **				
gender	-0.063	-0.025	-0.059	-0.057	-0.044	-0.020	-0.349 *	-0.406 *
age	-0.105	-0.085	-0.096	-0.074	-0.058	-0.125	-0.146	-0.093
age2	0.002	0.001	0.001	0.001	0.001	0.002	0.002	0.001
CONSTANTS	0.963	0.769	1.772	0.056	-0.810	1.425	1.241	1.917
Kleibergen - Paap rk LM statistic P	0.051	0.090	0.044	0.146	0.5539	0.7471	0.2658	0.0921
Kleibergen - Paap rk Wald F statistic	7.247 (20%)	4.960 (30%)	6.752 (20%)	4.795 (30%)	0.779	0.573	16.825 (10%)	7.075 (20%)
Hansen J statistic P	0.362	0.035	0.657	0.376	0.776	0.7412	0.560	0.692
Endogeneity test P	0.081	0.276	0.033	0.084	0.098	0.0878	0.269	0.094
obs	314	314	313	314	71	70	243	243

从估计结果中我们发现，四个方程中，以 VARLY 为不确定性代理变量的方程不确定性系数没有通过显著性检验、过度识别性检验和内生性检验。以 logVARLY 为不确定性代理变量的方程没有通过不可识别性检验，除此之外的其他两个方程总体解释力都比较好，家庭持久收入与家庭面临的不确定性的系数都在5%水平上显著，两者对于家庭财富的积累都具有显著的正向影响，其中持久收入对家庭财富净增量的影响要比不确定性的影响大。性别和年龄的系数都是负数，年龄的平方的系数都为正数，这说明男性户主不利于财富积累，女性户主谨慎性更强一些，且随着年龄的增长，财富累积的速度是逐渐递减的，并且递减速度在逐渐加快。年轻时为了增强对抗风险的能力，以较快的速度积累财富，而当财富慢慢越积越多时，速度自然就会放慢。这也是缓冲存货模型所揭示的现实经济生活中居民的储蓄行为模式。然而遗憾的是，这些变量都不显著。

我国城乡经济发展不平衡，居民生活方式也存在较大差异。下面将分城乡，用 REPP 及其对数值作为不确定性的代理变量对上述问题再行考察，从表 6－6 中我们可以看到，城镇的样本数较少，在一定程度上影响了估计结果，两个方程均没有通过不可识别性检验、弱工具变量检验。而农村样本中方程八的各项检验指标均显示良好，农村居民面临的不确定性对于财富积累的影响要高于总体样本和城镇样本。农村家庭中男性户主对于财富积累的影响在 10% 显著性水平上为负。另外，农村样本中不确定性的系数也高于持久收入，一般情况下农村家庭收入差距较城镇小，一旦有家庭成员丧失劳动能力，收入将会面临巨大风险，因此农村家庭财富积累的推动因素主要为谨慎性的预防性储蓄。

（二）预防性储蓄重要性的测算

正如其定义，预防性储蓄是无法直接观测的。下面我们将使用上文的估计值，尝试模拟财富积累如何随着收入不确定性的变化而变化。根据式（6－4），我们也分别使用 REPP 与 logREPP 的估计系数模拟得到如表 6－8 所示的结果。当 REPP 被设置为 0 时，居民不面临任何收入风险，这个时候财富积累会有 55.29% 的下降，也就是说，收入不确定性由 0 上升为原值时，增加的财富值为理论上的预防性储蓄，这是由预防性储蓄的定义和本质决定的。当然现实中，不确定性为零仅仅是一个理想的情况，我们期望的只是不确定性变小。那么我们按照上述思路，设置 REPP 为实际值的某个比例再行模拟。当 REPP 被设置为实际值的 10%、30%、50% 时，分别计算出的预防性储蓄比例为 52%、44.34%、34.92%。这意味着，居民面临的不确定性降低一半时，能释放出 34.92% 的财富用于消费。用 logREPP 计算的结果比用 REPP 稍低几个百分点。

表 6－8　　预防性储蓄比例测算模拟　　单位：%

当不确定性下降为原值的该比例	REPP 计算的预防性储蓄比例	logREPP 计算的预防性储蓄比例	农村样本 logREPP 计算的预防性储蓄比例
0	55.29	50.91	58.80
10	52.00	47.84	55.72
30	44.34	40.78	48.39
50	34.92	32.17	39.06

分城乡来看，因城镇样本估计结果不理想，这里仅取表 6－7 中方程八

logREPP 的估计系数值予以模拟。可以看到农村居民的预防性储蓄比例高达 58.8%，而总体样本中同变量计算的比例只有 50.91%，因此可以大致推测，农村居民预防性储蓄的比例在每种情况下都比城镇居民高。我国城乡居民从收入、社会保障及消费观念均存在很大程度的差异，无疑是导致城乡居民的预防性储蓄行为的差异，而具体的作用机制还需要今后进一步的数据佐证。

四、稳健性检验

我们以 REPP 为例，从三个方面用五个计量方程对上文表 6－7 中的计量结果进行稳健性检验。首先是改变样本，逐步去掉表 6－6 中不确定性最高的两种职业群体。其次是变更工具变量，变户主个人的变量为家庭平均变量。第三种是改变 REPP 计算公式中的相对风险厌恶系数 ρ 的取值，进而得到不同的 REPP 值。得出的结果见表 6－9。

表 6－9　　稳健性检验

项目	REPP	标准误	obs
基准模型	0.908**	0.362	314
去掉户主职业为服务人员的家庭	0.923***	0.347	302
去掉户主职业为司机、服务人员的两种家庭	0.697*	0.379	287
变更工具变量	0.761*	0.392	314
当 ρ＝1 时计算的 REPP	0.946**	0.418	314
当 ρ＝5 时计算的 REPP	0.929**	0.365	314

在基准模型的基础上，去掉户主职业为服务人员的 12 户家庭后，REPP 的估计系数略微升高，而继续去掉 15 户户主职业为司机的家庭后，REPP 估计系数大幅降低。在对他们的收入情况进行统计后发现，服务人员群体的收入在 2000 年以后一直处于较低的水平，而司机群体的收入波动幅度最大，收入不确定性本身较高的群体，不确定性对家庭财富积累的影响同样较高。

工具变量的确定本来也不是单一的。有的文献认为户主个体变量在说明整个家庭的消费及储蓄行为时显得不足，因此这里尝试使用家庭平均的变量，即以家庭工作人口的数量、家庭平均受教育程度及其与家庭平均年龄、年龄平方的乘积作为新的工具变量。得出的估计系数值为 0.761，同样也在10%的显著性水平上显著。

REPP计算中用到了相对风险厌恶系数的取值，虽然取值为3也是参考了学界的普遍设定，但毕竟用这个取值去度量风险厌恶程度的话客观性不够，在找到更好的方法之前，我们不妨变换一下这个取值。当取值为1时，即风险厌恶程度较低时，我们得出的REPP估计系数值为0.946；当取值为5时，即风险厌恶程度较高时，得出的估计系数值为0.929，均与取值为3时的基准模型估计系数值0.908差别不大，且都显著。三种方法均证明了原方程的稳健。

五、结论

本节在缓冲存货模型的框架下，使用中国健康与营养调查（CHNS）数据验证了城乡居民的预防性储蓄行为。结果证明我国年龄在50岁以下的工作人口家庭符合缓冲存货模型的行为特征，即在工作时间进行缓冲储蓄，到50岁后开始为退休储蓄。

总体来看，家庭持久收入与家庭面临的不确定性两者对于家庭财富的积累都具有显著的正向影响，其中持久收入对家庭财富净增量的影响要比不确定性的影响大。分城乡来看，农村居民面临的不确定性对于财富积累的影响要远远高于总体样本和城镇居民，且农村样本中不确定性的系数也高于持久收入，农村家庭财富积累的主要推动因素为预防性储蓄。

进一步地，在假设不确定性完全消除后，总体样本的预防性储蓄比例为51%～55%，农村样本的居民预防性储蓄的比例比总体样本约高8个百分点。当然，现实中收入不确定性可以下降，但很难完全消除。当收入不确定性降低一半时，总体能释放出32%～35%的财富用于消费，而农村能释放出39%，隐含地说明农村消费市场的潜力巨大。

总之，居民家庭储蓄中有近一半是预防性储蓄，收入的不确定性对于居民的消费和储蓄行为具有很大的影响，城乡居民的储蓄行为也存在较大差异。应继续坚持按劳分配为主体、多种分配方式并存的分配制度，促进收入分配公平，缩小城乡收入差距。尤其是对农村居民，一方面从收入不确定性着手，加快收入结构升级、逐步提高农村家庭的工资性收入；完善农村市场、控制农产品价格的波动，提升农业保险的赔付力度，降低销售风险及农业风险的影响；加快农村税费改革等进程，规范农村收费行为，进一步减轻农村家庭负担。另一方面控制支出不确定性，完善农村社会养老保险政策，提高新农合制度的报销范围及大病补偿比例，切实提高农村居民的收入水平和生活质量。

第三节　不同收入阶层城镇居民的预防性储蓄实证研究

一、理论模型

不确定性、流动性约束以及消费习惯可能是造成城镇居民持续高额储蓄的重要因素。基于此，根据坎贝尔和曼昆（Campell & Mankiw，1991）对于流动性约束的描述，以及戴南（Dynan，2000）关于消费习惯与收入不确定性对当期的消费影响的相关分析，本章在戴南（1993）预防性储蓄分析模型的基础上进行了进一步的扩展，同时考虑不确定性、流动性约束和消费习惯等因素，对我国不同收入阶层城镇居民预防性储蓄行为的影响进行探讨。根据消费者最优选择模型得出消费者 i 在第 t 期的目标函数为：

$$\max_{C_{i,t+j}} E_t\left[\sum_{j=0}^{T-t}(1+\delta)^{-j}U(\bar{C}_{i,t+j})\right] \tag{6-8}$$

约束条件为：

$$A_{i,t+j}=(1+r)A_{i,t+j}+Y_{i,t+j}-C_{i,t+j} \tag{6-9}$$

$$A_{it}+Y_{it}-C_{it}+Z_{it}\geqslant 0 \tag{6-10}$$

其中，E_t 表示基于 t 期信息所做出的预期，δ 表示时间偏好率，假定其跨期不变且不同家庭之间有相同的时间偏好率。$C_{i,t}$ 表示消费者 i 在第 t 期的消费，$\bar{C}_{i,t}$ 表示第 t 期的有效消费，其具体形式为 $\bar{C}_{i,t}=C_{i,t}-\alpha C_{i,t-1}(0\leqslant\alpha\leqslant 1)$，即当期的有效消费为当期消费 $C_{i,t}$ 与前一期消费 $C_{i,t-1}$ 在当期影响值的差值，α 表示习惯强度，即前一期消费对当期消费的影响程度。T 表示生命周期长度，$A_{i,t}$ 表示消费者 i 在第 t 期的财富值，并给定 $A_{i,T+1}=0$。r_t 表示实际利率，$Y_{i,t}$ 表示劳动收入。$Z_{i,t}$ 为消费者 i 在第 t 期所能借贷资本的最大限额。因此，式（6－10）是居民受到流动性约束的表达式。

采用动态最优化的贝尔曼（Bellman）方程对模型求解，当 j＝1 时得到欧拉方程：

$$\left(\frac{1+r_t}{1+\delta}\right)E_t[U'(\bar{C}_{i,t+1})]=U'(\bar{C}_{i,t})-\lambda_{i,t} \tag{6-11}$$

其中 $\lambda_{i,t}$ 为约束条件式（6－10），即流动性约束表达式所对应的拉格朗日乘子。式（6－11）表示当消费者面临流动性约束时，居民在进行跨期决策时并不能平滑有效消费来达到一生效用最大化。因此，给定下一期的有效消费，当期的有效消费要低于没有流动性约束下的完美市场预期，也就是说 $\lambda_{i,t}>0$。该方程是由戴南（1993）的预防性储蓄模型扩展得到的，同时考虑到了居民的消费行为受到流动性约束和消费习惯的影响，当 $\lambda_{i,t}=0$，$\alpha=0$ 时，就是戴南基础模型中的情形。

然后对 $U'(C_{i,t-1})$ 在 $C_{i,t}$ 处进行二阶泰勒公式展开，再代入式（6－11）并化简得：

$$E_t\left[\frac{\bar{C}_{i,t+1}-\bar{C}_{i,t}}{\bar{C}_{i,t}}\right]=\frac{1}{\xi}\left(\frac{r_t-\delta}{1+r_t}\right)+\frac{\rho}{2}E_t\left[\left(\frac{\bar{C}_{i,t+1}-\bar{C}_{i,t}}{\bar{C}_{i,t}}\right)^2\right]+\tilde{\lambda}_{i,t}+\eta_{i,t} \tag{6-12}$$

其中，$\xi=-\bar{C}_{i,t}(U''/U')$ 就是相对风险厌恶系数，$\rho=-\bar{C}_{i,t}(U'''/U'')$ 即为金伯尔（Kimball，1990）提出的相对谨慎系数。通常认为，消费者面临的不确定性越大，其消费行为越谨慎，对应的相对谨慎系数越大。$\tilde{\lambda}_{i,t}=-\frac{1+\delta}{1+r_t}\cdot\frac{\lambda_{i,t}}{C_{i,t}U''}$，且由效用函数的条件可知，$\xi>0$，$\rho>0$，$\tilde{\lambda}_{i,t}\geqslant0$。$\eta_{i,t}$ 是均值为 0 的误差项。

根据杜海涛和邓翔（2005）的分析，消费增长率 $\frac{C_{t+1}-C_t}{C_t}$ 可以用消费对数的一阶差分 $\Delta\ln C_{t+1}$ 近似替代，又由戴南（2000）、米尔鲍尔（1988）的分析，可以将 $\Delta\ln(C_{i,t+1}-\alpha C_{i,t})$ 近似估计为 $\Delta\ln C_{i,t+1}-\alpha\Delta\ln C_{i,t}$，将式（6－12）化简为：

$$\Delta\ln C_{i,t}=\beta_0+\beta_1 r_{i,t}+\frac{\rho}{2}(1-\alpha)^2(\Delta\ln C_{i,t})^2+\tilde{\lambda}_{i,t}+\alpha\Delta\ln C_{i,t-1}+\mu_{i,t} \tag{6-13}$$

其中，$\mu_{i,t}=\eta_{i,t}+\varphi_{i,t}$，$\varphi_{i,t}=\frac{\rho}{2}(\Delta\ln C_{i,t}-\alpha\Delta\ln C_{i,t-1})^2-\frac{\rho}{2}(1-\alpha)^2(\Delta\ln C_{i,t})^2-\omega$，$\omega=E_t\left[\frac{\rho}{2}(\Delta\ln C_{i,t}-\alpha\Delta\ln C_{i,t-1})^2-\frac{\rho}{2}(1-\alpha)^2(\Delta\ln C_{i,t})^2\right]$ 并假定其满足 $E_t\omega=0$ 的条件，并包含在常数项中。

在研究居民消费行为中面临的流动性约束时，依据坎贝尔和曼昆（Campell & Mankiw，1991）将消费者按照所受流动性约束的情况分为两类：

第一类消费者的消费行为具有短视性，符合凯恩斯绝对收入理论所描述的情形，即其当期消费完全依赖于当期收入，消费决策行为可以表示为 $\Delta C_{1t}=\Delta Y_{1t}$，数字 1 表示第一类消费者；第二类消费者的消费行为具有前瞻性，符合霍尔提出的理性预期持久收入假说所描述的情形，预料之中的收入变化对消费没有影响，消费的变化仅仅取决于有关持久收入变化的新信息，其消费决策行为可以表示为 $C_{2t}=C_{2t-1}+e_t$，数字 2 表示第二类消费者，e_t 表示 t 期持久收入变化的新信息，e_t 为白噪声。由式（6 – 11）有关 λ 的设定，假定这两类消费者在人群中所占的比例分别是 λ 和 1 – λ，则可以得出：

$$\Delta c_{i,t}=\beta_0+\beta_1 r_{i,t}+\theta(\Delta c_{i,t})^2+\lambda\Delta y_{i,t}+\alpha\Delta c_{i,t-1}+\mu_{i,t} \tag{6-14}$$

其中，$\Delta c_{i,t}$表示消费对数的一阶差分，即 $\Delta \ln C_{i,t}$，$\Delta y_{i,t}$表示收入对数的一阶差分。λ 表示收入变动对消费的影响，即消费对收入的敏感系数，在此也表示消费者中受到流动性约束的比例。λ 越大，表示消费者群体中受到流动性约束的人数越多，反之则越少。但是考虑到 λ 本身的设定，受到流动性约束的仅为部分群体，而低收入和流动性约束又是密切联系的，因此低收入群体受到流动性约束的影响比高收入群体大得多。假设各收入阶层城镇居民的人均可支配收入小于总体人均消费支出时，会受到很强的流动性约束。反之，居民受到流动性约束的程度就是不确定的。表 6 – 10 将去掉高收入组和最高收入组的五个收入阶层城镇居民的人均可支配收入与同年全国人均消费支出进行对比。可以看出，在选取的四个代表性年份中，各年度最低收入户、较低收入户、中等偏下户三个收入阶层的人均可支配收入都小于人均现金消费支出，表明这三个收入阶层受到的流动性约束最强。鉴于此，本章将最低收入户、较低收入户、中等偏下户（1 ~ 3 阶层）设定为较强流动性约束的较低收入阶层，而中等收入户、中等偏上户、较高收入户、最高收入户（4 ~ 7 阶层）设定为受流动性约束影响不确定的中高收入阶层。

表 6 – 10　　我国不同收入阶层城镇居民人均收入与消费支出对比　　单位：元

年份	人均可支配收入					人均现金消费支出
	最低收入户	较低收入户	中等偏下户	中等收入户	中等偏上户	
2003	2590.2	3970	5377.3	7278.8	9763.4	6510.9
2006	3568.7	5540.7	7554.2	10269.7	14049.2	8696.6
2009	5253.2	8162.1	11243.6	15399.9	21018	12264.6
2012	8215.1	12488.6	16761.4	22419.1	29813.7	16674.3

资料来源：2004 ~ 2013 年相关年份《中国统计年鉴》。

根据以上分析，本章将在针对受流动性约束影响不确定的4～7阶层，在式（6－7）检验的基础上，再单独进行式（6－15）的检验，以考察收入较高的几个阶层中去掉流动性约束因素后，其他各影响因素系数的变化。

$$\Delta c_{i,t} = \beta_0 + \beta_1 r_{i,t} + \theta(\Delta c_{i,t})^2 + \alpha\Delta c_{i,t-1} + \mu_{i,t}; \ i = 4, 5, 6, 7 \tag{6-15}$$

式（6－14）、式（6－15）即为综合考虑了利率、不确定性、流动性约束和消费习惯的异质性预防性储蓄动态面板模型。式（6－15）是中高收入群体的流动性约束的对比模型。具体来看模型中的参数，β_1 表示实际利率对消费增长的影响，若 $\beta_1<0$，则表示实际利率对消费增长的替代效应大于收入效应，反之则收入效应大于替代效应。α 表示消费习惯强度，由于滞后期数越多对当期消费影响越小，模型中仅考虑消费一阶滞后值，即上一期消费对当期消费的影响程度。消费增长率的平方 $(\Delta c_{i,t})^2$ 表示不确定性，其系数 θ 反映不确定性对消费增长率的影响大小，用以表示消费者预防性储蓄动机的强弱。

二、数据及变量说明

本章利用1995～2012年中国不同收入阶层城镇住户的抽样调查数据，所有数据来自《中国统计年鉴》《中国物价及城镇居民家庭收支调查统计年鉴》及中经网统计数据库。所有数据均以1995年为基期，用城镇居民消费价格指数换算成实际量。所有城镇调查户按人均可支配收入由低到高，按10%、10%、20%、20%、20%、10%、10%的比例分为七个阶层，分别为最低、较低、中等偏下、中等、中等偏上、较高和最高收入组。表6－11提供了变量的描述性统计。

表6－11　变量的描述性统计

变量	含义	均值	标准差	最小值	最大值	观测数
lnc	对数消费	8.66	0.63	7.63	10.16	126
lny	对数可支配收入	8.9	0.75	7.68	10.69	126
r	实际利率	2.61	2.6	0.86	9.98	126
Δlnc	对数消费的差分	0.07	0.04	-0.11	0.29	119
Δlnc_{t-1}	对数消费差分的一阶滞后	0.07	0.04	-0.11	0.29	112
$(\Delta lnc)^2$	消费增长率对数的平方	0.01	0.01	0	0.09	119

续表

变量	含义	均值	标准差	最小值	最大值	观测数
$\Delta \ln y$	对数可支配收入的差分	0.08	0.04	-0.14	0.24	119
$(\Delta \ln y)^2$	可支配收入增长率对数的平方	0.01	0.01	0	0.06	119

（1）当期消费性支出与前一期消费。本章模型中用到的消费性支出可以直接从统计年鉴中获取，前一期消费是对当期消费的滞后一期，其系数表示消费习惯强度。由于消费滞后期数越多，即越早期的消费对当期消费的影响越小，本章只选取了影响最大的滞后一期消费考察消费习惯。

（2）利率。有的年份中央银行对存款利率进行了调整，这种情况下将该年度内以利率水平执行的月数为权重计算出当年的加权平均利率作为名义年利率，扣除掉城镇居民消费价格指数后得到实际利率。

（3）不确定性。不同收入阶层的居民面临的不确定性大小不同，他们对不确定性的反应或者敏感程度也不相同，使用消费增长率和收入增长率的平方进行衡量能够较准确地反映居民对未预期到的收入变化的反应（Dynan，1993）。因此本章的初步设计中，同时考虑了将消费增长率的平方及收入增长率的平方作为衡量指标的合理性。从表6-11中可以看出，消费增长率与收入增长率以及它们的平方项之间均值与标准差近乎相同。在119个样本中，收入增长率小于消费增长率的只有28个，在一定程度上说明了消费的平滑性。但就波动来说，本章计算了不同收入阶层的样本方差（见表6-12），可以看出，收入增长率与消费增长率的总计方差相等。将二者的均值与方差联合起来看，可以近似认为样本中消费增长率与收入增长率的分布大致相同。具体到各个收入阶层来看，1~4阶层收入的增长率方差稍稍大于消费，而5~7阶层消费增长率方差却明显大于收入增长率方差，表明消费波动更为明显。根据以上分析，在该样本消费增长率与收入增长率分布近乎相同的情况下，使用消费增长率的平方项衡量不确定性更加合理。

表6-12　　各不同收入阶层消费增长率与收入增长率样本方差

收入组	Δc_i	Δy_i	收入组	Δc_i	Δy_i
1	0.00314	0.00467	5	0.00081	0.00047
2	0.00166	0.0021	6	0.00122	0.00064
3	0.0008	0.00112	7	0.00388	0.00198
4	0.00054	0.00062	总计方差	0.00175	0.00175

（4）流动性约束。在本章的模型中，选取消费变动对收入变动的敏感程度，即消费的敏感系数来度量居民面临的流动性约束。

三、实证结果及分析

本章的模型设定中解释变量包含了被解释变量的滞后一阶值用来反映城镇居民的消费习惯，所以从计量分析的角度来看，该模型是一个动态面板模型。然而，由于各收入阶层间适用的模型可能不同，考虑到整体效应与个体效应，使用变系数模型分别对式（6－14）、式（6－15）进行估计，结果见表6－13、表6－14。其中三个估计参数稳定性检验的P值均小于0.05，强烈拒绝“参数不变”的原假设，认为应使用随机系数模型。

表6－13　　低收入组实证结果

变量	式（6－14）			
	总体	1	2	3
$(\Delta c_{i,t})^2$	2.659***	1.639**	2.239***	3.975***
$\Delta y_{i,t}$	0.649***	0.799***	0.728***	0.425***
$\Delta c_{i,t-1}$	−0.094*	−0.091	−0.149**	−0.044
r	0.001	0.002	0.003	−0.002=
常数项	0.007	−0.001	0.001	0.019
参数稳定性检验P值	0.022			

注：***、** 和 * 分别表示在1%、5%和10%的显著性水平上通过显著性检验。

表6－14　　中高收入组实证结果

变量	式（6－14）					式（6－15）				
	总体	4	5	6	7	总体	4	5	6	7
$(\Delta c_{i,t})^2$	4.461***	6.092***	5.485***	3.828***	2.435***	4.867***	6.523***	5.777***	4.281***	2.906***
$\Delta y_{i,t}$	0.173***	0.066	0.167***	0.217***	0.238***					
$\Delta c_{i,t-1}$	−0.003	0.005	−0.019	−0.006	0.012	0.018	0.016	−0.019	0.021	0.048
r	−0.001	−0.002***	−0.001	0.001	0.001	−0.001	−0.002***	−0.002***	−0.001	0.001
常数项	0.034***	0.037***	0.029***	0.032***	0.038***	0.046***	0.039***	0.044***	0.048***	0.053***
参数稳定性检验P值	0.000					0.000				

注：*** 表示在1%的显著性水平上通过显著性检验。

从表 6－12 估计结果中可以看出，我国处于不同收入水平的城镇居民之间的预防性储蓄行为具有明显的异质性，尤其是不确定性和流动性约束，对于不同收入阶层的居民消费和储蓄行为均产生了明显不同的影响。

收入处于低水平的三个组（最低收入组、较低收入组和中等偏下收入组）的消费行为同时受到收入不确定性和流动性约束的影响，且影响系数都非常显著。消费支出对可支配收入的变化非常敏感，系数分别为 0.799、0.728 和 0.425。表明低收入组的居民受到较强的流动性约束。居民受到流动性约束的程度随着收入水平的提高而逐渐降低，说明其受到流动性约束的主要原因是收入水平的限制，且没有足够的家庭资产作为收入的补充。可见低收入群体的消费行为对收入存在明显的过度敏感性。收入较低的三个组居民的平均消费倾向分别是 0.96、0.87 和 0.82，而其他各收入组的平均消费倾向均不超过 0.8，且呈现规律地递减趋势。

各收入组之间的恩格尔系数变化趋势比较一致，1999 年最低收入组的恩格尔系数为 0.52，到 2012 年该组的恩格尔系数达到 0.45，仍然有将近一半的支出用在食品上。2012 年中等偏下收入的恩格尔系数为 0.41，是三个低收入组中系数最低的。由此可见，低收入家庭的平均收入水平较低，生活质量不高，其消费结构还主要停留在维持“吃饱穿暖”的阶段，收入和支出的变动都比较小，所以不确定性对其消费行为影响相对较小。不确定性对这三个低收入组的影响呈现与流动性约束相反的趋势，即随着收入水平的提高，居民受到收入不确定性的影响程度逐渐增加，收入水平由低到高影响系数分别为 1.639、2.239 和 3.975。综合来看，低收入组的消费支出以食品支出为主，较低的收入水平导致他们无力对生活质量进行明显的改善。越来越多的学者认为衡量预防性储蓄强度不能仅仅考察不确定性的系数大小，这样容易导致遗漏变量偏差（Lee & Sawada，2010）。流动性约束作为影响消费和储蓄行为的重要变量之一，和不确定性一样可以体现预防性储蓄动机强度。结合以上分析，可以认为低收入组的预防性储蓄动机比较强。

从表 6－14 的实证结果看，对于受到流动性约束影响不确定的中高收入组来说，无论估计模型中是否包含流动性约束因素，不确定性均是影响其预防性储蓄行为的最重要因素，并且不确定性在四个收入组中的影响随收入水平提高而依次递减的趋势。消费习惯对消费增长率的影响较小，并且不显著。从组间的横向比较可以看出，中等收入组的居民家庭面临不确定性对消费增长率的影响系数达到 6.092，在中高收入组中是对不确定性反应最为敏感的一组，流动性约束对中等收入组的影响不显著。利率也对该组家庭的消费行为有显著的负向影响，但是影响程度微弱。中等收入组主要由有一技之长、工作较稳定的居民家庭组成。这部分家庭的收入主要是较为稳定的工资收入，且对收入增长幅度的预期不高，对生活质量又有一定的追求。因此中等收入组的家庭对不确定性表现得较为敏感，当他们面对不断增强的不确定性时，不得不增加预防性储蓄、减少消费以提高应对不确定性的能力。

在考虑流动性约束的影响时，收入处于高水平的三个组（中等偏上收入组、较高收入组和最高收入组）所受不确定性对消费增长率的影响系数分别为 5.485、3.828 和 2.435，随着收入水平升高呈现出依次下降的趋势。结合中等收入组的不确定性影响系数，在中高收入水平的群体中，预防性储蓄动机强度随着收入组收入水平的提高而快速递减。流动性约束的系数分别为 0.167、0.217 和 0.238，且影响都非常显著。中等偏上收入组家庭的收入水平完全能够满足基本的生活开支，同时相较于低收入组更容易获得贷款融资，收到的流动性约束强度也较低。但是由于中等偏上收入组居民的收入水平依然是比较稳定的，未来收入增长的预期不够高，还必须面对收入不确定性的冲击，消费行为受到一定的制约，因此中等偏上收入组居民的消费行为表现出对收入不确定性相对较高的敏感性。较高收入组和最高收入组的家庭有足够高的收入和储蓄水平来应对生活中的不确定性，所以在四个中高收入组的实证结果中，预防性储蓄动机强度随着收入水平的提高呈现快速减弱趋势。

接下来分析表 6 - 14 中去掉流动性约束变量之后发生的变化。虽然不确定性影响仍然出现递减的整体趋势，不确定性的影响系数相较于考虑流动性约束时却都出现了不同程度的上升，由中等收入组到高收入组的系数分别上升了 0.431、0.292、0.453 和 0.471。这个现象也再次证实了预防性储蓄动机不仅仅是由不确定性带来的，而是由不确定性与流动性约束共同作用的结果。

将七个收入阶层对比起来看，不确定性对所有收入阶层的消费和储蓄行为都有着显著的影响，并且影响程度随着收入水平的提高，呈现出先上升后下降的倒 U 形结构。对于收入水平较低的三个组来说，消费和储蓄行为同时受到收入不确定性和流动性约束的影响，且随着收入水平的提高，流动性约束对消费的抑制作用逐渐减小，而不确定性带来的预防性储蓄动机逐渐增强。对于中高收入组的居民而言，消费和储蓄行为均受到了不确定性和流动性约束的影响，只是流动性约束的影响很小，只有0.2左右。其中，中等收入组居民的消费和储蓄行为对不确定性的敏感程度最大，这主要是由于这部分居民的收入来源较为稳定，收入预期增幅不大，需要增加预防性储蓄来应对未来的不确定性。收入水平较高的三个组受到不确定性的影响程度依次递减，原因主要是居民收入水平较高，应对未来不确定性的能力随之增强，因而受到不确定性的影响程度逐渐减弱。

模型考察的另外两个影响因素，实际利率和消费习惯则对各个收入组的居民消费和储蓄行为影响程度相对较小，且显著性水平总体不高。实际利率对我国城镇居民消费的影响程度基本相同，且大部分收入组实际利率的系数并不显著。仅有中等收入组和中等偏上收入组的利率影响非常显著，且系数均为负，表示实际利率对消费增长的替代效应大于收入效应，即实际利率上升时，居民会减少现期消费而增加储蓄，在未来增加消费。另外，消费习惯对各收入组的消费增长率影响整体相对较小，且显著性不高。受到流动性约束的三个较低收入组的总体面板回归结果表明收入较低的居民消费行为在一定程度上受到了消费习惯的影响，且影响程度为负向，可能是由于其收入水平较低，生活较节俭，因而消费行为表现出一定的耐久性。具体看每个受到流动性约束的收入组消费习惯的影响系数均为负，说明收入水平较低的家庭过去一期的消费对当期消费具有一定的替代性。较低收入组的消费习惯在5%的水平上通过显著性检验，可能是由于收入水平不高且收入增幅较小，有些消费品在购买之后使用的时间相对较长，而不急于更换。收入水平较高、没有受到明显流动性约束的四个组居民除中等偏上收入组外，受到消费习惯的影响系数均为正，说明他们的消费行为受到一定的习惯偏好的影响，相比于收入较低的居民具有一定的消费惯性。

四、结论及政策建议

本节在戴南预防性储蓄模型的基础上，引入流动性约束和消费习惯等因素，利用1995~2012年全国城镇居民按人均可支配收入分为七个组的调查统计数据，按照不同收入阶层居民受到流动性约束的异质性，分别使用不同模型进行对比分析，构造收入组间动态面板模型，运用随机系数模型对不同收入阶层的城镇居民家庭预防性储蓄行为影响因素进行了实证检验。检验结果表明处于不同收入水平的城镇居民家庭的消费和储蓄行为所受到的主要影响因素具有异质性，且影响程度不同。具体来看，可以分为如下三点。

第一，对于低收入群体（包括最低收入组、较低收入组和中等偏下收入组）来说，居民降低消费支出、增强预防性储蓄动机的主要原因是同时受到较强的流动性约束和不确定性的影响。低收入群体的消费行为对收入存在明显的过度敏感性，且受到流动性约束的影响程度随着收入水平的提高而逐渐降低，说明低收入居民受到流动性约束的主要原因是收入水平的限制。也说明在低收入群体中，受到流动性约束的人数比例随着收入水平的提高而递减。不确定性对这三个低收入组的影响程度呈现与流动性约束相反的趋势，即随着收入水平的提高，居民受到收入不确定性的影响程度逐渐增加。综合考虑低收入组居民的消费和储蓄行为显著受到不确定性和流动性约束两方面的影响，可以认为低收入组的预防性储蓄动机比较强。

第二，中高收入群体的消费行为主要受到不确定性的影响，并且随着收入水平的提高，预防性储蓄动机强度有明显递减的趋势。通过对比不同模型结果发现，中高收入组受到流动性约束的影响较小。中等收入组的居民家庭的消费行为主要是对不确定性的反应比较敏感而表现出较强的预防性储蓄动机。而高收入群体（包括中等偏上收入组、较高收入组和最高收入组）的收入水平使他们足够应对生活中的各种不确定性，所以他们的预防性储蓄动机随收入水平升高而快速减弱。

第三，实际利率和消费习惯对各收入组的消费和储蓄行为影响并不明显。实际利率对各个收入阶层的居民消费和储蓄行为影响程度都比较微弱，对处于中等收入水平的三组城镇居民的消费行为有较小的替代效应。消费习惯在低收入群体中有较小的负向影响，表明他们的过去消费对当期消费有微弱的替代性。对于中高收入来说，消费的习惯偏好对居民消费行为有较小的正向作用，表明他们的消费行为具有一定的惯性。

综合来看，我国各个收入阶层的城镇居民消费和储蓄行为明显受到收入不确定性的影响，且随着收入水平的提高，受到不确定性的影响程度呈现出先上升后下降的倒 U 形结构。低收入组的消费行为主要受到流动性约束和不确定性两方面的抑制，中高收入组的消费行为主要受到不确定性的影响，但影响程度随收入水平提高而明显下降。本章研究认为考虑不同收入阶层的城镇居民消费和储蓄行为的异质性可以更好地解释居民的消费和储蓄行为，并能够清晰地分析居民消费所受到的影响因素及影响程度。

根据以上分析可以得出，为进一步释放居民的消费潜力，应着力提高我国中低收入城镇居民，尤其是低收入居民的收入水平。他们受到的较强流动性约束的影响从而抑制了自己的消费需求。提高低收入群体的收入，有利于释放这部分城镇居民的消费潜力，改善他们的生活质量。此外，逐步完善教育、医疗、养老等各项社会保障制度，稳定城市住房价格，降低城镇居民生活中面临的不确定性，有助于提高居民的消费水平。

第七章　人口年龄结构特征与居民消费

第一节　人口年龄结构特征对家庭财富积累的影响

一、问题的提出和相关文献综述

进入21世纪以来，中国的人口年龄结构发生了深刻变化，“少子化”和“老龄化”成为中国人口发展变化的两大主要趋势。其中，0～14岁少儿人口比例从2000年的22.9%下降至2015年的16.5%；15～64岁劳动年龄人口比例从2000年的70.1%呈缓慢上升趋势，再于2010年达到74.5%的高峰，随后即开始下降，2015年降为73.0%；65岁及以上老年人口比例则从2000年的7.0%持续上升至2015年的10.6%。受各年龄段人口比例变化的影响，这一时期中国人口总抚养比呈先下降后上升趋势。2011年之前，总抚养比主要受少儿抚养比下降的影响，从2000年的42.6%持续快速下降到2010年的最低点34.2%；2011～2015年，少儿抚养比稳定在22.1%～22.6%之间，老人抚养比则以较快速度从12.3%上升至14.3%，总抚养比随之从34.2%上升至37.0%①。加上生育高峰期出生人口开始步入老年阶段，人口老龄化持续加速成为当前人口年龄结构变化的主要特征。“二孩政策”的出台尽管有助于缓解人口老龄化带来的经济、社会问题，但是要真正缓解人口老龄化趋势需要一个长期的过程。

经济社会的发展通常伴随着人口年龄结构的转变，然而，由于受生育政策的影响，中国人口年龄结构转型周期较短，人口老龄化超前于经济社会发展，出现了“未富先老”特征。在当前经济基础还不十分厚实，社会

---

① 笔者根据各年《中国统计年鉴》相关数据整理所得。

保障和养老保险制度仍需完善的情况下，人口老龄化对经济社会的发展提出了诸多挑战。

首先，中国居民家庭观念强，代际间的财富转移明显，使得人口年龄结构对居民消费行为的影响更加复杂，集中体现于子女数量和养老储蓄之间的替代关系及遗赠动机的存在两方面。家庭内部转移支付是养老收入的重要来源之一，子女和储蓄在养老功能上存在一定的替代关系，子女数量的多少会对家庭的养老储蓄产生影响。同时，父母看重后代幸福，老年人在生命周期结束时要遗留部分财产给后代，这将降低老年人的消费倾向。

其次，在养老保障制度有待进一步完善的情况下，老人数量的增加意味着家庭未来支出不确定性的增加。尽管家庭具有养老储蓄，但未来支出不确定性的存在导致当期消费意愿降低，而且目前全社会对老年人的重视还没有达到充分注意其消费独特性的程度，老年消费市场在快速扩张中显示了一定的盲目性，出现了供给与需求不匹配的问题。同时，老年用品市场的相关法律尚不健全，欺诈行为泛滥，严重降低了老年人的消费信心。

由此，我们认为“少子化”和“老龄化”构成解释中国居民高储蓄的重要原因。在目前各类社会保障制度仍有待完善、信贷市场不尽完备的背景下，居民不仅面临收入不确定性，更面临支出不确定性，预防性储蓄成为应对未来不确定性的有效保障。并且，这些不确定性由于与家庭人口年龄结构密切相关，因此，从预防性储蓄角度研究人口年龄结构对家庭财富积累的影响具有重要意义。

研究人口年龄结构对储蓄影响的文献最早可追溯至莫迪利安尼和布拉伯格（Modigliani & Brumberg，1954）提出的生命周期假说（life-cycle hypothesis，LCH）。该理论认为消费者依据一生的预期收入在整个生命周期中平滑消费，以达到效用最大化，从而将消费者储蓄的多寡与生命周期阶段对接起来。消费者在成年期储蓄，在少儿期和老年期负储蓄，人口年龄结构变化对储蓄产生显著的影响。莫迪利安尼（Modigliani，1966）、莱夫（Leff，1969）的实证研究显示，少儿抚养比和老人抚养比均与居民储蓄率显著负相关。莫迪利安尼和曹（Cao，2004）基于该假说，得出人口年龄结构变动和高速经济增长是导致中国居民消费率低的主要原因的结论。LCH 理论把握了人口年龄结构对居民消费率的重要作用，但遗憾的是，早期生命周期理论将生育率视为外生变量，忽略储蓄对家庭结构的反向影响，无法摆脱变量间联立关系的困扰。

为了更贴近现实经济，学者们以家庭为单位研究人口年龄结构与居民储蓄之间的关系，提出了家庭储蓄需求模型（household saving dem & model，HSDM）（Samuelson，1958；Neher，1971）。该模型最明显的优势是将个人生命周期转化为家庭生命周期，还可将家庭抚育子女、赡养老人等行为纳入其中。学者们通过从家庭角度解释中国人口结构对居民消费储蓄的影响，形成了几种有影响力的观点，主要包括家庭内部少儿人口与储蓄养老之间的替代关系（Curtis et al.，2015），性别比例失调导致的竞争性储蓄动机（Wei et al.，2011），家庭中孩子数量与孩子质量之间的替代关系（Li et al.，2008）等。这些研究从家庭角度给出了人口年龄结构对居民消费影响的微观机制，然而，因为HSDM基于确定性等价思想，难以全面分析家庭面临不确定性时如何优化其消费储蓄策略。

中国居民储蓄上升的过程由于伴随着人口年龄结构的迅速转变，人口年龄结构变动构成解释居民高储蓄的重要原因之一。袁志刚和宋铮（2000）利用数值模拟发现，人口老龄化是促成中国高储蓄率的一个重要因素。倪红福（2014）指出，中国的老龄化在中短期内虽然提高了储蓄率，但长期中随着老龄化程度的不断提高，消费观念、社会保障以及经济增长的变动都有可能使储蓄下降。刘东皇（2015）认为，随着我国“人口红利”向“人才红利”转化，人口年龄结构向“老龄化”的转变将有助于增强经济增长的消费驱动力。这些经验研究证实了人口年龄结构对居民高储蓄具有重要的影响。

由于预防性储蓄理论能够解释经济社会变革中居民面临的收入和支出不确定性对财富积累目标的影响，该理论亦已成为解释中国高储蓄的另一重要依据。预防性储蓄假说最早由利兰德（1978）提出，他将消费者为应对收入不确定性而进行的储蓄称之为预防性储蓄。扎德斯（Zeldes，1989）研究了在收入随机波动情况下，不确定性对最优消费行为的影响，认为考虑到不确定性后，储蓄同时具有应对风险的作用，并验证了不确定性对消费决策的影响。与生命周期假说相比，预防性储蓄假说中的消费者更加谨慎和厌恶风险。迪顿（1989）和卡罗尔（Carroll，1992）提出的缓冲存货模型是目前预防性储蓄理论中的经典成果之一。该理论将消费者的谨慎和缺乏耐心同时纳入其中进行分析，理性消费者平衡这两种动机，确立一个与其收入及收入风险相适应的财富积累目标以应对未来不确定性。

罗楚亮（2004）的研究表明，收入不确定性、失业风险、医疗支出不确定性以及教育支出等因素对城镇居民消费水平均具有显著负效应，并且效应大小随着这些因素的可预期性变化而变化。李勇辉和温娇秀（2005）

的研究显示，中国城镇居民预防性储蓄行为与未来支出的不确定之间存在显著相关性。宋明月和臧旭恒（2016）的研究显示，中国居民储蓄中预防性储蓄所占比例在51%～55%之间，应对未来不确定性是居民储蓄的重要原因。邓翔和李锴（2009）对城镇居民预防性储蓄成因的分析结果显示，失业风险和收入不确定性是改革开放初期城镇居民预防性储蓄的主要原因，而到了后期，影响支出不确定性的社会保障制度，尤其是医疗、住房以及教育对居民预防性储蓄的影响更大。

已有的研究至少表明以下两点结论：一是人口年龄结构对中国居民储蓄产生重要影响；二是预防性储蓄是当前中国高储蓄的重要原因之一，其中医疗、教育以及住房支出的不确定性起着重要作用。结合经济现实，人口年龄结构对家庭医疗、教育以及住房等需求具有重要影响，进而对家庭消费储蓄决策产生作用。基于此，本节借助缓冲存货模型从预防性储蓄角度分析人口年龄结构对家庭财富积累的影响。

二、人口年龄结构对家庭财富积累的影响机制

缓冲存货理论的核心理念为消费者的缺乏耐心和谨慎动机共同作用将对消费决策产生影响，在平衡这两种动机的作用下每位消费者会形成一个与其持久收入水平相匹配的财富积累目标，如果消费者的财富积累高于目标值，消费者缺乏耐心的程度会比谨慎程度更高，此时消费者会选择增加消费降低财富积累；若当前财富积累低于目标财富值，消费者谨慎动机将大于缺乏耐心，此时消费者将增加储蓄提高财富积累。因此，缓冲存货理论适用于分析经济变量对家庭财富积累的影响。

人口年龄结构是家庭跨期消费决策的重要依据。一方面，人口年龄结构直接影响家庭的当期消费需求，另一方面人口年龄结构也会影响家庭对未来收入和支出不确定性的预期。前者相当于对缓冲存货理论中描述的消费者缺乏耐心的影响，而后者相当于对谨慎动机的影响。人口年龄结构变动会使家庭在平衡这两种动机的情况下调整自己的财富积累目标。2011年《中国消费金融调研报告》数据显示，我国城镇家庭财富积累动机中排前三位的为突发事件及医疗（23.52%）、子女教育（22.12%）、养老储蓄（19.35%），而医疗、子女教育、养老均受家庭人口年龄结构影响。可见家庭财富积累中的很大部分与人口年龄结构密切相关。

基于此，本节借助缓冲存货理论分析人口年龄结构对家庭财富积累的

影响，家庭基于人口年龄结构确立财富积累目标。人口年龄结构变动会对家庭缺乏耐心和谨慎动机产生影响，若对缺乏耐心的影响大于谨慎动机，则家庭财富积累目标会下降，家庭储蓄减少；反之，若人口年龄结构对家庭谨慎动机的影响大于缺乏耐心，家庭财富积累目标会上升，进而引起家庭储蓄上升。家庭人口年龄结构以少儿抚养比和老人抚养比表示，在假设劳动年龄人口不变情况下，也可以分别以子女数量和老人数量表示。

家庭中子女数量的增加除了会引起衣食消费等基本消费需求的增加，更主要的是会引起家庭教育支出的增加，这两方面需求的存在都会使家庭变得更加缺乏耐心，从而降低家庭财富积累目标，增加消费。子女数量的增加也会提高家庭的谨慎动机，由改革带来的房价波动和婚姻消费市场变化，致使子女的购房支出及婚姻消费支出都具有很大不确定性，这些风险的存在会使家庭变得更加谨慎，从而增加储蓄以提高家庭的财富积累。如竞争性储蓄理论（Wei et al.，2011）中所描述的，在性别比例失衡背景下，为了赢得婚配优势，家庭倾向于增加储蓄以购置房产等，在这种情况下，子女数量增加会提高家庭财富积累。但以上分析的仅是子女数量对储蓄的直接作用，如果加入对代际关系的考量，子女数量和养老储蓄之间应存在替代作用，子女数量的增加将引起家庭预期养老收入增加，家庭谨慎动机降低，进而减少养老储蓄；考虑子女消费具有投资效应，该影响将更加明显。

而家庭中老人数量的增加一方面会引起衣食消费需求及医疗需求上升，使家庭缺乏耐心的程度提高进而降低财富积累目标，减少储蓄。另一方面老人数量的增加也会引起家庭谨慎动机加强，因为老人数量增加会引起未来医疗支出不确定性的增加，此时家庭会提高财富积累目标以应对养老风险。但考虑代际间有可能存在着一定的经济行为，老人有遗赠动机，若子女能够预期未来的遗赠收入，当期财富积累目标也会下降。

根据以上分析，子女数量和老人数量对家庭财富积累均具有正负双向影响，但具体情况各异，以下将对此做实证检验，在借鉴卡罗尔（Carroll，2011）的缓冲存货模型将家庭整体作为一个跨期决策消费者，人口年龄结构为影响消费者决策的重要变量的前提下，分析人口年龄结构对家庭财富积累的影响。

假设家庭从 t 到 T 期进行跨期决策以获得效用最大化，即：

$$\max E_t\left[\sum_{n=0}^{T-t}\beta^n U(C_{t+n})\right] \tag{7-1}$$

其中 $U(C_t)=\frac{C_t^{1-\rho}}{1-\rho}$为家庭效用函数，并假设为 CRRA 效用函数（ρ 为风险规避系数），β 为贴现因子。

对应的动态约束条件为：

$$A_t = Y_t - C_t \tag{7-2}$$

$$B_{t+1} = A_t R \tag{7-3}$$

$$P_{t+1} = P_t \Gamma \psi_{t+1} \tag{7-4}$$

$$Y_{t+1} = B_{t+1} + P_{t+1}\xi_{t+1} \tag{7-5}$$

家庭 t 期的初始资源禀赋为“手持现金”（cash-on-hand）Y_t 和非财富持久收入（permanent noncapital income）P_t，A_t 为家庭 t 期末的资产，$R=1+r$ 为利率乘数，B_{t+1}为家庭 t+1 期的金融财富（financial wealth），Γ 是非财富持久收入的增长因子（主要为人力资本积累导致的家庭劳动性收入增加），ψ_{t+n}为收入的持久冲击因子（ψ_{t+n}服从期望为 1 独立同分布，取值范围为（0，+∞），当 $\psi_{t+n}=1$ 时收入持久冲击为 0），因此 $P_{t+1}=P_t\Gamma\psi_{t+1}$ 描述的是非财富持久收入的增长机制，t+1 期家庭手持现金（Y_{t+1}）为金融财富（B_{t+1}）与非财富持久收入（$P_{t+1}\xi_{t+1}$）之和，ξ_{t+n}为收入的暂时冲击因子，且 ξ_{t+n}也服从期望为 1 独立同分布，取值范围为（0，+∞）。

由此，家庭的消费决策条件为：

$$U'(C_t) = R\beta E_t[\Gamma_{t+1}^{1-\rho}U'(C_{t+1})] \tag{7-6}$$

尽管该模型不存在解析解，但卡罗尔和姆维克（Carroll & Samwick，1998）在兼顾外生流动性约束和内生流动性约束的条件下，用倒推法得到的模拟结果表明，缓冲存货模型意味着家庭财富、持久收入、不确定性之间存在以下关系：

$$\ln\frac{W}{P} = \alpha_0 + \alpha_1\omega + \alpha_2 Z + \upsilon \tag{7-7}$$

式（7-7）中，W 表示可用于消费的家庭财富，P 代表持久收入，ω 代表收入不确定性，Z 代表一系列其他影响家庭财富积累目标的变量。为分析人口年龄结构对家庭财富积累的影响，本章将少儿人口（n_1）和老年人口（n_2）作为关键变量，① 由于家庭持久收入和收入不确定性对家庭财富积累的重要影响，将其作为基准变量，得到本章的计量模型为：

① 由于本节使用方程回归法计算家庭的持久收入，家庭的其他统计学变量如包括户主的性别、年龄、婚姻状况、学历，家庭工作人口数，户籍城乡分类，所在省份等均以影响持久收入的方式进入模型，此处不再进行估计。

$$\ln W = \alpha_0 + \alpha_1 \omega + \alpha_2 \ln P + \alpha_3 n_1 + \alpha_4 n_2 + e \qquad (7-8)$$

其中，n_1、n_2 分别表示家庭中的子女数量和老人数量。

三、实证检验

（一）数据处理与变量选取

本节数据选自中国家庭追踪调查（CFPS）中2012年的数据，数据筛选处理过程如下：根据实际情况，将家庭中年龄小于25岁并且未婚的个体定义为子女，将家庭中年龄大于等于65岁的个体定义为老人。使用该条件，在家庭成员数据库中对每个家庭中子女和老人数量进行统计，并根据家庭代码匹配到家庭数据库中。为了保证使用数据的质量，根据回答的可信度、急于结束调查的程度、对调查的疑虑、配合程度对数据进行初步筛选，删除1332个样本。为了保证家庭消费决策为理性行为，我们使用家庭数据库中“最熟悉家庭财务人员”和家庭成员数据库中“家庭重大事件决策人员”进行匹配，只保留二者是同一家庭成员的样本，并且将该成员的年龄、性别、婚姻状况、最高学历变量作为“户主”的人口统计学变量。为了提高数据样本的典型性，只选取劳动人口数量为2的家庭。之后，根据使用的回归变量，将统计不完整的1421户样本家庭删除。最后，从实际意义出发删除家庭中资产或收入为负的样本591户。[①] 经过以上的处理和筛选，符合实证分析的样本数最终确定为4502个家庭。

（1）家庭财富（W）。家庭财富指家庭积累的可用于消费的资产，主要指的是财富效应明显、流动性较强的资产。家庭财富的多少显著影响着家庭的消费倾向。但住房资产一般不包含在家庭财富范畴中，因为房屋是必需品，即使房产价格上涨也不能为了获取更高的消费水平而变现自己的房产，所以家庭消费水平和消费倾向不会受到显著影响。不过也有研究表明，除自己居住的房产外，家庭拥有的其他投资性房产则具有财富效应，其价值变动能够对消费产生显著影响。为了验证家庭的其他非居住性房产究竟有无预防性储蓄功能，本节对家庭财富数据采取两种计算方式，一种直接用金融资产表示，记为 W_1；另一种用金融资产加上除自己居住外的其他房

---

① 从家庭整个生命周期来考虑，平均收入和资产应该为正，出现为负应该属于特殊时期，此时的消费决策为非理性，不具有普遍意义。

产净值表示，记为 W_2。

（2）持久收入（P）。对持久收入的估计参考沈坤荣、谢勇（2012）的截面数据分析的方法，同时采用戴南等（2004）的估计策略，利用家庭人口学特征变量和户主特征变量构建家庭的收入方程，用方程的估计值作为持久收入，残差值作为暂时收入。收入方程估计中使用的家庭人口统计学变量包括户主的年龄、性别、婚姻状况、学历以及户籍城乡分类、所在省份等。

（3）收入不确定性（ω）。收入的不确定性一般包括收入的波动和失业风险。由于本节使用数据中对失业风险没有进行统计，主要考察收入的波动性。度量收入波动的一个重要指标是收入的对数方差，卡罗尔和萨姆维克（Carroll & Samwick，1998）证明了收入的对数方差是衡量不确定性的良好指标，并验证了它们与目标财富的函数关系。另外，罗楚亮（2004）的研究指出，家庭收入中的持久收入部分是可预期的，不存在不确定性，而家庭收入不确定性的来源是暂时性收入，因此估计收入风险只需考察暂时性收入部分。本节将收入预测回归方程中的残差值作为暂时性收入，故其均值为0，并且，暂时性收入的平方是暂时性收入方差的无偏估计，因此可以用暂时性收入对数值的平方项来测度收入不确定性。以上两种方法，都可用于考察收入与类似家庭组的比较，并且收入对数方差方法的分组依据与回归确定暂时性收入考虑的因素类似，因此两种方法测度的收入不确定性实质上相同。考虑方法的简便性，本节使用暂时性收入的平方项来测度收入的不确定性。同时，借鉴罗楚亮的做法，当暂时性收人大于0时将ω符号定义为正，当暂时性收入小于0时将ω的符号定义为负。

（4）家庭子女数量（n_1）和家庭老人数量（n_2）。本节假设家庭劳动年龄人口不变，因此子女数量和老人数量可以分别替代少儿抚养比和老年抚养比，表示家庭人口年龄结构。样本选取为典型的劳动人口数量为2的家庭。

本节研究子女数量与老人数量对家庭财富积累目标的影响，对这个问题的研究需要注意的是，中国与其他经济发达国家的不同之处。中国家庭子女的独立时间相对较晚，在未婚情况下通常经济不会独立，因此，为了贴近实际，本节没有严格按国家统计局的划分方式，而是将家中年龄小于25岁并且未婚的子女定义为家庭子女。老年人口的划分与国家统计局一致，仍将家庭中年龄等于或大于65岁的个体定义为家庭老人。经过以上筛选与处理，实证分析所使用数据的统计性描述如表7－1所示。

表7-1　　　　　　　　　　主要变量的统计性描述

变量	含义	平均值	最小值	最大值	样本数
$\ln W_1$	家庭财富	8.526	0.693	15.297	∠502
$\ln W_2$	家庭财富（含其他房产）	8.861	0.693	17.154	∠502
$\ln P$	持久收入	10.268	8.231	12.553	∠502
ω	收入不确定性	-0.130	-19.530	12.961	∠502
n_1	子女数量	1.083	0	6	∠502
n_2	老人数量	0.478	0	3	∠502

由表7-1可知，加入除自己居住外其他房产的净值后，家庭财富对数值从8.53上升至8.86，上升幅度较小，表明拥有其他房产的家庭占比不大。持久性收入使用回归方程估计法计算获得，家庭人口统计学变量包括户主性别、年龄、婚姻状况、学历、户籍城乡分类、所在省份等均包含在持久收入中，故不再进入回归方程。收入不确定性均值为负，表明整体上居民收入风险中以收入减少为主导。选取的样本家庭中，平均子女数量为1.083个，平均老人数量为0.478个。

（二）基准检验

使用式（7-8）的计量模型，以家庭财富为被解释变量，以持久收入、收入不确定性、子女数量、老人数量为解释变量进行基准回归，结果如表7-2所示。模型（Ⅰ）、模型（Ⅱ）的被解释变量为家庭财富 $\ln W_1$，模型（Ⅲ）、模型（Ⅳ）的被解释变量为 $\ln W_2$。同时，为了控制异方差引起的估计偏差，分别采用稳健OLS和FGLS（可行广义矩估计）估计方法，其中模型（Ⅰ）、模型（Ⅲ）使用稳健OLS估计方法，模型（Ⅱ）、模型（Ⅳ）使用FGLS估计方法。

表7-2　　　　　　　　　　　　基准回归结果

变量	模型（Ⅰ）（$\ln W_1$）		模型（Ⅱ）（$\ln W_1$）		模型（Ⅲ）（$\ln W_2$）		模型（Ⅳ）（$\ln W_2$）	
	系数	t值	系数	t值	系数	t值	系数	t值
$\ln P$	1.238***	18.91	1.238***	18.95	1.489***	21.43	1.486***	21.72
ω	0.255***	11.00	0.255***	11.65	0.296***	12.38	0.295***	12.88
n_1	-0.304***	-8.13	-0.302***	-7.97	-0.333***	-8.39	-0.330***	-8.33

续表

变量	模型（Ⅰ）（$\ln W_1$）		模型（Ⅱ）（$\ln W_1$）		模型（Ⅲ）（$\ln W_2$）		模型（Ⅳ）（$\ln W_2$）	
	系数	t 值	系数	t 值	系数	t 值	系数	t 值
n_2	0.134 **	2.45	0.134 **	2.42	0.181 ***	3.13	0.180 ***	3.11
_cons	-3.884 ***	-5.74	-3.894 ***	-5.76	-6.116 ***	-8.52	-6.087 ***	-8.61

注：***、** 分别表示 1%、5% 的显著性水平。

比对表 7-2 中的模型（Ⅰ）、模型（Ⅲ），家庭财富中是否包含除自己居住外的其他房产对估计结果有一定影响，包含除自己居住外其他房产的家庭财富受持久性收入的影响更大，这表明其他房产具有一定的财富效应，并且家中老人的数量与除去自己居住外的其他房产的关系较为密切，原因可能是老年人的资产配置中，房屋资产占比更大。总之，家庭财富中是否包含其他房产主要影响估计结果中常数项的大小，对解释变量的系数大小和显著性影响都不大，两者的结果也较为相近。

再分别对比模型（Ⅰ）、模型（Ⅱ）和模型（Ⅲ）、模型（Ⅳ），稳健 OLS 和 FGLS 两种方法的估计结果基本一致，证明估计结果相对稳健。考虑到"OLS + 稳健标准误"方法的估计结果稳健性较高，并且上文 FGLS 估计中，对条件方差估计的拟合优度并不是很高，因而采用稳健 OLS 的结果进行分析。

由模型（Ⅰ）、模型（Ⅲ）模型的估计结果可知，持久性收入和收入不确定性都显著影响家庭财富，从而验证了缓冲存货理论。家庭在平衡缺乏耐心和谨慎动机的基础上，拥有一个特定的目标财富收入比，并且该目标受到家庭收入不确定性的影响，收入不确定性越大，应对不确定性的财富积累目标也越高。具体来看，持久收入每增加 1%，财富积累目标上升 1.2%～1.5%；收入不确定性每增加 1%，财富积累目标上升 0.25%～0.3%。

实证结果显示，无论是子女数量还是老人数量对家庭财富积累都具有显著作用。以模型（Ⅲ）为例，子女数量对家庭财富积累的效用显著为负，家庭中子女数量每增加 1 个，财富积累平均下降 33.3%；而老人数量对家庭财富积累起正向作用，老人数量每增加 1 个，家庭财富积累平均上升 18.1%。结合理论分析，家庭中子女数量和老人数量增加都既有使家庭变得缺乏耐心的激励也有使家庭更加谨慎的激励，但实证结果显示，子女数量增加对家庭缺乏耐心的激励大于谨慎动机，家庭的目标财富值降低，家庭储蓄下降；相反，老人数量增加对家庭缺乏耐心的激励小于对家庭谨慎动机的激励，能够提高家庭的财富积累目标，增加家庭储蓄。原因主要是子女数量和家庭储蓄存在替代关系，并且子女的消费是具有投资性质的，因此子女数量增加会导致家庭财富积累下降，而老人数量增加则会引起未来支出的不确定性增加，从而提高家庭财富积累目标。这二者从消费的反面，即储蓄的角度构成了家庭人口年龄结构影响消费的证据，并且与大部分学者关于中国居民消费行为的宏观研究结论中少儿抚养比正向影响居民消费率、老人抚养比负向影响居民消费率的结论相一致，如李斌等（2015）的研究。结合近期国情，受计划生育政策影响家庭子女数量快速下降与人口老龄化趋势，便不难解开中国居民储蓄率持续上升之谜。

（三）分位数回归

以上分析表明子女数量和老人数量对家庭预防性储蓄均具有显著影响，且子女数量为负向作用而老人数量为正向作用。为了分析家庭人口年龄结构对家庭财富积累不同分位数处的作用，并且分位数回归与 OLS 回归相比能够有效克服极端值的影响，得出的结果更为稳健。本节进一步采用分位数回归方法进行估计，结果如表 7－3 和表 7－4 所示，其中表 7－3 的解释变量为家庭财富 lnW_1，表 7－4 的被解释变量为家庭财富 lnW_2。

表 7－3　　家庭财富不含其他房产的分位数回归结果

lnW_1	25%分位数		50%分位数		75%分位数	
	系数	t 值	系数	t 值	系数	t 值
lnP	1.285***	16.12	1.286***	16.66	1.185***	18.87
ω	0.249***	7.65	0.288***	11.8	0.287***	12.46
n_1	－0.352***	－6.42	－0.339***	－6.92	－0.286***	－9.52
n_2	0.082	1.2	0.131**	2.07	0.197***	4.19
_cons	－5.457***	－6.75	－3.919***	－4.82	－1.685***	－2.57

注：***、** 分别表示 1%、5% 的显著性水平显著。

表 7－4　　家庭财富包含其他房产的分位数回归结果

lnW_2	25%分位数		50%分位数		75%分位数	
	系数	t 值	系数	t 值	系数	t 值
lnP	1.415***	16.58	1.569***	18.32	1.568***	20
ω	0.282***	7.93	0.33***	12.46	0.318***	11.39

续表

lnW_2	25%分位数		50%分位数		75%分位数	
	系数	t 值	系数	t 值	系数	t 值
n_1	-0.361***	-5.7	-0.321***	-8.86	-0.304***	-7.69
n_2	0.052	0.74	0.201***	2.94	0.255***	4.42
_cons	-6.559***	-7.55	-6.541***	-7.4	-5.257***	-6.48

注：*** 表示 1% 的显著性水平显著。

对比两组分位数回归结果发现，二者体现的结论一致，所以以下均选用家庭财富包含其他房产的实证结果作为分析对象。从表 7-4 可以看出，持久收入和不确定性收入在各分位数处对家庭财富积累的影响尽管有所变化，但均非常显著且差异较小，缓冲存货储蓄核心理论再一次得到验证。

收入不确定性对家庭财富的影响随着分位数增大表现为先增加后减少，在 50% 分位数处达到最大值，此时收入不确定性每增加 1%，家庭财富增加 0.33%。该结果与沈坤荣等（2012）的不确定性对家庭财富影响随分位数增加而递减的结论稍有不同。原因是家庭财富与家庭的富裕程度相关，家庭财富分位数的低处往往代表的是较低收入家庭，这些家庭虽然未来收入的不确定性较大，具有很强的谨慎动机，但生活的必要支出占总收入的较大部分，导致财富积累目标被迫降低。一旦收入增加，家庭随之有动机并且有能力提高财富积累以应对未来收入的不确定性；当收入达到很高水平时，家庭应对未来收入不确定性的能力也变得很强，并且对以财富积累方式应对收入不确定性的要求下降。

子女数量对家庭财富积累的影响在各分位数处都为显著负向效应，并且随着分位数的提高，作用大小呈下降趋势。因此，无论家庭是否富裕，子女的消费支出都占有重要地位，并且随着富裕程度的提高，家庭消费对子女数量的敏感度减弱，原因是子女消费支出弹性较小，占家庭总消费的比例随着富裕程度的提高而逐渐下降。

老人数量并非像子女数量一样在各分位数处都显著，而是表现为在低分位数处不显著，在中、高分位数处则为显著正效应，并且随着分位数的提高系数呈增大趋势。其经济含义是家庭只有达到一定的富裕程度，老人数量对财富积累目标才能产生显著影响，并且随着家庭富裕程度的提高，老人数量对财富积累目标的正向作用也随之加强。

对比分位数回归结果中子女数量和老人数量，可以得到以下两个重要结论：第一，与稳健 OLS 回归结果一致，子女数量对家庭财富积累具有负向影响，而老人数量的作用为正；第二，子女数量对家庭财富积累的作用在各分位数处都显著且随着分位数提高系数下降，老人数量对财富积累的作用随着分位数的提高系数和显著性都增大。其经济含义为，无论家庭的富裕程度高或低，子女数量都会显著影响其财富积累，而只有较为富裕的家庭，老人数量才能对财富积累起到显著正向作用。

（四）城乡差异分析

在中国城乡之间的经济发展水平和观念意识差异均较大，居民储蓄行为也会不同，因此有必要对比分析人口年龄结构对家庭财富积累的城乡差异。本节将样本按城乡分类进行回归，结果如表 7－5 所示。其中，第一组城乡对比中被解释变量为家庭财富 lnW_1，第二组城乡对比中被解释变量为家庭财富 lnW_2。

表 7－5　　分城乡实证检验结果

变量	城镇		乡村		城镇		乡村	
	系数	t 值	系数	t 值	系数	t 值	系数	t 值
lnP	1.298***	12.86	0.743***	7.03	1.640***	15.23	0.876***	7.87
ω	0.276***	8.75	0.222***	6.77	0.325***	9.98	0.255***	7.61
n_1	－0.364***	－5.86	－0.110**	－2.17	－0.388***	－5.81	－0.122**	－2.29
n_2	0.178**	2.25	0.002	0.03	0.238***	2.79	0.034	0.44
_cons	－4.214***	－3.94	0.672	0.64	－7.394***	－6.48	－0.397	－0.36

注：***、** 分别表示 1%、5% 的显著性水平。

根据回归结果，各解释变量在城镇样本中得到了更好的验证，回归显著性和系数大小均超过农村样本。首先，持久收入和收入不确定性对城镇家庭财富积累目标的影响显著大于农村家庭，原因是城镇居民收入相对稳定，家庭可根据预期收入制定合理的跨期消费决策。农村家庭受收入波动的影响较大，较难制定合理的跨期消费决策，消费决策更多地表现为消费的过度敏感性。

城镇家庭的子女数量（n_1）和老人数量（n_2）对财富积累的影响都具有显著影响，并且子女数量对财富积累为显著负效应，老人数量对财富积累存在正向影响。子女数量对家庭财富目标的负向作用，说明子女消费被看成是家庭的投资，子女数量多的家庭预期未来收入有保障，因此应对未来收入不确定性的财富积累目标较低。家庭中老人数量的增加意味着未来的支出具有更大的不确定性，因此家庭的财富积累目标会调高，主要原因是人口政策的实施缩短了中国人口年龄结构转变的历程，出现了“未富先老”的特殊经济社会现象，人口老龄化来势迅猛，而相应的应对措施如养老保险、社会保障等的发展速度相对滞后。

农村家庭中，子女数量（n_1）对财富积累同样具有负向影响，子女数量和家庭储蓄仍具有相互替代的关系，但与城镇相比作用较小。老人数量（n_2）对家庭财富积累并无显著作用，与低收入家庭情况类似，农村家庭的储蓄决策中同样缺乏对老人的考虑。

四、结论及政策启示

中国市场经济体系的逐渐形成和发展在带来居民收入快速增长的同时也给居民带来了收入和支出的双重不确定性，预防性储蓄成为解释中国家庭高储蓄的重要原因之一。应该认为，居民收入、支出不确定性的大小是与家庭人口年龄结构密切相关的。本节在基于缓冲存货理论分析人口年龄结构对家庭财富积累即家庭消费储蓄行为影响的基础上，借鉴该预防性储蓄理论的经典模型，考察家庭中子女数量和老人数量对家庭“缺乏耐心”和“谨慎动机”的影响，得出了以下重要结论。

总体来看，子女数量对家庭消费储蓄决策中“缺乏耐心”的影响大于对“谨慎动机”的影响，总体效应体现为对家庭财富积累目标的负向效应。

而老人数量与子女数量的作用相反，体现为对家庭财富积累目标的正向效应。主要原因是子女消费被看成是家庭对未来的投资，与储蓄具有替代作用；而在既定的社会保障制度下，老人数量与未来支出不确定性相关，因此，当前老人消费不足与社会经济生活中出现的“未富先老”经济特征密切相关。

子女数量对家庭财富积累的影响在各分位数处均为显著负向效应，并且随着分位数的提高，作用大小呈下降趋势。老人数量则在低分位数处不显著，在中、高分位数处为正，并且随着分位数的提高系数增大。其经济含义是，无论家庭富裕程度如何，子女数量和家庭财富积累都具有相互替代的效应，而只有家庭达到一定的富裕程度，老人数量才能对财富积累产生影响，并且随着家庭富裕程度的提高，老人数量对财富积累的正向作用越来越强。

相比农村家庭，城镇居民具有较强的预防性储蓄动机。子女数量对城乡家庭财富积累都具有负向效应，并且对城镇家庭的作用效果更大。老人数量对城镇家庭财富积累具有正向作用，对农村家庭财富积累没有显著影响。

本节研究结论的政策启示主要有以下两点：首先，经济结构调整应照顾人口年龄结构的变动，把握人口老龄化发展趋势，顺势而为加快推动"银发产业"的发展，让老年人消费成为新的经济增长点；其次，应加大公共财政支出向养老部门的倾斜，形成社会养老和家庭养老良性互动的局面。这既可释放因少儿人口下降形成的替代性养老储蓄，也能降低因养老风险过大而导致的过量预防性储蓄，进而扩大居民消费，提升经济增长的内生动力。

第二节　人口年龄结构与消费差异

一、问题的提出和相关文献综述

（一）问题的提出

子女数量的下降和老年抚养负担的加重，是当前中国家庭人口结构的主要变化特征。人口年龄结构的变动对中国居民消费率产生怎样的影响？按照传统生命周期理论，少儿和老年人口比例的增加对居民消费率均为正向作用，[①] 针对中国情况的实证检验发现，少儿抚养比对居民消费率的影响与之一致，少儿人口下降推动了居民消费率的降低。然而，老年抚养比的上升对居民消费率的提升作用不仅没有显现，反而呈现出负向相关。人口老龄化带来的老年消费群体比例扩大对居民消费率的拉升作用非常有限，是何原因导致中国老年群体的消费倾向较低？是老年群体自身的需求特性决定，还是社会、家庭的选择偏差造成？本章对比少儿群体和老年群体在家庭中的消费差异，对此问题进行分析与解释。

① 经济体中少儿和老人均为无收入的纯消费人群，二者占总人口比例的上升会引起居民消费率的上升。

新中国成立以来，非常重视青少年的发展，政府鼓励和扶持儿童产业发展，取得了巨大的进步，尤其是教育事业的发展可谓突飞猛进。相比之下，老年群体得到关注较晚，21 世纪以来，尽管整个社会提高了对老人的重视程度，但仍未充分关注到老年人消费具有独特性，养老产业盲目快速扩张，甚至出现产能过剩，养老地产严重滞销。同时，老年用品市场尚未成熟，法律也不十分健全，欺诈行为泛滥，严重降低了老年人的消费信心。

家庭层面上，同存在子女消费和老人消费优先顺序。当前，尽管多数老人有自己的储蓄或社会保障收入，但“为了下一代，自己无所谓”的家庭观念仍对居民的消费行为产生重要影响，家庭资源往往优先用于子女的培养和教育，牺牲老人的保健休闲类消费。同时，计划生育政策实施形成的“独生子女时代”，子女更加积万千宠爱于一身，进一步加剧了“尊老”消费向“爱幼”消费的让步。

除此之外，家庭中的子女消费还具有投资属性。家庭为子女的支出大多是用来提高其人力资本，人力资本的提高意味着子女未来的收入会增加，而子女的转移支付是家庭养老收入的重要来源之一，因此增加子女的教育支出预期收入会增加。

上述因素的存在，导致了中国人口老龄化与老年消费相对不足并存的困境，研究“尊老”“爱幼”消费的差异性不仅有利于增加老年群体的消费，而且有助于供给侧发力对消费产业进行结构性调整，发挥内需在经济发展中的拉动作用。

（二）相关文献综述

研究人口年龄结构对居民消费率的影响的代表性理论是莫迪利安尼等（Modigliani et al.，1954）提出的生命周期假说（life-cycle hypothesis，LCH）。该假说认为个人将一生的预期收入在整个生命周期中合理配置，以达到效用最大化。根据这个思想，如果将人的生命周期分为三个阶段，分别为少儿期、成年期和老年期，各个阶段都有其典型的消费储蓄行为。少儿时期没有收入或收入很少，此时，不仅没有储蓄，而且消费大于收入。成年期也即劳动年龄期，有自己的劳动收入，同时要在当期消费和储蓄以供未来消费之间进行决策。老年期则依靠自己的储蓄进行消费。只有成年期进行储蓄，少儿期和老年期都是负储蓄阶段，所以少儿人口和老年人口的比例与居民消费率是正向相关的关系。莫迪利安尼（Modigliani，1966）和莱夫（Leff，1969）实证研究的结果显示少儿抚养比和老年抚养比与居民储蓄率显著负相关，验证了该假说。莫迪利安尼等（Modigliani et al.，2004）基于生命周期假说，指出少儿人口比例的下降和高速经济增长是导致中国居民高储蓄率低消费率的主要原因。

按照生命周期理论，少儿人口比例和老年人口比例与居民消费率都应为正向相关，而对中国的情况进行实证检验，发现情况并非完全相符。李文星等（2008）使用1989～2004年中国省际面板数据，发现少儿抚养比对居民消费率具有显著负影响，但这种影响不大，而老年抚养比对居民消费率的影响不显著。李斌和吴书胜（2015）研究发现，人口年龄结构、预期寿命对居民消费率有显著影响，并且具有很大的区域性。刘铠豪和刘渝琳（2014）对中国的实证检验表明，少儿抚养比上升对中国居民消费产生的是显著的正效应，而老年抚养比上升产生的则是显著的负效应，少儿抚养比下降和老年抚养比上升并存的人口结构特征是造成消费疲软的重要原因。可以说，对中国的情况进行实证检验的基本结论是：少儿人口对居民消费率的作用符合生命周期理论，老年人口不符合甚至相悖于生命周期理论。

由萨缪尔森（Samuelson，1958）提出，经内尔（Neher，1971）改进的家庭储蓄需求模型（household saving demand model，HSDM），是研究人口年龄结构对居民消费率影响的另一理论基础。该模型以家庭为单位研究人口年龄结构与居民消费率的关系，能够将有限生命期的个人转化为无限生命期的家庭，同时，也能将抚养教育子女、赡养老人等代际行为纳入模型中。学者们借助该理论分析中国家庭观念强、代际间财富转移和遗赠动机强的特殊国情，形成了几种有影响力的观点，主要包括：家庭中少儿人口与储蓄养老之间的替代关系；男女比例的失调导致的竞争性储蓄动机；家庭中孩子数量与孩子质量之间的替代关系。

查克曼等（Choukhmane et al.，2013）以中国为研究对象，分析独生子女政策导致的人口年龄结构对居民消费率的影响，提出子女数量下降对居民消费率的作用渠道为“替代路径”（transfer channel）和“支出路径”（expenditure channel）。柯蒂斯等（Curtis et al.，2015）从人口年龄结构变动的角度解释中国居民储蓄率快速上升之谜，将年龄结构对储蓄率的影响归纳为三个效应：“抚养子女效应”（dependent children effect）、“结构效应”（composition effect）、“养老预期效应”，基于这三种效应，人口年龄结构变动是解释过去几十年中国居民储蓄率上升的重要因素。

就中国情况的研究，少儿抚养比对居民消费率显著的正向影响基本得到了一致的验证，而人口老龄化及老年抚养比上升对居民消费率的拉升作用暂未显现，但部分学者指出，随着中国人口老龄化的不断加剧，拉升作用会逐步显现。如，倪红福等（2014）指出中国的老龄化在中短期内虽然降低了消费率，但长期中随着老龄化程度的不断加剧，消费观念、社会保障以及经济增长的变动都有可能使得消费率提升。刘东皇等（2015）认为，随着中国的“人口红利”向“人才红利”的转化，人口年龄结构向“老龄化”的转变将有助于增强经济增长过程中的消费驱动力。

总结现有的研究，少儿抚养比对居民消费率显著的正向影响基本得到了一致的验证，并且少儿人口比例下降导致中国居民消费率降低也成为较普遍的认识；人口老龄化及老年抚养比的上升对居民消费率的拉升作用在中国并未显现，至少在当前阶段作用不明显，甚至为负。

二、理论分析

（一）家庭中的子女消费和老人消费

本节从家庭的视角出发，探究少儿数量与老年数量对家庭消费的不同影响。经济体中，每个家庭由三个年龄群体的人构成，分别为子女、劳动年龄人口和老人，家庭中各个年龄群体的消费决策由户主统一进行决策。因此，家庭中子女的消费支出和老人的消费支出在数量上具有竞争关系。

将家庭中子女和老人的消费支出按其弹性分别划分为：自主消费和引致消费，具体情况如表7－6。由划分情况可以看出，家庭中子女和老人的自主消费都是满足生存的基本支出，子女引致消费是提升其人力资本的支出，而老人的引致消费是提升其生活质量的支出，并且自主消费相对引致消费数量较小，弹性也小，无论家庭的富裕程度如何，子女和老人的自主消费都优先得到满足。

表7－6　子女消费与老人消费对比

身份	自主消费			引致消费		
	特点	目的	举例	特点	目的	举例
子女	弹性小 数量小	生存	衣食、初等教育支出	弹性大 数量大	提升 人力资本	补习、培训、中高等教育支出
老人	弹性小 数量小	生存	衣食、医疗支出	弹性大 数量大	提升 生活质量	保健、休闲、旅游等

基于以上分析，家庭消费（C）由自主消费（C_0）和引致消费（C_1）两部分组成，其中 C_0 为常数，C_1 是家庭收入（y）的函数，即：

$$C = C_0 + C_1 \tag{7-9}$$

同理，家庭中子女的消费（C_y）和老人消费（C_o）可以表示为：

$$C_y = C_{y0} + C_{y1} \tag{7-10}$$

$$C_o = C_{o0} + C_{o1} \tag{7-11}$$

（二）收入变动对家庭消费决策的影响

由于经济的发展和各类社会保障制度的完善，目前家庭中子女和老人的刚性需求部分 C_{y0} 和 C_{o0} 基本得到满足。满足刚性支出仍有剩余时，优先满足子女引致消费，因为子女的消费被看成是家庭对未来的一种投资。家庭收入很高时，才会考虑老人的引致消费。因此，如果家庭收入很低，只能满足子女和老人的自主消费，那么两者都是满足基本生存的，差异并不明显；随着家庭收入的增大，子女和老人的引致消费逐渐增加，但两者的增长速度具有差别，子女消费随收入增加增长速度很快，而只有家庭达到一定富裕程度，老人消费才会显著上升。当家庭受到预算约束时，在子女消费和老人消费之间，优先选择子女的消费。

家庭中子女和老人的人均消费量由几个因素共同决定：自主消费 C_0、消费收入弹性和家庭收入水平。当家庭的收入水平很低时，只能满足子女和老人的基本生存，此时二者消费量主要取决于个体自主消费，差异并不明显；随着家庭收入的增加，由于子女的消费收入弹性大于老人，子女消费增长速度更快，子女数量对家庭消费的影响大于老人；当收入水平很高时，老人消费收入弹性快速增大，家庭中老人消费快速增加，老人数量对家庭消费的作用才会显现。

（三）"尊老"与"爱幼"的平等系数

为了反映家庭中"尊老"与"爱幼"消费的差异程度，定义"尊老"与"爱幼"的平等系数：

$$\beta = \frac{C_o}{C_y} = \frac{C_{o0} + C_{o1}}{C_{y0} + C_{y1}} \tag{7-12}$$

$\beta = 1$，表示家庭在每个子女和老人的花费相等，"尊老"与"爱幼"消费绝对平等。

$\beta < 1$，表示家庭在每个子女上的花费更高，"爱幼"重视程度高于

“尊老”。

$\beta>1$，表示家庭在每个老人上的花费更高，“尊老”重视程度高于“爱幼”。

家庭中子女消费与老人消费之间的不均等具有两层含义。其一是需求的个体差异性，老人与孩子所需消费品和服务的价格存在差异，导致满足二者需求的花费也具有差异。其二是子女与老人需求得到满足的程度，即“尊老”“爱幼”的选择性差异，即使二者需求个体差异性较小，若社会和家庭对孩子与老人的重视程度不同，二者也会表现出差异性。

（四）不同收入水平家庭的“尊老”与“爱幼”消费行为

以上是同一个家庭由于收入水平的变化引起“尊老”与“爱幼”消费变化的规律分析，再将其推广到整个社会的不同收入水平家庭。从整体情况来看，家庭子女数量对家庭消费的影响大于老人数量的影响。决定子女和老人消费量差别的主要为引致消费部分，而子女的引致消费优先于老人，因此，考察所有家庭，子女数量对家庭消费支出的影响系数大于老人。不同收入水平的家庭对子女和老人的消费决策不同。最低收入家庭只能满足自主消费，所以子女和老人的数量对家庭消费的影响差异不大；中等收入家庭除满足自主消费外还有消费余力，此时会优先选择增加子女的引致消费，因此子女数量对家庭消费支出的影响作用大，而老人数量对家庭消费支出的影响作用相对较小；高收入家庭能够同时满足子女和老人的自主消费和引致消费，子女和老人数量对家庭消费支出的作用都显著为正，并且系数接近。

三、计量模型及数据

（一）计量模型

被解释变量为家庭消费，关键变量为子女数量和老人数量，家庭纯收入和净资产作为影响消费的基本变量，同时考虑户主的人口统计学变量，如年龄、性别、学历、婚姻状况。为了减少异方差和方便分析，本书对家庭消费、家庭纯收入、家庭净资产进行对数化处理。本书采用的简约型计量模型为：

$$\begin{aligned} lnc_i = {} & \beta_0 + \beta_1 lny_i + \beta_2 lnk_i + \beta_3 Young_i + \beta_4 Old_i + \beta_5 Age_i + \beta_6 Sex_i \\ & + \beta_7 Edu_i + \beta_8 Mar_i + u_i \end{aligned} \tag{7-13}$$

（二）数据

本章所使用的数据来自中国家庭追踪调查（CFPS）中2012年截面数据，家庭信息和家庭成员信息的数据分别来源于家庭数据库和家庭成员数据库。经过处理筛选，符合实证分析的样本数为4502个家庭，表7－7为变量的统计性描述。

表7－7　变量的统计性描述

变量	含义	平均值	最小值	最大值
lnc	消费支出对数值	10.085	6.339	13.213
lny	纯收入对数值	10.268	5.298	14.926
lnk	净资产对数值	11.833	5.298	17.344
Young	子女数量	1.083	0	6
Old	老人数量	0.478	0	3
Age	户主年龄	51.966	16	91
Sex	户主性别	0.696	0	1
Edu	户主最高学历	2.715	1	7
Mar	户主婚姻状况	0.853	0	1

注：CFPS调查数据中，户主的最高学历用以下数据表示：1文盲半文盲，2小学，3初中，4高中、中专或技校，5大专，6大学本科，7研究生及以上学历。

除以上变量外，本书在回归中添加了分别控制家庭户籍所在省份和城乡分类的虚拟变量。

四、实证检验

（一）基准回归

收入是消费的重要影响因素，通常情况下，富人的消费计划较有弹性，而穷人的消费多为必需品，很少变动。富人的消费支出可能更难测量，故包含的测量误差较大。所以，可能会存在误差项的方差随收入增加而变大的现象。为消除异方差的影响，本书使用“OLS＋稳健标准误”方法进行估计，同时使用可行广义最小二乘法（FGLS）方法检验回归结果的稳健性，结果如表7－8所示。

表 7－8　　　　　　　　　　　　整体估计结果

被解释变量 = lnc	OLS + 稳健标准误		FGLS	
	系数	t 值	系数	t 值
lny	0. 224***	20. 36	0. 219***	20. 32
lnk	0. 124***	13. 26	0. 143***	15. 67
Young	0. 087***	7. 6	0. 083***	7. 21
Old	0. 048***	3. 15	0. 049***	3. 38
Age	－0. 010***	－10. 26	－0. 011***	－11. 52
Sex	－0. 015	－0. 73	－0. 012	－0. 55
Mar	0. 222***	7. 21	0. 215***	6. 61
Edu	0. 081***	8. 89	0. 075***	8. 39
urban	0. 138***	6. 02	0. 1391***	6. 19
Constant	6. 474***	34. 04	6. 243***	33. 76
r-squared	0. 432		0. 424	

两种方法的估计结果基本一致，表明估计结果相对稳健，考虑到“OLS + 稳健标准误”方法在不确定条件方差函数形式的情形下仍然可以得到对系数和标准差的一致估计，而 FGLS 的估计效力依赖于对条件方差函数形式的准确设定，并且 FGLS 估计中，对条件方差估计的拟合优度并不是很高，因此使用稳健 OLS 的估计结果进行分析。

估计结果与理论分析基本一致，对于全体家庭来说，尽管子女数量和老人数量都显著影响家庭消费，但系数相差较大。具体来看，家庭中子女数量每增加 1 个，家庭消费额上升 8. 74%，老人数量每增加 1 个，家庭消费额上升 4. 83%，子女数量对家庭消费的作用显著大于老人数量。因此，从家庭层面来讲，“尊老”与“爱幼”消费存在明显差异。

此外，家庭净资产和家庭纯收入也都显著影响家庭消费，家庭纯收入每增加 1%，家庭消费额上升 0. 22 个百分点，家庭净资产每增加 1%，家庭消费额上升 0. 12 个百分点。同时，城镇家庭比农村家庭平均消费额多 13. 8%，城乡差距比较明显。户主的部分人口统计学特征对家庭消费额也具有显著影响。具体来看，户主年龄每增加 1 岁，家庭消费额下降不到 1%，表明不同年龄户主的消费观念和消费倾向存在差异，年龄越大消费观念越保守，年龄越小消费观念越开放；户主婚姻状况也显著影响家庭的消费，户主再婚家庭比户主单身家庭的消费量平均高 22. 25%；户主最高学历每上升一个等级①，家庭消费额增加 8. 13%。

（二）按收入分组检验

基准回归结果证实了家庭层面“尊老”与“爱幼”消费存在差异性，子女数量对家庭消费的影响显著大于老人。为分析该差异是否为收入受限时家庭的选择偏差，本书按家庭纯收入的多少把家庭平均分为五组，使用“OLS + 稳健标准误”方法进行分组回归。结果如表 7 –9 所示。

表 7 –9　　分组估计结果

lnc	低收入组	中低收入组	中等收入组	中高收入组	高收入组
lnk	0. 143 *** (6. 08)	0. 097 *** (4. 51)	0. 113 *** (5. 82)	0. 106 *** (5. 43)	0. 220 *** (8. 83)
Young	0. 156 *** (5. 30)	0. 121 *** (4. 49)	0. 122 *** (5. 30)	0. 067 *** (2. 59)	0. 056 ** (2. 44)
Old	–0. 007 (–0. 20)	0. 038 (1. 12)	0. 041 (1. 30)	0. 091 *** (2. 78)	0. 042 ** (2. 05)
Age	–0. 011 *** (–4. 24)	–0. 005 ** (–2. 35)	–0. 004 *** (–2026)	–0. 012 *** (–5. 90)	–0. 017 *** (–6. 95)
Sex	0. 041 (1. 02)	–0. 050 (–1. 08)	–0. 025 (–0. 54)	–0. 083 * (–1. 71)	0. 031 (0. 55)
Mar	0. 244 *** (4. 03)	0. 309 *** (4. 87)	0. 278 *** (3. 98)	0. 224 *** (2. 83)	0. 114 (1. 16)
Edu	0. 081 *** (3. 30)	0. 121 *** (6. 00)	0. 101 *** (5. 28)	0. 092 *** (4. 34)	0. 029 (1. 32)
urban	0. 022 (0. 40)	0. 056 (1. 16)	0. 207 *** (4. 23)	0. 158 *** (3. 04)	0. 267 *** (4. 63)
constant	8. 298 *** (19. 40)	8. 595 *** (23. 39)	8. 667 *** (27. 50)	8. 963 *** (28. 22)	8. 344 *** (19 87)
样本量	902	899	903	895	903
r-squared	0. 3391	0. 2153	0. 2305	0. 2202	0. 3116

注：***、** 和 * 分别表示在 1%、5% 和 10% 的显著性水平上显著。括号内的数值表示 t 值检验结果。

① CFPS 将个人的最高学历分为 7 个等级，见上文脚注。

无论属于哪个收入组的家庭，孩子数量对消费的影响都非常显著，而老人数量对家庭消费的影响，只有中高收入组和高收入组的家庭显著收入越高的家庭，子女数量对消费的作用越弱，因为随着收入的提高子女消费占家庭总消费的比重在不断下降。而老人数量对消费的影响情况截然不同，收入低的家庭，老人数量对消费作用很小，只有收入达到一定程度时，家庭才开始重视老人的消费，低收入组到中等收入组家庭老人数量的系数均很小，中高收入组家庭老人数量影响作用最大，高收入组家庭老人数量对消费的作用又有所下降。

通过对显著性和影响系数的分析可知，收入水平较低时，家庭对子女和老人的重视程度差异很大，家庭收入受限时选择把有限的资源用在子女消费上，因为子女消费是投资性支出，子女人力资本的提升能够改善家庭未来的情况，而老人的引致消费如保健、休闲等更多的带有奢侈性，家庭资源有限不会得不到满足。只有当家庭的收入水平达到一定高度时，家庭才能同时关注子女与老人的消费需求，家庭“尊老”与“爱幼”才能兼顾，因此说家庭“尊老”消费是具有门槛的，受到收入水平限制。

富有家庭老人数量对消费的显著作用也表明，“尊老”与“爱幼”消费的差异性并非是由子女与老人的需求异质性造成，老人同样具有较大的消费需求，只是家庭收入水平较低，“尊老”与“爱幼”消费不能兼顾时，家庭选择将有限的资源用于子女消费，选择偏差具有重要作用。

（三）分区域检验

全样本和分组回归基本证实了我国家庭层面上尊老爱幼的不公平，当收入水平达不到可以兼顾老人和孩子时，由于孩子是家庭未来的希望，家庭会选择将有限资源优先用在培养后代上。家庭对子女和老人消费决策不仅受家庭自身条件的影响，还与家庭所在地域经济发展状况、消费市场及消费观念的影响，不同地区家庭情况如何？为此本书将样本按户籍所在25个省份划分为东、中、西三个区域①，实证分析不同区域家庭尊老爱幼的平等情况。仍然使用“OLS + 稳健标准误”估计方法进行回归，实证结果如表 7 – 10 所示。

---

① 使用中国卫生统计年鉴所用东中西部划分方法，此方法更看重经济发展水平，和各地经济发展水平比较一致。具体为东部地区包括北京、天津、河北、辽宁、上海、江苏、浙江、福建、山东、广东10个省份，中部地区包括黑龙江、吉林、山西、安徽、江西、河南、湖北、湖南8个省份，西部地区包括广西、重庆、四川、贵州、云南、陕西、甘肃7个省份。

表 7－10　　分区域估计结果

lnc	东部地区	中部地区	西部地区
lny	0.290 *** (16.47)	0.206 *** (10.37)	0.211 *** (10.78)
lnk	0.115 *** (8.80)	0.100 *** (6.07)	0.192 *** (9.17)
Young	0.065 *** (3.27)	0.061 *** (3.06)	0.081 *** (4.50)
Old	0.091 *** (3.60)	0.001 (0.04)	0.062 ** (2.42)
Age	－0.012 *** (－7.59)	－0.008 *** (－4.51)	－0.010 *** (－6.01)
Sex	－0.074 ** (－2.13)	－0.021 (－0.69)	0.049 (1.13)
Edu	0.047 *** (3.07)	0.108 *** (6.88)	0.062 *** (3.64)
Mar	0.205 *** (4.33)	0.284 *** (4.90)	0.148 ** (2.49)
urban	0.247 *** (6.98)	0.158 *** (3.88)	0.106 ** (2.43)
constant	5.941 *** (29.06)	6.507 *** (26.29)	5.667 *** (21.20)
样本量	1834	1356	1312
r-squared	0.4639	0.3612	0.3691

注：***、** 分别表示在 1%、5% 的显著性水平上显著。括号内的数值表示 t 值检验结果。

估计结果显示，各地区对子女的重视程度都很高，东部地区家庭子女数每增加 1 个，家庭消费额平均上升 6.5%；中部地区家庭子女数量每增加 1 个，家庭消费额平均上升 6.1%；西部地区由于总体收入水平较低，子女消费在家庭消费中所占比例较大，子女数量变化对家庭消费变动的影响也较大，子女数量每增加 1 个家庭消费额平均上升 8.1%。家庭对老人的重视程度却表现出较大的区域差异，东部和西部家庭对老人的重视程度都高，家庭中老人数量变化会引起消费额的显著变动，家庭老人数量每增加 1 个分别引起家庭消费额上升 9.1% 和 6.2%；而中部地区家庭老人数量变动对消费额变动没有显著影响。结合分组回归的结果，东部地区与中高收入组、高收入组家庭的情况类似，“尊老”与“爱幼”消费差异较小，尊老的程度甚至超过了爱幼；西部地区尊老爱幼的平等系数也接近于1，尊老爱幼程度相近，中部地区尊老爱幼的公平系数小于1，家庭对子女的重视程度远大于老人。

经济最发达的东部地区，家庭有观念也有能力同时重视子女和老人的消费，并且儿童和老人的消费市场发展也相对完善，没有对老人消费造成阻碍。西部地区经济基础虽然最差，对子女教育的重视程度也不高，教育又是家庭子女消费的主要部分，因此家庭对子女和老人的消费重视程度差别并不大，反而是中部地区，经济发展程度居中，对子女教育重视程度也高，“尊老”与“爱幼”的消费差异最大。

（四）分城乡检验

考虑到中国城乡二元经济结构的特殊情形，无论是收入水平、居民的消费观念还是消费市场的发展程度，农村与城市都存在着显著的差异，这些差异必然影响家庭对子女和老人的态度，造成家庭中子女消费与老人消费的差异。因此，本书将总体样本按户籍的城乡分类进行分组，考察城乡居民在尊老爱幼上的差异。回归结果如表7-11所示。

表7-11　　分城乡估计结果

lnc	城市		乡村	
	系数	t值	系数	t值
lny	0.279***	16.27	0.187***	12.7
lnk	0.102***	9.55	0.146***	8.65
Young	0.056***	2.95	0.104***	7.11
Old	0.066***	2.93	0.028	1.31
Age	-0.009***	-5.98	-0.012***	-8.8
Sex	-0.090***	-3.05	0.073**	2.2
Mar	0.247***	5.89	0.204***	4.41
Edu	0.094***	7.53	0.057***	4.05
_cons	6.169***	25.2	6.863***	23.5
样本容量	2075		2427	
r-squared	0.4308		0.3909	

估计结果显示，城乡家庭对子女和老人的重视程度确实存在巨大差异。首先，从对子女的重视程度来看，经济发展相对落后、居民收入水平较低的农村更加重视子女消费支出，家庭中子女数量每增加 1 个消费额平均增加 10.4%，城市家庭子女数量每增加 1 个消费额平均只增加 5.6%。对老人消费的重视程度，二者呈现相反的情况，城市家庭对老人消费的重视程度大于农村，家庭中老人数量每增加 1 个消费额平均增长 6.6%，农村家庭老人数量多少对家庭消费额变化的影响不仅系数较小为 2.8%，而且不显著。因此，从城乡分类角度来说，城市家庭“尊老”与“爱幼”消费差异较小，农村地区则表现出较大的不公平。

五、研究结论及政策启示

（一）主要结论

在经济发展过程中，不同收入水平的家庭尊老爱幼的公平程度会有差异，家庭收入水平较低时，不能同时兼顾子女与老人的消费，子女是家庭的未来，家庭会优先将资源用于子女消费，牺牲老人的消费，表现出尊老爱幼的不平等。具体结论如下：

对样本家庭的整体估计显示，家庭中子女数量每增加 1 个，家庭消费额上升 8.74%，老人数量每增加 1 个，家庭消费额上升 4.83%，即整个家庭层面上子女对家庭消费的影响力大约是老人的 2 倍，家庭对子女的重视程度大于老人。

按收入平均分组估计结果显示，无论哪个收入组的家庭，孩子数量对消费的影响都非常显著，而老人数量对家庭消费的影响，只有中高收入组和高收入组的家庭显著。对系数大小和显著性的对比分析得出，中等及以下收入组家庭尊老爱幼存在着显著的不平等，只有中高及高收入组家庭才能做到“尊老”与“爱幼”消费兼顾。因此，“尊老”与“爱幼”消费的差异性并非是由子女与老人的需求异质性造成，老人同样具有较大的消费需求，只是家庭收入水平较低，“尊老”与“爱幼”消费不能兼顾时，家庭选择将有限的资源用于子女消费，选择偏差具有重要作用；按区域分组，东部和西部地区家庭尊老爱幼相对平等，但东部地区家庭是“尊老”与“爱幼”兼顾的良性平等，西部地区更可能为“尊老”与“爱幼”兼顾的平等，中部地区不平等较为明显，家庭“爱幼”消费显著大于“尊老”消费；按城乡分组，城市家庭尊老爱幼基本平等，农村地区不平等表现明显。

家庭“尊老”消费意愿普遍存在，使用不同的方式对家庭进行分组显示，无论是高收入组家庭，还是东部发达地区家庭，或是城市家庭，尊老爱幼都较为平等，只是当家庭收入或其他限制条件存在时，才会表现出重视子女消费而轻视老人消费的不平等现象。

（二）政策启示

中国老年消费存在巨大的可释放潜力。中国经济目前正处于动力转换的阶段，主要依靠出口和投资推动的经济增长模式必须向主要依靠国内需求拉动的经济模式转变。在老年消费意愿普遍存在的情况下，可以从提高收入水平、改变家庭消费观念和完善消费市场几个角度着力进行改善。

首先，最根本最有效的方法是增加居民收入。在收入水平达到一定高度后，家庭自动会提高对老人的重视程度。为此，政府应注重提高居民收入，提升居民劳动报酬在国民收入初次分配中的占比。减少城乡收入差异，切实提高农村居民收入水平。一方面大幅度提高农民工工资水平，建立农民工工资增长长效机制。另一方面推进农村土地流转，增加农村居民财产性收入。此外，增大向低收入群体的转移支付和补贴力度。

其次，家庭层面上倡导正确的尊老爱幼消费观。结合社会现象可以发现，收入低的家庭往往更加渴望下一代的成功，因此会将太多的资源用于子女消费，既可能造成资源浪费，又可能造成对子女的过分溺爱，影响子女的发展，适当重视家庭中老人的消费，既可避免以上问题，而且可以显著改善老人的境况，让为社会和家庭做出贡献的老人晚年生活更加幸福。

最后，优先发展老年产业和老年消费市场。老年消费品和消费市场发展相对滞后是制约老年人消费的又一因素。因此，在增加老年消费需求的同时，也应注重从供给端发力，补齐老年产业发展滞后的短板，完善老年消费市场，从而达到供需同时作用，切实提高老年消费。

参考文献

[1] 白重恩、钱震杰：《国民收入的要素分配：统计数据背后的故事》，载于《经济研究》2009 年第 3 期。

[2] 柴国俊、尹志超：《住房增值对异质性家庭的消费影响》，载于《中国经济问题》2018 年第 6 期。

[3] 常亚青：《中国中等收入者的收入流动性研究》，上海社会科学院博士学位论文，2011 年。

[4] 陈斌开、李涛：《中国城镇居民家庭资产——负债现状与成因研究》，载于《经济研究》2011 年第 s1 期。

[5] 陈建东、罗涛、赵艾凤：《收入分布函数在收入不平等研究领域的应用》，载于《统计研究》2013 年第 9 期。

[6] 陈娟：《基于收入分布的基尼系数非参数估算》，载于《数理统计与管理》2013 年第 4 期。

[7] 陈娟：《我国城镇贫困变动及影响因素研究——基于收入分布拟合及分解模型研究》，载于《数学的实践与认识》2010 年第 19 期。

[8] 陈浪南、黄杰鲲：《中国股票市场波动非对称性的实证研究》，载于《金融研究》2002 年第 5 期。

[9] 陈强、叶阿忠：《股市收益、收益波动与中国城镇居民消费行为》，载于《经济学（季刊）》2009 年第 3 期。

[10] 陈训波、周伟：《家庭财富与中国城镇居民消费：来自微观层面的证据》，载于《中国经济问题》2013 年第 3 期。

[11] 陈云、王浩：《核密度估计下的二分递归算法构建及应用——测算特定收入群体规模的非参数方法拓展》，载于《统计与信息论坛》2011 年第 9 期。

[12] 陈璋、徐宪鹏、陈淑霞：《中国转型期收入分配结构调整与扩大消费的实证研究——基于投入产出两部门分析框架》，载于《经济理论与经济管理》2013 年第 5 期。

[13] 陈宗胜、沈扬扬、周云波：《中国农村贫困状况的绝对与相对变

动——兼论相对贫困线的设定》，载于《管理世界》2013 年第 1 期。

[14] 程永宏：《改革以来全国总体基尼系数的演变及其城乡分解》，载于《中国社会科学》2007 年第 4 期。

[15] 储德银、闫伟：《初次分配对居民消费的影响机理及实证研究》，载于《财政研究》2011 年第 3 期。

[16] 邓翔、李锴：《中国城镇居民预防性储蓄成因分析》，载于《南开经济研究》2009 年第 2 期。

[17] 狄煌：《合理界定中等收入者》，载于《经济参考报》2003 年 2 月 12 日。

[18] 杜莉、沈建光、潘春阳：《房价上升对城镇居民平均消费倾向的影响》，载于《金融研究》2013 年第 3 期。

[19] 段景辉、陈建宝：《基于家庭收入分布的地区基尼系数的测算及其城乡分解》，载于《世界经济》2010 年第 1 期。

[20] 段先盛：《收入分配对总消费影响的结构分析——兼对中国城镇家庭的实证检验》，载于《数量经济技术经济研究》2009 年第 2 期。

[21] 方福前、张艳丽：《城乡居民不同收入的边际消费倾向及变动趋势分析》，载于《财贸经济》2011 年第 4 期。

[22] 方福前：《中国居民消费需求不足原因研究——基于中国城乡分省数据》，载于《中国社会科学》2009 年第 2 期。

[23] 甘犁、尹志超、贾男、徐舒、马双：《中国家庭资产状况及住房需求分析》，载于《金融研究》2013 年第 4 期。

[24] 甘犁：《中国家庭资产状况及住房需求分析》，载于《金融研究》2013 年第 4 期。

[25] 龚刚、林毅夫：《过度反应：中国经济“缩长”之解释》，载于《经济研究》2007 年第 4 期。

[26] 郭峰、冉茂盛、胡媛媛：《中国股市财富效应的协整分析与误差修正模型》，载于《金融与经济》2005 年第 2 期。

[27] 国家发改委社会发展研究所课题组、常兴华、李伟：《扩大中等收入者比重的实证分析和政策建议》，载于《经济学动态》2012 年第 5 期。

[28] 国家统计局城调总队课题组：《6 万 –50 万元：中国城市中等收入群体探究》，载于《数据》2005 年第 6 期。

[29] 国家统计局国民经济核算司：《中国非经济普查年度国内生产总值核算方法（修订版）》，中国统计出版社 2010 年版。

[30] 杭斌：《城镇居民的平均消费倾向为何持续下降——基于消费习惯形成的实证分析》，载于《数量经济技术经济研究》2010 年第 6 期。

[31] 杭斌、郭香俊：《基于习惯形成的预防性储蓄——中国城镇居民消费行为的实证分析》，载于《统计研究》2009 年第 3 期。

[32] 杭斌、闫新华：《经济快速增长时期的居民消费行为——基于习惯形成的实证分析》，载于《经济学（季刊）》2013 年第 4 期。

[33] 何兴强、李涛：《不同市场态势下股票市场的非对称反应——基于中国上证股市的实证分析》，载于《金融研究》2007 年第 8 期。

[34] 何兴强、史卫：《健康风险与城镇居民家庭消费》，载于《经济研究》2014 年第 5 期。

[35] 贺洋、臧旭恒：《家庭财富、消费异质性与消费潜力释放》，载于《经济学动态》2016 年第 3 期。

[36] 宏观经济研究院经济和社会发展研究所课题组：《中等收入者的概念和划分标准》，载于《宏观经济研究》2004 年第 5 期。

[37] 洪兴建：《基尼系数合意值和警戒线的探讨》，载于《统计研究》2007 年第 8 期。

[38] 胡永刚、郭长林：《股票财富、信号传递与中国城镇居民消费》，载于《经济研究》2012 年第 3 期。

[39] 胡志军：《基于分组数据的基尼系数估计与社会福利：1985 ~ 2009 年》，载于《数量经济技术经济研究》2012 年第 9 期。

[40] 黄恒君、刘黎明：《一种收入分布函数序列的拟合方法及扩展应用》，载于《统计与信息论坛》2011 年第 2 期。

[41] 黄静、屠梅曾：《房地产财富与消费：来自于家庭微观调查数据的证据》，载于《管理世界》2009 年第 7 期。

[42] 纪宏、陈云：《我国中等收入者比重及其变动的测度研究》，载于《经济学动态》2009 年第 6 期。

[43] 贾男、张亮亮：《城镇居民消费的“习惯形成”效应》，载于《统计研究》2011 年第 8 期。

[44] 孔东民：《前景理论、流动性约束与消费行为的不对称——以我国城镇居民为例》，载于《数量经济技术经济研究》2005 年第 4 期。

[45] 雷钦礼：《财富积累、习惯、偏好改变、不确定性与家庭消费决策》，载于《经济学（季刊）》2009 年第 3 期。

[46] 李斌、吴书胜：《人口年龄结构，预期寿命与居民消费率——基

于省际动态面板系统 GMM 的检验》，载于《中南大学学报（社会科学版）》2015 年第 2 期。

[47] 李春玲：《中国中产阶级的增长及其现状》，载于《江苏社会科学》2008 年第 5 期。

[48] 李春玲：《断裂与碎片：当代中国社会阶层分化实证分析》，社会科学文献出版社 2005 年版。

[49] 李春玲：《中国当代中产阶层的构成及比例》，载于《中国人口科学》2003 年第 6 期。

[50] 李稻葵、徐翔：《中国经济结构调整及其动力研究》，载于《新金融》2013 年第 6 期。

[51] 李剑、臧旭恒：《住房价格波动与中国城镇居民消费行为——基于 2004 ~ 2011 年省际动态面板数据的分析》，载于《南开经济研究》2015 年第 1 期。

[52] 李培林、张翼：《中国中产阶级的规模、认同和社会态度》，载于《社会》2008 年第 2 期。

[53] 李培林、张翼：《消费分层：启动经济的一个重要视点》，载于《中国社会科学》2000 年第 1 期。

[54] 李强：《为什么农民工"有技术无地位"——技术工人转向中间阶层社会结构的战略探索》，载于《江苏社会科学》2010 年第 6 期。

[55] 李强：《中国中产社会形成的三条重要渠道》，载于《学习与探索》2015 年第 2 期。

[56] 李强：《关于中产阶级的理论与现状》，载于《社会》2005 年第 1 期。

[57] 李强：《中国中等收入阶层的构成》，载于《湖南师范大学社会科学学报》2003 年第 4 期。

[58] 李实、罗楚亮：《中国收入差距究竟有多大？——对修正样本结构偏差的尝试》，载于《经济研究》2011 年第 4 期。

[59] 李涛、陈斌开：《家庭固定资产、财富效应与居民消费：来自中国城镇家庭的经验证据》，载于《经济研究》2014 年第 3 期。

[60] 李晓嘉、蒋承：《我国农村家庭消费倾向的实证研究》，载于《金融研究》2014 年第 9 期。

[61] 李扬、殷剑峰：《中国高储蓄率问题探究——1992 ~ 2003 年中国资金流量表的分析》，载于《经济研究》2007 年第 6 期。

[62] 李永友、钟晓敏：《财政政策与城乡居民边际消费倾向》，载于《中国社会科学》2012 年第 12 期。

[63] 李勇辉、温娇秀：《我国城镇居民预防性储蓄行为与支出的不确定性关系》，载于《管理世界》2005 年第 5 期。

[64] 李振明：《中国股市财富效应的实证分析》，载于《经济科学》2001 年第 3 期。

[65] 林毅夫、陈斌开：《发展战略、产业结构与收入分配》，载于《经济学（季刊）》2013 年第 4 期。

[66] 刘东皇、沈坤荣：《要素分配、居民收入差距与消费增长》，载于《经济学动态》2012 年第 10 期。

[67] 刘东皇、谢忠秋、王志华：《中国消费驱动的“推拉力”分析——兼论中国需求动力结构的转换》，载于《中央财经大学学报》2015 年第 1 期。

[68] 刘盾、施祖麟、袁伦渠：《论提高劳动收入份额对我国经济增长的影响——基于巴杜里—马格林模型的实证研究》，载于《中国经济问题》2014 年第 2 期。

[69] 刘靖、张车伟、毛学峰：《中国 1991 ~2006 年收入分布的动态变化：基于核密度函数的分解分析》，载于《世界经济》2009 年第 10 期。

[70] 刘铠豪、刘渝琳：《中国居民消费增长的理论机理与实证检验——来自人口结构变化的解释》，载于《劳动经济研究》2014 年第 2 期。

[71] 刘欣：《中国城市的阶层结构与中产阶层的定位》，载于《社会学研究》2007 年第 6 期。

[72] 刘扬、赵春雨、邹伟：《我国城镇低收入群体问题研究——基于北京市城镇住户调查数据的思考》，载于《经济学动态》2010 年第 1 期。

[73] 刘毅：《中产阶层消费需求结构的数量分析——基于珠江三角洲城镇居民住户的微观消费数据》，载于《消费经济》2008 年第 3 期。

[74] 刘志彪：《“一带一路”倡议下全球价值链重构与中国制造业振兴》，载于《中国工业经济》2017 年第 6 期。

[75] 龙莹：《中等收入群体比重的测算及比较分析——基于北京市城镇居民住户调查微观数据》，载于《云南财经大学学报》2012 年第 5 期。

[76] 陆蓉、徐龙炳：《“牛市”和“熊市”对信息的不平衡性反应研究》，载于《经济研究》2004 年第 3 期。

[77] 陆学艺：《当代中国社会结构》，社会科学文献出版社 2010 年版。

[78] 罗楚亮：《经济转轨、不确定性与城镇居民消费行为》，载于《经

济研究》2004 年第 3 期。

［79］骆祚炎：《城镇居民收入结构、收入初次分配格局与消费过度敏感性：1985～2008 年的经验数据》，载于《财贸经济》2010 年第 2 期。

［80］骆祚炎：《消费粘性约束下直接与累积的财富效应测度及其政策涵义》，载于《中央财经大学学报》2011 年第 12 期。

［81］马丁、王大贤：《中产阶层理财业务存在问题与完善建议》，载于《投资研究》2011 年第 5 期。

［82］马海龙、黄永杰、孔丽艳：《我国中产阶层的形成与发展》，载于《行政与法》2004 年第 7 期。

［83］［美］布兰查德、费希尔：《高级宏观经济学》，经济科学出版社 1998 年版。

［84］倪红福、李善同、何建武：《人口结构变化对消费结构及储蓄率的影响分析》，载于《人口与发展》2014 年第 5 期。

［85］欧阳峣、傅元海、王松：《居民消费的规模效应及其演变机制》，载于《经济研究》2016 年第 2 期。

［86］沈坤荣、滕永乐：《结构性减速下的中国经济增长》，载于《经济学家》2013 年第 8 期。

［87］沈坤荣、谢勇：《不确定性与中国城镇居民储蓄率的实证研究》，载于《金融研究》2012 年第 3 期。

［88］石刚、韦利媛：《我国中等收入者比重研究评析》，载于《经济学动态》2008 年第 11 期。

［89］宋明月、臧旭恒：《我国居民预防性储蓄重要性的测度——来自微观数据的证据》，载于《经济学家》2016 年第 1 期。

［90］苏海南：《努力扩大我国的中等收入者比重》，载于《宏观经济研究》2003 年第 4 期。

［91］孙巍、苏鹏：《中国城镇居民收入分布的变迁研究》，载于《吉林大学社会科学学报》2013 年第 3 期。

［92］唐绍祥、汪浩瀚、徐建军：《流动性约束下我国居民消费行为的二元结构与地区差异》，载于《数量经济技术经济研究》2010 年第 3 期。

［93］陶冶：《扩大中等收入群体比重的有效途径——对市场经济条件下“扩中”的探讨》，载于《上海经济研究》2006 年第 9 期。

［94］田青：《资产变动对居民消费的财富效应分析》，载于《宏观经济研究》2011 第 5 期。

[95] 王柏杰、何炼成、郭立宏：《房地产价格、财富与居民消费效应——来自中国省际面板数据的证据》，载于《经济学家》2011 年第 5 期。

[96] 王道勇、郧彦辉：《西方居住隔离理论：发展历程与现实启示》，载于《城市观察》2014 年第 1 期。

[97] 王海港：《我国居民收入分配的格局——帕雷托分布方法》，载于《南方经济》2006 年第 5 期。

[98] 王开玉：《中国中等收入者研究》，社会科学文献出版社 2006 年版。

[99] 王凯：《住房：中国中产阶级的身份建构与符号区隔》，中南大学硕士论文，2010 年。

[100] 王曦：《当期收入还是永久收入：转型时期中国居民消费模式的检验》，载于《世界经济》2002 年第 12 期。

[101] 王小鲁：《我国国民收入分配现状、问题及对策》，中国经济改革研究基金会国民经济研究所工作论文。

[102] 王亚峰：《中国 1985～2009 年城乡居民收入分布的估计》，载于《数量经济技术经济研究》2012 年第 6 期。

[103] 魏锋：《中国股票市场和房地产市场的财富效应》，载于《重庆大学学报（自然科学版）》2007 年第 2 期。

[104] 吴卫星、易尽然、郑建明：《中国居民家庭投资结构：基于生命周期、财富和住房的实证分析》，载于《经济研究》2010 年第 S1 期。

[105] 肖文涛：《中国中间阶层的现状与未来发展》，载于《社会学研究》2001 年第 3 期。

[106] 肖作平、廖理、张欣哲：《生命周期、人力资本与家庭房产投资消费的关系——来自全国调查数据的经验证据》，载于《中国工业经济》2011 年第 11 期。

[107] 解垩：《房产和金融资产对家庭消费的影响：中国的微观证据》，载于《财贸研究》2012 年第 4 期。

[108] 谢洁玉、吴斌珍、李宏彬、郑思齐：《中国城市房价与居民消费》，载于《金融研究》2012 年第 6 期。

[109] 谢勇：《中国居民储蓄的分布特征——微观数据及其宏观含义》，载于《经济与管理研究》2010 年第 10 期。

[110] 徐建华、陈承明、安翔：《对中等收入的界定研究》，载于《上海统计》2003 年第 8 期。

[111] 许宪春：《准确理解中国的收入、消费和投资》，载于《中国社会科学》2013 年第 2 期。

[112] 杨丽、陈超：《教育医疗公共品供给对我国农村居民消费的影响分析——基于人力资本提升的视角》，载于《农业技术经济》2013 年第 9 期。

[113] 杨赞、张欢、赵丽清：《中国住房的双重属性：消费和投资的视角》，载于《经济研究》2014 年第 S1 期。

[114] 叶海云：《试论流动性约束、短视行为与我国消费需求疲软的关系》，载于《经济研究》2000 年第 11 期。

[115] 余新平、熊德：《城镇居民住房资产对家庭消费的财富效应》，载于《管理世界》2017 年第 6 期。

[116] 袁志刚、宋铮：《人口年龄结构、养老保险制度与最优储蓄率》，载于《经济研究》2000 年第 11 期。

[117] 臧旭恒等：《转轨时期消费升级与产业发展研究》，经济科学出版社 2012 年版。

[118] 臧旭恒、裴春霞：《转轨时期中国城乡居民消费行为比较研究》，载于《数量经济技术经济研究》2007 年第 1 期。

[119] 臧旭恒：《如何看待中国目前的消费形势和今后走势》，载于《学术月刊》2017 年第 9 期。

[120] 臧旭恒、王立平：《中国居民消费风险与资产收益分析》，载于《经济学动态》2006 年第 9 期。

[121] 翟天昶、胡冰川：《消费习惯形成理论研究述评》，载于《经济评论》2017 年第 2 期。

[122] 张安全、凌晨、倪鹏飞：《损失规避与家庭储蓄行为：基于 CHFS 的经验证据》，载于《当代经济科学》2016 年第 2 期。

[123] 张车伟、张士斌：《关于中国劳动报酬占 GDP 份额变动的研究》，引自《劳动经济评论》2011 年第 4 卷，第 1 辑。

[124] 张车伟、张士斌：《中国初次收入分配格局的变动与问题——以劳动报酬占 GDP 份额为视角》，载于《中国人口科学》2010 年第 5 期。

[125] 张存涛：《中国房地产价格的财富效应分析》，载于《价格理论与实践》2006 年第 11 期。

[126] 张大永、曹红：《家庭财富与消费：基于微观调查数据的分析》，载于《经济研究》2012 年第 12 期。

[127] 张浩、易行健、周聪：《房产价值变动、城镇居民消费与财富效应异质性——来自微观家庭调查数据的分析》，载于《金融研究》2017 年第 8 期。

[128] 张建明、洪大用、郑路、吴善辉：《中国城市中间阶层的现状及其未来发展》，载于《中国人民大学学报》1998 年第 5 期。

[129] 张琼：《中国“中产阶级”：认识误区与成长因素》，载于《统计与决策》2006 年第 16 期。

[130] 张全红：《中国低消费率问题探究——1992～2005 年中国资金流量表的分析》，载于《当代财经》2009 年第 8 期。

[131] 章上峰、许冰、胡祖光：《中国城乡收入分布动态演进及经验检验》，载于《统计研究》2009 年第 12 期。

[132] 赵晓英、曾令华、徐国梁：《经济转轨时期不确定性对我国城镇居民消费行为的影响》，载于《消费经济》2007 年第 2 期。

[133] 赵昕东、王勇：《住房价格波动对异质性自有住房家庭消费率影响研究》，载于《经济评论》2016 年第 4 期。

[134] 仲云云、仲伟周：《我国消费需求不足的差异化诱因及政策建议——对不同阶层消费行为的实证分析》，载于《现代经济探讨》2010 年第 5 期。

[135] 周晓虹：《中国中产阶级：现实抑或幻象》，载于《天津社会科学》2006 年第 2 期。

[136] 周晓蓉、代艳花、曾尹嫣、陈建东：《资产财富效应实证研究新进展》，载于《经济学动态》2014 年第 10 期。

[137] 周月书、刘茂彬：《基于生命周期理论的居民家庭金融资产结构影响分析》，载于《上海金融》2014 年第 12 期。

[138] 朱长存：《城镇中等收入群体测度与分解——基于非参数估计的收入分布方法》，载于《云南财经大学学报》2012 年第 2 期。

[139] 庄健、张永光：《基尼系数和中等收入群体比重的关联性分析》，载于《数量经济技术经济研究》2007 年第 4 期。

[140] Aladangady. Housing Wealth & Consumption: Evidence from Geographically - Linked Microdata. American Economic Review, Vol. 107, No. 11. 2017. pp. 3415 - 3446.

[141] Ando A, Modigliani F. The “life cycle” hypothesis of saving: Aggregate implications & tests, American Economic Review, Vol. 53, No. 1. March

1963. pp. 55 – 84.

[142] Banerjee A V, Duflo E: What is middle class about the middle classes around the world?, The journal of economic perspectives: A journal of the American Economic Association, Vol. 22, No. 2. 2008. pp. 3.

[143] Barber N. Educational & ecological correlates of IQ: A cross-national investigation, Intelligence, Vol. 33, No. 3. May – June 2005. pp. 273 – 284.

[144] Bhalla S.: The Middle Class Kingdoms of India & China, Peterson Institute for International Economics, Washington, DC, 2009.

[145] Birdsall N, Graham C, Pettinato S: Stuck in tunnel: Is globalization muddling the middle?, 2000.

[146] Birdsall N.: A note on the middle class in Latin America, Inequality in Asia & the Pacific (Manila: Asian Development Bank, 2013), Forthcoming, 2012.

[147] Blanchard O J. Debt, Deficits, & Finite Horizons. Journal of Political Economy, Vol. 93, No. 2. 1985. pp. 223 – 247.

[148] Blundell R L. Pistaferri & I. Preston. Consumption Inequality & Partial Insurance. American Economic Review. Vol. 98, No. 5. 2008. pp. 1887 – 1921.

[149] Bowles P.: Rebalancing China's growth: some unsettled questions, Canadian Journal of Development Studies, Vol. 33, No. 1. 2012. pp. 1 – 13.

[150] Bowman D., Minehart D. & Rabin M.: Loss Aversion in a Consumption – Savings Model, Journal of Economic Behavior & Organization, Vol. 38, No. 2. 1999. pp. 155 – 178.

[151] Campbell J Y & Hentschel L.: No News is Good News: An Asymmetric Model of Changing Volatility in Stock Returns, Journal of Financial Economics, Vol. 31, No. 3. 1992. pp. 281 – 318.

[152] Campbell J. Y. & N. G. Mankiw. Consumption, Income, & Interest Rates: Reinterpreting the Time Series Evidence. NBER Macroeconomics Annual 4, 1989. pp. 185 – 216.

[153] Campbell J. Y., & J. F. Cocco: How Do House Prices Affect Consumption? Evidence from Micro Data. Journal of Monetary Economy, Vol. 54, No. 3. April 2007. pp. 591 – 621.

[154] Carroll C D, Overl & J, Weil D N.: Saving & growth with habit formation, American Economic Review, 2000. pp. 341 – 355.

[155] Carroll C. D., Hall R. E., Zeldes S. P. The Buffer – Stock Theory of Saving: Some Macroeconomic Evidence. Brookings Papers on Economic Activity, Vol. 1992, No. 2, 1992. pp. 61 – 156.

[156] Carroll C. D. Theoretical Foundations of Buffer Stock Saving. CFS Working Paper, No. 2011/15.

[157] Carroll C. D., & A. A. Samwick. How Important is Precautionary Saving? Review of Economics & Statistics, Vol. 80, No. 3. 1998. pp. 410 – 419.

[158] Carroll C. D., J. Slacalek & K. Tokuoka. The Distribution of Wealth & the MPC: Implications of New European Data, American Economic Review, Vol. 104, No. 5. 2014. pp. 107 – 111.

[159] Carroll C. D., J. Slacalek & K. Tokuoka. The Distribution of Wealth & the Marginal Propensity to Consume. ECB Working Paper Series, No. 1655, 2014.

[160] Carroll C. D., J. Slacalek. Sticky expectations & consumption dynamics. NBER Working Paper, No. 24377, 2006.

[161] Carroll C. D., Misuzu Otsuka, & J. Slacalek. How Large are Housing & Financial Wealth Effects? A New Approach. Journal of Money, Credit & Banking, Vol. 43, No. 2. January 2011. pp. 55 – 79.

[162] Case Karl E. John, M. Quigley. Robert J. Shiller. Comparing Wealth Effects. The Stock Market Versus the Housing Market. Social ence Electronic Publishing, Vol. 9, No. 5. May 2003. pp. 1 – 15.

[163] Castellani F, Parent G. "Being 'Middle – Class' in Latin America", OECD Publishing, 2011.

[164] Christelis D., Georgarakos D., Jappelli T., Pistaferri L. & Van Rooij M., 2017: "Asymmetric Consumption Effects of Transitory Income Shocks", (February 9, 2017). Available at SSRN: https://ssrn.com/abstract=2914247.

[165] Chyi Y. & C. Huang. An Empirical Study of the Rule of Thumb Consumption Model in Five East Asian Countries. Applied Economics, Vol. 29, No. 10. 1997. pp. 1271 – 1282.

[166] Curtis C. C., Lugauer S., Mark N. C. Demographic Patterns & Household Saving in China. American Economic Journal: Macroeconomics, Vol. 7, No. 2, 2015. pp. 58 – 94.

[167] Deaton A. Saving & Liquidity Constraints. Econometrica, Vol. 59, No. 5, 1989. pp. 1221 – 1248.

[168] Duesenberry, J. S. Income, Saving & the Theory of Consumer Behavior. Cambridge: Harvard University Press, 1949: 35.

[169] Dynan K.: Is a Household Debt Overhang Holding Back Consumption? . Brookings Papers On Economic Activity, No. 1. 2012. pp. 299 – 362.

[170] Dynan K. E., J. Skinner & S. P. Zeldes. Do the Rich Save More? . Journal of Political Economy, Vol. 112, No. 2. 2004. pp. 397 – 444.

[171] Dynan K. E. Habit Formation in Consumer Preferences: Evidence from Panel Data. American Economic Review, Vol. 90, No. 6. June 2000. pp. 391 – 406.

[172] Easterly W.: The middle class consensus & economic development. Journal of economic growth, Vol. 6. No. 4. 2001. pp. 317 – 335.

[173] Galí J., J. D. López – Salido & J. Vallés. Underst & ing the Effects of Government Spending on Consumption. Journal of the European Economic Association, Vol. 5, No. 1. August 2005. pp. 227 – 270.

[174] Grant C, Peltonen T A. Housing & equity wealth effects of Italian households. Dnb Working Paper, No. 857, 2008.

[175] Hall R E. Stochastic Implications of the Life Cycle – Permanent Income Hypothesis: Theory & Evidence. Journal of Political Economy, Vol. 86, No. 6. December 1978. pp. 971 – 987.

[176] Hara R., T. Unayama & J. Weidner. The Wealthy H & to Mouth in Japan. Economics Letters, Vol. 141, 2016. pp. 52 – 54.

[177] Heath B. Chamberlain. On the Search for Civil Society in China. Modern China, Vol. 19, No. 2. April 1993: pp. 199 – 215.

[178] Hein E., Vogel L.: Distribution & growth reconsidered: empirical results for six OECD countries, Cambridge Journal of Economics, Vol. 33. No 3. 2008. pp. 479 – 511.

[179] Himarios D. How Forward Looking are Consumers? Further Evidence for the United States. Southern Economic Journal, Vol. 66, No. 4. 2014. pp. 991 – 1000.

[180] Huntley. J. & V. Michelangeli. Can Tax Rebates Stimulate Consumption Spending in a Life – Cycle Model. American Economic Journal: Macroeconomics, Vol. 1, No. 6. 2014. pp. 62 – 189.

[181] Jappelli. T. & L. Pistaferri. Fiscal Policy & MPC Heterogeneity. Ameracan Economic Journal: Macroeconomics, Vol. 4, No. 6. 1999. pp. 107 – 136.

[182] Johnson. D. S. . J. A. Parker & N. S. Souleles. Household Expenditure & the Income Tax Rebates of 2001. American Economic Review, Vol. 96, No. 5. 2006. pp. 1589 – 1610.

[183] Kahneman D. & Tversky A. : Prospect Theory: An Analysis of Decision Under Risk, Econometrica: Journal of the Econometric Society, 1979. pp. 263 – 291.

[184] Kaplan G. & Violante G. L. : A Model of the Consumption Response to Fiscal Stimulus Payments, Econometrica, Vol. 82, No. 4. 2014. pp. 1199 – 1239.

[185] Kaplan. G. . G. L. Violante & J. Weidner. The Wealthy H & – to – Mouth. NBER Working Paper, No. 20073, 2014.

[186] Kharas H, Gertz G. The new global middle class: A cross-over from West to East, China's emerging middle class: beyond economic transformation, Brookings Institution Press, Washington, DC, 2010.

[187] Kishor N. K. Does consumption Respond More to Housing Wealth Than to Financial Market Wealth? If so, Why? Journal of Real Estate Financial Economics, Vol. 35, No. 4. September 2007. pp. 427 – 448.

[188] Koenker R. & Bassett Jr G. : Regression Quantiles, Econometrica: Journal of the Econometric Society, 1978. pp. 33 – 50.

[189] Kotlikoff, L. J. , W. Samuelson & S. Johnson. Consumption, Computation Mistakes, & Fiscal Policy. American Economic Review, Vol. 78, No. 2. 1988. pp. 408 – 412.

[190] Krusell P. & A. A. Smith Jr. Rules of Thumb in Macroeconomic Equilibrium a Quantitative Analysis. Journal of Economic Dynamics & Control, Vol. 20, No. 4. 1996. pp. 527 – 558.

[191] Kuhnen C. M. ,: Asymmetric Learning From Financial Information, The Journal of Finance, Vol. 70, No. 5. 2015. pp. 2029 – 2062.

[192] Labhard V. , G. Steme, & C. Young. Wealth & Consumption: An assessment of the international evidence. Bank of England Working Paper, No. 2752005.

[193] Leff. N. H. Dependency Rates & Savings Rates. The American Economic Review, Vol. 59, No. 5. pp. 886 – 896.

[194] Leland H. E. Saving & Uncertainty: The Precautionary Demand for Saving. Uncertainty in Economics, Vol. 82, No. 3, 1968. pp. 465 – 473

[195] Lettau M. & H. Uhlig. Rules of Thumb Versus Dynamic Programming. American Economic Review. Vol. 89, No. 1, 1999. pp. 148 – 174.

[196] Lettau Martin, & Sydney C. Ludvigson. Underst & ing Trend & Cycle in Asset Values: Reevaluating the Wealth Effect on Consumption. American Economic Review, Vol. 94, No. 1, March 2004. pp. 276 – 299

[197] Li H., Zhang J., Zhu Y. The Quantity – Quality Trade – Off of Children in a Developing Country: Identification Using Chinese Twins. Demography, Vol. 45, No. 1, 2008. pp. 223 – 243.

[198] Love D. A. Optimal Rules of Thumb for Consumption & Portfolio Choice. Economic Journal 123 (571), Vol. 123, No. 571. 2013. pp. 932 – 961.

[199] Ludwig, A., & T. Slok. The Relationship Between Stock Prices, House Prices & Consumption in OECD Countries. Topics in Macroeconomics, Vol. 4, No. 1. March 2004. pp. 1114 – 1124.

[200] Mankiw G. N. The Savers – Spenders Theory of Fiscal Policy. American Economic Review, Vol. 90, No. 2, 2000. pp. 120 – 125.

[201] Martinez E, Parent G. "Middle class determinants in Latin America (2000 – 2010)", 2012.

[202] Mehra Y P. The wealth effect in empirical life-cycle aggregate consumption equations, FRB Richmond Economic Quarterly, Vol. 87, No. 2, March 2001. pp. 45 – 68.

[203] Milanovic B, Yitzhaki S.: Decomposing world income distribution: Does the world have a middle class, Review of Income & Wealth, Vol. 48, No. 2. 2002. pp. 155 – 178.

[204] Misra. K. & P. Surico.: Consumption. Income Changes. & Heterogeneity: Evidence from Two Fiscal Stimulus Programs. American Economic Journal: Macroeconomics, Vol. 6, No. 4. 2014. pp. 84 – 106.

[205] Modigliani F. The Life Cycle Hypothesis of Saving, the Dem & for Wealth & the Supply of Capital. Social Research, Vol. 33, No. 2, 1966. pp. 160 – 217.

[206] Modigliani F., Cao S. L. The Chinese Saving Puzzle & the Life-cycle Hypothesis. Journal of Economic Literature, Vol. 42, No. 1, 2004. pp. 145 – 170.

[207] Morita, H. State – Dependent Effects of Fiscal Policy in Japan: Do Rule-of – Thumb Households Increase the Effects of Fiscal Policy? . Journal of

Macroeconomics, Vol. 43. January 2015. pp. 49 – 61.

[208] Muellbauer, J. Habits, Rationality & Myopia in the Life – Cycle Consumption Function. Annales d'Economie et de Statistique, Adres, Vol. 9, No. 1. March 1988. pp. 47 – 70.

[209] Naastepad C. W. M. ,: Technology, dem & & distribution: a cumulative growth model with an application to the Dutch productivity growth slowdown, Cambridge Journal of Economics, Vol. 30, No. 3. 2006. pp. 403 – 434.

[210] Natvik, G. J. Government Spending Shocks & Rule-of – Thumb Consumers with Steady – State Inequality. The Sc & inavian Journal of Economics, Vol. 104, No. 5. December2012. pp. 107 – 111.

[211] Neher P. A. Peasants, Procreation, & Pensions. The American Economic Review, Vol. 61, No. 3. 1971. pp. 380 – 389.

[212] Onaran Ö, Galanis G. (2013), "Income distribution & aggregate dem&: A global Post – Keynesian model", University of Greenwich Working Paper Series, No: WERU2.

[213] Onaran Ö, Stockhammer E, Grafl L. : Financialisation, income distribution & aggregate dem &in the USA, Cambridge Journal of Economics, Vol. 35, No. 4. 2011. pp. 637 – 661.

[214] Paiella M. The stock market, housing & consumer spending: A survey of the evidence on wealth effects, Journal of Economic Surveys, Vol. 23, No. 5. December 2009. pp. 947 – 973.

[215] Poterba J M. Stock market wealth & consumption. Journal of Economic Perspectives, Vol. 14, No. 2. March 2000. pp. 99 – 118.

[216] Pressman S. "The decline of the middle class: An international perspective", Journal of Economic Issues, 2007. pp. 181 – 200.

[217] Ravallion M. : The developing world's bulging (but vulnerable) middle class, World Development, Vol. 38, No. 4. 2010. pp. 445 – 454.

[218] Samuelson P. A. An Exact Consumption – Loan Model of Interest with or without the Social Contrivance of Money. The Journal of Political Economy, Vol. 66, No. 6, 1958. pp. 467 – 482.

[219] Shapiro. M. D. & J. Slemrod. Consumer Response to Tax Rebates. American Economic Review, Vol. 93, No. 1. 2003. pp. 381 – 396.

[220] Shea J. : Myopia, Liquidity Constraints, & Aggregate Consumption:

A Simple Test, Journal of Money, Credit & Banking, Vol. 27, No. 3. 1995. pp. 798 – 805.

[221] Shea J.: Union Contracts & the Life – Cycle/Permanent – Income Hypothesis, The American Economic Review, 1995. pp. 186 – 200.

[222] Shiller R, Case K, Quigley J. Stock market wealth, housing market wealth, spending & consumption, Berkeley program on housing & urban policy, Working Paper W01 – 004, Berkeley, 2001.

[223] Skinner. Jonathan. Housing wealth & Aggregate Saving. Regional Science & Urban Economics, Vol. 19, No. 2. May 1989. pp. 305 – 324.

[224] Solimano A. "The middle class & the development process", Eclac, 2008.

[225] Stiglitz, J. E. New Theoretical Perspectives On the Distribution of Income & Wealth Among Individuals_Part Ⅲ_Life Cycle Savings Vs. Inherited Savings. NBER Working Paper, No. 21191, 2015.

[226] Stockhammer E., Onaran Ö, Ederer S.: "Functional income distribution & aggregate dem &in the Euroarea, Cambridge Journal of Economics, Vol. 33, No. 1. 2009. pp. 139 – 159.

[227] Thurow L C.: A surge in inequality, Scientific American, Vol. 256, No. 5. 1987. pp. 30 – 37.

[228] Tracy J S, Schneider H S, Chan S. Are stocks overtaking real estate in household portfolios? Current Issues in Economics & Finance, Vol. 5, No. 5. April 1999. pp. 99 – 105.

[229] Tversky A. & Kahneman D.: Loss Aversion in Riskless Choice: A Reference – Dependent Model, The Quarterly Journal of Economics, Vol. 106, No. 4. 1991. pp. 1039 – 1061.

[230] Tversky A. & Kahneman D.: Advances in Prospect Theory: Cumulative Representation of Uncertainty, Journal of Risk & Uncertainty, Vol. 5, No. 4. 1992. pp. 297 – 323.

[231] Wei S J, Zhang X. The Competitive Saving Motive: Evidence from Rising Sex Ratios & Savings Rates in China, Journal of Political Economy, Vol. 119, No. 3. June 2011. pp. 511 – 564.

[232] Wei S. J., Zhang X. Sex Ratios, Entrepreneurship, & Economic Growth in the People's Republic of China. National Bureau of Economic Re-

search, 2011.

[233] World Bank. : Global economic prospects 2007: managing the next wave of globalization, Global Economic Prospects & the Developing Countries (GEP) . Washington, DC, 2006.

[234] Yoshikawa. Hiroshi & Fumio Ohtake. An Analysis of Female Labor Supply, Housing Dem & &the Saving Rate in Japan. European Economic Review, Vol. 63, No. 5. May 1989. pp. 997 – 1030.

[235] Yuan Z, Wan G, Khor N. : The rise of middle class in rural China, China Agricultural Economic Review, Vol. 4, No. 1. 2012. pp. 36 – 51.

[236] Zagorsky J L. Do you have to be smart to be rich? The impact of IQ on wealth, income & financial distress, Intelligence, Vol. 35, No. 5. June 2007. pp. 489 – 501.

[237] Zeldes, S. P. Consumption & Liquidity Constraints: An Empirical Investigation. Journal of Political Economy, Vol. 97, No. 2. 1989. pp. 305 – 346.